Springer-Lehrbuch

Klaus Laubenthal • Nina Nestler

Strafvollstreckung

 Springer

Professor Dr. Klaus Laubenthal
Dr. Nina Nestler
Lehrstuhl für Kriminologie und Strafrecht
Domerschulstraße 16
97070 Würzburg
Deutschland
l-laubenthal@jura.uni-wuerzburg.de
nina.nestler@gmx.net

ISSN 0937-7433
ISBN 978-3-642-05285-9   e-ISBN 978-3-642-05286-6
DOI 10.1007/978-3-642-05286-6
Springer Heidelberg Dordrecht London New York

Die Deutsche Nationalbibliothek verzeichnet diese Publikation in der Deutschen Nationalbibliografie; detaillierte bibliografische Daten sind im Internet über http://dnb.d-nb.de abrufbar.

Vorwort

Das Lehrbuch Strafvollstreckung stellt die zur Strafverwirklichung notwendigen Anordnungen und Maßnahmen hinsichtlich Einleitung, Durchführung und genereller Überwachung der Unrechtsreaktionen dar.

Das Werk ist konzipiert für Studierende der Rechtswissenschaft, die sich innerhalb ihres Schwerpunktbereichs bzw. ihrer Wahlfachgruppe mit dem Strafvollstreckungsrecht beschäftigen. Zugleich wendet es sich an Rechtsreferendare, denn auch sie werden im Rahmen der Strafstation immer wieder mit Fragen des Strafvollstreckungsrechts befasst. Darüber hinaus spricht das Buch all diejenigen an, die als Richter und Staatsanwälte, Verteidiger oder Rechtspfleger in ihrer beruflichen Praxis mit der Vollstreckung von Unrechtsreaktionen zu tun haben. Seinen Schwerpunkt legt das Werk – dem Titel entsprechend – auf die *Vollstreckung* der behandelten Sanktionen. Soweit sich die Voraussetzungen ihrer Verhängung oder Fragen des Vollzugs dargestellt finden, ist dies der Verständlichkeit geschuldet.

Unser beider Dank für die engagierte Hilfe beim Zustandekommen dieses neuen Lehrbuchs gilt den Wissenschaftlichen Mitarbeiterinnen und Hilfskräften Frau Teresa Frank, Frau Sabine Gröne und Frau Janika Sievert sowie Frau Britta Zimmermann. Auch unsere Sekretärin Frau Helga Bieber hat sich bei der Erstellung des Werkes verdient gemacht.

Würzburg, im März 2010

Klaus Laubenthal
Nina Nestler

Inhaltsverzeichnis

Abkürzungen

a.A.	anderer Ansicht
ABl. EG	Amtsblatt der Europäischen Gemeinschaften
Abs.	Absatz
AG	Amtsgericht
AK-StPO	Alternativkommentar zur Strafprozessordnung
AK-StVollzG	Alternativkommentar zum Strafvollzugsgesetz
AktO	Aktenordnung
Allg.	Allgemein
Alt.	Alternative
Anl.	Anlage
Anm.	Anmerkung
Art.	Artikel
AufenthG	Aufenthaltsgesetz
Aufl.	Auflage
BayJMBl.	Bayerisches Justizministerialblatt
BayStVollzG	Bayerisches Strafvollzugsgesetz
BayVerf	Verfassung des Freistaates Bayern
BayVerfGH	Bayerischer Verfassungsgerichtshof
BeckOK-StGB	Beck'scher Online-Kommentar StGB
BeckOK-StPO	Beck'scher Online-Kommentar StPO
BeckRS	Beck Rechtsprechung
BewHi	Bewährungshilfe
BGB	Bürgerliches Gesetzbuch
BGBl.	Bundesgesetzblatt
BGH	Bundesgerichtshof
BGHSt.	Entscheidungen des Bundesgerichtshofs in Strafsachen
BGHZ	Entscheidungen des Bundesgerichtshofs in Zivilsachen
BJagdG	Bundesjagdgesetz
Bsp.	Beispiel
Bspe.	Beispiele
bspw.	beispielsweise
BT-Drs.	Drucksache des Bundestages
BtMG	Betäubungsmittelgesetz
BundesjagdG	Bundesjagdgesetz
BVerfG	Bundesverfassungsgericht
BVerfGE	Entscheidungen des Bundesverfassungsgerichts
BVerfGG	Bundesverfassungsgerichtsgesetz
BVerwGE	Entscheidungen des Bundesverwaltungsgerichts

BWahlG	Bundeswahlgesetz
BWVollzO	Bundeswehrvollzugsordnung
BZR	Bundeszentralregister
BZRG	Bundeszentralregistergesetz
BZRVwV	Allgemeine Verwaltungsvorschrift zur Durchführung des Bundeszentralregistergesetzes
bzw.	beziehungsweise
ca.	circa
d.h.	das heißt
DAR	Deutsches Autorecht
DRiG	Deutsches Richtergesetz
DVBl.	Deutsches Verwaltungsblatt
EBAO	Einforderungs- und Beitreibungsanordnung
EGGVG	Einführungsgesetz zum Gerichtsverfassungsgesetz
EGStGB	Einführungsgesetz zum Strafgesetzbuch
Einl.	Einleitung
ErfKomm	Erfurter Kommentar zum Arbeitsrecht
EU	Europäische Union
EuAbgG	Europaabgeordnetengesetz
EWiR	Entscheidungen zum Wirtschaftsrecht
f.	folgende
FeV	Verordnung über die Zulassung von Personen zum Straßenverkehr (Fahrerlaubnis-Verordnung)
ff.	folgende
Fn.	Fußnote
GA	Goltdammer's Archiv für Strafrecht
gem.	gemäß
Freizügigkeitsgesetz/EU	Gesetz über die allgemeine Freizügigkiet von Unionsbürgern
GG	Grundgesetz
ggf.	gegebenenfalls
GKG	Gerichtskostengesetz
grds.	grundsätzlich
GVG	Gerichtsverfassungsgesetz
GVGA	Geschäftsanweisung für Gerichtsvollzieher
h.M.	herrschende Meinung
Halbs.	Halbsatz
HK-StPO	Heidelberger Kommentar zur Strafprozessordnung
HmbStVollzG	Hamburgisches Strafvollzugsgesetz
Hrsg.	Herausgeber
i.d.F.	in der Fassung
i.d.R.	in der Regel
i.S.d.	im Sinne der/des
i.S.v.	im Sinne von
i.Ü.	im Übrigen
i.V.m.	in Verbindung mit
insb.	insbesondere

InsO	Insolvenzordnung
InVO	Insolvenz und Vollstreckung
IRG	Gesetz über die internationale Rechtshilfe in Strafsachen
IStGHG	Gesetz über die Zusammenarbeit mit dem Internationalen Strafgerichtshof
JA	Juristische Arbeitsblätter
JArbSchG	Jugendarbeitsschutzgesetz
JBeitrO	Justizbeitreibungsordnung
JGG	Jugendgerichtsgesetz
JMStV	Jugendmedienschutz-Staatsvertrag
JR	Juristische Rundschau
Js-Register	Register der Ermittlungsverfahren in Jugendstrafsachen
jurisPR-StrafR	juris PraxisReport Strafrecht
jurisPR-VerkR	juris PraxisReport Verkehrsrecht
JVA	Justizvollzugsanstalt
JVDO	Dienstverordnung für die Vollziehungsbeamten der Justiz
JVKostO	Justizverwaltungskostenordnung
JVollzGB-BW	Gesetzbuch über den Justizvollzug in Baden-Württemberg – Justizvollzugsgesetzbuch
JZ	Juristen Zeitung
Kap.	Kapitel
Kfz	Kraftfahrzeug
KG	Kammergericht
KK-OWiG	Karlsruher Kommentar zum Ordnungswidrigkeitengesetz
KK-StPO	Karlsruher Kommentar zur Strafprozessordnung
KMR	Kommentar zur Strafprozessordnung (Kleinknecht/Müller/Reitberger)
krit.	kritisch
KV GKG	Kostenverzeichnis, Anlage 1 zum Gerichtsverfassungsgesetz
KV	Kostenverzeichnis
LG	Landgericht
LK-StGB	Leipziger Kommentar zum Strafgesetzbuch
LR-StPO	Löwe-Rosenberg Strafprozessordnung und GVG
LV	Landesverfassung
m.	mit
m.w.Nachw.	mit weiteren Nachweisen
MAH	Münchener Anwaltshandbuch Strafverteidigung
MDR	Monatsschrift für Deutsches Recht
MiStra	Anordnung über Mitteilungen in Strafsachen
MPU	Medizinisch-Psychologische Untersuchung
MschrKrim	Monatsschrift für Kriminologie und Strafrechtsreform
MüKo-StGB	Münchner Kommentar zum Strafgesetzbuch
Nachw.	Nachweisen
NJVollzG	Niedersächsisches Justizvollzugsgesetz
NJW	Neue Juristische Wochenschrift
NK-StGB	Nomos Kommentar zum Strafgesetzbuch
Nr.	Nummer

Nrn.	Nummern
NRW	Nordrhein-Westfalen
NStZ	Neue Zeitschrift für Strafrecht
NStZ-RR	NStZ-Rechtsprechungs-Report
NZI	Neue Zeitschrift für das Recht der Insolvenz und Sanierung
NZV	Neue Zeitschrift für Verkehrsrecht
OLG	Oberlandesgericht
OWiG	Ordnungswidrigkeitengesetz
Rdn.	Randnummer
RegE	Regierungsentwurf
RiStBV	Richtlinien für das Strafverfahren und das Bußgeldverfahren
RiVASt	Richtlinien für den Verkehr mit dem Ausland in strafrechtlichen Angelegenheiten
RLJGG	Richtlinien zum Jugendgerichtsgesetz
Rpfleger	Der Deutsche Rechtspfleger
RpflG	Rechtspflegergesetz
Rspr.	Rechtsprechung
RVG	Rechtsanwaltsvergütungsgesetz
S.	Seite(n)/Satz
SchlHA	Schleswig-Holsteinische Anzeigen
SK-StGB	Systematischer Kommentar zum Strafgesetzbuch
SK-StPO	Systematischer Kommentar zur Strafprozessordnung
sog.	so genannte(r/s)
StGB	Strafgesetzbuch
StPO	Strafprozessordnung
StraFo	Strafverteidiger Forum
StrEG	Gesetz über die Entschädigung für Strafverfolgungsmaßnahmen
StrVert	Strafverteidiger
StVG	Straßenverkehrsgesetz
StVollstrO	Strafvollstreckungsordnung
StVollzG	Strafvollzugsgesetz
StVZO	Straßenverkehrs-Zulassungs-Ordnung
SVR	Straßenverkehrsrecht
TierschG	Tierschutzgesetz
u.a.	und andere; unter anderem/n
u.U.	unter Umständen
usw.	und so weiter
UVollzO	Untersuchungshaftvollzugsordnung
v.	vom/von
Var.	Variante
VerfBW	Verfassung des Landes Baden-Württemberg
VerfNRW	Verfassung des Landes Nordrhein-Westfalen
vgl.	vergleiche
VRs	Register für Strafvollstreckungssachen
VRS	Verkehrsrechtssammlung
VStGB	Völkerstrafgesetzbuch

VV RVG	Vergütungsverzeichnis, Anlage 1 zum Rechtsanwaltsvergütungsgesetz
VwVG	Verwaltungs-Vollstreckungsgesetz
VZR	Verkehrszentralregister
WDO	Wehrdisziplinarordnung
WiStG	Wirtschaftsstrafgesetz
wistra	Zeitschrift für Wirtschaft, Steuer, Strafrecht
WStG	Wehrstrafgesetz
z.B.	zum Beispiel
z.T.	zum Teil
ZfStrVo	Zeitschrift für Strafvollzug und Sträflingenhilfe
ZInsO	Zeitschrift für das gesamte Insolvenzrecht
ZPO	Zivilprozessordnung
ZRP	Zeitschrift für Rechtspolitik
Zshg.	Zusammenhang
ZStW	Zeitschrift für die gesamte Strafrechtswissenschaft
zust.	zustimmender
ZVI	Zeitschrift für Verbraucher-Insolvenzrecht

A Einführung

I. Aufgaben der Strafvollstreckung

Die Strafvollstreckung gehört als eine Aufgabe der Gerichtsverwaltung (§ 4 **1** Abs. 2 Nr. 1 DRiG) zur Rechtspflege. Sie stellt einen Teil des Strafverfahrens dar. Wurde ein Täter aufgrund einer strafgerichtlichen Entscheidung mit einer kriminalrechtlichen Rechtsfolge (Geld- oder Freiheitsstrafe, Maßregel der Besserung und Sicherung, Nebenstrafen bzw. Nebenfolgen usw.) belegt, bedarf es der **Realisierung des Straferkenntnisses**.

Die Strafvollstreckung beginnt, sobald die gerichtliche Entscheidung unanfechtbar wird und damit formelle **Rechtskraft** eintritt. Dann müssen diejenigen Sanktionen verwirklicht werden, die nicht bereits direkt (wie etwa ein Fahr- oder ein Berufsverbot) kraft Ausspruch im Urteil unmittelbare Wirkung entfalten. Geht es um Rechtsfolgen, die erst durch ein weiteres Procedere ihre Auswirkungen für den Betroffenen erlangen (z.B. Freiheits- oder Geldstrafen), bedarf es der **Umsetzung** dieser strafjustiziellen Anordnungen durch die erforderlichen vollstreckungsbehördlichen Aktivitäten.

Zu den **vollstreckungsfähigen Erkenntnissen** gehören alle strafgerichtlichen **2** Entscheidungen, sofern sie auf eine **kriminalrechtliche Sanktion** lauten.[1] Dies betrifft zum einen die in § 449 StPO ausdrücklich benannten Strafurteile, ferner Urteilen gleichstehende Entscheidungen, die auf eine Strafe, Nebenstrafe, Nebenfolge oder Maßregel der Besserung und Sicherung erkennen. Zu den zu vollstreckenden Erkenntnissen zählen jedoch nicht nur Urteile bzw. Strafbefehle. Hierunter fallen auch Beschlüsse wie solche über eine nachträgliche Gesamtstrafenbildung gem. § 460 StPO, der Widerruf eines Straferlasses nach §§ 56g Abs. 2, 57 Abs. 5 S. 1, 57a Abs. 3 S. 2 StGB, ein Widerruf der Strafaussetzung zur Bewährung nach §§ 56f, 57 Abs. 5, 57a Abs. 3 S. 2 StGB, der Widerruf der Aussetzung einer Unterbringung nach § 67g Abs. 1 bis 3 StGB, ferner Nebenfolgen betreffende Beschlüsse wie diejenigen nach §§ 437 Abs. 4, 438 Abs. 2, 441 Abs. 2, 442, 444 Abs. 2 und 3 StPO. Einige strafvollstreckungsrechtliche Normen der StPO gelten über § 91 OWiG zudem für die Vollstreckung gerichtlicher Bußgeldentscheidungen.

Die **Durchführung der angeordneten Rechtsfolgen** ist Aufgabe der Straf- **3** vollstreckung, der damit eine erhebliche Bedeutung für die Effizienz der Strafrechtspflege zukommt.[2] Strafvollstreckung betrifft alle Anordnungen und Maßnahmen zur Strafverwirklichung, d.h. die hierfür notwendigen Entscheidungen zur

---

[1] KMR/*Paulus/Stöckel*, § 449 Rdn. 3.

Einleitung, Durchführung und generellen Überwachung der Unrechtsreaktionen (z.B. bei Verurteilung zu Freiheitsstrafe die Ladung zum Strafantritt; die Berechnung der Strafzeit; die Überwachung, dass Art und Dauer der Strafhaft der zu vollstreckenden gerichtlichen Entscheidung entsprechen). Nach § 2 Abs. 1 StVollstrO sind im Interesse einer **wirksamen Strafrechtspflege** die richterlichen Entscheidungen mit Nachdruck und Beschleunigung zu vollstrecken.

4   Es geht bei der Strafvollstreckung aber nicht nur um die Durchsetzung des im strafgerichtlichen Erkenntnis zum Ausdruck gekommenen staatlichen Strafanspruchs. Bei der Vollstreckung ist im Einzelfall auch besonderen **Interessen des Sanktionierten** Rechnung zu tragen (z.B. durch Vollstreckungsaufschub oder -unterbrechung bei Vollzugsuntauglichkeit, Absehen von der Vollstreckung bei freiheitsentziehenden Sanktionen in Fällen von Auslieferung, Ausweisung oder Überstellung an einen internationalen Strafgerichtshof; Gewährung von Zahlungserleichterungen bei Geldstrafen). Damit können derartige Vollstreckungsmaßnahmen faktisch auf eine Modifizierung oder sogar Aufhebung der Wirkungen einer strafgerichtlich ergangenen rechtskräftigen Entscheidung gerichtet sein.

II. Strafverwirklichung bei Freiheitsentzug

5   In den Fällen einer Sanktionierung mit Geldstrafe oder anderen Rechtsfolgen vermögensentziehender Art erfolgt die Realisierung des Straferkenntnisses allein mittels strafvollstreckungsrechtlicher Maßnahmen. Anders ist dies bei freiheitsentziehenden Unrechtsreaktionen. Hier unterteilt sich die Durchsetzung der Sanktionen in die Strafvollstreckung im engeren Sinne und den Strafvollzug. Strafvollstreckungsrechtliche und strafvollzugsrechtliche Maßnahmen beeinflussen während der Dauer des Freiheitsentzugs auf rechtlich getrennten Ebenen dessen Realisierung.

Diese **Differenzierung von Strafvollstreckung und Strafvollzug** betrifft insbesondere die Verurteilungen zu
- Freiheitsstrafe (§§ 38 f. StGB),
- Jugendstrafe (§§ 17 f. JGG),
- Jugendarrest (§ 16 JGG),
- Unterbringung im psychiatrischen Krankenhaus (§ 63 StGB),
- Unterbringung in der Entziehungsanstalt (§ 64 StGB),
- Sicherungsverwahrung (§ 66 StGB),
- militärischem Strafarrest (§ 9 WStG).

6   Anders als die Strafvollstreckung gehört der Strafvollzug nicht mehr zum Strafverfahren.[3] **Strafvollzug** erfasst den Bereich von der Aufnahme der sanktionierten Person in der Vollzugseinrichtung bis hin zu seiner Entlassung. Er betrifft die Art der praktischen Durchführung und Gestaltung der Inhaftierung bzw. Unterbringung unter den organisatorischen Bedingungen der jeweiligen Institution –

---

[2]   KK-StPO/*Appl*, 2008, vor § 449 Rdn. 1.
[3]   Dazu *Laubenthal*, 2008, S. 10; *Roxin/Schünemann*, 2009, S. 450.

das **Wie** der Sanktionsverwirklichung. Hierzu gehören etwa das Aufnahmeverfahren zu Beginn der Haft, die Erstellung von Vollzugs-, Behandlungs- und Therapieplänen, die Art der räumlichen Unterbringung der einzelnen Betroffen, die Gestaltung seines Tagesablaufs, die Ermöglichung von Kontakten zur Außenwelt.

Das Strafvollzugsrecht bildet neben materiellem und formellem Strafrecht eine **eigenständige Rechtsmaterie** innerhalb des Kriminalrechts. Strafvollzug ist sowohl hinsichtlich der Gesetzgebungskompetenz als auch bezüglich der Ausführung auf der Verwaltungsebene Ländersache. Rechtsgrundlagen für den Vollzug von Freiheitsstrafen und Sicherungsverwahrung an Erwachsenen sind in Baden-Württemberg, Bayern, Hamburg, Hessen und Niedersachsen die dortigen Strafvollzugsgesetze. In den übrigen Bundesländern, die von ihrer Gesetzgebungskompetenz insoweit keinen Gebrauch gemacht haben, gilt das 1977 in Kraft getretene Bundes-Strafvollzugsgesetz als partikulares Bundesrecht fort.[4] Für den Vollzug von Jugendstrafe und -arrest verfügen alle Bundesländer über eigene gesetzliche Bestimmungen. Entsprechendes gilt für den Vollzug der Unterbringungen im psychiatrischen Krankenhaus und in der Entziehungsanstalt. Allerdings ersetzen die Landes-Strafvollzugsgesetze gem. Art. 125a Abs. 1 GG in ihren jeweiligen Geltungsbereichen das Bundes-Strafvollzugsgesetz nicht gänzlich. Einige – wenige – Regelungsbereiche gelten trotz bestehender Länder-Strafvollzugsgesetze auch dort fort. Dies betrifft vor allem die Vorschriften über den gerichtlichen Rechtsschutz auf dem Gebiet des Erwachsenenvollzugs gem. §§ 109 ff. StVollzG. Denn die Ausgestaltung des gerichtlichen Rechtsschutzes in Vollzugssachen liegt nach der Föderalismusreform gem. Art. 74 Abs. 1 Nr. 1 GG weiterhin in der Regelungskompetenz des Bundesgesetzgebers. Dieser hat in Umsetzung der Entscheidung des Bundesverfassungsgerichts vom 31.5.2006[5] ein Gesetz zur Änderung des Jugendgerichtsgesetzes[6] verabschiedet, das am 1.1.2008 in Kraft trat. Dieses enthält u.a. Regelungen über Rechtsbehelfe im Vollzug des Jugendarrestes und der Jugendstrafe.   **7**

Die **Strafvollstreckung im engeren Sinne** umfasst bei freiheitsentziehenden Unrechtsreaktionen die Herbeiführung des Aufenthalts in der Vollzugseinrichtung, also zunächst das Vorgehen von der Rechtskraft der sanktionierenden Entscheidung bis zum Antritt der Strafe bzw. Unterbringung, während dieser dann die generelle Überwachung der Durchführung und schließlich zu deren Beendigung erforderlich werdende Statusentscheidungen. Die Strafvollstreckung bei Freiheitsentzug betrifft das **Ob** der Sanktionsverwirklichung.   **8**

Sind bei freiheitsentziehenden Sanktionen die Strafvollstreckung und der Strafvollzug zwar rechtstechnisch getrennt, kommt es doch in der Vollzugspraxis zu vielfältigen **Verschränkungen der beiden Regelungsbereiche**. So kann sich etwa die Versagung einer Strafrestaussetzung zur Bewährung mangels günstiger Sozialprognose als strafvollstreckungsrechtliche Statusentscheidung negativ auf strafvollzugsrechtliche Entscheidungen über die Gewährung von beantragten Vollzugslockerungen (z.B. Ausgang, Hafturlaub usw.) auswirken. Das Verhalten des Verurteilten in der Hafteinrichtung als strafvollzuglicher Aspekt stellt andererseits gem. § 57 Abs. 1 S. 2 StGB einen zu berücksichtigenden Gesichtspunkt dar,

---

[4] *Laubenthal*, 2008, S. 68.
[5] BVerfGE 116, S. 69 ff.
[6] Zweites Gesetz zur Änderung des Jugendgerichtsgesetzes und anderer Gesetze v. 13.12.2007 (BGBl. 2007/I, S. 2894).

wenn über die strafvollstreckungsrechtliche Frage einer vorzeitigen Entlassung zu befinden ist.

III. Rechtsgrundlagen

9 Für die Strafvollstreckung mangelt es an einer durchgängigen formalgesetzlichen Rechtsgrundlage. Vorschriften über die Strafverwirklichung sind über verschiedene Gesetze verstreut. Diese bleiben zudem lückenhaft und werden durch Verwaltungsvorschriften mit nur innerdienstlicher Bindungswirkung ergänzt. Das entspricht nicht dem verfassungsrechtlichen Gebot, wonach für die Verwirklichung von Grundrechten wesentliche Entscheidungen eines von der Legislative getroffenen Gesetzes bedürfen; auch dem Prinzip der Normenklarheit wird nicht zureichend Rechnung getragen.[7]

10   Auf der **gesetzlichen Ebene** enthält Normen für die Strafvollstreckung der Erste Abschnitt des Siebenten Buches der Strafprozessordnung in den §§ 449 bis 463d StPO. Modifikationen der Vollstreckung gerichtlich verhängter Freiheitsstrafen zum Zweck der Einwirkung auf den Verurteilten stellen die §§ 56 bis 58 StGB über die Strafaussetzung zur Bewährung sowie die Strafrestaussetzung zur Bewährung dar. Vollstreckungsrelevante Einzelbestimmungen finden sich hinsichtlich der Maßregeln der Besserung und Sicherung in den §§ 61 ff. StGB. Auch die Vollstreckungsverjährung bei rechtskräftig verhängten Strafen und anderen Maßnahmen beinhaltet das StGB in §§ 79 bis 79b StGB. Die Strafvollstreckung berühren ferner die §§ 35 ff. BtMG über die Zurückstellung der Strafvollstreckung bei betäubungsmittelabhängigen Straftätern. Die Rechtsfolgendurchführung in vollstreckungsrechtlicher Hinsicht ist im Jugendstrafrecht in §§ 82 bis 89c, 110 JGG normiert. Für den Bereich der Rechtshilfe sind in §§ 48 ff., 80 Abs. 4 IRG Regelungen zur Vollstreckung ausländischer Erkenntnisse in Deutschland normiert, in umgekehrter Richtung bestimmt § 71 IRG Kriterien für die Vollstreckung deutscher Erkenntnisse im Ausland. Auf der Grundlage von §§ 41 f., 47 Abs. 1 IStGHG ist die Vollstreckung von Urteilen des Internationalen Gerichtshofs in Deutschland möglich.

11   **Verwaltungsvorschriften** zur Realisierung kriminalrechtlicher Sanktionen enthält die **Strafvollstreckungsordnung (StVollstrO)**. Diese stellt eine bundeseinheitliche Regelung dar als Folge von Vereinbarungen zwischen dem Bundesministerium der Justiz und den Justizverwaltungen der Länder. Die Strafvollstreckungsordnung gilt gem. § 1 Abs. 1 StVollstrO für die Vollstreckung von Urteilen und ihnen gleichstehenden Entscheidungen, die auf eine Strafe, Nebenstrafe, Nebenfolge oder Maßregel der Besserung und Sicherung lauten. Sie sind nach Maßgabe von § 87 StVollstrO für die Vollstreckung gerichtlicher Entscheidungen nach dem OWiG heranzuziehen; der Vorgabe von § 88 StVollstrO gemäß zudem bei der Vollstreckung von Ordnungs- und Zwangshaft in Straf- und Bußgeldsachen (§ 1 Abs. 2 StVollstrO). Im Rahmen der Vollstreckung strafgerichtlicher Ent-

---

[7]   Krit. auch AK-StPO/*Volckart*, 1996, vor § 449 Rdn. 13; SK-StPO/*Paeffgen*, vor § 449 Rdn. 8.

scheidungen gegen Jugendliche und Heranwachsende bleibt die Strafvollstreckungsordnung nur subsidiär anwendbar, § 1 Abs. 3 StVollstrO. Sie gilt nur, soweit das JGG, die RLJGG, die BWVollzO bzw. das OWiG keine spezielle Regelung treffen. Die Strafvollstreckungsordnung findet jedoch bei Vollstreckungsmaßnahmen gegen Heranwachsende ohne Einschränkung Anwendung, wenn diese nach allgemeinem Strafrecht sanktioniert wurden. Verwaltungsvorschriften sind auch die vermögenswerte Ansprüche betreffende Justizbeitreibungsordnung (JBeitrO) sowie die Einforderungs- und Beitreibungsanordnung (EBAO). Da es sich dabei lediglich um innerdienstliche Verwaltungsvorschriften handelt, sind Gerichte bei der Gesetzesauslegung nicht an sie gebunden.[8]

---

[8] BVerfGE 29, S. 315.

B Allgemeine Vollstreckungsvoraussetzungen

Zu differenzieren ist zwischen den die kriminalrechtlichen Sanktionen insgesamt **12** betreffenden allgemeinen und den für die einzelnen Arten der Rechtsfolgendurchführung relevanten besonderen Vollstreckungsvoraussetzungen. Zu den allgemeinen Erfordernissen für die Rechtmäßigkeit von Strafvollstreckungsmaßnahmen gehören

- der Eintritt der Rechtskraft bei einer vollstreckungsfähigen Entscheidung i.S.d. § 1 StVollstrO,
- das Vorliegen der erforderlichen urkundlichen Vollstreckungsgrundlagen sowie
- der Ausschluss von Vollstreckungshindernissen.

Nach § 3 Abs. 1 S. 1 StVollstrO ist es Aufgabe der Vollstreckungsbehörde zu prüfen, ob die Vollstreckungsvoraussetzungen gegeben sind. Liegen diese vor, trifft sie die Anordnungen zur Durchführung der Entscheidung.

I. Rechtskraft

Die Vollstreckung eines strafgerichtlichen Erkenntnisses wird erst dann zulässig, **13** wenn dieses rechtskräftig geworden ist (§ 449 StPO, § 13 Abs. 1 StVollstrO). Rechtskraft heißt: **Endgültigkeit** und **Maßgeblichkeit** der Entscheidung.[1] Das Resultat des verfahrensrechtlichen Vorgehens entfaltet verbindliche Geltung und wird unabänderbar. Rechtskräftige Entscheidungen dürfen durch das erkennende Gericht prinzipiell nicht mehr modifiziert werden; selbst ein außerordentlicher Rechtsbehelf zur Korrektur „greifbarer Gesetzeswidrigkeit" bleibt unstatthaft.[2] Nach der herrschenden sog. prozessrechtlichen Rechtskrafttheorie[3] sind die Auswirkungen aber auf die prozessrechtliche Ebene beschränkt.

1. Formelle Rechtskraft

Im Strafverfahren gibt es – anders als im Zivilprozess – grundsätzlich **keine vor- 14 läufige Vollstreckbarkeit** (§ 449 StPO). Die Vollstreckbarkeit setzt die formelle

---

[1] *Beulke*, 2008, S. 308.
[2] BGHSt. 45, S. 37.
[3] Dazu *Roxin/Schünemann*, 2009, S. 397.

Rechtskraft voraus, der damit im Strafvollstreckungsrecht eine zentrale Bedeutung zukommt.

In Rechtskraft erwachsen in strafgerichtlichen Verfahren

– Urteile,
– Strafbefehle,
– Beschlüsse, gegen die nur die sofortige Beschwerde nach § 311 StPO statthaft ist.

Formelle Rechtskraft tritt ein, wenn die Entscheidung in demselben Verfahren **nicht mehr anfechtbar** wird. Die formelle Rechtskraft hat demzufolge eine **Beendigungswirkung** und eine **Vollstreckungswirkung**. Rechtskraft und Vollstreckbarkeit sind aber nicht deckungsgleich, denn trotz Rechtskrafteintritt können im Einzelfall Vollstreckungshindernisse die Rechtsfolgendurchführung ausschließen. Die formelle Rechtskraft ist ferner Voraussetzung für den Eintritt der materiellen Rechtskraft, der eine Sperrwirkung zukommt.

15   Die sog. Sperrwirkung der **materiellen Rechtskraft** bezieht sich auf den Inhalt der strafgerichtlichen Entscheidung. Eine Straftat im prozessualen Sinne (§ 264 Abs. 1 StPO), welche bereits Gegenstand eines durch ein Sachurteil beendeten Verfahrens war, darf nicht ein zweites Mal Gegenstand eines Strafverfahrens sowie eines Sachurteils werden. Es gilt der Grundsatz „ne bis in idem", der gem. Art. 103 Abs. 3 GG sogar Verfassungsrang besitzt. Die materiell rechtskräftige Entscheidung stellt ein Verfahrenshindernis für spätere Verfahren wegen derselben Tat dar. In Rechtskraft erwächst jedoch nur der Tenor der Entscheidung, nicht deren Begründung. Angesichts der prozessualen Verbindlichkeit der im Tenor ausgesprochenen Feststellung darf auch ein in der Sache unzutreffendes Urteil Grundlage der Strafvollstreckung sein. Dem unschuldig Verurteilten kommt damit kein Notwehrrecht gegen Vollstreckungsmaßnahmen zu.

Bedeutet Rechtskraft auch die prinzipielle Endgültigkeit der strafgerichtlichen Entscheidung, so bestehen aus rechtsstaatlichen Gründen jedoch in Ausnahmefällen Möglichkeiten der **Rechtskraftbeseitigung**. Eine solche kommt bei Urteilen vor allem in Betracht durch

– Wiederaufnahme des Verfahrens, §§ 359 ff. StPO,
– Wiedereinsetzung in den vorigen Stand, §§ 44 ff. StPO,
– Aufhebung des Urteils zugunsten eines Mitangeklagten durch das Revisionsgericht, § 357 StPO sowie
– Urteilsaufhebung durch das Bundesverfassungsgericht bei erfolgreicher Verfassungsbeschwerde, § 95 Abs. 2 BVerfGG.

2. Eintritt der Rechtskraft

16 Bei den rechtskraftfähigen strafgerichtlichen Entscheidungen existiert kein einheitlich geltender Zeitpunkt für den Eintritt der Rechtskraft. Wann sie jeweils in Rechtskraft erwachsen, bestimmt sich nach der Art der Entscheidung und ist zudem von weiteren Faktoren abhängig.[4]

---

[4]   Siehe auch *Seifert*, 2008, S. 881 f.

Alle Entscheidungen, gegen die **kein Rechtsmittel gegeben** ist, werden im Zeitpunkt ihres Erlasses rechtskräftig. Beim **Urteil** erlangt insoweit der Verkündungszeitpunkt entscheidende Bedeutung.

Hinsichtlich der **Beschlüsse**, die nach rechtzeitiger Einlegung eines Rechtsmittels die Rechtskraft unmittelbar herbeiführen (z.b. Verwerfungsentscheidungen der Berufungsgerichte nach §§ 313 Abs. 2 S. 2, 322a StPO und der Revisionsinstanz gem. § 349 Abs. 1, 2 StPO) normiert § 34a StPO aus Gründen der Rechtssicherheit, dass die Rechtskraft als mit Ablauf des Tages der Beschlussfassung eingetreten gilt. Alle durch die Rechtskraft bedingten Wirkungen entfalten sich in diesen Fällen mit Beginn des auf die Beschlussfassung folgenden Tages. Gemäß § 34a StPO bleibt der Moment der Bekanntmachung derartiger Beschlüsse für die Frage des Rechtskrafteintritts ohne Relevanz.

Ist gegen eine Entscheidung ein Rechtsmittel gegeben und wird ein solches nicht eingelegt, tritt die Rechtskraft mit **Ablauf** der Einlegungsfrist ein (§§ 316 Abs. 1, 343 Abs. 1 StPO). Gleiches gilt bei **verspäteter** Einlegung. Ein Verwerfungsbeschluss wegen verspäteter Einlegung von Berufung bzw. Revision nach §§ 319 Abs. 1 bzw. 346 Abs. 1 StPO hat insoweit keine Bedeutung.

Bei **Rechtsmittelverzicht** bzw. wirksamer **Rücknahme** (§§ 302 f. StPO) eines zunächst eingelegten Rechtsmittels erwächst die Entscheidung mit Eingang der Erklärung bei Gericht oder mit deren Aufnahme zu Protokoll der Geschäftsstelle gem. § 299 StPO in Rechtskraft.

Fraglich ist der Zeitpunkt der Rechtskraft in den Fällen, in denen zwar **rechtzeitig** **17** (§ 341 StPO) gegen ein Urteil Revision eingelegt wurde, jedoch **andere Zulässigkeitsvoraussetzungen fehlen**, weil dies nicht in der gesetzlich vorgeschriebenen Form geschah oder die Revisionsbegründung (§ 345 StPO) nicht form- und fristgerecht erfolgte. Der Beschwerdeführer kann gegen den Verwerfungsbeschluss des Gerichts, welches die angefochtene Entscheidung getroffen hatte (§ 346 Abs. 1 StPO), gem. § 346 Abs. 2 StPO vorgehen und eine Entscheidung des Revisionsgerichts über die Zulässigkeitsfrage herbeiführen. § 346 Abs. 2 S. 2 2. Halbs. StPO regelt, dass die Vollstreckung des Urteils bis zur Entscheidung des Revisionsgerichts nicht gehemmt ist. Diese Regelung stellt – auch im Hinblick auf die Unschuldsvermutung – eine systemwidrige **Abweichung** von dem aus § 449 StPO folgenden Prinzip der **Nichtanerkennung vorläufiger Vollstreckbarkeit** von Strafurteilen dar. Die Unzulässigkeit der eingelegten Revision steht aber endgültig erst fest, wenn entweder der Beschwerdeführer die Frist des § 346 Abs. 2 S. 1 StPO nicht genutzt hat oder der Verwerfungsbeschluss des Revisionsgerichts ergangen ist, so dass erst dann die Rechtskraft eintritt.[5]

3. Teilrechtskraft

Für die Vollstreckbarkeit strafgerichtlicher Entscheidungen ist der Eintritt der **18** **absoluten Rechtskraft** notwendig. Es genügt nicht, wenn ein Urteil für den An-

---

[5] Dazu KK-StPO/*Appl*, 2008, § 449 Rdn. 8 ff.; *Meyer-Goßner*, 2009, § 346 Rdn. 5; SK-StPO/*Paeffgen*, § 449 Rdn. 5.

geklagten (z.B. infolge Rechtsmittelverzicht) unanfechtbar wurde, andere Prozessbeteiligte (z.B. die Staatsanwaltschaft) aber noch Rechtsmittel einlegen dürfen (Fall der relativen Rechtskraft).

Allerdings kann auch Teilrechtskraft eintreten, wenn
- durch einen Verurteilten in zulässiger Weise die Teilanfechtung erfolgt oder
- bei mehreren Verurteilten eine bzw. mehrere, aber nicht alle mittels Rechtsbehelf gegen die Entscheidung vorgehen.

Die prinzipielle **Zulässigkeit der Teilanfechtung**[6] von Urteilen lässt sich den §§ 316 Abs. 1, 318 S. 1, 327, 343 Abs. 1, 344 Abs. 1, 352 Abs. 1 StPO entnehmen. Berufung und Revision können beschränkt eingelegt werden. Gleiches gilt gem. § 410 Abs. 2 StPO für den Einspruch gegen den Strafbefehl, der auf bestimmte Beschwerdepunkte begrenzbar ist. Auch eine beschränkte Einlegung des Rechtsmittels der Beschwerde wird allgemein anerkannt.[7]

19   Nach der sog. **Trennbarkeitsformel** sind Teilanfechtungen aber nur dann zulässig, wenn der Beschwerdepunkt nach dem inneren Zusammenhang des Urteils losgelöst von dem nicht angefochtenen Teil rechtlich und tatsächlich selbständig geprüft und beurteilt werden kann, ohne dass eine Überprüfung der Entscheidung im Übrigen erforderlich ist, und wenn die nach dem Teilrechtsmittel stufenweise entstehende Gesamtentscheidung frei von inneren Widersprüchen bleibt.[8] Eine wirksame Teilanfechtung hat dann zur Folge, dass nicht angefochtene Entscheidungsteile in Teilrechtskraft erwachsen.

Bei der **Teilrechtskraft** sind zwei **Formen** zu unterscheiden:[9]
- Die vertikale Teilrechtskraft, bei der die Trennungslinie zwischen verschiedenen Prozessgegenständen verläuft und
- die horizontale Teilrechtskraft, bei der es innerhalb eines Prozessgegenstandes nur um eine bestimmte Verfahrensstufe geht.

a) Vertikale Teilrechtskraft

20   Die vertikale Teilrechtskraft beschränkt sich auf einen Teil des Verfahrensstoffes, der selbst Gegenstand eines eigenen Strafverfahrens hätte sein können. Dies betrifft die Frage der Bestrafung eines von mehreren Angeklagten oder bei einem Angeklagten eine von mehreren Taten i.S.d. § 264 Abs. 1 StPO.

aa) Mehrzahl von Angeklagten

21   Wurden in einem Verfahren mehrere Angeklagte verurteilt, hat jeder der Betroffenen die Möglichkeit, unabhängig von Mitangeklagten Rechtsmittel einzulegen. Die Vollstreckbarkeit tritt gegenüber demjenigen ein, dessen Rechtsfolgenausspruch in absolute Rechtskraft erwachsen ist. Rechtsmittel anderer Verurteilter verhindern – wie sich aus §§ 316 Abs. 1, 343 Abs. 1 StPO ergibt – nicht die Vollstreckung.

---

6   Dazu *Wankel*, 1998, S. 65 ff.
7   *Meyer-Goßner*, 2009, § 304 Rdn. 4.
8   BGHSt. 47, S. 35; OLG Frankfurt a.M., NJW 1980, S. 2535.
9   *Meyer-Goßner*, 2009, Einl. Rdn. 185 f.; *Roxin/Schünemann*, 2009, S. 409.

Es kann aber in Fällen der Revisionseinlegung gem. § 357 S. 1 StPO zu einer Revisionserstreckung auf Mitangeklagte kommen. Hebt das Revisionsgericht das Urteil zugunsten eines Angeklagten auf, erstreckt sich dies auch auf Mitangeklagte, wenn der Nichtrevident durch dasselbe Urteil sanktioniert wurde und es um dieselbe Tat im strafprozessualen Sinne geht. Zudem muss die Aufhebung wegen sachlich-rechtlicher Fehler oder wegen fehlerhafter Beurteilung einer Verfahrensvoraussetzung, die auch für den nicht revidierenden Mitverurteilten von Bedeutung sein kann, erfolgen. Da Mitverurteilte dann so behandelt werden, als hätten sie ebenfalls Revision eingelegt, tritt **nachträgliche Rechtskraftdurchbrechung** ein. Eine bereits eingeleitete Strafvollstreckung gegen den Nichtrevidenten wird ex nunc unzulässig.[10]

bb) Ein Verurteilter

Hat eine Person durch mehrere Verletzungen desselben Gesetzes oder durch Verstoß gegen verschiedene Strafrechtsnormen mehrere selbständige Taten im strafprozessualen Sinne begangen und werden diese gleichzeitig abgeurteilt, so darf der Verurteilte sein Rechtsmittel auf einzelne Taten beschränken. Er kann bei Bildung einer **Gesamtstrafe** (§§ 53 ff. StGB) hinsichtlich einzelner darin enthaltener Einzelstrafen auf Rechtsmittel verzichten bzw. ein eingelegtes Rechtsmittel in einem solchen Umfang zurücknehmen. Dann erwächst die strafgerichtliche Entscheidung insoweit in Teilrechtskraft.   **22**

Die Teilrechtskraft hat zur Folge, dass es schon zur **Vollstreckung** nicht angefochtener **Einzelstrafen** kommen kann, bevor der Ausspruch über die Gesamtstrafe rechtskräftig ist.[11] Denn auch bei den Einzelstrafen handelt es sich um selbständige, der Rechtskraft fähige Entscheidungen.[12] Allerdings wird bei einer solchen Einzelstrafenvollstreckung im Einzelfall der Gefahr zu begegnen sein, der Verurteilte könnte bereits eine Freiheitsstrafe verbüßen müssen, die länger andauert als diejenige der später in Rechtskraft erwachsenen Gesamtstrafenentscheidung. Damit dem Betroffenen keine Nachteile entstehen, soll eine Teilvollstreckung auf die Höhe der geringst zulässigen Gesamtstrafe beschränkt bleiben und nur in denjenigen Fällen erfolgen, in denen ein echtes Bedürfnis für eine Teilvollstreckung besteht.[13]

b) Horizontale Teilrechtskraft

Bei einer Verurteilung wegen einer Tat kann der Betroffene sein Rechtsmittel auf den **Rechtsfolgenausspruch** beschränken, denn die dann in Rechtskraft erwachsende Schuldfrage ist von der Strafzumessung abtrennbar (sog. Strafmaßberufung bzw. -revision). Nicht angefochtene Teile sind ferner vollstreckbar, wenn das Urteil wegen einer Tat im Rechtsfolgenausspruch lediglich hinsichtlich einer oder mehrerer der darin enthaltenen Rechtsfolgen angefochten wird (z.B. bei Sanktionierung zur Hauptstrafe und Nebenstrafe). Gleiches gilt bei einer Verurteilung zu mehreren gesonderten Strafen gem. § 53 Abs. 2 S. 2 1. Halbs. StGB (Freiheitsstra-   **23**

---

[10] KK-StPO/*Appl*, 2008, § 449 Rdn. 12a.
[11] KK-StPO/*Appl*, 2008, § 449 Rdn. 16 ff.; KMR/*Paulus/Stöckel*, § 449 Rdn. 16; *Meyer-Goßner*, 2009, § 449 Rdn. 11; SK-StPO/*Paeffgen*, § 449 Rdn. 8.
[12] BGHSt. 1, S. 254.
[13] KK-StPO/*Appl*, 2008, § 449 Rdn. 18 f.; *Meyer-Goßner*, 2009, § 449 Rdn. 11.

fe und Geldstrafe). Auch darf etwa bei versagter Strafaussetzung zur Bewährung nach § 56 StGB das Rechtsmittel auf die Aussetzungsfrage beschränkt bleiben[14], so dass die Verurteilung zur Freiheitsstrafe bereits vor der Entscheidung des Rechtsmittelgerichts in Rechtskraft erwächst.

II. Urkundliche Vollstreckungsgrundlagen

24 Neben der Rechtskraft der vollstreckungsfähigen Entscheidung ist Voraussetzung für die Einleitung und Durchführung der Strafvollstreckung das Vorliegen der notwendigen urkundlichen Grundlage. Es bedarf der Erteilung einer **schriftlichen Bescheinigung** über die Vollstreckbarkeit als letztem Akt des gerichtlichen Verfahrens[15], damit die Vollstreckung seitens der Vollstreckungsbehörde eingeleitet werden kann. Mittels der Vollstreckungsbescheinigung soll die Vollstreckungsbehörde von der Nachprüfung des Rechtskrafteintritts der zu vollstreckenden Entscheidung entlastet werden.

Bei der Vollstreckung von Strafurteilen verlangt § 451 Abs. 1 StPO eine mit der Bescheinigung der Vollstreckbarkeit versehene **beglaubigte Abschrift** der **Urteilsformel** (§ 268 Abs. 2 S. 1 StPO). Auf das Vorliegen der Urteilsgründe kommt es gem. § 13 Abs. 3 S. 1 StVollstrO nicht an. Neben der in § 451 Abs. 1 StPO bezeichneten beglaubigten Abschrift der Urteilsformel lässt § 13 Abs. 2 StVollstrO gleichermaßen die Urschrift des Urteils oder eine beglaubigte Abschrift der vollständigen strafgerichtlichen Entscheidung als urkundliche Vollstreckungsgrundlage zu.

Die Vollstreckbarkeitsbescheinigung muss stets dann erteilt werden, wenn die absolute Rechtskraft eingetreten ist bzw. wenn die Entscheidung ausnahmsweise schon davor vollstreckbar wurde. Die Bescheinigung über die Vollstreckbarkeit stellt damit regelmäßig zugleich die **Rechtskraftbescheinigung** dar.

25 Da die Bescheinigungserteilung noch zum gerichtlichen Verfahren zählt, liegt die **Zuständigkeit** hierfür regelmäßig gem. § 13 Abs. 4 S. 1 StVollstrO beim **Urkundsbeamten** der Geschäftsstelle des Gerichts des ersten Rechtszugs; nach Abs. 4 S. 2 der Verwaltungsvorschrift erteilt sie der Urkundsbeamte beim Berufungsgericht, wenn ein Berufungsurteil ergangen ist, gegen das keine Revision eingelegt wird. Ist Revision eingelegt, ergibt sich die Zuständigkeit aus § 13 Abs. 5 StVollstrO.

Zur **Überprüfung der Vollstreckbarkeitsbescheinigung** kann der betroffene Verurteilte die Entscheidung desjenigen Gerichts beantragen, dem der Urkundsbeamte angehört. Gleiches gilt für die Vollstreckungsbehörde bei Nichterteilung der Bescheinigung. Die gerichtliche Entscheidung ist dann gem. § 304 Abs. 1 StPO mit der Beschwerde anfechtbar.[16] Eine Nachprüfung der Vollstreckbarkeitsbescheinigung durch die Vollstreckungsbehörde findet nur insoweit statt, als jene gem. § 3 Abs. 1 S. 1 StVollstrO bei Einleitung der Vollstreckung das Vorliegen

---

[14] BGHSt. 47, S. 35.
[15] KK-StPO/*Appl*, 2008, § 451 Rdn. 18.
[16] *Meyer-Goßner*, 2009, § 451 Rdn. 17.

der Vollstreckungsvoraussetzungen prüfen muss. Die Überprüfung bleibt daher auf Vollständigkeit und formelle Mängel beschränkt.[17] Bestehen jedoch Zweifel am Rechtskrafteintritt, darf die Vollstreckung nicht eingeleitet werden.

Der urkundlichen Grundlage für die Vollstreckung bedarf es auch in den Fällen der **Teilrechtskraft**. Insoweit ergeht eine eingeschränkte Vollstreckbarkeitsbescheinigung. Die jeweilige Einzelstrafe wird aus den Urteilsgründen entnommen.[18] Eine urkundliche Vollstreckungsgrundlage ist zudem bei einer Verurteilung zu einer vorbehaltenen Strafe i.S.d. § 59b StGB erforderlich (§ 14 Abs. 1 Nr. 1 StVollstrO). Wird ein **Gesamtstrafenbeschluss** (§ 460 StPO) rechtskräftig, verlieren bereits in Rechtskraft erwachsene Einzelstrafen ihre selbständige Bedeutung. Deshalb muss auch für dessen Vollstreckung eine entsprechende Bescheinigung vorliegen.[19] Da ein in Rechtskraft erwachsener **Strafbefehl** nach § 410 Abs. 3 StPO einem rechtskräftigen Urteil gleichsteht, ist für dessen Vollstreckung ebenfalls eine Vollstreckungsbescheinigung notwendig.

Eine urkundliche Grundlage als Vollstreckungsvoraussetzung bleibt auch bei sonstigen **urteilsvertretenden Beschlüssen** unabdingbar. Dies betrifft die in § 14 Abs. 1 Nr. 2 bis 8 StVollstrO bezeichneten Nachtragsentscheidungen wie Widerrufsbeschlüsse bezüglich der Aussetzung einer Strafe, eines Strafrestes, einer Unterbringung oder eines Straferlasses, die Anordnung über eine vom Urteil abweichende Reihenfolge der Vollstreckung von Freiheitsstrafe und freiheitsentziehender Maßregel.

26

III. Vollstreckungshindernisse

Auch wenn ein vollstreckbares Erkenntnis rechtskräftig geworden ist, kann die Vollstreckung dennoch bei Vorliegen eines Vollstreckungsgegengrunds unzulässig sein. Vollstreckungshindernisse sind während der gesamten Vollstreckungsdurchführung **von Amts wegen** zu beachten.[20]

27

Neben der fehlenden Rechtskraft sind sämtliche bzw. fast alle vollstreckbaren Rechtsfolgen betreffende Ausschlussgründe
– die Vollstreckungsverjährung,
– ein Gnadenerweis,
– eine Amnestie,
– ein Verstoß gegen den Vertrauensgrundsatz,
– die bereits erfolgte Vollstreckung,
– eine fehlende Identität mit der sanktionierten Person,
– der Tod der sanktionierten Person.

Daneben gibt es Vollstreckungshindernisse, die nur für bestimmte Rechtsfolgen deren Durchführung unzulässig machen. Im Bereich der freiheitsentziehenden

28

---

[17] KK-StPO/*Appl*, 2008, § 451 Rdn. 18; dazu auch *Seifert*, 2008, S. 883.
[18] *Meyer-Goßner*, 2009, § 451 Rdn. 14.
[19] KK-StPO/*Appl*, 2008, § 451 Rdn. 20.
[20] *Röttle/Wagner*, 2009, Rdn. 659.

Unrechtsreaktionen[21] sind dies insbesondere die **Immunität** der Mitglieder des Deutschen Bundestags, der gesetzgebenden Organe der Bundesländer sowie des Europäischen Parlaments. Die Vollstreckungsfähigkeit einer Entscheidung entfällt ferner durch die **Aussetzung** einer freiheitsentziehenden Strafe oder Maßregel bzw. eines Berufsverbots **zur Bewährung**, solange kein rechtskräftiger Widerrufsbeschluss vorliegt. Ein Vollstreckungshindernis folgt zudem aus dem Grundsatz der Spezialität bei **Einlieferung aus dem Ausland**; eine Vollstreckung darf nur so weit reichen, wie dies von der Auslieferungsbewilligung des ausliefernden Staates gedeckt bleibt. Unter bestimmten Voraussetzungen kann es bei freiheitsentziehenden Sanktionen auch zu einem **Strafausstand** als vorübergehendem Verfahrenshindernis kommen. Dieser erfolgt vor Beginn des Vollzugs als Strafaufschub, danach als Strafunterbrechung. In Form von Strafaufschub oder -unterbrechung vermag bei durch Betäubungsmittelabhängigkeit bedingter Tatbegehung eine **Zurückstellung der Strafvollstreckung** gemäß der Bestimmung des § 35 BtMG zu erfolgen. Ein Vollstreckungsgegengrund ist gegeben bei **Ausweisung** des Verurteilten aus dem Geltungsbereich der StPO, seiner **Auslieferung** an eine ausländische Regierung oder **Überstellung** an einen internationalen Strafgerichtshof, solange der Betroffene nicht zurückkehrt.

Gegen die Durchführung bzw. den Fortbestand eines Vollstreckungsverfahrens kann mit dem Einwand des Bestehens eines Vollstreckungshindernisses vorgegangen werden. Als gerichtlicher **Rechtsbehelf** gegen die Zulässigkeit der Strafvollstreckung steht dem Betroffenen die Einwendung gem. § 458 Abs. 1 StPO offen.[22]

1. Vollstreckungsverjährung

29   Unzulässig wird gem. § 79 Abs. 1 StGB die Vollstreckung rechtskräftig verhängter Strafen und Maßnahmen i.S.d. § 11 Abs. 1 Nr. 8 StGB (Maßregeln der Besserung und Sicherung, Verfall, Einziehung, Unbrauchbarmachung), sobald die **Verjährungsfrist abgelaufen** ist. Nicht der Vollstreckungsverjährung unterliegen jedoch lebenslange Freiheitsstrafen (§ 79 Abs. 2 StGB), die Sicherungsverwahrung (§ 79 Abs. 4 S. 1 1. Alt. StGB), Strafen wegen Völkermords oder Verbrechen gegen die Menschlichkeit (§ 5 VStGB) und die unbefristete Führungsaufsicht i.S.d. § 68c Abs. 2 S. 1, Abs. 3 StGB (§ 79 Abs. 4 S. 1 2. Alt. StGB).

Fristbeginn für die Vollstreckungsverjährung ist nach § 79 Abs. 6 StGB der Eintritt der **Rechtskraft** der Entscheidung im Strafausspruch.[23] Der Tag, an dem das Erkenntnis in Rechtskraft erwächst[24], stellt zugleich den ersten Verjährungstag dar.[25] Bei einer nachträglichen Gesamtstrafenbildung durch Urteil (§ 55 StGB) oder Beschluss (§ 460 StPO) wird deren Rechtskraft maßgeblich.[26]

---

[21]   Siehe Kap. D VI.
[22]   Zum Rechtsschutz Kap. L.
[23]   BGHSt. 11, S. 393.
[24]   Zur Rechtskraft oben Kap. B I.
[25]   *Fischer*, 2010, § 79 Rdn. 3.
[26]   *Röttle/Wagner*, 2009, Rdn. 667.

a) Verjährungsfristen

Während die Strafverfolgungsverjährung des § 78 StGB sich nach der gesetzlich **30**
angedrohten Strafe richtet, variiert die **Dauer** der jeweiligen Frist für die Vollstreckungsverjährung von § 79 StGB nach Art und Höhe der im konkreten Fall **erkannten** Strafe bzw. Maßnahme. Bei einer Gesamtstrafe ist deren Höhe entscheidend.[27]

Für die Hauptstrafen enthält § 79 Abs. 3 Nr. 1 bis 4 StGB abgestufte Fristen.
Bei den **Freiheitsstrafen** beträgt die Verjährungsfrist
- 25 Jahre bei Freiheitsstrafe von mehr als zehn Jahren,
- 20 Jahre bei Freiheitsstrafe von mehr als fünf Jahren bis zu zehn Jahren,
- 10 Jahre bei Freiheitsstrafe von mehr als einem Jahr bis zu fünf Jahren,
- 5 Jahre bei Freiheitsstrafe bis zu einem Jahr.

Hat das Gericht nach § 51 Abs. 1 StGB Untersuchungshaft auf die zeitige Freiheitsstrafe angerechnet, bleibt dies hinsichtlich der Dauer der Vollstreckungsverjährung ohne Relevanz. Nicht zu berücksichtigen ist auch ein auf dem Gnadenweg
erlassener Teil der Sanktion.[28] Letzteres sowie das Außer-Betracht-Bleiben von
Untersuchungshaftanrechnung gelten gleichermaßen für die Geldstrafen.

Bei den **Geldstrafen** beträgt die Verjährungsfrist nach § 79 Abs. 3 Nr. 4 und 5
StGB
- 5 Jahre bei Geldstrafe von mehr als 30 Tagessätzen,
- 3 Jahre bei Geldstrafe bis zu 30 Tagessätzen.

Maßgeblich für die Vollstreckungsverjährung bei den Geldstrafen ist die Zahl
der verhängten Tagessätze und nicht deren Höhe.

Für die **Maßnahmen** i.S.d. § 11 Nr. 8 StGB (außer der gem. § 79 Abs. 4 S. 1
StGB nicht verjährenden Vollstreckung von Sicherungsverwahrung und unbefris-
teter Führungsaufsicht) beinhaltet § 79 Abs. 4 S. 2 Nr. 1 und 2 StGB folgende
Differenzierung:
Die Frist beträgt
- 5 Jahre bei der nach § 68 Abs. 1 StGB angeordneten Führungsaufsicht sowie
  auch der gem. § 68f Abs. 1 StGB kraft Gesetzes eintretenden Führungsaufsicht[29],
- 5 Jahre bei der ersten Unterbringung in einer Entziehungsanstalt,
- 10 Jahre bei den übrigen Maßnahmen.

Ist in einem Verfahren zugleich auf mehrere Unrechtsreaktionen erkannt wor-   **31**
den, gilt das Prinzip der **gemeinsamen Verjährung** des § 79 Abs. 5 S. 1 StGB.
Dieses betrifft die Konstellationen, in denen in demselben Verfahren Freiheits-
und Geldstrafe verhängt wurde oder das Gericht neben Freiheits- oder Geldstrafe
eine freiheitsentziehende Maßregel der Besserung und Sicherung (§ 61 Nr. 1 bis 3
StGB), Verfall, Einziehung oder Unbrauchbarmachung angeordnet hat. Dann
verjährt die Vollstreckung keiner der Strafen oder Maßregeln früher als die andere. Maßgebliche Bedeutung kommt insoweit der längsten Frist der jeweiligen

---

[27] BGHSt. 30, S. 234.
[28] *Fischer*, 2010, § 79 Rdn. 4.
[29] *Lackner/Kühl*, 2007, § 79 Rdn. 3; Schönke/Schröder/*Sternberg-Lieben*, 2006, § 79
      Rdn. 7; *Wagner*, 2009, S. 159; a.A. *Fischer*, 2010, § 79 Rdn. 5.

Rechtsfolgen zu. Ausgenommen vom Grundsatz des § 79 Abs. 5 S. 1 StGB hat der Gesetzgeber gem. S. 2 die nicht der Vollstreckungsverjährung unterliegende Sicherungsverwahrung (§ 79 Abs. 4 S. 1 1. Alt. StGB). Sie verhindert nicht die Verjährung von gleichzeitig neben ihr angeordneten Rechtsfolgen.

32   Eine einmalige **Verlängerung der Frist** für die Vollstreckungsverjährung lässt § 79b StGB für jenen Fall zu, in dem ein Verurteilter sich in einem Gebiet außerhalb der Bundesrepublik Deutschland aufhält, aus dem seine Auslieferung oder Überstellung nicht erreicht werden kann. Dann darf das Gericht des ersten Rechtszugs (§ 462a Abs. 2 S. 1 StPO) auf Antrag der Vollstreckungsbehörde durch Beschluss gem. § 462 StPO eine noch nicht abgelaufene Verjährungsfrist um die Hälfte ihrer gesetzlich normierten Dauer verlängern. Nach § 462 Abs. 3 S. 1 StPO ist ein die Verlängerung betreffender Beschluss mit der sofortigen Beschwerde anfechtbar.

b) Ruhen der Verjährung

33   § 79a StGB sieht unter bestimmten Voraussetzungen ein Ruhen der Vollstreckungsverjährung vor. Das Ruhen **hemmt** lediglich den Beginn oder Weiterlauf der jeweiligen **Frist**, d.h. ein das Ruhen auslösendes Ereignis erlangt für einen schon angelaufenen Teil der Frist keine Relevanz; die Verjährung beginnt nicht von Neuem.

Als das Ruhen auslösende **Ereignisse** sind in § 79a StGB normiert:
- Die Vollstreckung kann nach dem Gesetz nicht begonnen oder nicht fortgesetzt werden (Nr. 1), z.B. wegen Abgeordnetenimmunität;
- bei Freiheitsstrafen und Maßregeln der Besserung und Sicherung die erfolgte Bewilligung bestimmter Erleichterungen (Nr. 2a und b): Vollstreckungsaufschub oder -unterbrechung, Aussetzung zur Bewährung durch richterliche Entscheidung oder im Gnadenweg;
- bei Geldstrafe, Verfall oder Einziehung zugestandene Zahlungserleichterungen (Nr. 2c);
- die Zeit, in der der Verurteilte im In- oder Ausland auf behördliche Anordnung in einer Anstalt verwahrt wird (Nr. 3); dies gilt auch bei Verwahrung in derselben Sache[30] sowie bei Durchführung einer stationären Drogentherapie gem. §§ 35, 36 BtMG.[31]

Die Hemmung des Ablaufs der Verjährungsfrist beginnt mit Anfang des Tages, an dem das für das Ruhen maßgebende Ereignis eintritt. Der im konkreten Fall nach § 79 StGB relevante Verjährungszeitpunkt wird hinausgeschoben, solange ein Ruhen gegeben ist. Die Frist läuft dann wieder weiter, sobald das Ruhen durch Entfallen der Voraussetzung aufhört.

---

[30]   *Fischer*, 2010, § 79a Rdn. 5; Schönke/Schröder/*Stree/Sternberg-Lieben*, 2006, § 79a Rdn. 7.
[31]   *Röttle/Wagner*, 2009, Rdn. 668.

2. Gnadenerweis

Einer Vollstreckung kriminalrechtlicher Sanktionen kann im Einzelfall ein Gna-   **34**
denakt entgegenstehen. Voraussetzungen[32] für eine Begnadigung durch den zuständigen Gnadenträger als ein von Amts wegen zu beachtendes Vollstreckungshindernis sind:
- eine gnadenfähige Entscheidung,
- die Rechtskraft des Erkenntnisses und
- das Fortbestehen der durch die Entscheidung eingetretenen Rechtsnachteile.

a) Grundsätze

Der Gnadenerweis stellt eine Milderung oder Aufhebung von Rechtsnachteilen   **35**
dar, welche durch einen Akt der Exekutive als **Einzelfallentscheidung** erfolgt und
sich auf die Vollstreckung bezieht. So kann es auf dem Gnadenweg ausnahmsweise z.B. zu einer Strafaussetzung zur Bewährung oder einer Maßregelerledigung
kommen. Bei der Geldstrafe ist etwa aufgrund besonderer Umstände die gnaden-
weise Bewilligung von Zahlungserleichterungen oder der Erlass einer bereits
bezahlten Geldstrafe verbunden mit deren Rückzahlung möglich.[33]

Beim Gnadenrecht handelte es sich ursprünglich um eine seinem Inhaber kraft
Herkommens zugehörige Befugnis, die mit den heutigen Vorstellungen von Ver-
rechtlichung der wesentlichen und grundrechtsrelevanten Lebensvorgänge durch
parlamentarisch beschlossene Normen nur schwer in Einklang zu bringen ist.
Gnade als gewohnheitsrechtlich geltende Gestaltungsmacht besonderer Art[34] hat
meist nur dem Grunde nach Eingang in formelle Gesetze gefunden (etwa Art. 60
Abs. 2 und 3 GG; § 452 StPO). Eine gesetzliche Einschränkung der Gnadenkompetenz besteht aber prinzipiell nicht: Gnade ergeht vor Recht. So wird eine mil-
dernde Einwirkung durch Gnadenerweise bei **sämtlichen Sanktionsarten** möglich.

Ist eine gnadenfähige Entscheidung in Rechtskraft erwachsen, setzt ein Begna-
digungsakt voraus, dass der davon Betroffene noch **beschwert** ist. Die ihn belas-
tenden Rechtsfolgen dürfen im Grundsatz weder bereits verbüßt noch erlassen
oder verjährt sein. Allerdings sollen im Rechtsstaat Gnadenerweise nur **subsidiär**
gehandhabt werden. Kann der durch das Erkenntnis Beschwerte sein Ziel durch
einen ausdrücklich geregelten Rechtsbehelf auf anderem Wege erreichen (z.B.
eine vorzeitige Entlassung aus dem Vollzug der Freiheitsstrafe durch einen Antrag
auf Strafrestaussetzung zur Bewährung gem. § 57 StGB), bleibt er zunächst auf
diesen verwiesen.[35]

Stellt die Begnadigung eine Milderung bzw. Aufhebung von Rechtsnachteilen
im Wege einer Einzelentscheidung dar, dann soll diese dazu dienen, Unbilligkei-
ten auszugleichen. Diese können darauf beruhen, dass das erkennende Gericht bei
der Festlegung der nachteiligen Rechtsfolgen wesentliche Umstände nicht zu

---

[32] Siehe *Schätzler*, 1992, S. 64 ff.
[33] *Röttle/Wagner*, 2009, Rdn. 701.
[34] BVerfG, NStZ 2001, S. 669.
[35] *Röttle/Wagner*, 2009, Rdn. 701; *Schätzler*, 1992, S. 36.

berücksichtigen vermochte, weil diese zum Zeitpunkt der Entscheidungsfindung ihm noch nicht bekannt waren oder erst nach der Sanktionierung eingetreten sind. Zudem können rechtliche Gründe zu einer Modifizierung von Sanktionen im Gnadenwege führen. Deshalb haben Gnadenerweise **Ausnahmecharakter**.

b) Verfahrensfragen

36 Die **Zuständigkeitsverteilung** in Gnadensachen folgt dem föderalen Charakter der Bundesrepublik Deutschland. Entscheidende Bedeutung erlangt, ob die erstinstanzliche Entscheidung in einer Strafsache in Ausübung von Bundes- oder Landesgerichtsbarkeit erging (§ 452 StPO). Die Gnadenkompetenz in Strafsachen bildet damit eine Länderangelegenheit, sofern nicht ausnahmsweise ein Oberlandesgericht in einer Staatsschutzsache in Ausübung von Gerichtsbarkeit des Bundes entschieden hat (§§ 120 Abs. 6, 142a GVG, Art. 96 Abs. 5 GG, § 452 S. 1 StPO). Träger des Gnadenrechts ist herkömmlicherweise der oberste Repräsentant des jeweiligen Staatswesens.

37   Je nach Zuständigkeit sind die entsprechenden **Vorschriften** des Bundes- oder Landesrechts heranzuziehen. Dabei handelt es sich in den meisten Fällen nicht um formelle Gesetze, sondern um Verwaltungsvorschriften, in denen die Inhaber der Gnadenkompetenz im Wege der Selbstbindung ihr Vorgehen objektiviert haben.[36] Die Gnadenvorschriften betreffen sowohl materielle Voraussetzungen eines Gnadenakts als auch das einzuhaltende Procedere.

Gnadenträger sind neben dem Bundespräsidenten (Art. 60 Abs. 2 GG) die Ministerpräsidenten der Bundesländer, in den Stadtstaaten die Senate. Vielfach wurde die Ausübung der Berechtigung von den Gnadenträgern im bestimmten Umfang delegiert. Die Inhaber der Gnadenkompetenz haben sich die Erteilung von Gnadenerweisen überwiegend nur für Einzelfälle vorbehalten (z.B. bei lebenslanger Freiheitsstrafe) und sie im Übrigen auf die Fachministerien bzw. Senatoren für Justiz delegiert. Die Gnadenvorschriften der einzelnen Bundesländer regeln die weitere Delegation auf unterstellte Gnadenbehörden.

Die Durchführung eines Gnadenverfahrens hat prinzipiell **keine Hemmung der Vollstreckung** zur Folge. Die Gnadenvorschriften enthalten jedoch Bestimmungen, wonach die Gnadenbehörden die Vollstreckung vorläufig einstellen können, wenn nachhaltige Gnadengründe gegeben sind. Ferner darf nicht das öffentliche Interesse die sofortige bzw. weitere Durchführung der gerichtlich verhängten Rechtsfolge notwendig machen.

38   Gnadenerweise bedürfen keiner Begründung und sind infolge des besonderen Wesens von Begnadigungen nicht der **gerichtlichen Kontrolle** unterworfen.[37] Etwas anderes gilt jedoch für den actus contrarius. Gnadenakte dürfen unter bestimmten Umständen widerrufen werden, etwa wenn sich der Begünstigte durch Begehung einer neuen Straftat, Verstöße gegen Auflagen oder Weisungen als nicht würdig er-

---

[36] Siehe Nachw. in Schönfelder, Deutsche Gesetze, § 452 StPO Fn. 2.

[37] BVerfG, NStZ 2001, S. 669; BVerfGE 25, S. 358 ff.; BayVerfGH, NStZ-RR 1997, S. 40; OLG Hamburg, JR 1997, S. 255.

weist. Derartige Widerrufsentscheidungen sind gerichtlich voll überprüfbar.[38] Eröffnet ist insoweit der Rechtsweg zu den Oberlandesgerichten nach §§ 23 ff. EGGVG.[39]

3. Amnestie

Während beim Gnadenerweis dieser aus der Kompetenz des Gnadenträgers folgend aufgrund besonderer Umstände für den Einzelfall getroffen wird, kann auch eine Amnestie als eine **generell abstrakte Regelung** zu einem Vollstreckungshindernis führen. Amnestien bedürfen eines förmlichen Gesetzes. Sie betreffen nicht nur den Einzelfall, sondern finden für eine Mehrzahl von Sachverhalten gleichermaßen Anwendung.   **39**

Mittels Amnestiegesetzen wird Straffreiheit oder Strafermäßigung nach allgemeinen Merkmalen gewährt. Es können noch nicht rechtskräftig abgeschlossene Verfahren niedergeschlagen (Abolition) oder die Einleitung neuer Verfahren unterbunden werden. Eine Amnestie kann aber auch Auswirkungen im Vollstreckungsverfahren zeigen, wenn etwa die Vollstreckung von Straferkenntnissen für bestimmte Taten oder Tätergruppen ausgeschlossen wird und es dadurch zu einem Erlass rechtskräftig erkannter strafrechtlicher Rechtsfolgen (oder deren Milderung) kommt.[40]

4. Verstoß gegen Vertrauensprinzip

Zu den Vollstreckungshindernissen gehört auch ein Verstoß gegen den Vertrauensgrundsatz, der ein zentrales **Element des Rechtsstaatsprinzips** (Art. 20 Abs. 3 GG) darstellt. Seine Beachtung dient der Gerechtigkeit im Einzelfall unter Berücksichtigung besonderer Umstände. Der Gesichtspunkt des Vertrauensschutzes betrifft auch das strafrechtliche Vollstreckungsverfahren.[41]   **40**

Hat ein von einer Sanktion Betroffener seitens des Gerichts oder der Vollstreckungsbehörde eine ihn begünstigende Rechtsposition erworben (z.B. Zahlungserleichterung bei Geldstrafe, Aussetzung einer Freiheitsstrafe zur Bewährung), dann hat diese ebenso wenig Bestand, wie sie andererseits nicht jederzeit wieder ohne Weiteres entzogen werden darf. Das Vollstreckungsrecht sieht für Veränderungen der erworbenen Rechtsposition zum Nachteil des Sanktionierten Bestimmungen vor, welche die Voraussetzungen regeln (z.B. Änderung oder Aufhebung von Zahlungserleichterungen zuungunsten des Verurteilten gem. § 459a Abs. 2 StPO, Widerruf der Strafaussetzung zur Bewährung nach § 56f StGB). Trotz des Vorliegens der jeweiligen formellen Voraussetzungen kann aber im Einzelfall eine Negativentscheidung unzulässig sein, wenn das Verfahren über eine Veränderung zuungunsten des Betroffenen außergewöhnlich lange verzögert wird, dadurch der Sanktionierte in unzumutbarer Weise im Ungewissen gelassen bleibt und aus

---

[38] BVerfGE 30, S. 108 ff.
[39] BVerwGE 49, S. 221; *Kissel/Mayer*, 2008, § 23 EGGVG Rdn. 129.
[40] *Laubenthal*, 2008, S. 384 f.
[41] KK-StPO/*Appl*, 2008, § 458 Rdn. 12.

seiner Sicht das Vertrauen geschaffen wurde, mit einer Veränderung zu seinen Lasten nicht mehr rechnen zu müssen.[42] Ferner kann aus Vertrauensschutzgründen eine zeitliche Beschränkung für eine Vollstreckungsdurchführung geboten sein. Das ist dann der Fall, wenn der Betroffene aufgrund besonderer Umstände die berechtigte Erwartung hegen durfte, dass er trotz der bereits getroffenen Negativentscheidung von deren Konsequenzen verschont bleiben werde.[43]

5. Bereits erfolgte Vollstreckung

41 Ebenso wie eine Person nicht wegen derselben Tat mehrmals bestraft werden kann (Art. 103 Abs. 3 GG), darf auch ein rechtskräftiges strafgerichtliches Erkenntnis **nicht mehrfach vollstreckt** werden. Leitet die Vollstreckungsbehörde bezüglich einer bereits vollständig durchgeführten Unrechtsreaktion ein erneutes Vollstreckungsverfahren ein, steht dem das Hindernis der bereits erfolgten Vollstreckung entgegen.[44]

6. Fehlende Identität

42 Ein Vollstreckungshindernis stellt es dar, wenn der Vollstreckungsadressat nicht mit der rechtskräftig sanktionierten Person identisch ist.[45] Die Folgen eines strafgerichtlichen Erkenntnisses können nur denjenigen treffen, der auch tatsächlich die in der Entscheidung bezeichnete **richtige Person** darstellt.

> Das **Bestreiten der Identität** des Vollstreckungsadressaten mit dem Verurteilten durch Geltendmachung, dass das Urteil in Wahrheit eine andere Person betrifft, bedeutet die Erhebung einer Einwendung gegen die Zulässigkeit der Strafvollstreckung gem. § 458 Abs. 1 3. Alt. StPO.[46] Sie kann von ihm als Drittem erhoben werden, weil er vorträgt, gegen ihn werde ohne Rechtsgrundlage eine Strafvollstreckung betrieben.[47]

7. Tod der sanktionierten Person

43 So wie der Tod eines Beschuldigten vor Eintritt der Rechtskraft eine Sachentscheidung ausschließt[48], **endet** auch das **Vollstreckungsverfahren** mit dem Versterben der sanktionierten Person. Der Tod stellt ein Hindernis für die Fortführung

---

[42]   KG, NJW 2003, S. 2469; OLG Karlsruhe, StrVert 2001, S. 411.

[43]   OLG Karlsruhe, NStZ-RR 1997, S. 253.

[44]   *Meyer-Goßner*, 2009, § 459 Rdn. 10.

[45]   *Meyer-Goßner*, 2009, § 458 Rdn. 10; SK-StPO/*Paeffgen*, § 458 Rdn. 8.

[46]   KG, NStZ-RR 2004, S. 242.

[47]   KK-StPO/*Appl*, 2008, § 458 Rdn. 9.

[48]   Dazu BGH, NStZ-RR 2010, S. 32; BGHSt. 45, S. 108; *Laubenthal/Mitsch*, 1988, S. 108.

des Strafverfahrens[49] und damit bei bestehender Rechtskraft einen Ausschlussgrund für die Vollstreckung dar. Das gilt für freiheitsentziehende Unrechtsreaktionen sowie bei Geldstrafen, denn ein Erbe vermag nicht für die höchstpersönliche Strafe in Anspruch genommen zu werden. Hinsichtlich der Geldstrafe ist dies in § 459c Abs. 3 StPO ausdrücklich geregelt.

Von **Erben** irrtümlich beglichene Geldstrafen sind an diese zurückzuzahlen, Pfändungen und Sicherungsmaßnahmen aufzuheben. Gegen die Unzulässigkeit von Vollstreckungsmaßnahmen kann der Erbe Einwendungen erheben und die Entscheidung des Gerichts herbeiführen (§ 459h StPO). Ist eine Verurteilung noch vor dem Tod des Betroffenen rechtskräftig geworden, haftet der Nachlass jedoch für Verfahrenskosten und es darf eine Vollstreckung in diesen erfolgen.[50] Da § 459g Abs. 2 StPO gerade nicht auf § 459c Abs. 3 StPO verweist, darf der Nachlass zudem für die Vollstreckung von Nebenfolgen herangezogen werden, welche zu einer Geldzahlung verpflichten (z.B. Verfall des Wertersatzes, § 73a StGB, und Einziehung des Wertersatzes, § 74c StGB).

---

[49] *Kühl*, 2001, S. 717 ff.
[50] KMR/*Stöckel*, § 465 Rdn. 17.

C Zuständigkeiten in Vollstreckungssachen

Die Strafvollstreckung stellt zwar einen Teil des Strafverfahrens dar, sie ist prinzi- **44** piell jedoch kein Teil der Rechtsprechung, sondern gehört überwiegend zu den Justizverwaltungsaufgaben. § 451 StPO ordnet deshalb die Strafvollstreckung der **Staatsanwaltschaft als Vollstreckungsbehörde** zu. Ausnahmen hiervon gibt es im Verfahren nach dem JGG. Zudem weist die StPO den **Strafgerichten** im Strafvollstreckungsverfahren einige ausdrückliche Kompetenzen zu.

I. Sachliche Zuständigkeit der Vollstreckungsbehörde

Hat der Gesetzgeber in § 451 Abs. 1 StPO die Strafvollstreckung der **Staatsan-** **45** **waltschaft** übertragen, so obliegt dieser grundsätzlich (soweit nichts anderes bestimmt ist, § 4 Nr. 1 StVollstrO) die Vollstreckung aller Entscheidungen i.S.d. § 1 Abs. 1 StVollstrO (Urteile und ihnen gleichstehende Entscheidungen, die auf Strafe, Nebenstrafe, Nebenfolge oder Maßregel der Besserung und Sicherung lauten). Die Staatsanwaltschaft ist ferner zuständig für gerichtliche Entscheidungen in Ordnungswidrigkeitenverfahren (§§ 91, 97 Abs. 1 OWiG, § 87 StVollstrO) sowie in Fällen der Durchsetzung von Ordnungs- und Zwangsmitteln in Straf- und Bußgeldsachen (§§ 1 Abs. 2, 88 StVollstrO).

Ausnahmsweise besteht eine besondere richterliche Zuständigkeit zur Entscheidungsdurchsetzung im Bereich der **Ordnungsmittel** zur Aufrechterhaltung der Ordnung im Gerichtssaal (§ 177 GVG) bzw. zur Ahndung in der Verhandlung begangener Ungebühr (§ 178 GVG). Hier wirkt die Staatsanwaltschaft bei der Vollstreckung nicht mit. Vielmehr bestimmt § 179 GVG, dass der Vorsitzende Richter die Vollstreckung der Ordnungsmittel selbst veranlasst (§ 88 Abs. 2 StVollstrO) oder dies nach § 31 Abs. 3 RpflG dem Rechtspfleger überträgt.

Die Vollstreckung von Entscheidungen gegen Jugendliche sowie gegen He- **46** ranwachsende, die nach Jugendstrafrecht abgeurteilt sind, ist zwar dem **Jugend-** **richter als Vollstreckungsleiter** zugewiesen (§§ 82 Abs. 1, 110 Abs. 1 JGG).[1] Dies gilt auch bezüglich der gerichtlichen Entscheidungen in Ordnungswidrigkeitenverfahren (§§ 91, 97 Abs. 1 OWiG). Soweit der Jugendrichter Maßnahmen zur Sanktionsdurchsetzung vornimmt, die er nicht gem. § 83 Abs. 1 JGG i.V.m. §§ 86 bis 89a, 89b Abs. 2 JGG, §§ 462a, 463 StPO als Entscheidungen im Rahmen sei-

---

[1] Zur jugendrichterlichen Rechtsfolgendurchführung siehe *Laubenthal/Baier*, 2006, S. 325 f.

ner richterlichen Unabhängigkeit trifft, handelt es sich um Justizverwaltungsakte. Sind Heranwachsende jedoch nach allgemeinem Strafrecht sanktioniert worden, obliegt die Strafvollstreckung von vornherein der Staatsanwaltschaft als Vollstreckungsbehörde. Diese wird in Jugendsachen zudem dann zuständig, wenn nach §§ 85 Abs. 6, 89a Abs. 3 JGG eine Vollstreckungsabgabe erfolgt.

47   Welche Staatsanwaltschaft in Strafvollstreckungssachen sachlich zuständig ist, ergibt sich aus §§ 142, 142a GVG, § 4 StVollstrO. Sachlich zuständige Vollstreckungsbehörde ist danach

- soweit nichts anderes bestimmt ist, die **Staatsanwaltschaft beim Landgericht**,
- wenn das Oberlandesgericht im ersten Rechtszug entschieden hat und keine Zuständigkeit des Generalbundesanwalts eröffnet ist, die **Staatsanwaltschaft beim Oberlandesgericht** (Generalstaatsanwaltschaft),
- in Sachen, in denen im ersten Rechtszug das Oberlandesgericht in Ausübung der Gerichtsbarkeit des Bundes gem. Art. 96 Abs. 5 GG, §§ 120 Abs. 1 und 2, 142a GVG entschieden hat, der **Generalbundesanwalt beim Bundesgerichtshof**.

Gemäß § 451 Abs. 2 StPO i.V.m. § 145 Abs. 2 GVG ist in den zur Zuständigkeit der Amtsgerichte gehörenden Sachen durch Anordnung der Landesjustizverwaltung eine Übertragung der Strafvollstreckung auf **Amtsanwälte** möglich. Hiervon hat nur Bayern Gebrauch gemacht.[2]

48   Ausnahmsweise kommt es in Strafvollstreckungssachen bei besonderer Dringlichkeit zur Eröffnung von **Notzuständigkeiten**. Eine solche Regel enthält § 6 StVollstrO bei Gefahr im Verzug.[3] Danach kann anstelle der Staatsanwaltschaft beim Landgericht die Generalstaatsanwaltschaft dringende Strafvollstreckungsanordnungen treffen, wenn die sachlich zuständige Strafvollstreckungsbehörde nicht alsbald erreichbar ist. Entsprechend § 143 Abs. 2 GVG darf umgekehrt die Staatsanwaltschaft beim Landgericht auch dringende Vollstreckungsanordnungen anstelle der Generalstaatsanwaltschaft bzw. des Generalbundesanwalts beim Bundesgerichtshof treffen.[4] Vergleichbare Notzuständigkeiten gibt es jedoch nicht im Verhältnis zwischen Jugendrichter als Vollstreckungsleiter und der Staatsanwaltschaft als Vollstreckungsbehörde.[5]

49   Die Generalstaatsanwaltschaft beim Oberlandesgericht ist nicht nur Vollstreckungsbehörde für die vom Oberlandesgericht im ersten Rechtszug i.S.d. § 4 Nr. 2 StVollstrO entschiedenen Strafsachen. Der **Generalstaatsanwalt** fungiert auch als **höhere Vollstreckungsbehörde** (§ 147 Nr. 3 GVG, § 21 Abs. 1 Nr. 1 StVollstrO). Als solche führt er die Dienstaufsicht über Maßnahmen der Staatsanwaltschaften in Vollstreckungsangelegenheiten. Gleiches gilt hinsichtlich solcher Entscheidungen des Jugendrichters als Vollstreckungsleiter, welche dieser nicht im Rahmen seiner richterlichen Unabhängigkeit, sondern als Organ der Jus-

---

[2]   BayJMBl. 1968, S. 103.
[3]   Dazu *Seifert*, 2009, S. 814 f.
[4]   KMR/*Paulus/Stöckel*, § 459 Rdn. 10.
[5]   KK-StPO/*Appl*, 2008, § 451 Rdn. 10; *Meyer-Goßner*, 2009, § 451 Rdn. 5.

tizverwaltung trifft.[6] Dem Generalstaatsanwalt als höherer Vollstreckungsbehörde kommen zudem Aufgaben bei Kompetenzkonflikten zwischen Vollstreckungsbehörden über deren sachliche oder örtliche Zuständigkeit zu. Er entscheidet ferner gem. § 21 Abs. 1 Nr. 1 StVollstrO über Einwendungen gegen Entscheidungen bzw. Anordnungen der Staatsanwaltschaften und der Jugendrichter als Vollstreckungsleiter.[7]

II. Zuständigkeit des Rechtspflegers

Die Staatsanwaltschaft ist als Vollstreckungsbehörde zwar für die Strafvollstreckung zuständig. Die ihr als Vollstreckungsbehörde in Straf- und Bußgeldsachen obliegenden **Geschäfte** kann sie jedoch gem. § 31 Abs. 2 S. 1 RpflG grundsätzlich dem Rechtspfleger **übertragen**. Gleiches gilt nach S. 3 der Norm, soweit Ordnungs- und Zwangsmittel von der Staatsanwaltschaft vollstreckt werden. Ausdrücklich ausgenommen sind in § 31 Abs. 2 S. 2 RpflG Entscheidungen nach § 114 JGG über die Herausnahme von nach Erwachsenenstrafrecht verurteilten Jungerwachsenen aus dem Erwachsenenstrafvollzug und deren Hereinnahme in Einrichtungen für den Vollzug von Jugendstrafen. **50**

Der in Strafvollstreckungsangelegenheiten tätige **Rechtspfleger** ist **weisungsgebunden**. Der Staatsanwalt, an dessen Stelle er tätig wird, kann ihm gem. § 31 Abs. 6 S. 3 RpflG Weisungen erteilen. Zudem hat der Gesetzgeber zur Sicherung einer einheitlichen Rechtsanwendung, wegen der Bedeutung der Sache für den Betroffenen oder wegen deren rechtlicher Schwierigkeit[8] nach § 31 Abs. 2a RpflG die Kompetenz des Rechtspflegers hinsichtlich einzelner Geschäfte beschränkt. Danach muss der Rechtspfleger **zwingend** die ihm übertragenen Sachen dem Staatsanwalt **vorlegen**, wenn **51**

– er von einer ihm bekannten Stellungnahme des Staatsanwalts abweichen will oder
– zwischen dem übertragenen Geschäft und einem vom Staatsanwalt wahrzunehmenden Geschäft ein so enger Zusammenhang besteht, dass eine getrennte Sachbearbeitung nicht sachdienlich ist, oder
– ein Ordnungs- bzw. Zwangsmittel von dem Staatsanwalt verhängt wurde und dieser sich die Vorlage ganz oder teilweise vorbehalten hat.

Fakultativ erfolgt gem. § 31 Abs. 2b RpflG eine **Vorlage** an den Staatsanwalt, wenn

– sich bei der Bearbeitung bei dem Rechtspfleger Bedenken gegen die Zulässigkeit der Vollstreckung ergeben oder
– ein Urteil vollstreckt werden soll, das von einem Mitangeklagten mit der Revision angefochten ist.

---

[6]   OLG Hamm, NStZ-RR 2002, S. 21; *Eisenberg*, 2009, § 83 Rdn. 2.
[7]   Dazu Kap. L.
[8]   Vgl. *Röttle/Wagner*, 2009, Rdn. 25.

Gemäß § 31 Abs. 2c RpflG bearbeitet der Staatsanwalt die ihm vom Rechtspfleger vorgelegten Sachen, solange er es für notwendig erachtet. Er kann die
Vollstreckungssache dem Rechtspfleger zurückgeben, wobei dieser an eine mitge-
teilte Rechtsauffassung oder an eine erteilte Weisung gebunden bleibt.

52   Die **Übertragung** der Vollstreckungsgeschäfte in Straf- und Bußgeldsachen
nach § 31 Abs. 2 S. 1 RpflG bleibt auf die staatsanwaltschaftlichen Aufgaben als
Vollstreckungsbehörde **begrenzt**. Der Rechtspfleger ist damit nicht nur von den
den Gerichten zugeordneten Entscheidungen in Strafvollstreckungssachen ausgeschlossen.[9] Ihm kommt auch keinerlei Zuständigkeit bei Prozesshandlungen der
Staatsanwaltschaft **gegenüber dem Gericht** in Vollstreckungsangelegenheiten
(z.B. gem. §§ 453 Abs. 1 S. 2, 454 Abs. 1 S. 2 StPO) zu. Denn in solchen Fällen
wird die Staatsanwaltschaft in ihrer Eigenschaft als Strafverfolgungsbehörde tätig.[10] § 31 Abs. 2 RpflG findet insoweit keine Anwendung.

Bei der Vollstreckung von **Geldstrafen** und **Geldbußen** lässt § 36b Abs. 1 Nr. 5
RpflG eine Übertragung der der Staatsanwaltschaft als Vollstreckungsbehörde in
Straf- und Bußgeldsachen obliegenden und vom Rechtspfleger vorzunehmenden Geschäfte auch auf **Urkundsbeamte** der Geschäftsstelle zu. Die Vorschrift ermächtigt
die Landesregierungen, dies durch Rechtsverordnung zu regeln. Von der Übertra-
gungsmöglichkeit auf den Urkundsbeamten ausdrücklich ausgenommen bleibt jedoch
die Vollstreckung von Ersatzfreiheitsstrafen.

53   Bei der Vollstreckung von **Jugendstrafsachen** kommt es nicht zu einer prinzipiellen Übertragung der Geschäfte in Vollstreckungssachen auf den Rechtspfleger
wie in Erwachsenensachen. Die Sanktionsdurchführung bleibt nach § 31 Abs. 5
S. 1 RpflG dem Jugendrichter vorbehalten. Zwar lässt die Vorschrift eine Übertragung einzelner Geschäfte auf den Rechtspfleger auch in Jugendsachen zu (z.B.
nach Richtlinie II.6. zu §§ 82 bis 85 JGG). Die übertragenen Vollstreckungsgeschäfte kann der Jugendrichter jedoch jederzeit wieder an sich ziehen.

III. Örtliche Zuständigkeiten

54   Die örtliche Zuständigkeit in Strafvollstreckungssachen bestimmt sich prinzipiell
nach dem **Gericht des ersten Rechtszuges** (§§ 141, 143 Abs. 1 GVG, § 7 Abs. 1
StVollstrO). Nach dieser sog. Sequenzzuständigkeit[11] besteht eine Identität des
Gerichtsbezirks und des Bezirks der Staatsanwaltschaft, für das diese bestellt ist.

Die Abhängigkeit der staatsanwaltschaftlichen von der gerichtlichen Zuständigkeit gilt auch bei der Bildung einer ursprünglichen Gesamtstrafe gem. §§ 53,
54 StGB ebenso wie bei einer durch Urteil gem. § 55 StGB gebildeten nachträglichen Gesamtstrafe. Kommt es erst zu einer nachträglichen Gesamtstrafenbildung
gem. §§ 460, 462 Abs. 1 S. 1, 462a Abs. 3 StPO durch Beschluss, richtet sich die

---

[9]   Dazu Kap. C IV.
[10]   KK-StPO/*Appl*, 2008, § 451 Rdn. 8; KMR/*Paulus/Stöckel*, § 451 Rdn. 26; *Meyer-
   Goßner*, 2009, § 451 Rdn. 2.
[11]   *Kissel/Mayer*, 2008, § 143 GVG Rdn. 1.

örtliche Zuständigkeit gem. § 7 Abs. 4 StVollstrO nach demjenigen Gericht, welches die Gesamtstrafe gebildet hat. Sind bei mehreren Einzelstrafen diese nicht sämtlich in eine Gesamtstrafe einbezogen worden, bestimmt sich die örtliche Zuständigkeit für die Gesamtstrafenvollstreckung nach § 7 Abs. 4 StVollstrO, diejenige für die verbliebene Einzelstrafe nach § 7 Abs. 1 StVollstrO.

Zu einem **Zuständigkeitswechsel** kommt es, wenn ein Verurteilter erfolgreich   **55** Revision eingelegt hat und das Revisionsgericht in den Fällen der §§ 354 Abs. 2, 355 StPO ein neues Gericht bestimmt. Dann wird dieses gem. § 462a Abs. 6 StPO zum Gericht des ersten Rechtszuges. Gleiches gilt für dasjenige Gericht, das in einem Wiederaufnahmeverfahren eine Entscheidung nach § 373 StPO getroffen hat. Gemäß § 7 Abs. 2 S. 1 bzw. S. 2 StVollstrO wechselt dementsprechend auch die Zuständigkeit der Staatsanwaltschaft als Vollstreckungsbehörde. Dagegen führt eine Zuständigkeitsbegründung der Strafvollstreckungskammer[12] zu keinem Zuständigkeitswechsel auf vollstreckungsbehördlicher Ebene. Gemäß § 451 Abs. 3 S. 1 StPO nimmt die Staatsanwaltschaft auch gegenüber der Strafvollstreckungskammer an einem anderen Landgericht die Vollstreckungsaufgaben wahr, selbst wenn dieses in einem anderen Bundesland liegt. Es besteht allerdings die Möglichkeit der Übertragung auf die für das andere Gericht zuständige Staatsanwaltschaft (§ 451 Abs. 3 S. 2 StPO).

Eine **Notzuständigkeit** in örtlicher Hinsicht eröffnen § 143 Abs. 2 GVG, § 7   **56** Abs. 3 StVollstrO. Dies ergänzt die sachliche Notzuständigkeit des § 6 StVollstrO. Bei Gefahr im Verzug darf danach eine örtlich unzuständige Vollstreckungsbehörde anstelle der nicht erreichbaren zuständigen Vollstreckungsbehörde dringende Vollstreckungsanordnungen treffen. Diese Notzuständigkeit betrifft auch Maßnahmen zugunsten der Staatsanwaltschaften von anderen Bundesländern, ohne dass zuvor ein Vollstreckungshilfersuchen i.S.d. § 9 StVollstrO erfolgt sein muss.[13]

In den Fällen der **Zuständigkeitskonzentration** durch Bildung von Schwerpunkt-   **57** staatsanwaltschaften (z.B. in Wirtschaftsstrafsachen) kann gem. § 143 Abs. 4 GVG die Zuständigkeit für die Strafverfolgung sowie für die Strafvollstreckung einer Staatsanwaltschaft für die Bezirke mehrerer Land- oder Oberlandesgerichte zugewiesen werden. Darüber hinaus ermöglicht § 143 Abs. 5 GVG eine besondere Konzentration für die Tätigkeit der Staatsanwaltschaft gegenüber den Strafvollstreckungskammern. Nach dieser Vorschrift werden die Landesregierungen ermächtigt, durch Rechtsverordnung einer Staatsanwaltschaft für die Bezirke mehrerer Land- oder Oberlandesgerichte die Zuständigkeit für Strafvollstreckung und die Vollstreckung von Maßregeln der Besserung und Sicherung ganz oder teilweise zuzuweisen, soweit dies für eine sachdienliche Förderung oder schnellere Erledigung des Vollstreckungsverfahrens zweckmäßig ist.

---

[12]   Dazu Kap. C IV. 1. a).
[13]   KK-StPO/*Appl*, 2008, § 451 Rdn. 12; *Röttle/Wagner*, 2009, Rdn. 22.

IV. Gerichtliche Entscheidungen

58 Bestimmte Entscheidungen bei der Durchführung der Strafvollstreckung fallen nicht in die Kompetenz der Strafvollstreckungsbehörden, sondern bedürfen richterlicher Entscheidungsfindung.

Vollstreckungsgerichte sind
– das Gericht des ersten Rechtszuges sowie
– die Strafvollstreckungskammer.

§ 462a StPO regelt die sachliche und die örtliche Zuständigkeit der **Strafvollstreckungskammer** in Strafvollstreckungsangelegenheiten (Abs. 1 S. 1 und 2, Abs. 4, Abs. 5 S. 2) und grenzt diese von derjenigen des **Gerichts des ersten Rechtszuges** ab (Abs. 1 S. 3, Abs. 2 und 3, Abs. 5 S. 1). Die Zuständigkeitsverteilung von § 462a StPO gilt für die Vollstreckung von Freiheitsstrafen, gem. § 463 Abs. 1 StPO entsprechend auch für die Vollstreckung freiheitsentziehender Maßregeln der Besserung und Sicherung (Unterbringung im psychiatrischen Krankenhaus, in der Entziehungsanstalt bzw. in der Sicherungsverwahrung). Nach § 463 Abs. 7 StPO findet § 462a Abs. 1 StPO zudem bei bestimmten Entscheidungen im Zusammenhang mit der Führungsaufsicht Anwendung.

Gemäß den in § 462a StPO enthaltenen Bestimmungen **entscheidet** stets nur **ein Gericht**.[14] Sobald die Strafvollstreckungskammer zuständig wird, verdrängt dies die Zuständigkeit des Gerichts des ersten Rechtszuges. Ansonsten bleibt das Gericht des ersten Rechtszuges zuständig.

Die in § 462a StPO enthaltene Zuständigkeitsabgrenzung bezieht sich auch auf die in der Strafprozessordnung normierten gerichtlichen Entscheidungen im Rahmen des Rechtsschutzes gegen Maßnahmen oder Anordnungen der Strafvollstreckungsbehörde.[15]

1. Strafvollstreckungskammer

59 Bei den Landgerichten, in deren Bezirk sich Einrichtungen für den Vollzug der Freiheitsstrafe bzw. freiheitsentziehender Maßregeln der Besserung und Sicherung an Erwachsenen befinden, werden gem. § 78a Abs. 1 S. 1 GVG Strafvollstreckungskammern gebildet. Diese sind nach § 78a Abs. 1 S. 2 Nr. 1 GVG zuständig für Entscheidungen nach §§ 462a, 463 StPO, soweit sich nicht aus der Strafprozessordnung etwas anderes ergibt. Bei § 78a GVG handelt es sich um eine **funktionelle Zuständigkeitsbestimmung**.[16] § 78b GVG normiert, in welcher Besetzung die Strafvollstreckungskammer tätig wird.

> Es waren positive Erfahrungen mit dem Jugendrichter als besonderem Vollstreckungsleiter, der im Jugendstrafrecht einen möglichst engen Kontakt zwischen Gericht und Anstalt bewirkt, die ab dem 1.1.1975 im Erwachsenenstrafrecht zur Einrichtung von Strafvollstreckungskammern bei den anstaltsnäheren Landgerichten

---

14 KK-StPO/*Appl*, 2008, § 462a Rdn. 3.
15 Zu den Rechtsbehelfen in der Strafvollstreckung unten Kap. L.
16 *Meyer-Goßner*, 2009, vor § 1 Rdn. 8.

geführt haben. Diese fungierten zunächst als reine Vollstreckungsgerichte – Spruchkörper, bei denen es zu einer Konzentration vor allem der Entscheidungen nach §§ 462a, 463 StPO über vorzeitige Entlassungen auf Bewährung aus dem Straf- und dem Maßregelvollzug kam. Die Aspekte der **größeren Orts- und Vollzugsnähe** sowie einer möglichst einheitlichen Rechtsprechung veranlassten dann den Gesetzgeber zu einer Kompetenzerweiterung. Mit Inkrafttreten des Strafvollzugsgesetzes am 1.1.1977 wurden die Strafvollstreckungskammern auch als Vollzugsgerichte für Entscheidungen nach §§ 109 ff. StVollzG zuständig (§ 78a Abs. 1 S. 2 Nr. 2 GVG). Der Bildung von Strafvollstreckungskammern durch den Gesetzgeber lag vor allem der Gedanke zugrunde, dass richterliche Vollstreckungstätigkeit und richterliche Vollzugsentscheidungen ein Vertrautsein des jeweils zuständigen Richters mit den faktischen Gegebenheiten in einer Justizvollzugsanstalt ebenso wie mit den individuellen Problemen der Inhaftierten erforderten.[17] Ausgegangen wurde vom Idealbild eines Vollstreckungs- und Vollzugsrichters, der durch spezifische Fortbildungsmaßnahmen und zunehmende praktische Erfahrung eine Spezialisierung etwa in kriminalprognostischen Fragestellungen erfährt, der als eine Art unabhängiges Hausgericht eng mit der Leitung der Vollzugseinrichtung zusammenarbeitet, der die Anstalt regelmäßig aufsucht, ggf. sogar an Anstaltskonferenzen teilnimmt – ein Richter, der als Folge seiner kriminologischen Spezialisierung auch sozialkonstruktiv gestaltend auf das Geschehen in der Einrichtung Einfluss nimmt.[18] Zwar sind die Strafvollstreckungskammern als Institution seit Mitte der siebziger Jahre des 20. Jahrhunderts etabliert, von Ausnahmen abgesehen haben sich die ursprünglichen Erwartungen an diese Kammer als ein vollzugsnahes Gericht mit den damit verbundenen Möglichkeiten einer besonderen Sachkunde aber kaum erfüllt. Die Strafvollstreckungsrichter haben kein eigenständiges Profil entwickeln können wie die Jugendrichter als besondere Vollstreckungsleiter.

a) Sachliche Zuständigkeit

Die Strafvollstreckungskammer ist in Vollstreckungsangelegenheiten nach § 462a **60** Abs. 1 S. 1 StPO für Entscheidungen gem. §§ 453, 454, 454a, 450a Abs. 3 S. 1, 458 bis 459h, 461 StPO sachlich zuständig, wenn der zur **Freiheitsstrafe** Verurteilte zu dem Zeitpunkt, in dem das Gericht mit der Sache befasst wird, zur Sanktionsdurchführung in die Vollzugsanstalt aufgenommen ist.

Die **Aufnahme in die Vollzugseinrichtung** muss zum Zweck der Vollstreckung bereits erfolgt sein. Eine bloße Vollstreckungseinleitung (z.B. durch Ladung zum Strafantritt) reicht noch nicht aus.[19] Erforderlich ist zudem der Beginn des Strafvollzugs durch Aufnahme des Sanktionierten in diejenige Institution, die in der Ladung zum Strafantritt als zuständige Einrichtung zur Vollzugsdurchführung bezeichnet wurde.[20] Aufgenommen i.S.d. § 462a Abs. 1 S. 1 StPO ist nicht nur derjenige, der seine Strafe neu angetreten hat. Neben der Erstaufnahme fällt hierunter zudem die Aufnahme nach einer erfolgten Strafunterbrechung (§§ 455, 455a StPO), nach dem Widerruf einer Strafrestaussetzung zur Bewährung bzw. nach einer Verlegung in eine andere Justizvollzugsanstalt.[21]

---

[17] Vgl. *Northoff*, 1985, S. 24 f.
[18] Dazu *Müller-Dietz*, 1981, S. 123 ff.
[19] OLG Düsseldorf, StraFo 1998, S. 430.
[20] OLG Zweibrücken, NStZ-RR 2003, S. 54.
[21] *Meyer-Goßner*, 2009, § 462a Rdn. 5.

61   § 462a Abs. 1 S. 1 StPO begründet die Zuständigkeit der Strafvollstreckungskammer auch mit Beginn des Vollzugs einer Ersatzfreiheitsstrafe gem. § 43
StGB.[22] Gleiches gilt bei einem Strafarrest nach § 9 WStG, unabhängig, ob dieser
in einer Justizvollzugsanstalt oder in einer Vollzugseinrichtung der Bundeswehr
durchgeführt wird.[23] Dagegen begründet der Vollzug von Untersuchungshaft noch
keine Zuständigkeit der Strafvollstreckungskammer; diese entsteht erst, sobald die
Untersuchungshaft in Strafhaft übergeht.[24] Da die Zuständigkeitsregelungen von
§ 462a StPO gem. § 463 Abs. 1 StPO auch bei der **Vollstreckung von Maßregeln**
der Besserung und Sicherung sinngemäß gelten, tritt bei der Anwendung von
§ 462a Abs. 1 StPO an die Stelle der Aufnahme in die Strafanstalt die Aufnahme
in die Justizvollzugsanstalt als Maßregelvollzugseinrichtung (bei der Sicherungsverwahrung), in das psychiatrische Krankenhaus (§ 63 StGB) bzw. in die Entziehungsanstalt (§ 64 StGB).

62   Da Freiheitsstrafe i.S.d. § 462a Abs. 1 StPO nur diejenige nach § 38 StGB ist,
zählt hierzu nicht die **Jugendstrafe.** Die Aufgaben, die nach den Bestimmungen
der Strafprozessordnung der Strafvollstreckungskammer zugewiesen sind, werden
vom **Jugendrichter** als Vollstreckungsleiter wahrgenommen, §§ 82 Abs. 1, 110
Abs. 1 JGG. Das betrifft auch die Vollstreckung stationärer Maßregeln (§ 7 JGG).
An der jugendrichterlichen Zuständigkeit ändert sich prinzipiell nichts bei einer
auf Anordnung des Vollstreckungsleiters nach § 89b JGG erfolgten Herausnahme
des zu Jugendstrafe Verurteilten aus dem Jugendstrafvollzug[25] und der weiteren
Verbüßung der Jugendstrafe in einer Einrichtung für Erwachsene. Dann bleibt der
Jugendrichter für alle die Vollstreckung betreffenden Maßnahmen und Entschei-
dungen zuständig.[26] Selbst wenn gegen den mit Jugendstrafe Sanktionierten daneben noch eine Freiheitsstrafe in einer anderen Sache verhängt ist, verbleibt die
Zuständigkeit für die Vollstreckung der Jugendstrafe bis zu deren Abschluss beim
Jugendrichter.[27] Das führt zu getrennten Vollstreckungszuständigkeiten.[28] Hat der
zu einer Jugendstrafe Verurteilte das 24. Lebensjahr vollendet, kann der Vollstreckungsleiter gem. § 85 Abs. 6 S. 1 JGG die Vollstreckung einer nach § 89b Abs. 1
JGG nach den Vorschriften des Strafvollzugs für Erwachsene vollzogenen Jugendstrafe bzw. einer Maßregel der Besserung und Sicherung – mit bindender
Wirkung – an die nach Erwachsenenstrafrecht zuständige Vollstreckungsbehörde
abgeben. Mit der **Vollstreckungsabgabe** sind dann nach § 85 Abs. 6 S. 2 JGG die
Vollstreckungsnormen von Strafprozessordnung und Gerichtsverfassungsgesetz
anzuwenden. Begründet wird damit auch die Zuständigkeit der Strafvollstreckungskammer, die jedoch (z.B. bei der Entscheidung über die Aussetzung des

---

[22]   BGHSt. 30, S. 223.
[23]   KK-StPO/*Appl*, 2008, § 462a Rdn. 9.
[24]   BGHSt. 38, S. 63.
[25]   Dazu *Laubenthal/Baier*, 2006, S. 333 f.
[26]   BGHSt. 27, S. 332.
[27]   BGH, NStZ-RR 2007, S. 190.
[28]   Dazu *Maaß*, NStZ 2008, S. 129.

Restes der Jugendstrafe) insoweit nach den speziellen Regelungen des Jugendgerichtsgesetzes zu verfahren hat.[29]

b) Örtliche Zuständigkeit

Gemäß § 462a Abs. 1 S. 1 StPO ist örtlich zuständig diejenige Strafvollstre- **63** ckungskammer bei demjenigen Landgericht, in dessen Bezirk die Vollzugseinrichtung liegt, in welcher – zum Zweck der Sanktionsdurchführung – der Verurteilte zum Zeitpunkt aufgenommen wurde, in dem das Gericht mit der Sache befasst wird. Damit bestimmt zum einen der **tatsächliche Aufenthalt** des Inhaftierten in der Anstalt die örtliche Zuständigkeit. Maßgebliche Bedeutung kommt insoweit dem **öffentlich-rechtlichen Sitz der Vollzugsanstalt** zu.

> Nach § 78a Abs. 2 S. 1 1. Halbs. GVG werden die Landesregierungen ermächtigt, im **64** Bereich der örtlichen Zuständigkeit durch Rechtsverordnung eine **gerichtliche Konzentration** vorzunehmen. Sie dürfen danach einem Landgericht, in dessen Bezirk i.S.d. § 78a Abs. 1 eine Vollzugseinrichtung für den Freiheitsentzug unterhalten wird, die in die Zuständigkeit der Strafvollstreckungskammer fallenden Sachen für die Bezirke mehrerer Landgerichte zuweisen. Hierdurch vermögen spezifische örtliche Gegebenheiten berücksichtigt oder besondere richterliche Kenntnisse und Erfahrungen genutzt zu werden.[30]
> § 78a Abs. 2 S. 2 2. Halbs. GVG ermächtigt die Landesregierungen zudem, im Hinblick auf das Treffen möglichst ortsnaher Entscheidungen durch Rechtsverordnung zu bestimmen, dass Strafvollstreckungskammern innerhalb des Bezirks ihres Landesgerichts ihren Sitz auch oder ausschließlich an Orten haben, an denen sich nicht der Sitz des Landgerichts selbst befindet, sofern dies für eine sachdienliche Förderung oder schnellere Erledigung der Verfahren zweckmäßig erscheint. Damit können **auswärtige Strafvollstreckungskammern** am Sitz der Vollzugseinrichtung eingerichtet werden. Diese bleiben zum jeweiligen Landgericht gehörig, auch wenn sie am Sitz von Amtsgerichten bestehen und Richter am Amtsgericht an den Strafvollstreckungsentscheidungen beteiligt sind.
> Sowohl die Konzentrationsermächtigung als auch die Ermächtigung zur Bestimmung des Sitzes einer auswärtigen Strafvollstreckungskammer darf nach § 78a Abs. 2 S. 3 GVG auf die Landesjustizverwaltungen übertragen werden. Eine weitere Möglichkeit zur abweichenden Regelung der örtlichen Zuständigkeit der Strafvollstreckungskammern enthält § 78a Abs. 3 GVG. Danach können bei länderübergreifenden Vollzugsgemeinschaften (z.B. gem. § 150 StVollzG[31]) die beteiligten Länder Zuständigkeitsvereinbarungen für die Strafvollstreckungskammern treffen.[32]

Die örtliche Zuständigkeit der Strafvollstreckungskammer wird neben dem tat- **65** sächlichen Aufenthalt des Verurteilten in der Vollzugseinrichtung fixiert durch das **Befasstsein** des Gerichts **mit der Sache**. Befasst i.S.d. § 462a Abs. 1 S. 1 StPO wird das Gericht mit der Sache mit Eingang eines Antrags bei ihm, welcher

---

[29] OLG Hamm, StrVert 1996, S. 277; *Eisenberg*, 2009, § 85 Rdn. 17a; krit. *Heinrich*, 2002, S. 187.

[30] *Kissel/Mayer*, 2008, § 78a GVG Rdn. 21.

[31] Dazu *Laubenthal*, in: Schwind/Böhm/Jehle/Laubenthal, 2009, § 150.

[32] Zu Nachweisen über Verordnungen nach § 78a Abs. 2 GVG und Zuständigkeitsvereinbarungen bei Anstalten außerhalb des Landesgebietes (Abs. 3) siehe *Meyer-Goßner*, 2009, § 78a GVG Rdn. 5 f.

eine Entscheidung erfordert.[33] Hat das Gericht von Amts wegen zu entscheiden, ist es zu dem Zeitpunkt mit der Sache befasst, in dem es tätig werden musste. Eine Veranlassung zum Handeln besteht vor allem dann, wenn eine im Gesetz bestimmte oder vom Gericht gesetzte Frist verstrichen ist. Gleiches gilt, sobald Tatsachen aktenkundig werden oder sind, die eine Entscheidung in der Vollstreckungssache rechtfertigen könnten. Keine Rolle spielt es nach dem Gesetzeswortlaut, ob das Gericht tatsächlich tätig wurde.[34]

> *1. Beispiel*: Ein **Befasstsein von Amts wegen** liegt vor, wenn bei einem im Strafvollzug befindlichen Verurteilten nach § 57 Abs. 1 StGB die Entscheidung über eine Aussetzung der zeitigen Freiheitsstrafe zur Bewährung zu treffen ist und der zu beachtende Zeitpunkt herannaht.[35] Eine Veranlassung zu vollstreckungsgerichtlicher Tätigkeit und damit ein Befasstsein ist auch zu bejahen, wenn Tatsachen aktenkundig werden, die zu einer Prüfung des Widerrufs einer Strafaussetzung zur Bewährung gem. § 56f StGB Anlass geben.[36] Hierfür kann schon ein die Widerrufsgründe enthaltender Bericht des Bewährungshelfers an das Gericht genügen.[37] Gleiches gilt umso mehr, wenn eine Mitteilung über einen Haftbefehl erfolgt bzw. eine Anklageschrift in einer neuen Strafsache eingeht[38]; erst recht bei Kenntnis von einer neuen Verurteilung.[39] Dagegen genügt für ein Befasstsein noch nicht das bloße Anfordern von Akten im Hinblick auf die Hauptverhandlung in einer neuen Sache, wenn sich aus diesem keine konkreten Hinweise für die Prüfung eines Bewährungswiderrufs durch die Strafvollstreckungskammer ergeben.[40]

66   Wurde eine Strafvollstreckungskammer mit einer bestimmten Strafvollstreckungssache befasst und kommt es **vor Abschluss des Verfahrens** in der konkreten Sache zu einer Verlegung des Verurteilten in eine zum Bezirk eines anderen Landgerichts gehörende Vollzugseinrichtung, tritt **kein Zuständigkeitswechsel** ein. Die einmal mit der Sache befasste Strafvollstreckungskammer bleibt auch zuständig, wenn der Gefangene vor Verfahrensabschluss aus der Haft (oder Unterbringung) entwichen ist und der Vollzug nach seiner Wiederergreifung in einer anderen Vollzugseinrichtung fortgesetzt wird[41]; ebenso bei einer vorübergehenden Überstellung in eine andere Justizvollzugsanstalt (z.B. zur Ermöglichung eines heimatnahen Besuchskontakts) oder in ein Vollzugskrankenhaus in einem anderen Landgerichtsbezirk.[42] Die Zuständigkeit der mit einer konkreten Sache einmal befassten Strafvollstreckungskammer setzt sich in derartigen Fällen so lange fort, bis das Befasstsein mit dieser Angelegenheit endet. Wird das Gericht bei einem

---

[33]   *Meyer-Goßner*, 2009, § 462a Rdn. 10.

[34]   BGHSt. 27, S. 304.

[35]   OLG Frankfurt a.M., NStZ-RR 2008, S. 29.

[36]   BGH, NStZ-RR 2007, S. 190; BGHSt. 30, S. 191; OLG Zweibrücken, NStZ 2010, S. 109.

[37]   BGH, Beschl. v. 22.11.2000 bei KK-StPO/*Appl*, 2008, Rdn. 17.

[38]   BGH, StraFo 2003, S. 277; BGH, NStZ 2000, S. 391.

[39]   BGH, StraFo 2006, S. 78.

[40]   BGH, StraFo 2007, S. 257.

[41]   *Meyer-Goßner*, 2009, § 462a Rdn. 13.

[42]   BGH, NJW 1976, S. 249; KK-StPO/*Appl*, 2008, § 262a Rdn. 15; a.A. SK-StPO/ *Paeffgen*, § 462a Rdn. 11.

auf Dauer angelegten Anstaltswechsel durch Verlegung nach der Aufnahme des Verurteilten in die neue Vollzugseinrichtung mit einer neuen Strafvollstreckungssache i.S.d. § 462a Abs. 1 S. 1 StPO befasst, ist dann allerdings die Strafvollstreckungskammer zuständig, zu deren Bezirk die andere Anstalt gehört.[43]

Das **Befasstsein endet**, sobald die Vollstreckungsangelegenheit abschließend entschieden ist (z.B. durch Ablehnung eines Antrags auf vorzeitige Entlassung gem. §§ 57, 57a StGB) oder sie sich auf sonstige Weise erledigt hat.[44]

c) Fortwirkungszuständigkeit

§ 462a Abs. 1 S. 1 StPO enthält den Grundsatz, dass die Strafvollstreckungskam- **67** mer zuständig ist, wenn gegen den Sanktionierten zum Zeitpunkt der gerichtlichen Befassung mit der Vollstreckungssache eine Freiheitsstrafe (bzw. über § 463 Abs. 1 StPO eine Maßregel der Besserung und Sicherung) in einer Vollzugseinrichtung vollstreckt wird. Als Ausnahme hiervon bleibt nach § 462a Abs. 1 S. 2 StPO die Strafvollstreckungskammer auch zuständig für bestimmte zu treffende vollstreckungsrechtliche **Nachtragsentscheidungen**, obwohl der Verurteilte sich im Zeitpunkt des Befasstseins mit einer bestimmten Vollstreckungssache nicht in der Vollzugseinrichtung befindet. Dies gilt in den Fällen einer Vollstreckungsunterbrechung oder einer Strafrestaussetzung zur Bewährung gem. §§ 57, 57a StGB. Dabei setzt die Fortwirkungszuständigkeit der Strafvollstreckungskammer nicht notwendigerweise voraus, dass diese bereits zuvor mit einer den Verurteilten betreffenden Sache befasst war.[45] Sie muss jedoch infolge der Aufnahme in die Vollzugseinrichtung sachlich und örtlich zuständig gewesen sein.

Da es sich bei § 462a Abs. 1 S. 2 StPO um eine **Ausnahmevorschrift** von **68** Abs. 1 S. 1 handelt[46], bleibt sie eng auszulegen. Dies gilt gerade im Hinblick auf die Unterbrechung der Vollstreckung einer Freiheitsstrafe (bzw. einer Unterbringung).[47] Hierunter fallen krankheitsbedingte Unterbrechungen nach § 455 Abs. 4 StPO, solche aus Gründen der Vollzugsorganisation gem. § 455a Abs. 1 StPO oder Unterbrechungen im Gnadenwege sowie diejenigen bei Wiederaufnahmeanträgen mit Erfolgsaussicht, § 360 Abs. 2 StPO. Angesichts des Ausnahmecharakters von § 462a Abs. 1 S. 2 StPO kann der Vollstreckungsunterbrechung im Sinne dieser Norm nicht gleichgestellt werden das Absehen von der Vollstreckung gem. § 456a Abs. 1 StPO bei Auslieferung, Überstellung an einen internationalen Strafgerichtshof oder Ausweisung.[48] Das gilt auch bezüglich der Flucht aus einer Vollzugseinrichtung oder der Nichtrückkehr nach einer gewährten Vollzugslockerung.[49] Einer Strafrestaussetzung gem. §§ 57, 57a StGB steht jedoch im Hinblick

---

[43] BGHSt. 26, S. 166.

[44] BGH, StraFo 2008, S. 87.

[45] BGH, NStZ-RR 2008, S. 125; *Immel*, 2004, S. 84.

[46] KK-StPO/*Appl*, 2008, § 462a Rdn. 12; *Meyer-Goßner*, 2009, § 462a Rdn. 15.

[47] Dazu Kap. D VI. 3.

[48] Dazu Kap. D VI. 4.

[49] SK-StPO/*Paeffgen*, § 462a Rdn. 20; a.A. BGH, NStZ 2000, S. 111 und OLG Frankfurt a.M., NStZ 2005, S. 31 bzgl. § 456a StPO; KK-StPO/*Appl*, 2008, § 462a Rdn. 12; *Meyer-Goßner*, 2009, § 462a Rdn. 15.

auf § 462a Abs. 1 S. 2 StPO eine solche nach §§ 35, 36 BtMG gleich.[50] § 462a Abs. 1 S. 2 StPO kommt auch zur Anwendung, wenn die Vollstreckung einer Freiheitsstrafe in der Justizvollzugsanstalt nach Gewährung von Wiedereinsetzung in den vorigen Stand wegen Versäumnis der Revisionsbegründungsfrist beendet wurde und der Betroffene nach rechtskräftiger Verurteilung nicht erneut in Strafhaft gelangt. Dann entscheidet die Strafvollstreckungskammer (und nicht das Gericht des ersten Rechtszuges) über die Aussetzung eines Strafrestes zur Bewährung.[51] Eine einmal erlittene Strafhaft ist nicht mehr rückgängig zu machen und kann ihren Wesensgehalt nicht mit Wirkung für die Vergangenheit verlieren. Die über einen bestimmten Zeitraum durchgeführte Freiheitsstrafe wandelt sich durch Gewährung der Wiedereinsetzung in den vorigen Stand nicht nachträglich in Untersuchungshaft um, sondern behält ihr Wesen als Strafvollstreckung bei.[52]

69 Für das Bestehen der Fortwirkungszuständigkeit ist es ohne Belang, ob der Verurteilte sich nach der Unterbrechung oder der Bewährungsaussetzung in Freiheit oder – in einer anderen Sache – in behördlicher Verwahrung (z.B. in Untersuchungshaft wegen des Verdachts einer neuen Straftat) befindet. Wird aber gegen den Verurteilten eine weitere Freiheitsstrafe im Bezirk eines anderen Landgerichts vollzogen, endet damit die Fortwirkungszuständigkeit der bisherigen Strafvollstreckungskammer, wenn diese nicht (mehr) mit einer bestimmten Angelegenheit befasst ist. Der neue Vollzugsaufenthalt begründet die Zuständigkeit der Strafvollstreckungskammer bei demjenigen Landgericht, in dessen Bezirk sich die neue Anstalt befindet. Gemäß dem Konzentrationsprinzip von § 462a Abs. 4 S. 1 und 3 StPO[53] wird das Letztere dann für noch erforderliche Nachtragsentscheidungen ebenfalls zuständig.[54]

> *2. Beispiel:* Ein Verurteilter hat in der Justizvollzugsanstalt A im Landgerichtsbezirk A eine mehrjährige Freiheitsstrafe verbüßt, die gem. § 57 Abs. 1 StGB von der Strafvollstreckungskammer des Landgerichts A zur Bewährung ausgesetzt wurde. Gemäß § 462a Abs. 1 S. 2 StPO bestand mit der vorzeitigen Entlassung aus dem Strafvollzug die Fortwirkungszuständigkeit der Strafvollstreckungskammer beim Landgericht A hinsichtlich der Bewährungsüberwachung sowie ggf. bezüglich weiterer, die Strafrestaussetzung betreffender Entscheidungen. Der bedingt Entlassene tritt dann in der laufenden Bewährungszeit in der Justizvollzugsanstalt B im Landgericht B eine Ersatzfreiheitsstrafe an. Sogleich mit der Aufnahme in der Anstalt B wird die Strafvollstreckungskammer des Landgerichts B für Nachtragsentscheidungen in der ersten Strafsache zuständig, für die eigentlich die Fortwirkungszuständigkeit der Strafvollstreckungskammer des Landgerichts A begründet war. Die Strafvollstreckungskammer des Landgerichts B ist nunmehr für die Bewährungsüberwachung nach § 453b StPO zuständig. Erhält sie Kenntnis von der Anklage wegen einer neuen Straftat in der Bewährungszeit, entscheidet sie auch über die Frage eines Bewährungswiderrufs.

---

[50]   BGH, NStZ-RR 2008, S. 68.
[51]   OLG Hamm, NStZ-RR 2010, S. 29.
[52]   BGHSt. 18, S. 36; KK-StPO/*Maul*, 2008, § 46 Rdn. 4.
[53]   Dazu Kap. C IV. 3.
[54]   BGH, NStZ-RR 2007, S. 94; OLG Zweibrücken, NStZ 2010, S. 109.

2. Gericht des ersten Rechtszuges

Das Gericht des ersten Rechtszuges ist prinzipiell derjenige Spruchkörper, der in **70**
erster Instanz entschieden hat – auch dann, wenn die Verurteilung letztlich durch
das Berufungsgericht erfolgt. Zwar besitzt vom Wortlaut des § 462a Abs. 2 S. 1
StPO das Gericht des ersten Rechtszuges die **Regelzuständigkeit**, während die
Zuständigkeit der Strafvollstreckungskammer von gesetzlich bestimmten Voraussetzungen abhängt. Abgesehen von den Fällen des § 462a Abs. 3 StPO (nachträgliche Gesamtstrafenbildung gem. § 460 StPO) und Abs. 5 S. 1 (vollstreckt wird
ein Urteil des Oberlandesgerichts im ersten Rechtszug) verdrängt das Bestehen der
Zuständigkeit der Strafvollstreckungskammer stets diejenige des Gerichts des
ersten Rechtszuges, dem faktisch nur eine subsidiäre Zuständigkeit zukommt.
Hinsichtlich der Zuständigkeit des Gerichts des ersten Rechtszuges gibt es keine
Zuständigkeitsfixierung durch Befasstsein mit der Sache bis zu deren Abschluss,
ebenso keine Fortwirkungszuständigkeit entsprechend der in § 462a Abs. 1 S. 2
StPO enthaltenen Regelung für die Strafvollstreckungskammer.[55] Mit dem Zuständigkeitswechsel auf die Strafvollstreckungskammer endet diejenige des Gerichts des ersten Rechtszuges selbst dann, wenn es zu diesem Zeitpunkt bereits mit
einer konkreten Entscheidung befasst und das Verfahren noch nicht durch Beschluss beendet war.

Ausnahmsweise wird für die besonderen Fälle einer erneuten erstinstanzlichen Befassung in § 462a Abs. 6 StPO gesondert geregelt, welches Gericht als das des ersten
Rechtszuges fungiert. Wurde von einem Verurteilten erfolgreich Revision eingelegt
und bestimmt das Revisionsgericht in den Fällen der §§ 354 Abs. 2, 355 StPO ein
neues Gericht, so wird dieses zum Gericht des ersten Rechtszuges. Gleiches gilt für
dasjenige Gericht, das in einem Wiederaufnahmeverfahren eine Entscheidung nach
§ 373 StPO getroffen hat.

a) Primäre Zuständigkeit

Eine primäre Zuständigkeit des Gerichts des ersten Rechtszuges ist dann gegeben, **71**
wenn allein **Geldstrafe** vollstreckt wird, ferner bei Überwachung einer gem. § 56
StGB zur Bewährung ausgesetzten Freiheitsstrafe. Sind Freiheitsstrafe bzw. eine
freiheitsentziehende Maßregel der Besserung und Sicherung zu vollstrecken, tritt
die Zuständigkeit der Strafvollstreckungskammer **vor** deren tatsächlichem **Voll-
zugsbeginn** nicht ein. Für Nachtragsentscheidungen bleibt noch das Gericht des
ersten Rechtszuges zuständig. Das ist auch der Fall, wenn zum Urteilszeitpunkt
schon zwei Drittel der Freiheitsstrafe durch Untersuchungshaftvollzug als verbüßt
gelten und ein Strafantritt zum Vollzug der Freiheitsstrafe nicht mehr erfolgt.[56]
Im Bereich seiner primären Zuständigkeit kann das Gericht des ersten **72**
Rechtszuges Nachtragsentscheidungen i.S.d. § 453 StPO (Entscheidungen, die
sich auf eine Strafaussetzung zur Bewährung oder eine Verwarnung mit Strafvorbehalt beziehen) gem. § 462a Abs. 2 S. 2 StPO **an das Amtsgericht abgeben**, in
dessen Bezirk der Verurteilte seinen Wohnsitz hat, ersatzweise an das Amtsgericht

---

[55] KK-StPO/*Appl*, 2008, § 462a Rdn. 30.
[56] OLG Düsseldorf, StrVert 1989, S. 216.

des gewöhnlichen Aufenthalts. Der Abgabe kommt für das Amtsgericht bindende Wirkung zu, wenn sie durch das zuständige Gericht des ersten Rechtszuges erfolgte.[57] Sie kann alle nachträglichen Entscheidungen i.S.d. § 453 StPO umfassen oder das abgebende Gericht behält sich bestimmte Entscheidungen vor (z.B. über den Widerruf einer Strafaussetzung zur Bewährung). Da die Aussetzungsentscheidungen nach §§ 57, 57a StGB selbst in § 453 StPO nicht benannt sind, scheidet deren Abgabe allerdings aus.[58]

73   Eine weitere primäre Zuständigkeit des Gerichts des ersten Rechtszuges existiert auf der Ebene der Oberlandesgerichte. Hat das **Oberlandesgericht** als Gericht des ersten Rechtszuges entschieden, trifft es gem. § 462a Abs. 5 S. 1 StPO auch bei Verbüßung der Strafe bzw. Maßregel in der Vollzugseinrichtung die Nachtragsentscheidungen. Nach Abs. 5 S. 2 können diese aber ganz oder teilweise an die Strafvollstreckungskammer abgegeben werden. Die Abgabe ist für die Strafvollstreckungskammer bindend; jedoch ist das Oberlandesgericht befugt, sie zu widerrufen (S. 3).

b) *Nachträgliche Gesamtstrafenbildung gem. § 460 StPO*

74   Den Gerichten des ersten Rechtszuges hat der Gesetzgeber mit § 462a Abs. 3 StPO die Zuständigkeit für die **nachträgliche Gesamtstrafenbildung** gem. § 460 StPO übertragen. Abs. 3 S. 1 geht insoweit der Abgrenzungsregel von § 462a Abs. 1 S. 1 StPO vor, als die Entscheidungskompetenz auch beim Gericht des ersten Rechtszuges verbleibt, wenn der Sanktionierte sich zur Strafvollstreckung in der Vollzugseinrichtung befindet. Die einzige Ausnahme hiervon lässt § 462a Abs. 5 S. 2 StPO zu. Hat das Oberlandesgericht als Gericht des ersten Rechtszuges das Urteil erlassen, kann es auch die gem. § 462a Abs. 3 StPO zu treffenden Entscheidungen an die Strafvollstreckungskammer abgeben.

Liegen mehrere Urteile von verschiedenen Gerichten vor und befindet sich unter diesen ein Oberlandesgericht, kommt diesem die Zuständigkeit für die nachträgliche Gesamtstrafenbildung zu, § 462a Abs. 3 S. 3 2. Halbs. StPO. Ist ein Oberlandesgericht nicht beteiligt, richtet sich gem. Abs. 3 S. 2 die **Zuständigkeitspriorität** zunächst nach der Strafart, d.h. eine Verurteilung zu Freiheitsstrafe wiegt schwerer als eine solche zu Geldstrafe. Bei gleicher Strafart erlangt die Strafhöhe Relevanz, wobei es allein auf die Hauptstrafen ankommt (Nebenstrafen und Nebenfolgen sowie Maßnahmen i.S.d. § 11 Abs. 1 Nr. 8 StGB bleiben unberücksichtigt). Bei gleicher Strafhöhe wird der Zeitpunkt des Urteilserlasses entscheidend. Wäre als Ergebnis dieser Prioritätsermittlung ein Amtsgericht zur Gesamtstrafenbildung zuständig, würde aber dessen Strafgewalt (§ 24 Abs. 2 GVG) nicht ausreichen, tritt an dessen Stelle die Strafkammer des übergeordneten Landgerichts (§ 462a Abs. 3 S. 4 StPO).

c) *Abgabe durch Strafvollstreckungskammer*

75   § 462a Abs. 1 S. 3 StPO sieht bezüglich einzelner Entscheidungen eine Abgabe **an das Gericht des ersten Rechtszuges** durch die Strafvollstreckungskammer vor.

---

[57]   BGH, NStZ-RR 2006, S. 262.
[58]   *Meyer-Goßner*, 2009, § 462a Rdn. 20.

Dies betrifft Entscheidungen nach § 462 i.V.m. § 458 Abs. 1 StPO: Urteilsausle-gung, Strafzeitberechnung und Einwendungen gegen die Zulässigkeit der Straf-vollstreckung. Hierbei handelt es sich um Entscheidungen, die keiner besonderen Vollzugsnähe des Gerichts bedürfen. Die Abgabe wird ohne vorherige Beteiligung von der Strafvollstreckungskammer beschlossen und ist für das Gericht des ersten Rechtszuges bindend.

3. Zuständigkeitskonzentration

Liegen bei durch verschiedene Strafgerichte erfolgten rechtskräftigen Verurteilun- **76** gen zu Strafen die gesetzlichen Voraussetzungen von § 55 StGB, § 460 StPO für eine nachträgliche Gesamtstrafenbildung nicht vor und sind die Sanktionen noch nicht erledigt[59], wären für Nachtragsentscheidungen mehrere Gerichte zuständig. Es käme zu einer Entscheidungszersplitterung. So bestünde etwa die Gefahr, dass unterschiedliche Gerichte bei den jeweiligen Strafaussetzungsentscheidungen zu divergierenden Beurteilungen bei der Frage der Sozialprognose kämen. Der Mög-lichkeit des Erlasses widersprüchlicher Nachtragsentscheidungen ist der Gesetz-geber mit § 462a Abs. 4 StPO entgegengetreten. Danach wird die **Kompetenz** für Entscheidungen gem. §§ 453, 454, 454a und 462 StPO auf **ein Gericht** übertra-gen.

Befindet der Sanktionierte sich im Vollzug einer Freiheitsstrafe oder einer frei- **77** heitsentziehenden Maßregel der Besserung und Sicherung (§ 463 Abs. 1 StPO), verdrängt die Zuständigkeit der **Strafvollstreckungskammer** diejenige des Ge-richts des ersten Rechtszuges, § 462a Abs. 4 S. 3 1. Halbs. StPO. Örtlich zustän-dig wird diejenige Strafvollstreckungskammer, in deren Bezirk der Verurteilte nach Eintritt der Zuständigkeitskonzentration zur Vollstreckung der freiheitsent-ziehenden Unrechtsreaktionen in einer Vollzugseinrichtung aufgenommen ist. Nicht erforderlich wird die tatsächliche Befassung mit einer konkreten Nachtrags-entscheidung.[60] Eine ggf. noch bei einer anderen Strafvollstreckungskammer be-stehende Fortwirkungszuständigkeit i.S.d. § 462a Abs. 1 S. 2 StPO tritt zurück.[61] Die einmal gem. § 462a Abs. 1 und 4 StPO begründete Zuständigkeit der Straf-vollstreckungskammer wirkt fort und endet erst dann, wenn die Vollstreckung bezüglich aller Verurteilungen – für welche die Strafvollstreckungskammer infol-ge des Konzentrationsprinzips zuständig wurde – vollständig erledigt ist oder eine anderweitige Vollstreckung im Bezirk eines anderen Landgerichts stattfindet.[62] Die Konzentrationsnorm von § 462a Abs. 4 StPO begründet eine Zuständigkeit auch in solchen Verfahren, hinsichtlich derer eine Zuständigkeit im konkret zu entscheidenden Einzelverfahren an sich nicht gegeben wäre.[63]

---

[59]   BGH, NStZ-RR 2008, S. 68.
[60]   BGH, NStZ 1984, S. 380; *Meyer-Goßner*, 2009, § 462a Rdn. 34.
[61]   KK-StPO/*Appl*, 2008, § 462a Rdn. 33.
[62]   OLG Zweibrücken, NStZ 2010, S. 109.
[63]   BGH, NStZ-RR 2007, S. 94.

3. Beispiel: Ein Angeklagter war vom Landgericht zu einer Gesamtfreiheitsstrafe von einem Jahr und neun Monaten verurteilt worden. Nachdem er zwei Drittel der Strafe in der Justizvollzugsanstalt verbüßt hatte, setzte die zuständige Strafvollstreckungskammer des Landgerichts Rostock den Rest der Freiheitsstrafe zur Bewährung aus und bestimmte eine Bewährungszeit. Während deren Lauf verurteilte das Amtsgericht Halle-Saalkreis den Betroffenen zu einer Gesamtfreiheitsstrafe von acht Monaten und setzte deren Vollstreckung zur Bewährung aus. Das Landgericht sowie das Amtsgericht stritten sich über die Zuständigkeit für die Bewährungsaufsicht und die nachträglichen Entscheidungen hinsichtlich der mit dem Urteil des Amtsgerichts bewilligten Strafaussetzung zur Bewährung.

Der Bundesgerichtshof war als gemeinschaftliches oberes Gericht zur Entscheidung des Zuständigkeitsstreits berufen (§ 14 StPO). Er ist zutreffend zu einer Zuständigkeit der Strafvollstreckungskammer des Landgerichts Rostock gem. § 462a Abs. 4 S. 3 i.V.m. Abs. 1 S. 2 StPO gelangt. Der BGH führt aus, dass durch § 462a Abs. 4 StPO „die Zuständigkeit eines Gerichts für nachträgliche Entscheidungen in allen Verfahren begründet wird, auch wenn die Zuständigkeit in dem Einzelverfahren, in dem die Entscheidungen zu treffen sind, an sich nicht gegeben wäre. Eine Entscheidungszersplitterung soll nämlich vermieden werden. Deshalb sind alle nachträglichen Entscheidungen bei einem Gericht oder einer Strafvollstreckungsbehörde konzentriert, wobei die Zuständigkeit der Strafvollstreckungskammer stets die Zuständigkeit des Gerichts des ersten Rechtszuges verdrängt. Dies gilt gerade auch in den Fällen, in denen verschiedene Gerichte den Angeklagten rechtskräftig zu Strafe verurteilt haben (§ 462a Abs. 4 S. 1 und 3 StPO). Die Strafvollstreckungskammer des Landgerichts Rostock ist gem. § 462a Abs. 1 S. 2 StPO zuständig geblieben für Entscheidungen, die zu treffen sind, nachdem die Vollstreckung des Restes der Freiheitsstrafe zur Bewährung ausgesetzt wurde. Nach § 462a Abs. 4 S. 3 StPO entscheidet in den Fällen des Abs. 1 die Strafvollstreckungskammer."[64] Der BGH verweist zudem darauf, dass angesichts der Bezugnahme von § 462a Abs. 4 S. 3 StPO auf die Fälle des § 462a Abs. 1 StPO sowohl Abs. 1 S. 1 als auch Abs. 1 S. 2 erfasst werden. Deshalb war es für seine Entscheidung ohne Belang, dass die Strafvollstreckungskammer vorliegend gem. § 462a Abs. 1 S. 2 StPO „nur" eine Fortwirkungszuständigkeit innehatte. Die Zuständigkeit der Strafvollstreckungskammer des Landgerichts verdrängte die Zuständigkeit des Amtsgerichts als Gericht des ersten Rechtszuges.

78 Ein **Gericht des ersten Rechtszuges** wird bei einer Zuständigkeitskonzentration gem. § 462a Abs. 4 S. 1 StPO für die in der Norm bezeichneten Nachtragsentscheidungen zuständig, wenn der mehrfach Verurteilte sich nicht in Strafhaft oder im Maßregelvollzug befindet. Treffen mehrere Gerichte des ersten Rechtszuges zusammen, ist der Vorrang nach Abs. 4 S. 2 entsprechend den Regeln über die Prioritätsbestimmung bei der nachträglichen Gesamtstrafenbildung von Abs. 3 S. 2 und 3 zu ermitteln: Vorrang kommt zunächst dem Oberlandesgericht zu, sonst sind die Strafart, dann die Strafhöhe und letztlich die zeitliche Reihenfolge der Verurteilung von Bedeutung. Die Priorität beurteilt sich allerdings im Rahmen der Zuständigkeitskonzentration abstrakt, d.h. ohne Rücksicht darauf, ob das Vorranggericht auch in dem Einzelverfahren, in welchem eine Nachtragsentscheidung konkret zu treffen ist, eine Zuständigkeit hätte.[65]

---

[64] BGH, NStZ 2000, S. 446.
[65] BGH, NStZ 2001, S. 222.

D Vollstreckung von Freiheitsstrafen

Die Freiheitsstrafe stellt eine **Hauptstrafe** dar. Das deutsche Strafgesetzbuch **79** enthält keine Norm, in der nicht eine solche Unrechtsreaktion – zumindest auch – angedroht wird.

Ist die Freiheitsstrafe vom erkennenden Gericht im Urteil ausgesprochen, handelt es sich um die sog. **primäre** Freiheitsstrafe. Diese eigentliche Freiheitsstrafe bildet den Gegenstand dieses Abschnitts über die Freiheitsstrafenvollstreckung. Bei der primären Freiheitsstrafe ist zwischen zwei Formen zu differenzieren. Zum einen gibt es die **zeitige** Freiheitsstrafe. Deren Mindest- und Höchstmaß wurde vom Gesetzgeber teilweise spezialgesetzlich geregelt (z.B. Tötung auf Verlangen nach § 216 StGB: Freiheitsstrafe von sechs Monaten bis zu fünf Jahren). Soweit eine besondere gesetzliche Regelung fehlt bzw. im konkreten Fall nicht eingreift, gelten die allgemeinen Grenzen von § 38 Abs. 2 StGB: ein Monat als Mindestmaß und 15 Jahre als Höchstmaß. Das Mindestmaß darf bei der primären Freiheitsstrafe nicht unterschritten werden, das sanktionierende Gericht in seinem Urteil zudem die Höchstgrenze nicht überschreiten. Zu den primären Freiheitsstrafen gehört auch die **lebenslange** Freiheitsstrafe. Sie kann nur verhängt werden, wenn das Gesetz diese ausdrücklich vorsieht (z.B. bei Mord gem. § 211 Abs. 1 StGB oder in besonders schweren Fällen des Totschlags, § 212 Abs. 2 StGB). Ist die Lebenszeitstrafe nicht explizit angedroht, darf gem. § 38 Abs. 1 StGB nur zu einer zeitigen Freiheitsstrafe verurteilt werden.

Von der primären zu unterscheiden ist die **sekundäre** Freiheitsstrafe. Diese betrifft jene Konstellation, in der das erkennende Gericht in seinem Urteil zunächst eine Geldstrafe verhängt hat. Vermag die Geldstrafe nicht beigetrieben zu werden und damit die Vollstreckung der Sanktion in der vorgesehenen Weise erfolgen, kann gem. § 43 StGB an deren Stelle die Ersatzfreiheitsstrafe[1] treten. Das gerichtliche Erkenntnis wird dann auf andere Weise durchgeführt.

Eine rechtskräftige verhängte Freiheitsstrafe ist vollstreckbar, es sei denn, das **80** Gericht setzt gem. § 56 StGB deren Vollstreckung zur Bewährung aus. Dies bleibt nach § 56 Abs. 2 S. 1 StGB nur soweit möglich, als die Dauer der Unrechtsreaktion zwei Jahre nicht übersteigt. Bei der **Strafaussetzung zur Bewährung** handelt es sich nicht um eine eigenständige Sanktionsform, sondern um eine Modifikation der Strafvollstreckung[2] in Form einer ambulanten Behandlung. Dem Täter wird für die Dauer der Bewährungszeit Hilfe und Unterstützung gewährt. Andererseits unterliegt seine Lebensführung während der Bewährung der Überwachung durch

---

[1]　Zur Vollstreckung von Ersatzfreiheitsstrafen siehe unten Kap. E V.
[2]　BGHSt. 24, S. 43; *Streng*, 2002, S. 78.

das Gericht (§ 453b StPO). Das betrifft insbesondere auch die Erfüllung von Weisungen und Auflagen bzw. vom Betroffenen angebotener und zugesagter Leistungen (§§ 56b, 56c StGB). Zugleich zwingt der Druck eines möglichen Widerrufs
der Strafaussetzung zur Bewährung gem. § 56f StGB den Sanktionierten, sich den
Anforderungen der Gesellschaft anzupassen. Ist im Urteil eine Strafaussetzung
erfolgt, übersendet die Vollstreckungsbehörde mit ihrer Eingangsverfügung[3] die
Akten an das für die Bewährungsüberwachung zuständige Gericht. Die Vollstreckungsbehörde wird erst wieder zuständig entweder nach einer rechtskräftigen
Widerrufsentscheidung oder sie trifft nach einem erfolgten **Straferlass** eine Abschlussverfügung. Ein Erlass wird gem. § 56g StGB nach Ablauf der Bewährungszeit ausgesprochen, wenn die Strafaussetzung nicht widerrufen werden
musste. Strafaussetzung zur Bewährung und Straferlass stellen **Vollstreckungshindernisse** dar.

81   Ist eine im Urteil verhängte und **nicht** zur **Bewährung** ausgesetzte bzw. aus-
setzbare Freiheitsstrafe durchzuführen, wird die **Vollstreckung** von der Vollstreckungsbehörde **eingeleitet**. Diese prüft zunächst die Vollstreckungsvoraussetzungen (§ 3 Abs. 1 S. 1 StVollstrO), insbesondere ob das Urteil rechtskräftig und mit
einer Rechtskraftbescheinigung versehen ist und ob ein Vollstreckungshindernis[4]
vorliegt. Zudem muss die sachliche und örtliche Zuständigkeit zur Entscheidungs-
durchführung gegeben sein. Nach Bejahung der Vollstreckungsvoraussetzungen
leitet die Vollstreckungsbehörde die Vollstreckung der Freiheitsstrafe mit einer
entsprechenden **Vollstreckungsverfügung**[5] ein. Sie vermerkt die Vollstreckungseinleitung im zentral geführten Js-Register, indem der bisherigen Geschäftsnum-
mer der Zusatz VRs beigefügt wird. In Strafsachen größeren Umfangs (Entscheidungen der Schöffengerichte oder Strafkammern) oder wenn damit zu rechnen ist,
dass die Akten während der Vollstreckung anderweitig benötigt werden, wird ein
Vollstreckungsheft angelegt. Der Inhalt des Vollstreckungshefts bestimmt sich
dann nach § 16 StVollstrO.

82   Unter Beachtung der in § 2 Abs. 1 StVollstrO vorgegebenen Prinzipien von
Nachdrücklichkeit und Beschleunigung trifft die **Vollstreckungsbehörde** diejenigen Anordnungen, die zur Durchführung des Urteils erforderlich sind (§ 3 Abs. 1
S. 2 StVollstrO). Sie ermittelt die für den Vollzug der Freiheitsstrafe sachlich und
örtlich zuständige Justizvollzugsanstalt, organisiert den Strafantritt von auf freiem
Fuß befindlichen verurteilten Personen ebenso wie derjenigen, die bereits inhaftiert sind. Der Vollstreckungsbehörde obliegt ferner die Strafzeitberechnung und
sie überwacht, dass die Art der Freiheitsentziehung sowie deren Dauer der zu
vollstreckenden gerichtlichen Entscheidung entsprechen. Sind mehrere Freiheitsstrafen bzw. Ersatzfreiheitsstrafen zu vollstrecken, aus denen keine Gesamtstrafe
gebildet werden kann, legt die Vollstreckungsbehörde den Vorgaben der Strafvollstreckungsordnung gemäß die Vollstreckungsreihenfolge fest.

---

[3]   Dazu *Röttle/Wagner*, 2009, Rdn. 73.
[4]   Zu den allgemeinen Vollstreckungshindernissen siehe Kap. B. III., zu den insb. Freiheitsentziehungen betreffenden Kap. D. VI.
[5]   Siehe *Röttle/Wagner*, 2009, Rdn. 71.

Die Durchführung des Freiheitsentzugs gemäß den Vorschriften des jeweiligen **83** Strafvollzugsgesetzes obliegt der **Strafvollzugsbehörde** in eigener Verantwortung.[6] Dies stellt auch § 3 Abs. 2 StVollstrO klar, wonach sich die Verantwortlichkeit der Vollstreckungsbehörde nicht auf den besonderen Pflichtenkreis der Vollzugsbehörde erstreckt. Beide wirken an der Realisierung des strafgerichtlichen Urteils mit. Deshalb ist eine **Zusammenarbeit** zwischen den Behörden erforderlich. Dementsprechend enthält § 35 StVollstrO einen Katalog von Mitteilungspflichten seitens der Vollzugseinrichtung an die Strafvollstreckungsbehörde (z.B. bei nicht erfolgtem Haftantritt, Aufnahme des Verurteilten in die Anstalt, Verlegung, Entlassung).

I. Zuständigkeit der Vollzugseinrichtung

Schon aus rechtsstaatlichen und organisatorischen Gesichtspunkten existiert eine **84** **Vorwegfestlegung** der für die Verbüßung einer Freiheitsstrafe sachlich und örtlich zuständigen Justizvollzugsanstalt durch die jeweilige Landesjustizverwaltung. Alle Strafvollzugsgesetze sehen zudem neben dem Aspekt des Schutzes der Allgemeinheit auch eine spezialpräventive Zielorientierung des Vollzugs von Freiheitsstrafen vor (§ 2 S. 1 StVollzG, Art. 2 S. 2 BayStVollzG, § 1 Buch III JVollzGB-BW, § 2 S. 1 HmbStVollzG, § 5 S. 1 NJVollzG). Ein solches am Sozialisations- und Behandlungsauftrag orientiertes Einwirken auf Strafgefangene verspricht die meisten Erfolgschancen, wenn der Einzelne seine Freiheitsstrafe in derjenigen Justizvollzugsanstalt verbüßt, in welcher eine gerade auf seine Sozialisationsdefizite bezogene Behandlung stattfindet. Eine derartige nach individuellen Kriterien erfolgende Verteilungsmöglichkeit auf Vollzugseinrichtungen wäre ein Idealfall des modernen Behandlungsvollzugs; sie lässt sich aber schon aus Gründen organisatorischer Machbarkeit und wegen institutioneller Vorgaben nicht für alle Verurteilten realisieren. Die Zuweisung zu den einzelnen Justizvollzugsanstalten erfolgt vielmehr zwangsläufig orientiert anhand der vorhandenen Infrastruktur des Vollzugs.[7] Die Zuständigkeitsbestimmung ist in den **Vollstreckungsplänen** festgelegt. Sie enthalten Regelungen über die sachliche und örtliche Zuständigkeitsverteilung auf der Grundlage der einschlägigen Bestimmungen der Strafvollzugsgesetze, wobei jedoch Korrekturmöglichkeiten mittels Abweichungen vom Vollstreckungsplan im Einzelfall zulässig sind.

1. Der Vollstreckungsplan

Für den Vollzug von Freiheitsstrafen finden sich die grundlegenden Regelungen **85** zum Vollstreckungsplan in den Strafvollzugsgesetzen (§ 152 Abs. 1 StVollzG, Art. 174 BayStVollzG, § 20 Buch I JVollzGB-BW, § 112 HambStVollzG, § 185 NJVollzG). Der Vollstreckungsplan bestimmt, in welcher Vollzugseinrichtung des

---

[6]   Siehe auch oben Kap. A II.
[7]   Dazu *Laubenthal*, 2008, S. 169.

Bundeslandes die Straftäter ihre Freiheitsstrafen zu verbüßen haben. Er enthält als von der Landesjustizverwaltung erlassene Verwaltungsvorschrift Richtlinien für die Vollstreckungs- sowie für die Vollzugsbehörde, aus denen sich die **Aufteilung der Verurteilten** auf die vorhandenen Anstalten ergibt. Der Vollstreckungsplan legt für das Bundesland die Aufteilung **abstrakt** und **generell** fest.

> *1. Beispiel*: Im Vollstreckungsplan für den Freistaat Bayern gelten als Einweisungsbestimmungen für männliche Verurteilte des Landesgerichtsbezirks München I bei Erstvollzug bis zu einem Jahr JVA München, über 1 Jahr bis zu 6 Jahren JVA Landsberg, über 6 Jahre JVA Straubing; bei Regelvollzug bis zu 3 Monaten JVA München, über 3 Monate bis zu 3 Jahren JVA Bernau, über 3 Jahre bis zu 6 Jahren Justizvollzugsanstalt Kaisheim, über 6 Jahre JVA Straubing.[8]

Die Vollstreckungsbehörde entnimmt im konkreten Einzelfall dem Vollstreckungsplan, bei welcher Vollzugsanstalt der Betroffene zum Strafantritt zu laden und wohin er durch das Aufnahmeersuchen einzuweisen ist.

86 Der Vollstreckungsplan soll **rechtsstaatlichen Erfordernissen** dadurch Rechnung tragen, dass jeder von einem Strafgericht Verurteilte schon im Voraus erkennen kann, welche Folgen der Ausspruch einer freiheitsentziehenden Unrechtsreaktion für ihn hat. Er erfüllt zudem eine **prozessuale Funktion**, denn die Zuständigkeit der Strafvollstreckungskammer für den gerichtlichen Rechtsschutz bestimmt sich gem. § 110 StVollzG danach, in welchem Gerichtsbezirk eine Anstalt liegt, in der der Antragsteller inhaftiert ist. Aus dem Vollstreckungsplan ergibt sich nicht nur die Zuständigkeit der Institution für den Vollzug der Freiheitsstrafe, sondern er bestimmt auch i.S.d. Art. 101 Abs. 1 S. 2 GG den **gesetzlichen Richter**. Eine Freiheitsstrafe ist daher – abgesehen von den gesetzlichen Verlegungsmöglichkeiten – grds. in der Justizvollzugsanstalt zu vollziehen, deren Zuständigkeit sich aus dem von der jeweiligen Landesjustizverwaltung erstellten Vollstreckungsplan ergibt. Dabei geben § 152 StVollzG, Art. 174 BayStVollzG, § 20 Buch I JVollzGB-BW, § 112 HmbStVollzG, § 185 NJVollzG dem einzelnen Verurteilten jedoch kein subjektiv-öffentliches Recht auf Einweisung in eine bestimmte Anstalt.[9]

87 § 152 StVollzG eröffnet im Geltungsbereich des Bundes-Strafvollzugsgesetzes den Landesjustizverwaltungen zwei Wege zur Regelung der Zuständigkeitsverteilung:

– Zum einen kann sie im Vollstreckungsplan vorsehen, welche Verurteilten zunächst einer **Einweisungsanstalt oder -abteilung** zugeteilt werden; von dort erfolgt dann aus Behandlungs- und Eingliederungsgründen die Verlegung zum weiteren Vollzug (§ 152 Abs. 2 StVollzG).

– Existieren keine Einweisungsanstalten oder -abteilungen bzw. liegen die Voraussetzungen für die Durchführung eines Einweisungsverfahrens nicht vor, bestimmt sich im Übrigen die Zuständigkeit nach **allgemeinen Merkmalen** (§ 152 Abs. 3 StVollzG). Der Betroffene gelangt regelmäßig im Wege der Direkteinweisung unmittelbar in die reguläre Vollzugsanstalt.

In Baden-Württemberg, Bayern und Hamburg regeln die Vollstreckungspläne die örtliche und sachliche Zuständigkeit der Justizvollzugsanstalten nach allge-

---

[8] Vollstreckungsplan für den Freistaat Bayern i.d.F. v. 1.8.2009, Anlage 1/3.

[9] *Koepsel*, in: Schwind/Böhm/Jehle/Laubenthal, 2009, § 152 Rdn. 2.

meinen Merkmalen, ohne dass es besondere Einweisungseinrichtungen gibt (§ 20 S. 1 Buch I JVollzGB-BW, Art. 174 BayStVollzG, § 112 HmbStVollzG). Nach § 185 NJVollzG sieht der Vollstreckungsplan in Niedersachsen neben der Zuständigkeit der Vollzugsbehörden nach allgemeinen Kriterien auch vor, in welchen Fällen die für den Vollzug zuständige Anstalt im Wege eines Einweisungsverfahrens bestimmt wird und welche Stelle insoweit die Einweisungsentscheidung trifft.

2. Sachliche Vollzugszuständigkeit

Für den Vollzug von Freiheitsstrafen enthalten die Strafvollzugsgesetze mit dem **88** Trennungs- und Differenzierungsprinzip bereits wesentliche Organisationsgrundsätze. Nach dem **Trennungsprinzip**[10] (§ 140 StVollzG, Art. 166 Abs. 2 bis 4 BayStVollzG, § 4 Abs. 1 und 3 Buch I JVollzGB-BW, § 98 Abs. 3 bis 5 HmbStVollzG, §§ 170 Abs. 2, 171 f. NJVollzG) sind die Sicherungsverwahrten sowie die weiblichen Inhaftierten in organisatorisch abgetrennten Einrichtungen unterzubringen. Aus besonderen Gründen kann dies auch in getrennten Abteilungen der für den Freiheitsstrafenvollzug bestimmten Anstalten geschehen. Diese Aufteilung darf aufgehoben werden, um Gefangenen die Teilnahme an Behandlungsmaßnahmen zu ermöglichen.

Innerhalb der für den Vollzug der Freiheitsstrafe bestehenden Institutionen gilt das **Differenzierungsprinzip** (§ 141 StVollzG, Art. 167 BayStVollzG, § 5 Buch I JVollzGB-BW, § 99 Abs. 1 und 3 HmbStVollzG, § 173 S. 1 NJVollzG): Sie sind in solche des geschlossenen und des offenen Vollzugs[11] unterteilt.

Die Vollzugspraxis beschreitet überwiegend den Weg einer Zuständigkeitsbe-   **89** stimmung nach allgemeinen Merkmalen. Es handelt sich dabei um **typisierende Klassifikationskriterien**, die der Vollstreckungsbehörde die Zuweisung in eine konkrete Anstalt schon anhand der Aktenlage ermöglichen:
- Geschlecht,
- Erst- bzw. Rückfalltäter,
 (Verurteilte, die noch keine oder nur ganz geringe Hafterfahrung besitzen, kommen in Einrichtungen des Erstvollzugs, solche mit Hafterfahrung werden in den Regelvollzug eingewiesen)
- Strafdauer,
 (z.B. Zusammenfassung von Verurteilten mit sehr langen Strafen in einzelnen Anstalten)
- kriminelle Gefährdung des Gefangenen,
- Lebensalter,
 (Trennung der Jungerwachsenen bis etwa 25 Jahre und älterer Verurteilter ab dem 60. Lebensjahr von den übrigen Insassen).

Eine derartige Zuweisung nach starren Klassifikationsformen wird weniger individuellen Behandlungserfordernissen gerecht als vielmehr einer Verteilung der

---

[10]   Zum Trennungsprinzip eingehend *Laubenthal*, 2009, S. 741 ff.
[11]   Dazu *Laubenthal*, 2008, S. 194 ff.

Gefangenen zur Auslastung der vorhandenen Einrichtungen und Behandlungsmöglichkeiten.

Hinsichtlich der sachlichen Vollzugszuständigkeit enthält die **StVollstrO** in § 23 einige die Regelungen in den Strafvollzugsgesetzen **ergänzende Bestimmungen.** Dabei wird danach differenziert, ob nach dem jeweiligen Vollstreckungsplan die Zuständigkeit von der Vollzugsdauer abhängig gemacht wird oder sich nach dem Alter der verurteilten Person richtet.

90   Ist Anknüpfungskriterium für die sachliche Zuständigkeit die **Vollzugsdauer**, so kommt es gem. § 23 Abs. 1 S. 1 StVollstrO auf die Zeit an, die die verurteilte Person vom Tag der bevorstehenden Aufnahme in die zuständige Vollzugsanstalt an im Strafvollzug zuzubringen hat. Angeknüpft wird damit nicht an die abstrakte Strafdauer, sondern auf die konkrete reine Vollzugsdauer (z.B. abzüglich der schon verbüßten Untersuchungshaft). Wurde bereits mit der Vollstreckung einer Freiheitsstrafe begonnen und diese dann nachträglich rechtskräftig in eine Gesamtfreiheitsstrafe einbezogen, richtet sich die sachliche Vollzugszuständigkeit nach dem Strafrest, welcher nach der rechtskräftigen Gesamtstrafenbildung noch zu vollziehen bleibt (§ 23 Abs. 1 S. 2 1. Halbs. StVollstrO). Stehen mehrere Freiheitsstrafen gleichzeitig zur Vollstreckung an, so richtet sich die sachliche Zuständigkeit nach der Gesamtvollzugsdauer (§ 23 Abs. 1 S. 3 i.V.m. § 43 Abs. 6 S. 1 StVollstrO). Dadurch soll die Kontinuität der vollzuglichen Behandlung gewahrt bleiben.[12] Deshalb ist von einer Verlegung abzusehen, wenn der verbleibende Strafrest die sachliche Zuständigkeit nicht übersteigt.

Richtet sich die sachliche Vollzugszuständigkeit nach dem **Alter** der verurteilten Person, wird gem. § 23 Abs. 2 StVollstrO der Tag der bevorstehenden Aufnahme in die zuständige Einrichtung maßgebend.

Um eine gewisse **flexible Handhabung** in der Vollstreckungspraxis zu ermöglichen, bestimmt § 23 Abs. 3 StVollstrO: Die Vollzugsbehörde kann eine Aufnahme nicht ablehnen, wenn die Vollzugsdauer oder das Alter, nach dem Tag der Aufnahme berechnet, um nicht mehr als zwei Wochen vom Vollstreckungsplan abweicht. Diese Regelung sollte jedoch nur bei Vorliegen sachlicher Gründe im Einzelfall zur Anwendung gelangen.

3. Örtliche Vollzugszuständigkeit

91   Während der Vollstreckungsplan abstrakt und generell die Kriterien der Verteilung auf die verschiedenen Vollzugseinrichtungen regelt, ergeben sich aus § 24 StVollstrO die auf den konkreten Verurteilten bezogenen örtlichen Voraussetzungen. Bei der Bestimmung der örtlichen Vollzugszuständigkeit durch die Vollstreckungsbehörde ist nach folgenden Konstellationen zu differenzieren:

– die verurteilte Person befindet sich in Freiheit,
– die verurteilte Person wird bereits behördlich verwahrt,
– die verurteilte Person wird aus dem Ausland eingeliefert,
– ein unterbrochener Vollzug wird fortgesetzt.

---

[12]   Pohlmann/Jabel/*Wolf*, 2001, § 23 Rdn. 4.

a) In Freiheit befindlicher Verurteilter

Befindet sich die rechtskräftig zu Freiheitsstrafe verurteilte Person im Inland auf **92** freiem Fuß, richtet sich gem. § 24 Abs. 1 S. 1 StVollstrO die Zuständigkeit der Justizvollzugsanstalt nach dem Wohnort oder dem Aufenthaltsort. Beide Zuständigkeitskriterien sind in der StVollstrO definiert.

Nach § 24 Abs. 1 S. 3 StVollstrO ist **Wohnort** der Ort, an dem die verurteilte Person den Schwerpunkt ihrer Lebensbeziehungen hat und an dem sie freiwillig unter Umständen verweilt, die darauf schließen lassen, dass das Verweilen von einer gewissen Dauer und Regelmäßigkeit ist. Der Begriff des Wohnorts steht nicht notwendigerweise dem des Wohnsitzes im melderechtlichen Sinne gleich.[13] Von entscheidender Bedeutung für die Begründung eines Wohnorts wird der auf die Dauer des Verweilens gerichtete Wille (z.B. erkennbar durch Anmieten eines möblierten Zimmers für einen nicht nur kurzen Zeitraum) und nicht, wie lange der Betroffene bereits an dem bestimmten Ort verweilt hat.

Als **Aufenthaltsort** umschreibt § 24 Abs. 1 S. 4 StVollstrO denjenigen Ort, an dem die nicht in behördlicher Verwahrung befindliche verurteilte Person – auch nur für kurze Zeit – tatsächlich anwesend ist. Damit werden der Tatort oder der Festnahmeort regelmäßig zugleich zum Aufenthaltsort.[14]

Zwischen den Zuständigkeitsmerkmalen des Wohn- und des Aufenthaltsorts besteht **keine Rangfolge**, so dass die Vollstreckungsbehörde unter den beiden auswählen darf. Allerdings sollte dann die Wohnortzuständigkeit relevant sein, wenn ein wohnortnaher Vollzug der Reintegration des Gefangenen förderlich erscheint.[15]

Hat sich die Vollstreckungsbehörde für die Vollzugsanstalt des Aufenthaltsorts **93** entschieden, kann der Betroffene bei einer Strafe mit einer Vollzugsdauer von mehr als sechs Monaten nach § 24 Abs. 2 S. 1 StVollstrO bei der Vollzugsbehörde die **Verlegung** in die für den Wohnort zuständige Vollzugsanstalt **beantragen**. Der Antrag ist innerhalb von zwei Wochen nach der Aufnahmeverhandlung[16] zu stellen. Bei dieser muss der Verurteilte über sein Antragsrecht belehrt werden. Unterbleibt das, beginnt die Antragsfrist nicht zu laufen; erfolgt die Belehrung erst zu einem späteren Zeitpunkt, setzt das den Lauf der Frist erst in Gang.[17]

b) Behördlich verwahrter Verurteilter

Befindet sich der Sanktionierte nicht in Freiheit, sondern schon in behördlicher **94** Verwahrung, ist hinsichtlich der örtlichen Vollzugszuständigkeit nach der Vollzugsdauer der aktuell zu vollstreckenden Freiheitsstrafe zu differenzieren. Eine behördliche Verwahrung i.S.d. § 24 StVollstrO liegt vor, wenn dem Betroffenen aufgrund **behördlicher Anordnung** seine Freiheit entzogen wurde (z.B. Untersuchungshaft, Verbüßung einer anderen Freiheitsstrafe in einer Justizvollzugsanstalt oder einer stationären Maßregel der Besserung und Sicherung). Nicht erforderlich

---

[13] *Röttle/Wagner*, 2009, Rdn. 81.
[14] Einschränkend *Wagner*, 2005, S. 184 (Aufenthaltswille).
[15] Pohlmann/Jabel/*Wolf*, 2001, § 24 Rdn. 11.
[16] Siehe *Laubenthal*, 2008, S. 175.
[17] *Röttle/Wagner*, 2009, Rdn. 82.

ist einerseits eine gerichtliche Entscheidung. Andererseits reicht aber eine polizeiliche Festnahme gem. § 127 StPO oder eine solche zum Zweck der Strafvollstreckung (§ 457 Abs. 3 StPO) nicht aus, weil die Person sich dann erst im behördlichen Gewahrsam und nicht in Verwahrung befindet.[18]

Bei einer Vollzugsdauer von **bis zu sechs Monaten** bestimmt sich nach § 24
Abs. 1 S. 2 StVollstrO die Zuständigkeit allein nach dem Verwahrungsort. Hierbei
handelt es sich um eine ausschließliche Zuständigkeit.[19]

Der Verwahrungsort spielt dann keine Rolle, wenn die zu vollstreckende Freiheitsstrafe **mehr als sechs Monate** dauert. Gemäß § 24 Abs. 1 S. 1 StVollstrO hat
die Vollstreckungsbehörde die Wahl zwischen dem Wohnort und dem Aufenthaltsort in der Zeit vor der behördlichen Verwahrung. Ebenso wie bei dem in
Freiheit befindlichen Sanktionierten kann in letzterem Fall bei einer Entscheidung
für den Aufenthaltsort gem. § 24 Abs. 2 S. 1 StVollstrO die Verlegung in die für
den Wohnort zuständige Vollzugseinrichtung beantragt werden.

c) Einlieferung aus dem Ausland

95 Wird ein Verurteilter von einem anderen Staat zur Strafvollstreckung ausgeliefert
(oder kehrt er freiwillig auf eine Ladung zum Strafantritt hin in das Inland zurück), richtet sich die örtliche Zuständigkeit nach den Regelungen von § 24 Abs. 1
StVollstrO. Nur wenn keine Vollzugszuständigkeit nach dieser Vorschrift gegeben
ist (es gibt im Inland weder einen Wohnort noch einen Aufenthaltsort und es besteht keine behördliche Verwahrung), kommt dem **Sitz des Gerichts** des ersten
Rechtszugs maßgebliche Bedeutung zu. Zuständig wird diejenige Justizvollzugsanstalt, die im Bezirk des erstinstanzlichen Gerichts liegt. Hierbei handelt es sich
um eine ausschließliche Zuständigkeit.[20]

In den Fällen, in denen sich die Zuständigkeit gem. § 24 Abs. 3 S. 1 StVollstrO
bestimmen darf und die Vollzugsdauer lediglich bis zu sechs Monaten beträgt,
existiert gem. § 24 Abs. 3 S. 2 StVollstrO eine Wahlzuständigkeit: entweder die
Anstalt im Bezirk des erstinstanzlichen Gerichts oder Einweisung in diejenige
sachlich zuständige Vollzugseinrichtung, welche mit dem **geringsten Aufwand
an Überführungskosten** erreichbar ist.

d) Fortsetzung eines unterbrochenen Vollzugs

96 War der Vollzug einer Freiheitsstrafe unterbrochen worden (z.B. bei einer Strafrestaussetzung zur Bewährung gem. § 57 StGB oder die verurteilte Person entwich
aus der Vollzugseinrichtung), richtet sich die örtliche Zuständigkeit nach jener
Anstalt, in der der Betroffene vor der Unterbrechung inhaftiert war. Es findet also
(z.B. bei Widerruf der Strafrestaussetzung oder Wiederergreifung des flüchtigen
Verurteilten) grds. eine Fortsetzung des Vollzugs in der **gleichen Haftanstalt** wie
vor der Unterbrechung statt (§ 24 Abs. 4 S. 1 StVollstrO). In dieser Anstalt werden dann ggf. auch weitere Strafen vollzogen, wenn der Rest der Gesamtvollzugsdauer die sachliche Zuständigkeit der Einrichtung nicht übersteigt (S. 2). Ist der

---

[18] Pohlmann/Jabel/*Wolf*, 2001, § 24 Rdn. 10.
[19] *Wagner*, 2005, S. 184.
[20] *Wagner*, 2005, S. 184.

Sanktionierte allerdings schon zum Vollzug einer weiteren Strafe gemäß den Vorschriften der StVollstrO in einer bestimmten anderen Justizvollzugsanstalt wiederum in Strafhaft, wird der Strafrest (ggf. auch weitere Strafen) in jener Einrichtung
vollzogen, sofern sie auch für den Rest der Gesamtvollzugsdauer sachlich zuständig bleibt (S. 3). Ist das nicht gegeben, richtet sich die örtliche Zuständigkeit zum
Vollzug weiterer Freiheitsstrafen gem. § 24 Abs. 4 S. 4 StVollstrO nach den
Grundsätzen der Abs. 1 bis 3 dieser Vorschrift.

Beruhte die Unterbrechung des Freiheitsstrafenvollzugs auf einem **Entweichen**   **97**
des Inhaftierten bzw. musste eine Strafrestaussetzung zur **Bewährung widerrufen**
werden und befand sich der Verurteilte in einer Anstalt des Erstvollzugs oder des
offenen Vollzugs, ist er regelmäßig für eine solche Vollzugsform nicht mehr geeignet. § 24 Abs. 4 S. 5 StVollstrO enthält deshalb den Grundsatz, dass der Sanktionierte nach Beendigung der Unterbrechung in die für ihn zuständige Anstalt des
geschlossenen Vollzugs oder des Regelvollzugs einzuweisen ist. Kein Anstaltswechsel ist dagegen notwendig, wenn die Unterbrechung im Gnadenwege erfolgt
war oder ein Fall der Vollstreckungsunterbrechung nach § 455 Abs. 4 StVollstrO
(wegen Vollzugsuntauglichkeit) oder gem. § 455a StPO (aus Gründen der Vollzugsorganisation)[21] vorlag. Gleiches gilt, soweit die Anstalt, in der der Verurteilte
sich vor der Unterbrechung befand, selbst auch über geschlossene Abteilungen
verfügt.

4. Abweichungen vom Vollstreckungsplan

Unter bestimmten Voraussetzungen darf von Amts wegen oder auf Antrag des   **98**
Verurteilten sowohl bezüglich der örtlichen als auch hinsichtlich der sachlichen
Vollzugszuständigkeit vom Vollstreckungsplan abgewichen werden. Dann erfolgt
die Durchführung des Strafvollzugs in einer örtlich und/oder sachlich **unzuständigen Anstalt**. Das Abweichen kann schon bei Einleitung des Vollzugs geschehen, nach Beginn des Strafvollzugs ist eine Verlegung möglich. In beiden Fällen
bedarf nach § 26 Abs. 2 S. 1 StVollstrO die Entscheidung über das Abweichen der
Zustimmung der höheren Vollzugsbehörde. Damit ist die jeweilige Landesjustizverwaltung gemeint. Untersteht die Justizvollzugsanstalt, in welche eingewiesen
bzw. verlegt werden soll, der Justizverwaltung eines anderen Bundeslandes, so
muss eine Einigung der beiden obersten Vollzugsbehörden der beiden Länder
herbeigeführt sein (§ 26 Abs. 2 S. 3 StVollstrO).

a) Einweisung in unzuständige Anstalt

Beantragt der zu einer Freiheitsstrafe Verurteilte, schon von Anfang an in eine   **99**
unzuständige Justizvollzugsanstalt eingewiesen zu werden, ist die Entscheidung
hierüber von der **Vollstreckungsbehörde** zu treffen. Einem Sanktionierten kommt
aber kein Rechtsanspruch auf Einweisung in eine ganz bestimmte, für ihn gemäß
dem Vollstreckungsplan unzuständige Anstalt zu. Denn durch die Regelungen der
örtlichen und sachlichen Zuständigkeiten in den Vollstreckungsplänen haben die

---

[21]   Siehe Kap. D VI. 3. a) bb) und c).

Justizverwaltungen ihr Ermessen selbst gebunden. Sie dürfen deshalb nicht ohne sachliche Gründe eine Aufnahme in eine andere Anstalt anordnen.[22] Ein Abweichen vom Vollstreckungsplan schon vom Beginn des Vollzugs der Freiheitsstrafe an durch Einweisung in eine andere Einrichtung als der an sich zuständigen bleibt daher **nur ausnahmsweise zulässig.**

100   Als Gründe für ein Abweichen vom Vollstreckungsplan bei Einleitung des Freiheitsstrafenvollzugs benennt § 26 Abs. 1 S. 1 StVollstrO mehrere Normen des Bundes-Strafvollzugsgesetzes, die eigentlich Verlegungsmöglichkeiten durch die Vollzugsbehörde im Verlauf der Strafverbüßung betreffen:

- § 7 Abs. 4 StVollzG, die Verlegung in eine sozialtherapeutische Anstalt für Sexualstraftäter;
- § 8 Abs. 1 StVollzG, Verlegung aus Behandlungsgesichtspunkten, Gründen der Vollzugsorganisation usw.;
- § 65 StVollzG, Verlegung aus gesundheitlichen Gründen;
- § 85 StVollzG, Verlegung zur sicheren Unterbringung.

§ 26 Abs. 1 S. 1 StVollstrO entspricht allerdings nicht mehr der aktuellen Gesetzeslage zum Vollzug von Freiheitsstrafen, weil das Bundes-Strafvollzugsgesetz nur noch als partikulares Bundesrecht gilt und mehrere Bundesländer von ihrer Gesetzgebungskompetenz auf dem Gebiet des Strafvollzugs Gebrauch gemacht haben.[23] Aus der Benennung der bundesrechtlichen Bestimmungen kann jedoch gefolgert werden, dass es zur Einweisung in eine unzuständige Justizvollzugsanstalt eines **wichtigen Grundes** bedarf, was jeweils unter Abschätzung der Umstände des Einzelfalls zu entscheiden ist. Dabei können besondere persönliche oder familiäre Gegebenheiten eine Vollstreckungsplanabweichung erforderlich machen. In Betracht kommen jedoch auch Gesichtspunkte, die nicht auf das Interesse des betroffenen Verurteilten abstellen (z.B. wenn vom Verurteilten eine Gefahr für die Sicherheit oder Ordnung der für ihn sachlich bzw. örtlich zuständigen Einrichtung ausgeht und dem nicht auf andere Weise als durch Unterbringung in einer sichereren Anstalt begegnet werden kann).

b) Anstaltswechsel während der Strafverbüßung

101 Während des Laufs des Vollzugs einer Freiheitsstrafe kann der Strafgefangene unter bestimmten Voraussetzungen in eine andere für ihn nicht zuständige Justizvollzugsanstalt verlegt werden. Eine **Verlegung** bedeutet eine dauerhafte Unterbringung in einer anderen Institution abweichend vom Vollstreckungsplan. Die Strafvollstreckungsbehörde ist an einem Verfahren über die Verlegung eines Gefangenen nicht beteiligt. Da es um eine strafvollzugsrechtliche Maßnahme geht, entscheiden die beteiligten **Vollzugsbehörden.**

Dem einzelnen Strafgefangenen kommt **kein Recht** auf Verlegung zu. Er kann lediglich einen Anstaltswechsel beantragen und hat einen Anspruch auf eine fehlerfreie Ermessensentscheidung unter Berücksichtigung der von ihm geltend gemachten Gesichtspunkte.

---

[22] Dazu *Koepsel*, in: Schwind/Böhm/Jehle/Laubenthal, 2009, § 152 Rdn. 2.
[23] Siehe oben Kap. A II.

Die Verlegungsgründe[24] sind in den Strafvollzugsgesetzen abschließend nor- **102**
miert. **Besondere Verlegungsgründe** enthalten

- § 10 StVollzG, Art. 12 Abs. 2 und 3 BayStVollzG, § 7 Abs. 2 Buch III
  JVollzGB-BW, § 11 HmbStVollzG, § 12 NJVollzG über eine Verlegung in ei-
  ne Anstalt des offenen Vollzugs bzw. eine Rückverlegung in den geschlossenen Vollzug,
- § 9 StVollzG, Art. 11 BayStVollzG, § 8 Buch III JVollzGB-BW, § 10
  HmbStVollzG, § 104 NJVollzG für die Verlegung in eine sozialtherapeutische
  Einrichtung,
- § 65 StVollzG, Art. 67 BayStVollzG, § 34 Buch III JVollzGB-BW, § 63
  HmbStVollzG, § 63 NJVollzG über den Wechsel einer Einrichtung zum
  Zweck der Krankenbehandlung,
- § 85 StVollzG, Art. 92 BayStVollzG, § 65 Buch III JVollzGB-BW, § 9 Abs. 2
  HmbStVollzG, § 10 Abs. 1 Nr. 3 und 4 NJVollzG zur sicheren Unterbringung
  eines Inhaftierten,
- § 152 Abs. 2 S. 2 StVollzG zum weiteren Vollzug aus einer Einweisungsanstalt.

Neben den besonderen haben die Gesetzgeber auch **allgemeine Verlegungs-** **103**
gründe normiert. Ist kein besonderer Verlegungsfall gegeben, eröffnet im Geltungsbereich des Bundes-Strafvollzugsgesetzes § 8 Abs. 1 Nr. 1 StVollzG die
Möglichkeit eines vom Vollstreckungsplan abweichenden Anstaltswechsels als
Maßnahme der Behandlung. Die Verlegung darf erfolgen, wenn die Behandlung
oder Eingliederung des Inhaftierten dadurch gefördert wird.[25] Ein Anstaltswechsel
kommt insoweit vor allem in Betracht, wenn die aufnehmende Einrichtung individuell geeignetere Aus- und Weiterbildungsangebote oder therapeutische Maßnahmen bietet. Im Hinblick auf eine Entlassungsvorbereitung kann die Unterbringung in einer heimatnäheren Institution der Anknüpfung von beruflichen und der
Intensivierung von persönlichen Kontakten nach außen dienen.

Eine bloße Erleichterung des **Kontakts zu Angehörigen** allein begründet aber noch
nicht eine Verlegung nach § 8 Abs. 1 Nr. 1 StVollzG. Ein Anstaltswechsel zur Aufrechterhaltung familiärer Beziehungen kommt erst in Betracht, wenn dies als Be-
handlungsmaßnahme oder zur Sozialisierung aufgrund besonderer Umstände unerlässlich erscheint, um die Behandlung oder Wiedereingliederung zu fördern. Es
müssen dabei besondere, vom Durchschnittsfall abweichende Erschwerungen des
Kontakts zu den Angehörigen vorliegen, um einen solchen Verlegungsantrag ausreichend zu begründen.[26] Dabei entbindet das Kriterium der Unerlässlichkeit die Vollzugsbehörde nicht von der Verpflichtung, im Rahmen ihrer Ermessensentscheidung
die grundrechtlichen Belange des Inhaftierten unter Berücksichtigung der Umstände
des Einzelfalls angemessen zu würdigen.[27]

---

[24] Dazu *Laubenthal*, 2008, S. 202 ff.
[25] BVerfG, StrVert 2007, S. 201.
[26] OLG Bamberg, Beschl. v. 9.11.2001 – Ws 689/01; OLG Hamm, ZfStrVo 2004, S. 243;
      OLG Rostock, NStZ 1997, S. 381; *Freise/Lindner*, in: Schwind/Böhm/Jehle/Lauben-
      thal, 2009, § 8 Rdn. 6.
[27] BVerfG, NStZ-RR 2006, S. 325 f.

104   Verlegungen sind auch aus Gründen der **Vollzugsorganisation** nach § 8 Abs. 1 Nr. 2 StVollzG zulässig. Hierbei geht es vor allem um praktische Probleme im Rahmen der Anstaltsbelegung (z.b. Überfüllung, bauliche Maßnahmen, Stilllegung bzw. Neueröffnung von Einrichtungen) oder um unvorhersehbare Ereignisse (z.b. Unglücksfälle, Zerstörungen durch Inhaftierte), welche eine anderweitige Unterbringung von Gefangenen notwendig machen. Auch der aus Art. 1 Abs. 1 GG folgende Anspruch des Gefangenen auf eine menschenwürdige Unterbringung kann – falls innerhalb der Anstalt keine Abhilfe möglich ist – eine Verlegung bedingen.[28]

105   Nach § 8 Abs. 1 Nr. 2 StVollzG kommt ferner ein Anstaltswechsel aus **anderen wichtigen Gründen** in Betracht, wenn diese eine Verlegung **erfordern**. Da die individuellen Gründe in den speziellen gesetzlichen Verlegungsmöglichkeiten sowie in § 8 Abs. 1 Nr. 1 StVollzG abschließend normiert sind, gehören zu den anderen wichtigen Ursachen nur solche, die Belange des Vollzugs insgesamt betreffen.[29] Besondere Verhaltensweisen oder Befindlichkeiten einzelner Inhaftierter (z.b. Querulantentum, Missbrauch von Vollzugslockerungen zur Begehung von Straftaten) können daher insoweit eine Verlegung nicht rechtfertigen.[30] Denn § 8 Abs. 1 StVollzG ist gerade wegen der mit einem Anstaltswechsel verbundenen Änderung der Zuständigkeit der Strafvollstreckungskammer im Hinblick auf das Gebot des gesetzlichen Richters (Art. 101 Abs. 1 S. 2 GG) verfassungskonform zu interpretieren und darf deshalb mit § 8 Abs. 1 Nr. 2 2. Alt. StVollzG **keinen allgemeinen Auffangtatbestand** enthalten.

106   Auf der **landesrechtlichen Ebene** entsprechen in Bayern die Verlegungsregelungen von Art. 10 Abs. 1 und 2 BayStVollzG inhaltlich § 8 Abs. 1 StVollzG. In Baden-Württemberg hat der Gesetzgeber in § 6 Abs. 1 Nr. 1 und Nr. 4 Buch III JVollzGB-BW, in Hamburg der dortige Gesetzgeber in § 9 Abs. 1 HmbStVollzG ebenfalls die allgemeinen Verlegungsgründe von § 8 Abs. 1 StVollzG übernommen. Die allgemeinen Verlegungsgründe von § 8 Abs. 1 StVollzG sind in Niedersachsen in § 10 Abs. 1 Nr. 1 (Behandlungszwecke) und Nr. 5 (Vollzugsorganisation, anderer wichtiger Grund) NJVollzG normiert.

c) Verlegung aus unzuständiger Anstalt

107   Hat der zu einer Freiheitsstrafe Verurteilte diese in einer unzuständigen Anstalt angetreten, ist die Vollstreckungsbehörde verpflichtet, seine Verlegung in die zuständige Einrichtung zu veranlassen. Es bedarf insoweit der Mitwirkung der Vollstreckungsbehörde, weil diese für den Strafantritt und die Vollstreckung in der zuständigen Anstalt verantwortlich war.[31] Der Verurteilte ist in die nunmehr ermittelte zuständige Anstalt zu verlegen, sofern nicht nach den für die Verlegung geltenden Bestimmungen der Strafvollzugsgesetze vom Vollzugsplan abgewichen werden kann. Dann stellt sich das rechtlich zulässige Verbleiben in der

---

[28]   BVerfG, StrVert 1993, S. 487 f.

[29]   *Calliess/Müller-Dietz*, 2008, § 8 Rdn. 5.

[30]   AK-StVollzG/*Feest/Joester*, 2006, § 8 Rdn. 8; *Calliess/Müller-Dietz*, 2008, § 8 Rdn. 5; a.A. *Freise/Lindner*, in: Schwind/Böhm/Jehle/Laubenthal, 2009, § 8 Rdn. 8.

[31]   Pohlmann/*Jabel*/Wolf, 2001, § 26 Rdn. 9.

unzuständigen Anstalt letztlich sachlich als Verlegung von der eigentlich zuständigen in die unzuständige Einrichtung dar.

Allerdings ist es möglich, dass eine vollstreckungsplanwidrige Einweisung in **108** eine unzuständige Anstalt aus Gründen des **Vertrauensschutzes** eine Verlegung in die an sich zuständige Institution ausschließt.

> *2. Beispiel:* Ein wegen mehrerer Banküberfälle zu mehr als neun Jahren Freiheitsstrafe Verurteilter soll etwa zweieinhalb Jahre nach Beginn seiner Strafverbüßung in einer Hamburger Strafanstalt in die nach § 24 StVollstrO zuständige Justizvollzugsanstalt Straubing (Bayern) verlegt werden. Als Begründung hierfür wird geltend gemacht, dass Hamburg für den Vollzug der Strafe örtlich unzuständig war, weil der Betroffene dort weder seinen Wohn- noch seinen Aufenthaltsort hatte.
> Eine nach Erschöpfung des Rechtswegs hiergegen erhobene Verfassungsbeschwerde des Gefangenen hatte Erfolg.[32] Denn wird ein Verurteilter in Kenntnis der Vollzugsbehörde einer örtlich unzuständigen Anstalt zugewiesen und hat er dann dort schon einige Jahre seiner Strafe verbüßt, kann sich der aus dem Rechtsstaatsprinzip folgende Grundsatz des Vertrauensschutzes auch auf den Ort der Strafvollstreckung beziehen, wenn nicht gewichtige Belange des Allgemeinwohls vorgehen.
> „Gerade für den Gefangenen, der sich nicht wie der Mensch in Freiheit seine engeren sozialen Kontakte selbst auswählen und sich von anderen abwenden kann, erhält das Gewöhntsein in die Gegebenheiten einer bestimmten Anstalt große Bedeutung: So muss er etwa mit dem Aufsichtspersonal auszukommen lernen, ebenso mit der Leitung der JVA, und er kann nur in einem beschränkten Maße unter den Gefangenen engere Bindungen knüpfen und andere Kontakte meiden. Bei der Verlegung in eine neue Anstalt beginnt der Prozess, sich innerhalb der objektiven Gegebenheiten der neuen Anstalt sein persönliches Lebensumfeld aufzubauen, von Neuem. Diese Position ist jedenfalls dann schutzwürdig, wenn nach den Umständen des Einzelfalls die Strafvollstreckungsbehörde das Vertrauen erweckt hat, es werde bei der Strafvollstreckung in einer bestimmten JVA bleiben."[33]

II. Vollstreckungseinleitende Maßnahmen

Hat die Strafvollstreckungsbehörde die sachlich und örtlich zuständige Justizvoll- **109** zugsanstalt ermittelt, weist sie den zur Freiheitsstrafe rechtskräftig Verurteilten durch ein Aufnahmeersuchen in diese ein. Zugleich wird der auf freiem Fuß befindliche Betroffene zum Strafantritt in die zuständige Anstalt geladen. Leistet dieser der Ladung keine Folge, können Zwangsmaßnahmen angeordnet werden. Befindet sich die sanktionierte Person – in einer anderen als der zuständigen Einrichtung – bereits in behördlicher Verwahrung, veranlasst die Vollstreckungsbehörde deren Überführung in die zuständige Anstalt.

---

[32] BVerfG, NStZ 1993, S. 300 f.
[33] BVerfG, NStZ 1993, S. 300.

1. Aufnahmeersuchen

110 Die Strafvollstreckungsbehörde teilt der Leitung der zuständigen Strafanstalt durch das Aufnahmeersuchen den bevorstehenden Vollzug einer Freiheitsstrafe gegen eine Person mit und ersucht um die **Einweisung des Verurteilten** in die konkret zuständige Vollzugsanstalt, § 29 Abs. 1 S. 1 StVollstrO. Das Ersuchen muss deshalb noch vor Eintreffen der sanktionierten Person der Vollzugsbehörde zugegangen sein (Abs. 1 S. 2 2. Halbs.). Das Erfordernis der Stellung eines Aufnahmeersuchens gilt sowohl für auf freiem Fuß befindliche Straftäter als auch für solche in behördlicher Verwahrung. Werden gleichzeitig mehrere Verurteilte eingewiesen, so ist gem. § 29 Abs. 2 StVollstrO für jeden von ihnen ein besonderes Aufnahmeersuchen zu stellen.

111 § 29 Abs. 1 S. 2 1. Halbs. StVollstrO bestimmt, dass das Aufnahmeersuchen der Vollzugsanstalt in zwei Stücken zu übersenden ist. Das Zweitstück wird dann nach endgültig erfolgter Aufnahme des Verurteilten mit ergänzenden Feststellungen (insbesondere der Strafzeitberechnung) nach § 35 Abs. 1 Nr. 4 StVollstrO wieder an die Vollstreckungsbehörde zurückgesandt. Den **notwendigen Inhalt** des Aufnahmeersuchens gibt § 30 StVollstrO vor. Danach muss das Aufnahmeersuchen – außer den Angaben zur verurteilten Person – vor allem enthalten

– die genaue Bezeichnung der zu vollstreckenden Entscheidung,
– die Bezeichnung der Tat,
– Art und Dauer der zu vollstreckenden Strafe,
– Zeitpunkt des Strafbeginns,
– die Zeitdauer anzurechnender Untersuchungshaft oder sonstiger Freiheitsentziehung,
– ggf. schon verbüßte Strafzeit.

112 Die Vollstreckungsbehörde nimmt zudem nach § 30 Abs. 2 StVollstrO andere für den Strafvollzug besonders wichtige Angaben aus dem **Akteninhalt** in das Aufnahmeersuchen auf. Dies gilt vor allem, wenn Umstände bekannt sind, die auf Suizidgefahr, Fluchtverdacht, die Gefahr gewalttätigen Verhaltens gegen Vollzugsbedienstete bzw. Mitinhaftierte hindeuten oder die sonst für die Sicherheit und Ordnung in der Vollzugseinrichtung von Relevanz sein können. Solche Informationen verbessern die Möglichkeiten für die Vollzugsbediensteten, für gemeinschaftlich unterzubringende Gefangene ggf. schon bei deren Eintreffen in der Hafteinrichtung eine zureichende Verträglichkeitsprüfung vornehmen zu können.[34]

113 Dem Aufnahmeersuchen werden nach § 31 Abs. 1 StVollstrO zwingend[35] bestimmte **Anlagen** beigefügt. An die Vollzugsanstalt zu übersenden sind zusätzlich zu dem Aufnahmeersuchen eine vollständige Abschrift der zu vollziehenden Strafentscheidung mit Rechtskraftvermerk sowie ein möglichst aktueller Bundeszentralregisterauszug (nicht älter als sechs Monate). Sofern es für den Vollzug der Freiheitsstrafe von Bedeutung sein kann, sollen auch Abschriften von in Strafakten bzw. dem Vollstreckungsheft enthaltenen Gutachten über den körperlichen

---

[34] Dazu *Böhm/Laubenthal*, in: Schwind/Böhm/Jehle/Laubenthal, 2009, § 18 Rdn. 5.
[35] Pohlmann/Jabel/*Wolf*, 2001, § 31 Rdn. 1.

oder geistigen Zustand des Verurteilten dem Aufnahmeersuchen beigefügt werden (§ 31 Abs. 2 StVollstrO).

2. Ladung zum Strafantritt

Zu Freiheitsstrafe Verurteilte, die sich **auf freiem Fuß** befinden, müssen – wie **114** § 457 Abs. 2 S. 1 StPO zu entnehmen ist – zum Strafantritt geladen werden.[36] Innerhalb Deutschlands erfolgt gem. § 27 Abs. 1 StVollstrO die Aufforderung zum Strafantritt prinzipiell **unmittelbar**[37] in die zuständige Justizvollzugsanstalt. Einer Ladung zum Strafantritt bedarf es nicht, wenn der Betroffene sich schon in einer anderen Sache in Haft befindet. Inhalt und Form der Ladung differenzieren danach, ob es sich um eine Aufforderung mit Fristsetzung oder um eine solche zum sofortigen Strafantritt handelt.

a) Ladung mit Fristsetzung

Damit dem Verurteilten Gelegenheit zum Ordnen seiner Angelegenheiten bleibt, **115** setzt die Vollstreckungsbehörde ihm gem. § 27 Abs. 2 S. 1 StVollstrO prinzipiell eine Frist, binnen derer er sich in der in der Ladung angegebenen Justizvollzugsanstalt zum Strafantritt einzufinden hat. Die **Gestellungsfrist** soll regelmäßig **mindestens eine Woche** betragen. Sie darf unter Berücksichtigung der Umstände des Einzelfalls sowohl abgekürzt als auch verlängert werden. Bei einer Verlängerung bleibt jedoch zu beachten, dass diese nicht einem vorübergehenden Strafaufschub aus wichtigen persönlichen Gründen i.S.d. § 456 StPO[38] gleichkommt.

Notwendiger **Ladungsinhalt** sind die Bezeichnung der zuständigen Hafteinrichtung sowie die Benennung des Strafantrittstermins. Um der Ladung besonderen Nachdruck zu verleihen, wird die verurteilte Person zudem darauf hingewiesen, dass sie bei nicht fristgemäßer Befolgung mit Zwangsmaßnahmen zu rechnen hat (§ 27 Abs. 2 S. 3 StVollstrO).

Eine Ladung mit Fristsetzung erfolgt stets schriftlich. Sie ergeht grds. in **Form** eines einfachen Briefes (§ 27 Abs. 3 S. 1 StVollstrO). Das betrifft vor allem diejenigen Sanktionierten, bei denen die Vollstreckungsbehörde davon ausgehen kann, dass sie der Aufforderung zum Strafantritt fristgemäß folgen werden. Die Ladung wird aber dann nach § 27 Abs. 3 S. 2 StVollstrO förmlich zugestellt, wenn ihr dadurch im Interesse einer beschleunigten Vollstreckung besonderer Nachdruck gegeben werden soll, eine formlose Aufforderung nach den Umständen des Einzelfalls keinen Erfolg verspricht oder eine vorherige Ladung bereits vergeblich war.

Für das **Zustellungsverfahren** sind über § 37 Abs. 1 StPO die Vorschriften der **116** §§ 166 ff. ZPO entsprechend heranzuziehen, soweit sie sich für die Anwendung

---

[36] OLG Frankfurt a.M., StraFo 2005, S. 259; OLG Karlsruhe, NStZ-RR 2005, S. 249.
[37] Zu Ausnahmen in bestimmten Fällen der Ladung in die zuständige Anstalt eines anderen Bundeslandes bzw. der Ladung bei Auslandswohnsitz siehe *Röttle/Wagner*, 2009, Rdn. 84, 99 ff.
[38] Dazu Kap. D VI. 3. b).

im Strafvollstreckungsverfahren eignen. Prinzipiell erfolgt die Zustellung durch
Übergabe des zuzustellenden Schriftstücks mittels der Post (§§ 168 Abs. 1, 176 ff.
ZPO) an dem Ort, wo die verurteilte Person angetroffen wird (§ 177 ZPO). Sie
kann aber z.B. auch durch die Polizei durchgeführt werden, wenn eine Zustellung
nach § 168 Abs. 1 ZPO keinen Erfolg verspricht (§ 168 Abs. 2 ZPO). Zulässig ist
zudem eine Ersatzzustellung etwa durch Niederlegung bei der Post (§ 181 Abs. 1
ZPO).

b) Sofortiger Strafantritt

117 Ist eine sofortige Strafvollstreckung geboten, ermöglicht § 27 Abs. 2 S. 2
StVollstrO eine Ladung zum sofortigen Strafantritt. Der Vollstreckungsbehörde ist
insoweit ein Beurteilungsspielraum eingeräumt. Dabei müssen bestimmte Tatsachen im Einzelfall ein öffentliches Interesse begründen, dass mit dem Strafantritt
nicht noch eine Woche zugewartet werden kann.[39] Dann muss die verurteilte Person sich spätestens am Tag nach Zustellung der Ladung zum Strafantritt gestellt
haben (§ 33 Abs. 1 Nr. 2 StVollstrO). Notwendiger **Ladungsinhalt** sind die Bezeichnung der zuständigen Justizvollzugsanstalt sowie nach § 27 Abs. 2 S. 3
StVollStrO der Hinweis auf zu erwartende Zwangsmaßnahme im Fall der nicht
rechtzeitigen Folgeleistung.

118 Wird zum sofortigen Strafantritt geladen, bedarf es von der **Form** her einer
förmlichen Zustellung der schriftlichen Aufforderung, § 27 Abs. 3 S. 2
StVollStrO. Im Gegensatz zur Ladung mit Fristsetzung genügt ein einfacher Brief
nicht. Allerdings lässt § 27 Abs. 3 S. 3 StVollstrO ausnahmsweise eine mündliche
Eröffnung der Ladung zu, insbesondere wenn der Betroffene auf der Amtsstelle
anwesend ist. Ein solches Vorgehen kommt etwa dann in Betracht, wenn im Fall
förmlicher Zustellung der Ladung bei dem Verurteilten Suizidgefahr oder eine
Gefahr für Leib oder Leben Dritter (insbesondere von Familienangehörigen) besteht.[40] Da nach § 33 Abs. 2 Nr. 2 StVollstrO die mündliche Ladung Grundlage
für den Erlass eines Vorführungs- oder Haftbefehls i.S.d. § 457 Abs. 2 S. 1 StPO
sein kann, wenn der Geladene sich nicht zum sofortigen Strafantritt bereit zeigt,
sollte jene auch schriftlich vermerkt werden (z.B. im Vollstreckungsheft).[41]

3. Zwangsmaßnahmen

119 Damit es bei rechtskräftig verhängter Freiheitsstrafe tatsächlich zum Vollzug der
Sanktion kommt, darf die Vollstreckungsbehörde unter bestimmten Voraussetzungen Zwangsmaßnahmen gegen sich **auf freiem Fuß** befindliche Verurteilte einleiten. Rechtsgrundlage hierfür ist § 457 Abs. 2 StPO, ergänzt durch die Verwaltungsvorschriften der §§ 33, 34 StVollstrO. Zulässige Zwangsmaßnahmen sind
der Vorführungs- und der Vollstreckungshaftbefehl. Nach § 457 Abs. 1 StPO
können weitere Ermittlungsmaßnahmen erfolgen; gem. § 457 Abs. 3 S. 1 StPO

---

[39] OLG Karlsruhe, NStZ-RR 2005, S. 250.
[40] *Röttle/Wagner*, 2009, Rdn. 97.
[41] Pohlmann/Jabel/*Wolf*, 2001, § 27 Rdn. 14.

sind ggf. zur Festnahme bestimmte und geeignete zusätzliche Maßnahmen zu ergreifen. Bei allen Zwangsmaßnahmen zur Durchsetzung des Strafantritts hat die Vollstreckungsbehörde den **Grundsatz der Verhältnismäßigkeit** zu beachten. Versprechen weniger einschneidende Vorgehensweisen im Einzelfall Erfolg, sind diese anzuwenden (z.B. Wohnungsanfrage).

a) Vorführungs- und Haftbefehl

Zum Erlass eines Vorführungsbefehls ebenso wie eines Haftbefehls zur Durchset-   **120** zung der gerichtlich angeordneten Freiheitsentziehung ist die Vollstreckungsbehörde befugt bei Nichtbefolgung der Ladung zum Strafantritt durch den Verurteilten, bei Fluchtverdacht bzw. bereits erfolgter Flucht. Zudem kann ein solcher Haftbefehl vorsorglich zur Beschleunigung der Strafvollstreckung ergehen.

Ein **Vollstreckungsvorführungsbefehl** kommt zur Vollstreckungseinleitung   **121** dann in Betracht, wenn die sanktionierte Person am Ort oder in der näheren Umgebung der zuständigen Justizvollzugsanstalt wohnt. Es muss zudem anzunehmen sein, dass der Verurteilte dort anzutreffen ist.[42] Anderenfalls stellt sich der **Vollstreckungshaftbefehl** als das geeignetere Mittel dar. Auf diesen finden weder die Bestimmungen der §§ 112 ff. StPO über die Anordnung von Untersuchungshaft Anwendung, noch handelt es sich um eine Verhaftung i.S.d. § 310 Abs. 1 Nr. 1 StPO.[43] Dass der Erlass des Vollstreckungshaftbefehls – ebenso wie derjenige des Vorführungsbefehls – durch den Rechtspfleger erfolgt (§ 31 Abs. 2 S. 1 RpflG), verletzt nicht Art. 104 Abs. 2 S. 1 GG, weil es bei der Realisierung des Strafantritts nur um die Durchführung einer schon richterlich angeordneten Freiheitsentziehung geht.[44]

Als notwendigen **Inhalt** des Vorführungs- und des Vollstreckungshaftbefehls gibt § 33 Abs. 4 StVollstrO vor:
- die genaue Bezeichnung der verurteilten Person,
- die Angabe der zu vollstreckenden Entscheidung,
- die Art und Dauer der zu vollstreckenden Strafe,
- den Grund der Vorführung oder Verhaftung,
- das Ersuchen um Vorführung oder Verhaftung,
- die Angabe der Vollzugsanstalt, in welche die verurteilte Person eingeliefert werden soll,
- bei Ersatzfreiheitsstrafe die Angabe des Geldbetrages, bei dessen nachgewiesener Zahlung die Vorführung oder Verhaftung unterbleibt.

Die **Vollziehung** von Vorführungs- und Haftbefehlen erfolgt gem. § 33 Abs. 5   **122** S. 1 StVollstrO durch die Polizei (bei Soldaten durch die Feldjägereinheiten). Nach § 33 Abs. 6 StVollstrO ist der Vorführungs- oder Vollstreckungshaftbefehl dem Verurteilten möglichst bei dessen Ergreifung bekannt zu geben. Damit dieser dann sachgemäß die Voraussetzungen, insbesondere die Anordnungsgründe prüfen kann, reicht hierfür eine mündliche Bekanntgabe regelmäßig nicht aus.[45]

---

[42] KK-StPO/*Appl*, 2008, § 457 Rdn. 4.
[43] *Meyer-Goßner*, 2009, § 310 Rdn. 5, § 457 Rdn. 10.
[44] BGHSt. 23, S. 386.
[45] Pohlmann/Jabel/*Wolf*, 2001, § 33 Rdn. 38.

b) Anordnungsvoraussetzungen

123 Der Erlass eines Vorführungs- oder Vollstreckungshaftbefehls ist zulässig
  – bei Nichtbeachtung der Ladung zum Strafantritt,
  – bei Fluchtverdacht,
  – zur Beschleunigung der Strafvollstreckung.

Während der Strafverbüßung kann zudem ein Vorführungs- oder Haftbefehl erlassen werden, wenn der Sanktionierte aus der Vollzugseinrichtung entweicht oder sich sonst dem Vollzug entzieht.

aa) Nichtbeachtung der Ladung zum Strafantritt

124 Der Vorführungs- oder Vollstreckungshaftbefehl kommt in Betracht, wenn die rechtskräftig verurteilte Person der Aufforderung zum Strafantritt keine Folge geleistet hat. § 457 Abs. 2 S. 1 StPO, § 33 Abs. 1 StVollstrO verlangen insoweit, dass der Betroffene sich **auf die an ihn ergangene Ladung** hin **nicht fristgemäß** (bei Ladung mit Fristsetzung) oder **nicht rechtzeitig** (bei Ladung zum sofortigen Strafantritt) stellt. Notwendig für die Zwangsmaßnahmen ist damit eine vorausgegangene Aufforderung, sich in der Justizvollzugsanstalt einzufinden, die nicht notwendigerweise förmlich zugestellt sein muss[46], es sei denn, es ist – wie bei § 33 Abs. 1 Nr. 2 StVollstrO – eine förmliche Zustellung erforderlich.

> *3. Beispiel*: Ein Rechtspfleger verfügte die Ladung eines rechtskräftig zu einer Freiheitsstrafe Verurteilten zum sofortigen Strafantritt. Die Ladung wurde mit einfachem Brief ausgefertigt. Da der Betroffene sich nicht in der Justizvollzugsanstalt stellte, erfolgte noch am gleichen Tag des Bekanntwerdens der Nichtgestellung bei der Strafvollstreckungsbehörde der Erlass eines Vorführungsbefehls. Aufgrund dessen verbrachte die Polizei wenige Tage später den Verurteilten in die Hafteinrichtung. Mit Schreiben vom darauffolgenden Tag teilte der Verteidiger des Sanktionierten der Vollstreckungsbehörde mit, dass sein Mandant keine Ladung zum Strafantritt erhalten habe. Dieses war vom Betroffenen selbst bei der Festnahme gegenüber der Polizei und dem telefonisch verständigten Rechtspfleger geltend gemacht worden. Der Verteidiger beantragte deshalb die Feststellung der Rechtswidrigkeit von Erlass und Vollzug des Vorführungsbefehls.
>
> Das OLG Karlsruhe[47] konstatiert in dieser Sache, dass die Voraussetzungen, die nach § 457 Abs. 2 StPO den Erlass eines Vorführungsbefehls erlauben, nicht erfüllt waren: „Zwangsmaßnahmen dürfen nach dieser Vorschrift nur angeordnet werden, wenn die Ladung ergangen ist. § 27 Abs. 3 S. 2 StVollstrO verlangt für die Ladung zum sofortigen Strafantritt die förmliche Zustellung; § 33 Abs. 1 Nr. 2 StVollstrO knüpft den Erlass eines Vorführungsbefehls an die Missachtung einer solcher Art zugestellten Ladung. Damit wird dem erheblich einschneidenden Charakter des Eingriffs in den Fällen, in denen im Hinblick auf das vorrangige öffentliche Interesse an einer sofortigen Vollstreckung dem Verurteilten die Gelegenheit zur Ordnung seiner Angelegenheiten vor Haftantritt genommen wird, Rechnung getragen. Darüber hinaus kann die Vollstreckungsbehörde auch nur bei förmlicher Ladung feststellen, ob der Verurteilte sich tatsächlich nicht am Tag nach Erhalt der Ladung gestellt hat (vgl. § 33 Abs. 1 Nr. 2

---

[46] KK-StPO/*Appl*, 2008, § 457 Rdn. 5; KMR/*Stöckel*, § 457 Rdn. 10; SK-StPO/*Paeffgen*, § 457 Rdn. 9; a.A. *Meyer-Goßner*, 2009, § 457 Rdn. 4; *Wagner*, 2009, S. 79.

[47] OLG Karlsruhe, NStZ-RR 2005, S. 249 ff.

StVollstrO), so dass Zwangsmaßnahmen ergriffen werden können ... Eine Ladung ist jedenfalls erst dann i.S.d. § 457 Abs. 2 StPO ergangen, wenn der Verurteilte sie tatsächlich erhalten hat. Nur wenn die Vollstreckungsbehörde vom Zugang der Ladung Kenntnis erlangt hat, darf sie auf der Grundlage des § 457 Abs. 2 StPO einen Vorführungsbefehl erlassen ... Vorliegend wurde die Ladung zwar verfügt und nach Aktenlage auch ausgefertigt. Doch behauptet der Antragsteller ... diese nicht erhalten zu haben. Weder vor Erlass des Vorführungsbefehls noch nach dem diesbezüglichen Hinweis des Antragstellers gegenüber der Polizei und dem Rechtspfleger nach seiner Festnahme wurden Umstände ermittelt, aus denen sich die Kenntnis des Antragstellers von der Ladung hätte entnehmen lassen. Da somit der Zugang der Ladung nicht feststand, verstieß der Vorführungsbefehl gegen die Vorschrift des § 457 Abs. 2 StPO. Erlass wie Vollzug der Zwangsmaßnahme waren mithin rechtswidrig.‟[48]

Für eine zwangsweise Herbeiführung des Strafantritts setzt § 33 Abs. 1 **125** StVollstrO auch voraus, dass der Betroffene sich **ohne ausreichende Entschuldigung** nicht gestellt hat. Eine derartige Entschuldigung ist bis zum Erlass des Vorführungs- oder Haftbefehls möglich. Der Verurteilte ist dann zu einem späteren Zeitpunkt erneut zu laden. Geht die Entschuldigung erst nach Erlass der Zwangsmaßnahme ein, kann sie deren Vollzug vorläufig hemmen. Erweist sie sich als ausreichend, ist der Haftgrund nachträglich weggefallen und es muss eine Aufhebung des Vorführungs- oder Haftbefehls erfolgen.[49]

bb) Anordnungsgrund der Fluchtgefahr

Schon **vor einer Ladung** zum Strafantritt wird die Strafvollstreckungsbehörde **126** nach § 457 Abs. 2 S. 1 StPO zum Erlass eines Vorführungs- oder Vollstreckungshaftbefehls berechtigt, wenn der Verurteilte der Flucht verdächtig ist. Gemäß § 33 Abs. 2 Nr. 1 StVollstrO bedarf es hierfür des begründeten Verdachts, die sanktionierte Person werde sich der Strafvollstreckung zu entziehen suchen.

Ein begründeter **Fluchtverdacht** besteht, sobald aufgrund bestimmter Tatsachen nachvollziehbar naheliegt, dass es nicht zum Strafantritt kommen wird (z.B. Äußerungen über eine beabsichtigte Flucht gegenüber Dritten, Beantragung eines Reisepasses). Es reichen aber auch andere Möglichkeiten aus, sich der Vollstreckung zu entziehen, die einer Flucht sehr nahe kommen (z.B. irreführende Angaben über den Aufenthaltsort).[50] Allerdings genügt die Höhe der zu verbüßenden Strafe allein nicht für die Annahme von Fluchtgefahr. Der Fluchtgefahr steht es gleich, wenn der Verurteilte schon flüchtig ist oder sich verborgen hält.[51]

Gemäß § 33 Abs. 2 Nr. 2 StVollstrO steht es faktisch einem Nichtantreten der Strafe gleich, sobald einem auf der Amtsstelle anwesenden Sanktionierten nach § 27 Abs. 3 S. 3 StVollstrO eine Ladung zum sofortigen Strafantritt mündlich eröffnet wird und dieser sich nicht zum sofortigen Strafantritt bereit zeigt. Dann braucht die Vollstreckungsbehörde nicht abzuwarten, ob der Ladung entgegen der geäußerten Weigerung doch noch Folge geleistet wird.

---

[48] OLG Karlsruhe, NStZ-RR 2005, S. 250.
[49] Pohlmann/Jabel/*Wolf*, 2001, § 33 Rdn. 16.
[50] Pohlmann/Jabel/*Wolf*, 2001, § 33 Rdn. 22.
[51] *Meyer-Goßner*, 2009, § 457 Rdn. 5.

cc) Beschleunigung der Strafvollstreckung

127 Zur Beschleunigung der Strafvollstreckung lässt § 33 Abs. 3 StVollStrO den Erlass eines Vorführungs- oder Vollstreckungshaftbefehls schon **bei der Ladung** zum Strafantritt zu. Ein solcher ergeht unter der Bedingung, dass der Verurteilte sich nicht fristgemäß oder nicht rechtzeitig stellt. Die **bedingt erlassene Zwangsmaßnahme** zur Durchsetzung des Strafantritts darf jedoch erst vollzogen werden, wenn ihre Vollstreckbarkeit eingetreten ist. Deshalb verlangt § 33 Abs. 3 S. 2 Nr. 1 StVollstrO den Nachweis des Zugangs der Ladung. Die Vollstreckungsbehörde selbst muss zudem durch Anfrage bei der Vollzugsanstalt feststellen, dass sich der Betroffene nicht bis zu dem in der Ladung bezeichneten Termin gestellt hat.

Vollstreckbar wird ein bedingt erlassener Vorführungs- oder Vollstreckungshaftbefehl gem. § 33 Abs. 3 S. 2 Nr. 2 StVollstrO auch, wenn nach Anordnung der Ladung[52] diese undurchführbar wird und der begründete Verdacht entsteht, die verurteilte Person werde sich der Strafvollstreckung zu entziehen versuchen (bei entsprechendem Verdacht von Anfang an ist bereits ein Vorgehen nach § 33 Abs. 2 StVollstrO möglich).

dd) Zurückführung in den Strafvollzug

128 Nach § 457 Abs. 2 S. 2 StPO, § 33 Abs. 2 Nr. 3 StVollstrO kann die Vollstreckungsbehörde einen Vorführungs- und Vollstreckungshaftbefehl auch erlassen, wenn der Verurteilte nach Strafantritt im Verlauf der Strafverbüßung **entweicht** oder sich sonst **dem Vollzug entzieht.**

Ein Entweichen liegt vor, sobald der Strafgefangene sich unerlaubt aus der Vollzugseinrichtung entfernt. Überschreitet er durch Nichtrückkehr die ihm von der Vollzugsbehörde (z.B. durch Gewährung von Vollzugslockerungen) eingeräumte Befugnis, sich außerhalb des Gewahrsams der Justizvollzugsanstalt aufhalten zu dürfen, ist ein sonstiges Sich-Entziehen gegeben. Für beide Konstellationen verpflichten die Strafvollzugsgesetze (§ 87 Abs. 1 StVollzG, Art. 95 Abs. 1 BayStVollzG, § 66 Buch III JVollzGB-BW, § 73 Abs. 1 HmbStVollzG, § 80 Abs. 1 NJVollzG) die Vollzugsbehörden zur Wiederergreifung. Notwendig bleibt insoweit jedoch das Fortbestehen eines unmittelbaren Bezugs zum Strafvollzug im Sinne einer sofortigen Nacheile[53] (z.B. der vom Hafturlaub nicht pünktlich zurückgekehrte Gefangene hält sich in einer Gaststätte nahe der Justizvollzugsanstalt auf). Zur Wiederergreifung kann sich die Vollzugsbehörde polizeilicher Hilfe bedienen. Das vollzugliche Festnahmerecht erlischt durch Zeitablauf, wenn die unmittelbare Verfolgung nicht alsbald (innerhalb von zwei Wochen) zum Erfolg führt[54] oder aufgrund räumlicher Entfernung eine Nacheile ausscheidet. Dann sind die weiteren Maßnahmen zur Zurückführung in den Strafvollzug der Vollstreckungsbehörde zu überlassen, die einen Vollstreckungshaftbefehl erlässt und Fahndungsmaßnahmen einleitet. Allerdings kann sie auch schon gleichzeitig mit den Wiederergreifungsbemühungen der Vollzugsbehörde aktiv wer-

---

[52]   Pohlmann/Jabel/*Wolf*, 2001, § 33 Rdn. 21.

[53]   *Calliess/Müller-Dietz*, 2008, § 87 Rdn. 2; *Laubenthal*, 2008, S. 415.

[54]   *Ullenbruch*, in: Schwind/Böhm/Jehle/Laubenthal, 2009, § 87 Rdn. 3.

den, denn die Befugnis der Vollstreckungsbehörde aus § 457 Abs. 2 S. 2 StPO wird durch das Festnahmerecht auf der Grundlage der Strafvollzugsgesetze nicht berührt.[55]

c) Sonstige Maßnahmen zur Herbeiführung des Strafantritts

Um die strafgerichtlich erkannte Sanktion durchzusetzen, darf die Vollstreckungs- **129** behörde im Rahmen der Vollstreckung gem. § 457 Abs. 1 StPO alle **Ermittlungsmaßnahmen** vornehmen bzw. durch Polizeibeamte vornehmen lassen, wie sie nach § 161 StPO auch der Staatsanwaltschaft erlaubt sind. Zur Realisierung des Strafantritts kann die Vollstreckungsbehörde z.B. Auskunftsersuchen an öffentliche Behörden richten. Solange die Voraussetzungen eines Vollstreckungshaftbefehls noch nicht vorliegen, kommt eine Ausschreibung zur Aufenthaltsermittlung i.S.d. § 131a StPO in Betracht (§ 34 Abs. 2 S. 3 StVollstrO). Im Bundeszentralregister kann nach § 27 BZRG ein Suchvermerk veranlasst werden.

Sobald die Haftgründe des § 457 Abs. 2 StPO erfüllt sind, bleiben Ausschrei- **130** bungen nur noch zum Zweck der **Festnahme** zulässig (§ 34 Abs. 2 S. 2 StVollstrO). § 457 Abs. 3 S. 1 StPO räumt der Vollstreckungsbehörde die gleichen Befugnisse wie der Strafverfolgungsbehörde ein, soweit die Maßnahme bestimmt und geeignet ist, die verurteilte Person festzunehmen. Eingesetzt werden können die Fahndungshilfsmittel von Nr. 40 Abs. 1 RiStBV. Statthaft wird im Rahmen der **Ergreifungsfahndung** eine Ausschreibung zur Festnahme nach § 131 StPO ggf. bis hin zur Öffentlichkeitsfahndung (u.a. durch Erlass eines Steckbriefs). Die Vollstreckungsbehörde kann aufgrund der Ausschreibung zur Festnahme zugleich die Niederlegung einer Steckbriefnachricht im Bundeszentralregister veranlassen (Nr. 41 Abs. 1 S. 1 RiStBV, § 27 BZRG).[56] Sind im Einzelfall die gesetzlichen Kriterien erfüllt, kommen als sonstige Maßnahmen zur Ergreifung des Verurteilten ferner Rasterfahndung (§§ 98a ff. StPO), Telekommunikationsüberwachung (§ 100a StPO), der Einsatz technischer Mittel (§ 100f StPO) bzw. verdeckte Ermittler (§§ 110a ff. StPO) oder die polizeiliche Beobachtung von Kontaktpersonen (§ 163e Abs. 1 S. 3 StPO) in Betracht.[57]

Soweit bei der Anordnung sonstiger Maßnahmen gerichtliche Entscheidungen erforderlich sind, ist hierfür nach § 457 Abs. 3 S. 3 StPO die Zuständigkeit des Gerichts des ersten Rechtszugs eröffnet. Um den Verurteilten festnehmen zu können, darf dessen Wohnung allerdings ohne Durchsuchungsbefehl i.S.d. § 105 Abs. 1 StPO durchsucht werden. Dieser gilt durch das rechtskräftig auf Freiheitsstrafe lautende Urteil bereits als erteilt.[58] Dagegen bedürfen Durchsuchungen bei Dritten einer gesonderten richterlichen Anordnung.[59]

Wie beim Erlass eines Vorführungs- oder Vollstreckungshaftbefehls hat die **131** Vollstreckungsbehörde auch bei den sonstigen Maßnahmen zur Herbeiführung des Strafantritts stets den **Verhältnismäßigkeitsgrundsatz** zu beachten. Nach § 34 Abs. 2 S. 1 StVollstrO sollen Art und Umfang der Fahndungsmaßnahmen in einer

---

[55] Pohlmann/Jabel/*Wolf*, 2001, § 33 Rdn. 27.
[56] Zu Fahndungsmaßnahmen im Ausland siehe *Röttle/Wagner*, 2009, Rdn. 133.
[57] *Meyer-Goßner*, 2009, § 457 Rdn. 13.
[58] *Meyer-Goßner*, 2009, § 457 Rdn. 11.
[59] KK-StPO/*Appl*, 2008, § 457 Rdn. 11.

angemessenen Relation zur Höhe der verhängten Strafe stehen. § 457 Abs. 3 S. 2 StPO stellt dies für das vollstreckungsbehördliche Vorgehen nach § 457 Abs. 2 und Abs. 3 S. 1 StPO noch einmal ausdrücklich gesetzlich klar. Bei nachhaltig in die Rechte des Einzelnen eingreifenden Anordnungen muss deshalb regelmäßig eine Strafe von erheblicher Dauer zu vollstrecken sein.[60]

d) Rechtsschutz

132 Bei den von der Vollstreckungsbehörde zur Durchsetzung des Strafantritts veranlassten Maßnahmen ist hinsichtlich der **Rechtsbehelfe** zu differenzieren zwischen
- Erlass des Vorführungs- oder Vollstreckungshaftbefehls und
- sonstigen Maßnahmen.

Die Strafprozessordnung sieht gegen das Vorgehen der Strafvollstreckungsbehörde nach § 457 Abs. 2 StPO keinen eigenen Rechtsbehelf vor. Die §§ 458 Abs. 2, 459h und 462 StPO verweisen nicht auf die Vorschrift über den Erlass eines Vorführungs- oder Vollstreckungshaftbefehls. Solange dieser noch nicht vollzogen ist, muss der Rechtsschutz Suchende zunächst mit der Beschwerde nach § 21 StVollstrO im Vorschaltverfahren eine **Einwendung** gegen die vollstreckungsbehördliche Entscheidung erheben.[61] Führt diese nicht zum Erfolg, ist der **Rechtsweg gem. §§ 23 ff. EGGVG eröffnet.**[62]

133 Wurde die Zwangsmaßnahme i.S.d. § 457 Abs. 2 StPO bereits **vollzogen**, beruht der Vollzug der Freiheitsstrafe aber nicht auf dem Vorführungs- oder Vollstreckungshaftbefehl, sondern auf der zu vollstreckenden strafgerichtlichen Entscheidung. Dann kommt nur noch ein Antrag auf Feststellung der Rechtswidrigkeit der Maßnahme gem. § 28 Abs. 1 S. 4 EGGVG in Betracht.[63] Dabei ist ein Rechtsschutzinteresse so lange als gegeben anzusehen, wie eine gegenwärtige Beschwer ausgeräumt, einer Wiederholungsgefahr begegnet oder eine fortwirkende Beeinträchtigung beseitigt werden kann. Darüber hinaus vermögen auch schwer wiegende Grundrechtseingriffe gerichtlich geklärt zu werden, wenn deren direkte Belastung sich auf eine Zeitspanne beschränkt, in der der Betroffene die gerichtliche Entscheidung in dem von der Prozessordnung vorgesehenen Verfahren kaum erlangen kann.[64]

> *4. Beispiel*: Ein Straftäter wurde zu einer Freiheitsstrafe von zwei Jahren verurteilt, deren Vollstreckung das Gericht nicht zur Bewährung aussetzte. Die Staatsanwaltschaft lud den Betroffenen zum Strafantritt bis zum 9. Dezember. Auf seinen Antrag hin wurde die Vollstreckung dann bis zum 1. April des darauffolgenden Jahres aufgeschoben. Nachdem der Verurteilte ein Gnadengesuch mit dem Ziel einer Strafaussetzung zur Bewährung eingereicht hatte, stellte die Vollstreckungsbehörde die Vollstreckung vorläufig ein und teilte mit, bis zur Entscheidung über das Gesuch werde von der Anwendung von Zwang abgesehen. Gut zwei Monate später übergaben am Abend des 3. Juni

---

[60]   KG, StraFo 2008, S. 230; OLG Zweibrücken, StrVert 2001, S. 305.

[61]   KK-StPO/*Appl*, 2008, § 457 Rdn. 14; Pohlmann/Jabel/*Wolf*, 2001, § 21 Rdn. 12.

[62]   *Kissel/Mayer*, 2008, § 23 EGGVG Rdn. 168; *Meyer-Goßner*, 2009, § 457 Rdn. 16.

[63]   OLG Hamm, StrVert 2005, S. 676; OLG Koblenz, StraFo 2006, S. 86; KK-StPO/*Appl*, 2008, § 457 Rdn. 14.

[64]   BVerfG, NStZ-RR 2004, S. 252.

Polizeibeamte dem Sanktionierten den das Gnadengesuch ablehnenden Bescheid und nahmen ihn aufgrund eines Vollstreckungshaftbefehls der Staatsanwaltschaft vom gleichen Tag fest. In dem Haftbefehl wurde ausgeführt, der Verurteilte sei zum Strafantritt geladen worden, habe sich aber nicht gestellt. Auf Betreiben seines Strafverteidigers wurde der Inhaftierte wieder freigelassen. Absprachegemäß begab er sich am nächsten Morgen wiederum zur Staatsanwaltschaft. Diese vollstreckte den Haftbefehl. Der sich im Vollzug der Freiheitsstrafe befindliche Verurteilte beantragte u.a. festzustellen, dass Erlass und Vollzug des Vollstreckungshaftbefehls rechtswidrig gewesen seien. Das Oberlandesgericht verwarf den Antrag. Erst eine dagegen gerichtete Verfassungsbeschwerde des Verurteilten hatte insoweit Erfolg.

Das Bundesverfassungsgericht führt in seiner Entscheidung aus, dass es nicht nur am Maßstab des einfachen Rechts, sondern auch von Verfassungs wegen zu beanstanden ist, „wenn die Vollstreckungsbehörde die Wirkungen einer Ladung und Fristsetzung zum Strafantritt durch einen vorübergehenden Aufschub (§ 456 StPO) erkennbar aufhebt, die Vollstreckung dann mit Rücksicht auf ein eingereichtes Gnadengesuch sogar vorläufig einstellt und dennoch nach Ablehnung des Gnadengesuchs sogleich die schwer wiegende Zwangsmaßnahme eines Haftbefehls (§ 457 Abs. 2 StPO) ergreift, obwohl der Beschwerdeführer bislang eine wirksame Fristsetzung oder Terminbestimmung nicht missachtet hat. Da der Beschwerdeführer auch während des Aufschubs und der Einstellung der Vollstreckung keinen Anlass gegeben hat, eine Fluchtgefahr zu erwägen, war es grob unverhältnismäßig, Zwangsmaßnahmen vorzunehmen, ohne dem Beschwerdeführer zuvor die Gelegenheit zu geben, sich dem Strafantritt freiwillig zu stellen. Da er bis zur Eröffnung der das Gnadengesuch ablehnenden Entscheidung auf die vorläufige Einstellung der Vollstreckung vertrauen durfte, hätte es das rechtsstaatliche Gebot der Vorausschaubarkeit und Abwendbarkeit staatlicher Zwangsmaßnahmen, die nicht auf einen Vereitelungsbemühungen zuvorkommenden Überraschungsmoment angewiesen sind, erfordert, der Bekanntmachung der abschlägigen Gnadenentscheidung eine erneute Ladung und Fristsetzung zum Strafantritt folgen zu lassen."[65]

Wendet sich der Verurteilte gegen eine **sonstige Maßnahme** zur Herbeifüh- **134** rung des Strafantritts und ist hierfür kein spezieller Rechtsbehelf vorgesehen, muss der Betroffene auch insoweit den Rechtsweg nach § 21 StVollstrO, §§ 23 ff. EGGVG beschreiten. Handelt es sich bei der sonstigen Maßnahme dagegen um eine solche des § 457 Abs. 3 S. 3 StPO, richtet sich der Rechtsschutz gegen die gerichtliche Entscheidung nach der jeweils einschlägigen Regelung (z.B. bei Einsatz eines verdeckten Ermittlers gem. § 110b Abs. 2 StPO für die in § 101 Abs. 4 S. 1 Nr. 9 StPO Genannten der Rechtsbehelf nach § 101 Abs. 7 S. 2 bis 4 StPO).

4. Verurteilte Person in behördlicher Verwahrung

Befindet sich der rechtskräftig Verurteilte **nicht auf freiem Fuß**, sondern bereits **135** in behördlicher Verwahrung, veranlasst die Strafvollstreckungsbehörde gem. § 28 Abs. 1 S. 1 StVollstrO prinzipiell seine **Überführung** in die zuständige Justizvollzugsanstalt. Einer an den Betroffenen gerichteten Ladung bedarf es nicht.

Stellt die behördliche Verwahrung den Vollzug von **Untersuchungshaft** dar und erfolgt dieser **in derselben Sache**, befindet sich die verurteilte Person ab dem Zeitpunkt des Rechtskrafteintritts in Zwischenhaft, allerdings wird sie als ein

---

[65] BVerfG, NStZ-RR 2004, S. 253 f.

Strafgefangener behandelt.[66] Sind Untersuchungshaftanstalt und nach dem Vollstreckungsplan zuständige Strafvollzugseinrichtung identisch, verbleibt der Sanktionierte in dieser Anstalt. Die die Rechtskraft bescheinigende Stelle hat die vorhandene Grundlage der Vollstreckung der Freiheitsstrafe binnen drei Tagen nach Rechtskrafteintritt an die Vollstreckungsbehörde zu übermitteln (§ 13 Abs. 3 S. 2 StVollstrO). Dem Beschleunigungsprinzip des § 2 Abs. 1 StVollstrO gemäß übersendet diese dann umgehend die Unterlagen an die Anstalt. Es ergeht nur ein Aufnahmeersuchen an die Vollzugseinrichtung, in welcher der Verurteilte sich befindet. Sind Untersuchungshaft- und Strafvollzugseinrichtung nicht identisch, ergeht ein Überführungsersuchen an die Untersuchungshaftanstalt und ein Aufnahmeersuchen an die zuständige Strafanstalt. Möglich ist auch, dass statt eines besonderen Überführungsersuchens das Aufnahmeersuchen über die Untersuchungshaftvollzugseinrichtung an die zuständige Strafanstalt zugeleitet wird.[67]

136   Befindet sich der rechtskräftig zu einer Freiheitsstrafe Verurteilte wegen einer **anderen Strafsache** in **Untersuchungshaft**, verbietet der Grundsatz materieller Gerechtigkeit eine Vollstreckung mehrerer Haftarten zur selben Zeit. Es gilt das **Prinzip des Nachrangs der Untersuchungshaft** gegenüber dem Vollzug von Freiheitsstrafe (ebenso wie grds. auch der Jugendstrafe, freiheitsentziehenden Maßregeln der Besserung und Sicherung oder Ordnungshaft Vorrang zukommt[68]). Das Verhältnis der Vollstreckung von Untersuchungshaft zur Vollstreckung anderer stationärer Maßnahmen hat der Bundesgesetzgeber in dem am 1.1.2010 in Kraft getretenen „Gesetz zur Änderung des Untersuchungshaftrechts"[69] geregelt. Gemäß § 116b S. 2 StPO geht Freiheitsstrafenvollstreckung vor, es sei denn, das Gericht trifft – weil der Zweck der Untersuchungshaft dies erfordert – eine abweichende Entscheidung. Die Strafe ist danach mit Rechtskrafteintritt grds. in Unterbrechung der Untersuchungshaft zu vollstrecken. Jedoch erhält nach § 119 Abs. 6 StPO der für die Untersuchungshaft zuständige Haftrichter des Verfahrens, für welches die sog. Überhaft notiert ist, die Bestimmungen der Strafvollzugsgesetze ergänzende Eingriffsmöglichkeiten zur Sicherung des laufenden Ermittlungsverfahrens. Seitens der für die Vollstreckung der Freiheitsstrafe zuständigen Behörde ergeht – wenn die Anstalten nicht identisch sind – ein Überführungsersuchen an die Untersuchungshafteinrichtung und ein Aufnahmeersuchen an die zuständige Strafanstalt, in welche der Verurteilte dann zu überführen ist. Allerdings lässt es § 28 Abs. 1 S. 2 2. Halbs. StVollstrO zu, bei Unterbrechung der Untersuchungshaft vom Vollstreckungsplan abzuweichen und den Betroffenen in der für den Untersuchungshaftvollzug zuständigen Einrichtung zu belassen. Voraussetzung hierfür ist, dass auf diese Weise die Untersuchung in der noch schwebenden Strafsache erleichtert oder beschleunigt wird. In einem solchen Fall ergeht hinsichtlich der Freiheitsstrafe nur ein Aufnahmeersuchen an die Untersuchungshaftanstalt.

137   Verbüßt der Verurteilte bereits eine **andere Freiheitsstrafe**, wird deren Vollstreckung prinzipiell fortgesetzt (§ 43 Abs. 3 StVollstrO). Es kommt zur **An-**

---

[66]   Dazu unten Kap. D III. 1. b).
[67]   *Röttle/Wagner*, 2009, Rdn. 102 f.
[68]   BT-Drs. 16/11644, S. 22.
[69]   BGBl. 2009/I, S. 2274 ff.; dazu *Bittmann*, 2010, S. 13 ff.; *Weider*, 2010, S. 102 ff.

schlussvollstreckung der nachfolgend rechtskräftig gewordenen Sanktion. Es ergeht lediglich ein Aufnahmeersuchen an die bisherige Strafanstalt. Bleibt diese nicht für die Anschlussstrafe zuständig, ergeht an sie ein Überführungsersuchen sowie ein Aufnahmeersuchen an die dann zuständige Vollzugseinrichtung.

Anstaltswechsel sind regelmäßig verbunden mit Gefangenentransporten, der sog. **Verschubung**. Diese erfolgt nach den Gefangenentransportvorschriften der Länder, wobei die Betroffenen regelmäßig im Sammeltransport befördert werden. Zuständige Behörden sind die Justizvollzugsanstalten (bzw. bei Unterbringung die Maßregelvollzugseinrichtungen), an die ein entsprechendes Verschubungsersuchen zu richten ist. Spezielle Gefangenentransportwagen verkehren nach genauen Fahrplänen zwischen den Anstalten, die in einem Kursbuch für den Gefangenensammeltransport verzeichnet sind. Die Durchführung der teilweise lang andauernden Verschubungen in engen Omnibuskabinen mit bloßen sog. Sehschlitzen als Kabinenfenster wirft die Frage einer Verletzung von Art. 1 Abs. 1 GG auf.[70]

III. Strafzeitberechnung

Die Berechnung der vom Verurteilten zu verbüßenden Strafzeit ist gem. §§ 37 ff. **138** StVollstrO Aufgabe der **Vollstreckungsbehörde**. Diese ist an erster Stelle für die Richtigkeit der Berechnung verantwortlich (§ 36 Abs. 1 S. 2 1. Halbs. StVollstrO). Zwar wird die Strafzeitberechnung nach Aufnahme der verurteilten Person zunächst von der Vollzugsanstalt vorgenommen (§ 35 Abs. 1 Nr. 4 StVollstrO). Die Berechnung durch die Vollzugsgeschäftsstelle ist jedoch nur eine vorläufige. Nach § 36 Abs. 1 S. 2 2. Halbs. StVollstrO obliegt es der Vollstreckungsbehörde, die ihr übersandte Berechnung sorgfältig nachzuprüfen. Entstehen bei ihrer Entscheidungsbildung Zweifel über die Berechnung der erkannten Strafe, hat sie von Amts wegen ihre Strafzeitberechnung zur Klärung dem **Gericht** vorzulegen (§ 458 Abs. 1 StPO, § 42 StVollstrO). Dann muss das Gericht die Strafzeit selbst verbindlich berechnen.[71] Auch der Verurteilte selbst kann eine von der Vollstreckungsbehörde vorgenommene Strafzeitberechnung gem. § 458 Abs. 1 StPO gerichtlich klären lassen. Hierfür ist jedoch dann kein Raum mehr, wenn die berechnete Strafzeit durch Entlassung aus dem Strafvollzug endet.[72]

Infolge der Unregelmäßigkeiten unseres Kalenders können verschiedene Re- **139** chenwege zu divergierenden Resultaten führen. Deshalb enthalten §§ 37 ff. StVollstrO **Regeln für die Strafzeitberechnung**, wobei es sich jedoch lediglich um Verwaltungsvorschriften handelt. Zur Vereinfachung der Strafzeitberechnung legt § 38 StVollstrO für unterschiedliche Konstellationen den Beginn der anzusetzenden Strafzeit nach regelmäßig leicht zu ermittelnden Kriterien fest. § 37 StVollstrO enthält allgemeine Grundsätze und Vorgaben zur Berechnung der

---

[70] Siehe auch *Bemmann*, 2002, S. 803 ff.; *Kropp*, 2005, S. 98.
[71] BVerfG, NStZ-RR 2003, S. 379; KK-StPO/*Appl*, 2008, § 458 Rdn. 7; *Meyer-Goßner*, 2009, § 458 Rdn. 3; *Röttle/Wagner*, 2009, Rdn. 173; einschränkend SK-StPO/*Paeffgen*, § 458 Rdn. 6.
[72] OLG Celle, NStZ 2010, S. 108.

Strafzeit. Dabei gehört zur Strafzeitberechnung auch die Errechnung desjenigen Zeitpunktes, zu dem eine Strafrestaussetzung zur Bewährung nach § 57 Abs. 1, Abs. 2 Nr. 1 und § 57a Abs. 1 StGB erfolgen kann. Von Relevanz ist zudem die Anrechnung bestimmter Zeiten andersartigen Freiheitsentzugs auf die Strafe.

140   § 37 Abs. 1 S. 1 StVollstrO bestimmt, dass die Strafzeit für **jede selbständige Strafe getrennt** berechnet werden muss. Dies gilt unabhängig davon, ob die mehreren Strafen in derselben Sache oder in verschiedenen Verfahren erkannt wurden. Als Freiheitsstrafe kommt nur eine solche gem. § 38 StGB in Betracht. Hinsichtlich der zeitigen Freiheitsstrafen gibt § 37 Abs. 1 S. 2 StVollstrO ausdrücklich vor, bei jeder Strafzeitberechnung darauf zu achten, dass diese im Ergebnis nicht zu einer faktischen Verlängerung der nach § 39 StGB ausgesprochenen Strafe führen darf. Zudem hat das Bundesverfassungsgericht konstatiert: „Angesichts der unmittelbaren Auswirkungen der Strafzeitberechnung auf das Freiheitsrecht sind alle beteiligten staatlichen Gewalten verpflichtet, bei der Strafzeitberechnung besonders sorgfältig zu prüfen, um Fehler soweit möglich zu vermeiden. Ist gleichwohl ein Fehler unterlaufen, ist dieser soweit möglich auszugleichen."[73]

1. Strafbeginn

141   § 38 StVollstrO bestimmt für die in der Praxis wichtigsten Fälle, welche Umstände als Beginn der Strafzeit anzusetzen sind. Dabei differenziert die Vorschrift nach folgenden Konstellationen:
- Die verurteilte Person stellt sich selbst (Nr. 1),
- nach Zwangs- oder Fahndungsmaßnahmen erfolgt die Festnahme des Verurteilten (Nr. 2),
- der Sanktionierte befindet sich bei Rechtskrafteintritt in der Sache bereits in Untersuchungshaft (Nr. 3),
- die Strafe ist in Unterbrechung der in einer anderen Sache verhängten Untersuchungshaft zu verbüßen (Nr. 4).

a) Verurteilter in Freiheit

142   Stellt sich die rechtskräftig zu Freiheitsstrafe verurteilte Person in Befolgung der Ladung zum Strafantritt in der Justizvollzugsanstalt, beginnt die Strafzeit in dem Moment, in welchem er in der Einrichtung in amtliche Verwahrung genommen wird, § 38 Nr. 1 StVollstrO. Da maßgeblicher Zeitpunkt nach dem Wortlaut der Vorschrift derjenige ist, in dem der **Selbststeller** in einer Anstalt **in amtliche Verwahrung** genommen wird, muss es sich nicht notwendigerweise um die für den Betroffenen zuständige Anstalt handeln. Ausreichend bleibt auch die amtliche Inverwahrnahme in einer sonstigen Einrichtung, der eine Befugnis zur Verwahrung rechtskräftig Verurteilter zukommt. Eine Person ist in Verwahrung genommen, sobald sie den Herrschaftsbereich der jeweiligen amtlichen Stelle auf der

---

[73]   BVerfG, NStZ-RR 2003, S. 379.

Grundlage einer selbständigen Entscheidung nicht mehr räumlich verlassen kann.[74]

> *5. Beispiel:* Ein zu einer Freiheitsstrafe Verurteilter ist von der Vollstreckungsbehörde zum Strafantritt in die Justizvollzugsanstalt S geladen worden. Er stellt sich am 1. Februar zur Strafverbüßung bei der Polizeibehörde seines Wohnsitzes W, an dem sich keine Vollzugseinrichtung befindet. Wird er von den Polizeibeamten daraufhin in Polizeigewahrsam genommen und dann erst am darauffolgenden Tag in die Justizvollzugsanstalt S gebracht, ist dennoch die amtliche Inverwahrnahme am 1. Februar der maßgebliche Zeitpunkt für den Strafzeitbeginn.

Erfolgt die amtliche Inverwahrnahme aufgrund einer Festnahme der verurteilten Person durch Vollzug eines Vorführungs- oder Vollstreckungshaftbefehls (§ 457 Abs. 2 S. 1 StPO) bzw. eines Sicherungshaftbefehls (§ 453c Abs. 1 StPO), wird nach § 38 Nr. 2 StVollstrO der **Festnahmezeitpunkt** als Beginn der Strafzeit angesetzt. Dem Einlieferungszeitpunkt in die zuständige Vollzugseinrichtung kommt insoweit keine Bedeutung zu. **143**

> *6. Beispiel:* Der zu einer Freiheitsstrafe verurteilte V wurde von der Vollstreckungsbehörde zum Strafantritt am 3. März in die für ihn zuständige Justizvollzugsanstalt S geladen. Da sich V nicht zum Strafantritt stellte und er sich auch nicht mehr an seinem Wohnsitz aufhielt, erließ die Vollstreckungsbehörde einen Vollstreckungshaftbefehl. Die Festnahme des V erfolgt am 29. März in der Stadt B. Hier kommt es noch am gleichen Tag zur Einlieferung in die Justizvollzugsanstalt B. Am 31. März beginnt die Verschubung des V von B nach S. V trifft am 1. April in der Justizvollzugsanstalt S ein. Als Strafzeitbeginn ist der 29. März anzusetzen.

Wird die verurteilte Person **im Ausland festgenommen**, beginnt die Strafzeit nach § 38 Nr. 2 StVollstrO mit deren Übernahme durch deutsche Beamte. Der Ort der Übernahme bleibt ohne Relevanz; sie kann im Ausland, an der Staatsgrenze oder auf einem deutschen Flughafen erfolgen.[75] **144**

b) Bereits inhaftierter Verurteilter

§ 38 Nr. 3 StVollstrO gibt den Strafzeitbeginn für diejenigen Fälle vor, in denen die verurteilte Person sich **in der Sache**, die Gegenstand der zu vollstreckenden Verurteilung ist, schon in **Untersuchungshaft** befindet. Dann gilt für die Strafzeitberechnung der Zeitpunkt des Eintritts der Rechtskraft.[76] Die Regelung des § 38 Nr. 3 StVollstrO betrifft nur die Strafzeitberechnung und besagt nichts über die Art der Inhaftierung in der Zeit zwischen dem Rechtskrafteintritt und der Fortsetzung der Inhaftierung bis zur Einleitung der Strafvollstreckung durch die Vollstreckungsbehörde. **145**

> In dieser Zeitspanne befindet der Verurteilte sich in **Zwischenhaft**. Die Untersuchungshaft geht mit Rechtskraft des verurteilenden Erkenntnisses nicht ohne Weite-

---

[74] Pohlmann/Jabel/*Wolf*, 2001, § 38 Rdn. 2.
[75] *Röttle/Wagner*, 2009, Rdn. 154.
[76] Zum Eintritt der Rechtskraft Kap. B I. 2.

res in Strafhaft über.[77] Denn Letztere setzt die Einleitung der Strafvollstreckung mittels eines nach außen hin zu dokumentierenden Willensakts voraus.[78] Bis die Vollstreckbarkeitsbescheinigung des Urkundsbeamten erteilt ist, dauert die Zwischenhaft an.

146   In den Fällen eines Rechtsmittelverzichts bzw. der Rechtsmittelrücknahme fällt die entsprechende Handlung bzw. der Eingang der Rücknahmeerklärung bei Gericht regelmäßig in den Lauf eines Tages. Dann wird der Eintritt der Rechtskraft fiktiv auf den Tagesbeginn (0.00 Uhr) datiert.[79] Anders ist dies dagegen, wenn ein Rechtsmittel rechtzeitig eingelegt wurde und ein gerichtlicher Beschluss die Rechtskraft der angefochtenen Entscheidung unmittelbar herbeiführt. Dann gilt nach § 34a StPO die Rechtskraft als mit Ablauf des Tages der Beschlussfassung eingetreten.

> *7. Beispiel*: Der sich in der Sache in Untersuchungshaft befindliche V wird vom Landgericht zu einer Freiheitsstrafe verurteilt. Gegen das Urteil legt er Revision ein. Der Bundesgerichtshof verwirft das Rechtsmittel gem. § 349 Abs. 2 StPO durch Beschluss vom 10. Oktober als offensichtlich unbegründet. Die Zusendung der Entscheidung an den V erfolgt am 18. Oktober in die Vollzugsanstalt, wo in dieser Sache weiterhin Untersuchungshaft gegen V vollzogen wird. Für die Strafzeitberechnung ist gem. § 38 Nr. 3 StVollstrO der 11. Oktober als Strafzeitbeginn anzusetzen. Dieser Tag ist der erste Tag der Rechtskraft. Alle durch die Rechtskraft bedingten Wirkungen – und damit der festzusetzende Strafbeginn – treten im Fall des § 34a StPO mit Anfang des auf die Beschlussfassung folgenden Tages ein.
>
> Hätte V mit Schreiben vom 1. Oktober sein Rechtsmittel zurückgenommen und wäre dieses im Lauf des 3. Oktober bei Gericht eingegangen, erfolgte der Rechtskrafteintritt fiktiv um 0.00 Uhr des 3. Oktober. Dieses Datum ist dann auch als Strafzeitbeginn anzusetzen.

§ 38 Nr. 3 2. Halbs. StVollstrO enthält eine ergänzende Bestimmung für die Fälle, in denen die in der Sache in Untersuchungshaft befindliche angeklagte Person das Rechtsmittel verspätet eingelegt hat und es deshalb als unzulässig verworfen wird. Dann beginnt für die Strafzeitberechnung diese mit Ablauf der Rechtsmittelfrist.

147   Wird gegen eine Person **Untersuchungshaft** vollzogen und tritt Rechtskraft bei einer Verurteilung zu Freiheitsstrafe in **einer anderen Sache** – nicht derjenigen, wegen der er sich in Untersuchungshaft befindet – ein, geht gem. § 116b S. 2 StPO die Vollstreckung der Freiheitsstrafe vor (es sei denn, das Gericht trifft ausnahmsweise eine abweichende Entscheidung, weil der Zweck der Untersuchungshaft es erfordert). Wird die Strafe an dem Verurteilten vollstreckt, erfolgt die Festsetzung die Festsetzung des Beginns der Strafzeit nach § 38 Nr. 4 StVollstrO. Erfolgt der Vollzug der Freiheitsstrafe in derjenigen Justizvollzugsanstalt, in der auch schon die Untersuchungshaft durchgeführt wird, kommt dem Zeitpunkt des Eingangs des Aufnahmeersuchens maßgebliche Bedeutung zu. Soll der Verurteilte

---

[77] A.A. BGHSt. 38, S. 63; OLG Hamm, NStZ 2008, S. 582; *Meyer-Goßner*, 2009, § 120 Rdn. 15.

[78] *Linke*, 2001, S. 363; *Schlothauer/Weider*, 2001, S. 390; siehe zur Zwischenhaft auch *Paeffgen*, 2008, S. 36 ff.

[79] *Röttle/Wagner*, 2009, Rdn. 155.

zur Strafverbüßung in eine andere Vollzugseinrichtung verlegt werden, erlangt für die Ansetzung des Strafzeitbeginns der Eingang des Überführungsersuchens bei der Untersuchungshaftanstalt Relevanz. § 38 Nr. 4 2. Halbs. StVollStrO legt zudem als Mitteilungspflicht fest: Wird die verurteilte Person zur Verbüßung der Strafe von der Untersuchungshaftanstalt in eine andere Anstalt verbracht, so teilt die Untersuchungshaftanstalt den Zeitpunkt des Eingangs des Überführungsersuchens der Strafanstalt mit.

> *8. Beispiel*: U ist in der Untersuchungshaftabteilung der Justizvollzugsanstalt S inhaftiert. Rechtskräftig wird eine Verurteilung zu einem Jahr Freiheitsstrafe ohne Bewährung in einer anderen Sache. Zur Vollstreckung der Freiheitsstrafe übersendet die Vollstreckungsbehörde ein Aufnahmeersuchen an die Strafabteilung der gleichen Justizvollzugsanstalt. Geht das Aufnahmeersuchen am 10. September bei der Anstalt ein, ist der Strafzeitbeginn auf den 10. September anzusetzen.

Befindet sich die zu einer Freiheitsstrafe verurteilte Person bei Rechtskrafteintritt schon in einer anderen Sache **in Strafhaft**, wird die neue Strafe – wenn keine Gesamtstrafe gebildet werden kann – prinzipiell unmittelbar nach der vorangegangenen vollstreckt (§ 454b Abs. 1 StPO, § 43 Abs. 1 StVollstrO). Strafzeitbeginn in der neuen Sache ist dann der Beginn der Anschlussvollstreckung.[80]   **148**

2. Rechenwege

Neben den in § 37 Abs. 1 StVollstrO enthaltenen prinzipiellen Vorgaben   **149**
– getrennte Berechnung für jede selbständige Strafe,
– Verbot einer Verlängerung der nach § 39 StGB ausgesprochenen Strafe,
– Einbeziehung der Errechnung des Zeitpunkts einer möglichen Strafrestaussetzung zur Bewährung,

enthalten Abs. 4 und Abs. 5 von § 37 StVollstrO allgemeine **Berechnungsgrundsätze**. § 37 Abs. 4 S. 1 StVollstrO bestimmt als sog. natürliche Berechnungsweise: Der Tag ist mit 24 Stunden, die Woche mit sieben Tagen, der Monat sowie das Jahr jeweils nach der Kalenderzeit zu berechnen. § 37 Abs. 5 StVollstrO beinhaltet das Vorgehen beim Zusammentreffen verschiedener Zeiteinheiten (Stunden, Tage, Monate, Jahre). Aus Vereinfachungsgründen enthält § 37 Abs. 2 StVollstrO Abweichungen von der sog. natürlichen Berechnungsweise zugunsten des Verurteilten und differenziert dabei zwischen Strafen von nicht mehr als einer Woche und einer Vollzugsdauer von mehr als sieben Tagen. Die in § 37 Abs. 2 StVollstrO enthaltene vereinfachte Berechnungsweise führt zu einer für den Sanktionierten vorteilhafteren Strafzeit. Sind unterschiedliche Rechenwege anwendbar, so bleibt bei der Strafzeitberechnung immer als Prinzip zu beachten: Maßgeblich ist stets der dem Verurteilten im Ergebnis **günstigere Rechenweg**.[81]

---

[80] Dazu Kap. D IV.
[81] BVerfG, NStZ-RR 2003, S. 379; BVerfG, NStZ 1994, S. 452; *Volckart/Pollähne/Woynar*, 2008, S. 160.

150   In der Praxis arbeiten die Vollzugs- und Vollstreckungsbehörden bei der Strafzeitberechnung mit Rechenprogrammen[82], welche das im Einzelfall jeweils günstigere Strafende ebenso wie weitere relevante Terminberechnungen anzeigen. Dennoch sollten die mit Strafvollstreckungssachen Befassten wesentliche Grundprinzipien der Strafzeitberechnung kennen. Dies gilt umso mehr, als bei einer gerichtlichen Entscheidung über die Richtigkeit der berechneten Strafe gem. § 458 Abs. 1 StPO das kontrollierende Gericht sich in die Lage versetzen muss, den Gegenstand der Prüfung aus eigener Anschauung zu kennen, um Einwendungen beurteilen zu können. Zwar darf es sich dabei der besonderen Sachkunde der Strafvollstreckungsbehörde bedienen, muss aber im Zweifel an deren Stelle die Strafzeit selbst berechnen.[83]

a) Berechnung nach Tagen und Stunden

151   Die Strafe wird nach Tagen und Stunden berechnet, wenn der Verurteilte **nicht mehr als eine Woche** im Strafvollzug zuzubringen hat, § 37 Abs. 2 S. 1 1. Halbs. StVollstrO. Aus § 37 Abs. 4 S. 1 StVollstrO ergibt sich, dass die Woche mit sieben Tagen anzusetzen ist. Derart kurze Strafen kommen in der Praxis nicht sehr häufig zur Vollstreckung (z.B. bei Ersatzfreiheitsstrafen oder wenn eine längere Freiheitsstrafe schon durch Anrechnung der Untersuchungshaft weitgehend bis auf einen Rest von maximal einer Woche als verbüßt gilt). § 37 Abs. 2 S. 1 2. Halbs. StVollstrO legt fest: Die für die Berechnung maßgebenden Umstände, die im Lauf einer Stunde eintreten, sind so zu berücksichtigen, als wären sie zu Anfang der Stunde erfolgt. Hinsichtlich der Berechnung nach Stunden (ebenso wie bei derjenigen nach Tagen) enthält § 37 Abs. 2 S. 3 StVollstrO jedoch eine **Günstigkeitsregelung**. Danach gelten die im Lauf einer Stunde (oder eines Tages) eingetretenen Umstände als am Ende der Stunde (oder des Tages) eingetreten, wenn dies für die verurteilte Person günstiger ist.

> *9. Beispiel*: E hat eine Ersatzfreiheitsstrafe von fünf Tagen zu verbüßen. Nach erfolgter Ladung findet er sich am 2. Juli um 12.20 Uhr an der Pforte der Justizvollzugsanstalt zum Strafantritt ein. Der nach § 37 Abs. 2 S. 1 1. Halbs. StVollstrO maßgebliche Umstand ist der Strafantritt, der gem. § 38 Nr. 1 StVollstrO als Beginn der Strafzeit anzusetzen bleibt. Da die Dauer der zu verbüßenden Ersatzfreiheitsstrafe weniger als eine Woche beträgt, erfolgt die Berechnung nach Tagen und Stunden. Der Strafantritt erfolgte im Lauf einer Stunde. Er gilt als zu Beginn der Stunde eingetreten, weil dies für den Betroffenen günstiger ist, also am 2. Juli um 12.00 Uhr. Das Strafende fällt dann auf den 7. Juli um 12.00 Uhr. Da der Umstand der Entlassung zu Beginn einer Stunde eintritt, wird es für den Sanktionierten günstiger, dieses Ereignis bereits zu Ende der vorangegangenen Stunde als eingetreten gelten zu lassen. Damit darf die Entlassung des E bereits am 7. Juli nach 11.00 Uhr erfolgen.

152   Da gem. § 37 Abs. 4 S. 1 StVollstrO der Tag mit 24 Stunden anzusetzen ist, muss hinsichtlich der Tage der **Zeitumstellung** auf die Sommer- bzw. die Winter-

---

[82]   Z.B. *Dormann/Sita*, Strafzeitberechnungs-Software DS Strafzeit 2000 (eingesetzt bei den Gerichten und Staatsanwaltschaften der Bundesländer Brandenburg, Hamburg, Hessen, Nordrhein-Westfalen und Schleswig-Holstein; http://www.ds-strafzeit.de).

[83]   BVerfG, NStZ-RR 2003, S. 379.

zeit im März und im Oktober beachtet werden: Bei Umstellung auf die Sommerzeit ist bei Berechnung nach Tagen und Stunden die eine fehlende Stunde beim Strafende hinzuzurechnen. Bei der Umstellung auf die Winterzeit verkürzt sich dementsprechend das Strafende um eine Stunde.

Nach § 37 Abs. 2 S. 2 1. Halbs. StVollstrO erfolgt die Berechnung bei einer **153** Vollzugsdauer von **länger als einer Woche** nur nach vollen Tagen. Dabei gelten die für die Berechnung maßgeblichen Umstände, die im Lauf des Tages geschehen, als zu Anfang des Tages eingetreten. Es bleibt jedoch auch die Günstigkeitsregelung von § 37 Abs. 2 S. 3 StVollstrO bei der Berechnung nach Tagen zu beachten. Zudem geben die Strafvollzugsgesetze Regeln für den tatsächlichen Entlassungszeitpunkt vor. Nach § 16 Abs. 1 StVollzG, Art. 18 Abs. 1 BayStVollzG, § 17 Abs. 1 HmbStVollzG, § 18 NJVollzG sollen Strafgefangene am letzten Tag ihrer Strafzeit möglichst am Vormittag entlassen werden; gem. § 91 Buch III JVollzGB-BW möglichst frühzeitig.

> *10. Beispiel*: E tritt am 10. November um 16.40 Uhr eine Ersatzfreiheitsstrafe von acht Tagen in der Justizvollzugsanstalt an. Die zu verbüßende Strafe beträgt mehr als eine Woche und wird nur nach vollen Tagen berechnet. Der für die Berechnung maßgebliche Zeitpunkt ist der Strafantritt (§ 38 Nr. 1 StVollstrO). Dieser fällt in den Lauf des 10. November und muss deshalb auf den Beginn dieses Tages (0.00 Uhr) vorverlegt werden. Das Strafende fällt auf den Beginn des 17. November um 0.00 Uhr. Dem Prinzip der Günstigkeit entsprechend ist dieser Moment zugleich der 16. November, 24.00 Uhr. Nach § 37 Abs. 2 S. 3 StVollstrO darf die Entlassung des E somit am 16. November nach 0.00 Uhr erfolgen; den Bestimmungen der Strafvollzugsgesetze gemäß noch am Vormittag dieses Tages.

Wurde der Lauf der **Strafzeit** aus irgendeinem Grund **unterbrochen**, so richtet **154** sich der Berechnungsmodus entweder nach Stunden und Tagen oder nur nach vollen Tagen, nicht jedoch nach dem verbleibenden Strafrest. Von Relevanz ist vielmehr die Strafzeit aus der Verurteilung, die der Sanktionierte insgesamt im Strafvollzug zu verbringen hat. Der ggf. zufällige Umstand, ob die Strafe erst in den letzten sieben Tagen oder schon zuvor unterbrochen wird, hat damit keinen Einfluss auf die Strafzeitberechnung.

> *11. Beispiel*: V verbüßt eine Freiheitsstrafe von zehn Monaten. Fünf Tage vor dem Entlassungstermin kehrt er nicht von einem ihm gewährten Ausgang zur Entlassungsvorbereitung in die Justizvollzugsanstalt zurück. Einige Wochen später wird er von der Polizei festgenommen und in die Vollzugseinrichtung zur Verbüßung des Strafrestes von fünf Tagen verbracht. Da die Strafdauer insgesamt mehr als eine Woche betrug, wird die verbleibende Strafzeit trotz ihrer Dauer von nur noch weniger als einer Woche allein nach vollen Tagen berechnet.

Die **Strafvollzugsgesetze** enthalten – neben der Vorgabe der Entlassung der Strafge- **155** fangenen möglichst am Vormittag des Entlassungstages – weitere Bestimmungen über die Möglichkeit, Verurteilte schon einige Tage vor dem berechneten Endtag zu entlassen. So ermächtigen § 16 Abs. 2 und 3 StVollzG, Art. 18 Abs. 2 und 3 BayStVollzG, § 91 Abs. 2 Buch III JVollzGB-BW, § 17 Abs. 2 und 3 HmbStVollzG, § 18 Abs. 2 und 3 NJVollzG die Vollzugsbehörden, den **Entlassungszeitpunkt vorzuverlegen**. Der Gefangene soll nicht an Wochenenden, Feiertagen oder zwischen Weihnachten und Neujahr entlassen werden. Denn dann kann es zu Schwierigkeiten bei der Reise in den Heimatort kommen, Behörden und Ämter haben geschlossen. Auch andere dringende Aspekte familiärer oder beruflicher Art können eine flexible

Handhabung des Entlassungstermins erforderlich machen. Bei der Vorverlegung handelt es sich aber um eine vollzugliche Maßnahme ohne Auswirkungen auf die vollstreckungsrechtliche Situation.[84] Die Strafvollzugsgesetze kennen zudem im Bereich der Arbeitsentlohnung für zugewiesene Pflichtarbeit neben dem Arbeitsentgelt auch als nicht monetäre Leistung die Freistellung von der Arbeit, die unter bestimmten Voraussetzungen **auf den Entlassungszeitpunkt angerechnet** werden kann, § 43 Abs. 9 StVollzG, Art. 46 Abs. 9 BayStVollzG, § 49 Abs. 9 Buch III JVollzGB-BW, § 40 Abs. 5 S. 1 HmbStVollzG, § 40 Abs. 8 NJVollzG.[85] Bei dieser Entlassungsvorverlegung handelt es sich ebenfalls um eine vollzugsrechtliche Maßnahme und nicht um eine solche vollstreckungsrechtlicher Art, so dass sie weder Auswirkungen auf die Berechnung des Zeitpunkts bei einer Strafrestaussetzung zur Bewährung nach § 57 StGB noch sonst auf die Strafzeitberechnung zeitigt.[86]

b) Natürliche Berechnungsweise nach Kalenderzeit

156 Monate und Jahre sind gem. § 37 Abs. 4 StVollstrO nach der Kalenderzeit zu berechnen. Es ist bis zu demjenigen Tag zu rechnen, der durch seine Zahl dem Anfangstag entspricht. Fehlt allerdings der betreffende Tag in dem maßgebenden Monat, tritt dessen letzter Tag an seine Stelle.

> *12. Beispiel*: V hat eine Freiheitsstrafe von vier Monaten zu verbüßen. Am 31. Oktober stellt er sich um 11.00 Uhr zum Strafantritt. Der Strafbeginn ist damit auf den Beginn dieses Tages anzusetzen (§ 37 Abs. 2 S. 2 StVollstrO). Da der Monat Februar keinen dementsprechenden 31. Tag hat, tritt an dessen Stelle der letzte Kalendertag des Februar. Strafende ist daher der 28. Februar, 0.00 Uhr, der dem Tagesende des 27. Februar entspricht. V darf deshalb am Vormittag des 27. Februar entlassen werden.
> Handelt es sich um ein Schaltjahr, ist der 29. der letzte Tag des Monats Februar. Die Entlassung würde dann erst am Vormittag des 28. erfolgen.

c) Zusammentreffen mehrerer Zeiteinheiten

157 § 37 Abs. 5 StVollstrO enthält Regeln für die Strafzeitberechnung bei Zusammentreffen mehrerer Zeiteinheiten (Tage, Wochen, Monate, Jahre). Die Vorschrift betrifft ausschließlich das Vorgehen innerhalb der Berechnung **einer Strafe** (die Reihenfolge der Vollstreckung mehrerer Strafen[87] richtet sich dagegen nach § 43 StVollstrO).

§ 37 Abs. 5 StVollstrO differenziert zwischen der
– Vorwärtsrechnung und der
– Rückwärtsrechnung.

Beim Vorwärtsrechnen geht dieses in die Zukunft, während beim Rückwärtsrechnen vom Strafende aus eine Berechnung zurück in die Vergangenheit erfolgt. § 37 Abs. 5 StVollstrO legt fest, dass bei Vorwärtsrechnung die größere Zeiteinheit der kleineren und bei Rückwärtsrechnung die kleinere der größeren vorgeht. Dabei stellt sich der Begriff der Zeiteinheit abstrakt dar. Die Woche ist stets eine

---

[84] *Arloth*, 2008, § 16 Rdn. 3; *Laubenthal*, 2008, S. 390.
[85] Dazu *Laubenthal*, 2008, S. 258 ff.
[86] KG, NStZ 2004, S. 228; *Arloth*, 2008, § 43 Rdn. 23; *Laubenthal*, in: Schwind/Böhm/Jehle/Laubenthal, 2009, § 43 Rdn. 25.
[87] Dazu Kap. D IV. 1.

kleinere Zeiteinheit als der Monat. Damit ist z.B. ein Monat gegenüber fünf Wochen die größere Zeiteinheit. Da gem. § 37 Abs. 4 S. 1 StVollstrO die Woche zu sieben Tagen zu berechnen ist, sind fünf Wochen 35 Tage. Dagegen bleibt der Monat nach der Kalenderzeit zu berechnen, so dass er – je nach Monat – von 28 bis zu 31 Tagen umfassen kann.

> *13. Beispiel*: V ist zu einer Freiheitsstrafe von einem Jahr und acht Monaten verurteilt worden. Gemäß § 56 Abs. 2 StGB hat das Gericht die Strafe zur Bewährung ausgesetzt und V auferlegt, einen Geldbetrag zugunsten der Staatskasse zu zahlen (§ 56b Abs. 2 S. 1 Nr. 4 StGB). Während der Bewährungszeit musste gem. § 56f StGB die Strafaussetzung widerrufen werden. In dem Widerrufsbeschluss erfolgte die Anrechnung des von V gezahlten Geldbetrags auf die Strafe (§ 56f Abs. 3 S. 2 StGB) und das Gericht bestimmte, dass ein Monat und drei Wochen der Strafe als verbüßt gelten. V tritt am 2. April 2010 um 15.00 Uhr seine Strafe an.
> Strafbeginn ist nach § 38 Nr. 1 i.V.m. § 37 Abs. 2 S. 2 StVollstrO am 2. April 2010 um 0.00 Uhr. Da die Zeiteinheiten Jahr und Monate im strafgerichtlichen Urteil zusammentreffen, geht bei der Strafzeitberechnung hinsichtlich des in der Zukunft liegenden Strafendes beim Vorwärtsrechnen die größere (das Jahr) der kleineren (den Monaten) vor. Das Jahr läuft am 2. April 2011 um 0.00 Uhr ab; die hinzuzurechnenden acht Monate führen vorläufig zu einem Strafende am 2. Dezember 2011 um 0.00 Uhr. Von diesem errechneten Strafende werden nun mittels Rückwärtsrechnens die angerechneten ein Monat und drei Wochen abgezogen. Dabei gehen gem. § 37 Abs. 5 StVollstrO die kleinere Zeiteinheit (Wochen) der größeren (Monat) vor. Nach Abs. 4 S. 1 sind die drei Wochen mit 21 Tagen zu berechnen. Dem folgt dann der Abzug des einen Monats. Nach Abzug von 21 Tagen (11. November 2011, 0.00 Uhr) und dem Monat ist Strafende am 11. Oktober 2011, 0.00 Uhr. Dies entspricht dem 10. Oktober 2011, 24.00 Uhr, so dass die Entlassung des V am Vormittag dieses Tages erfolgen kann.

3. Berechnung von Aussetzungszeitpunkten

Zur Strafzeitberechnung gehört gem. § 37 Abs. 1 S. 3 StVollstrO die Ermittlung **158** der Zeitpunkte, zu denen die Vollstreckung der Freiheitsstrafe zur **Bewährung** ausgesetzt und ein Betroffener damit vorzeitig entlassen werden darf. Dabei ist zu differenzieren zwischen
– zeitigen Freiheitsstrafen und
– lebenslanger Freiheitsstrafe.

Die Zuständigkeit für die Entscheidung über eine Aussetzung des Strafrestes zur Bewährung liegt bei einer zeitigen wie bei einer lebenslangen Freiheitsstrafe nach § 462a Abs. 1 StPO bei der Strafvollstreckungskammer beim Landgericht.

a) Zeitige Freiheitsstrafen

Eine **Strafrestaussetzung** zur Bewährung ist bei der zeitigen Freiheitsstrafe nach **159** § 57 Abs. 1 StGB obligatorisch, wenn die dort genannten Voraussetzungen vorliegen:
– Der Verurteilte muss **zwei Drittel** der verhängten Strafe, mindestens jedoch zwei Monate **verbüßt** haben (Nr. 1).
– Es muss eine günstige Sozialprognose gegeben sein, d.h. eine Haftentlassung erfolgt nur, wenn dies unter Berücksichtigung des Sicherheitsinteresses der Allgemeinheit verantwortet werden kann (Nr. 2).

— Zudem bedarf es vom Gesetzeswortlaut her der Einwilligung des Verurteilten in seine vorzeitige Entlassung (Nr. 3).

160   Schon nach **Verbüßung der Hälfte** einer zeitigen Freiheitsstrafe, mindestens jedoch von sechs Monaten, kann nach § 57 Abs. 2 StGB der Strafrest zur Bewährung ausgesetzt werden, wenn

— es sich um einen **Erstverbüßer** handelt, dessen Freiheitsstrafe zwei Jahre nicht übersteigt (Nr. 1) oder

— eine Gesamtwürdigung von Tat, Täterpersönlichkeit und der Entwicklung im Vollzug ergibt, dass besondere Umstände eine vorzeitige Entlassung ausnahmsweise rechtfertigen (Nr. 2).

— Bei beiden Alternativen der bedingten Entlassung nach Halbstrafenverbüßung müssen ferner die Kriterien des § 57 Abs. 1 S. 1 Nr. 2 und 3 StGB erfüllt sein.

Im Fall von § 57 Abs. 2 Nr. 1 StGB ist der Halbstrafentermin ebenso wie der Zwei-Drittel-Termin nach § 57 Abs. 1 StGB von Amts wegen strikt zu beachten.[88] Damit die Strafvollstreckungskammer die Voraussetzungen der bedingten Entlassung rechtzeitig prüfen kann, bedarf es einer Errechnung der jeweils relevanten Zeitpunkte bereits am Strafbeginn. Das ist von Bedeutung gerade auch in den Fällen der Nacheinandervollstreckung mehrerer Strafen.[89] Hierfür bestimmt § 454b Abs. 2 S. 1 Nr. 1 StPO: Die Vollstreckungsbehörde unterbricht die Durchführung der zunächst zu verbüßenden Strafe unter den Voraussetzungen von § 57 Abs. 2 Nr. 1 StGB nach Verbüßung der Hälfte der Strafe, im Übrigen nach Verbüßung von zwei Dritteln (§ 57 Abs. 1 StGB). Sind von der Strafe die Hälfte oder zwei Drittel verbüßt, schließt sich die Vollstreckung der weiteren Strafe an. Nach § 454b Abs. 3 StPO entscheidet die Strafvollstreckungskammer über die Aussetzung aller Reststrafen gem. § 57 StGB erst dann, wenn von den jeweiligen Strafen die Hälfte oder zwei Drittel bereits vollzogen sind.

161   Auf welche Art und Weise die Aussetzungstermine berechnet werden, ist weder im Gesetz noch in der Strafvollstreckungsordnung explizit geregelt. Dem **Günstigkeitsprinzip** gemäß bleibt derjenige Termin letztlich entscheidend, der für den Inhaftierten den vorteilhafteren darstellt.

Als **Berechnungsmethoden** kommen vier Möglichkeiten in Betracht:
— abstrakt vorwärts,
— abstrakt rückwärts,
— konkret vorwärts,
— konkret rückwärts.

162   Den Aussetzungstermin **abstrakt vorwärts** zu errechnen bedeutet, von der gerichtlich erkannten Strafe auszugehen und von dieser zwei Drittel bzw. die Hälfte zu errechnen. Hat dies Bruchteile eines Monats zur Folge, ist der Monat mit 30 Tagen anzusetzen; Tagesbruchteile bleiben zugunsten des Sanktionierten außer Betracht. Dem Strafbeginn wird dann beim Vorwärtsrechnen – unter Beachtung von § 37 Abs. 5 StVollstrO (Reihenfolge: Jahre, Monate, Wochen, Tage) der ermittelte Zwei-Drittel-Bruchteil hinzugerechnet. Anrechenbare Zeiten i.S.d. § 57

---

[88]   BVerfG, NStZ 1993, S. 431; BVerfG, NStZ 1988, S. 474; BGHSt. 27, S. 304; OLG Rostock, NStZ 2001, S. 278.

[89]   Dazu Kap. D IV.

Abs. 4 StGB (z.B. vollzogene Untersuchungshaft, § 51 Abs. 1 StGB) sind von dem gefundenen Ergebnis abzuziehen.

> *14. Beispiel*: V ist zu einer Freiheitsstrafe von zehn Monaten verurteilt, die nach Rechtskrafteintritt vollstreckt wird. Sechs Tage hat sich V im Vollzug der Untersuchungshaft befunden. V tritt die Freiheitsstrafe am 14. März 2010 an. Als Strafbeginn ist gem. § 38 Nr. 1 i.V.m. § 37 Abs. 2 S. 2 2. Halbs. StVollstrO der Tagesbeginn des 14. März 2010 anzusetzen.
> Zwei Drittel der erkannten Strafe betragen sechs Monate und 20 Tage. Wird der Zwei-Drittel-Zeitpunkt abstrakt vorwärts berechnet, zählt man dem Strafbeginn am Tagesanfang des 14. März 2010 sechs Monate hinzu (= Tagesbeginn 14. September 2010) und gelangt unter Hinzuzählung der weiteren 20 Tage zum Tagesbeginn des 4. Oktober 2010. Abzüglich der anzurechnenden sechs Tage Untersuchungshaft ist damit der abstrakt vorwärts errechnete Zwei-Drittel-Termin: 28. September 2010, 0.00 Uhr. Das entspricht dem Tagesende des 27. September 2010.

Bei der Berechnung **abstrakt rückwärts** ist zunächst das Strafende der erkannten Freiheitsstrafe unter Berücksichtigung anrechenbarer Zeiten zu ermitteln. Dann wird ein Drittel bzw. die Hälfte der erkannten Strafe errechnet. Insoweit ist bei Monatsbruchteilen der Monat mit 30 Tagen anzusetzen; ergibt sich ein Tagesbruchteil, kommt es zugunsten des Betroffenen zu einer Aufrundung auf einen ganzen Tag. Unter Beachtung von § 37 Abs. 5 StVollstrO (Reihenfolge: Tage, Wochen, Monate, Jahre) wird dann vom Strafende ein Drittel der erkannten Strafe abgezogen.

163

> *15. Beispiel*: Im 14. Beispiel mit einer zu vollstreckenden Freiheitsstrafe von zehn Monaten und einem Strafbeginn am 14. März 2010, 0.00 Uhr, sind die zehn Monate Freiheitsstrafe am 14. Januar 2011, 0.00 Uhr, verbüßt. Nach Abzug der sechs Tage Untersuchungshaft ergibt sich ein Strafende am 8. Januar 2011, 0.00 Uhr, was dem Tagesende des 7. Januar 2011 entspricht. Ein Drittel der erkannten Freiheitsstrafe sind drei Monate und zehn Tage. Von dem ermittelten Strafende am Tagesbeginn des 8. Januar 2011 werden zunächst zehn Tage abgezogen (= 29. Dezember 2010, 0.00 Uhr) und dann drei Monate, so dass Zwei-Drittel-Termin der Tagesbeginn des 29. September 2010 ist. Das entspricht dem 28. September 2010, Tagesende. Damit führt bei abstrakter Berechnung des Zwei-Drittel-Zeitpunkts das Ermitteln des Entlassungstermins durch Vorwärtsrechnen zu einem für den Verurteilten günstigeren Ergebnis.

Das **konkrete Berechnen** des Aussetzungszeitpunkts bedeutet: Zugrunde zu legen ist die **Anzahl der Tage** der zu verbüßenden Strafe vom Strafbeginn an bis zum Entlassungstermin ohne eine Berücksichtigung anrechenbarer Zeiten. Bei der Berechnung konkret **vorwärts** werden zwei Drittel bzw. die Hälfte der Tagesanzahl dem Strafbeginn hinzugezählt und dann ggf. anzurechnende Zeiten abgezogen. Bei der Methode konkret **rückwärts** geht die Berechnung vom Strafende aus und es erfolgt ein Abzug von einem Drittel bzw. der Hälfte der Tage. Führt das Errechnen von einem Drittel, von zwei Dritteln oder der Hälfte der zu verbüßenden Tage zu einem Tagesbruchteil, bleibt dieser zugunsten des Verurteilten beim Vorwärtsrechnen außer Betracht und wird beim Rückwärtsrechnen zu einem vollen Tag aufgerundet.

164

16. Beispiel: Im Ausgangsfall mit einer Verurteilung zu zehn Monaten Freiheitsstrafe beträgt die Strafzeit ohne die anrechenbaren Tage der Untersuchungshaft: 14. März 2010, 0.00 Uhr, bis 13. Januar 2011, 24.00 Uhr = 306 Tage.

Soll der Zwei-Drittel-Termin errechnet werden, sind bei der Methode konkret vorwärts dem Strafbeginn 204 Tage hinzuzuzählen (= 4. Oktober 2010, 0.00 Uhr), abzüglich der sechs Tage Untersuchungshaft, so dass der Zwei-Drittel-Termin auf den 28. September 2010, 0.00 Uhr, fällt, was dem Tagesende des 27. September 2010 entspricht.

Bei der Berechnung konkret rückwärts werden 102 Tage vom – unter Berücksichtigung anrechenbarer Zeiten ermittelten – Strafende des 8. Januar 2011, 0.00 Uhr, abgezogen, was zu einem Zwei-Drittel-Termin am 28. September 2010, 0.00 Uhr, führt. Das entspricht wiederum dem Tagesende des 27. September 2010.

b) Lebenslange Freiheitsstrafe

165 Eine **Aussetzung des Strafrestes** einer lebenslangen Freiheitsstrafe zur Bewährung setzt nach § 57a Abs. 1 S. 1 StGB voraus:

– Eine **Mindestverbüßungsdauer von 15 Jahren** (Nr. 1);
– es darf nicht die besondere Schwere der Schuld des Verurteilten die weitere Vollstreckung gebieten (Nr. 2).
– Eine vorzeitige Entlassung kann unter Berücksichtigung des Sicherheitsinteresses der Allgemeinheit verantwortet werden und die verurteilte Person willigt ein (Nr. 3 i.V.m. § 57 Abs. 1 S. 1 Nr. 2 und 3 StGB).

166 Da die lebenslange Freiheitsstrafe prinzipiell von unbestimmter Dauer ist, bleibt eine Strafzeitberechnung bei dieser Unrechtsreaktion nur partiell erforderlich. Notwendig wird sie hinsichtlich der **Mindestverbüßungszeit** des § 57a Abs. 1 S. 1 Nr. 1 StGB. Den Ausgangspunkt der Ermittlung stellt der Strafbeginn dar (§ 38 StVollstrO). Dem sind 15 Jahre hinzuzurechnen. § 57a Abs. 2 StGB bestimmt, dass als verbüßte Strafe i.S.v. Abs. 1 S. 1 Nr. 1 jede Freiheitsentziehung gilt, die der Verurteilte aus Anlass der Tat erlitten hat. Demgemäß sind von dem errechneten 15-Jahres-Termin vollzogene Untersuchungshaft und andere freiheitsentziehende Maßnahmen abzuziehen.

17. Beispiel: L wird wegen Mordes zu einer lebenslangen Freiheitsstrafe verurteilt. Die Rechtskraft des Urteils tritt am 9. Mai 2010 ein. Zuvor hat sich L ab dem 1. Oktober 2009 in Untersuchungshaft befunden.

Als Beginn der Strafzeit ist gem. § 38 Nr. 3 StVollstrO der Tagesbeginn des 9. Mai 2010 anzusetzen. Dem werden 15 Jahre hinzugerechnet (= 9. Mai 2025, 0.00 Uhr) und hiervon die Zeitdauer des Untersuchungshaftvollzugs (= 221 Tage) rückwärts abgerechnet. Damit stellt Mindestverbüßungszeitpunkt der Tagesbeginn des 1. Oktober 2024 dar, was dem Tagesende des 30. September 2024 entspricht.

167 Neben der Bestimmung des Mindestverbüßungszeitpunkts können bei der Vollstreckung lebenslanger Freiheitsstrafen weitere Strafzeitberechnungen in der Folge von § 57a Abs. 4 StGB erforderlich werden. Lehnt die Strafvollstreckungskammer den Antrag eines Lebenszeitinhaftierten auf Strafrestaussetzung zur Bewährung ab, so kann es **Fristen** von höchstens zwei Jahren **festsetzen**, vor deren Ablauf ein Antrag des Verurteilten, den Strafrest zur Bewährung auszusetzen, unzulässig bleibt. Ergeht die gerichtliche Negativentscheidung aufgrund der besonderen Schwere der Schuld nach § 57a Abs. 1 S. 1 Nr. 2 StGB, dann ist im Hinblick auf eine Konkretisierung der Entlassungschance in zeitlicher Hinsicht vom Vollstreckungsgericht festzulegen, bis wann die Vollstreckung speziell unter dem Gesichtspunkt der Schuldschwere fortgesetzt werden muss.[90] Erfolgt bei einem Vorgehen nach § 57a Abs. 4 StGB keine datumsmäßige Bestimmung, ist der gerichtlichen Entscheidung über die (Mindest-)Verlängerungsdauer gemäß ein möglicher Entlassungszeitpunkt neu zu berechnen. Diese Berechnung erfolgt entsprechend derjenigen bei der Ermittlung des Mindestverbüßungszeitpunkts.

c) Exkurs: Vorbereitung der gerichtlichen Entscheidung

In § 57 StGB sind für die zeitige Freiheitsstrafe und in § 57a StGB für die lebens-   **168** lange Freiheitsstrafe die Kriterien für eine Entscheidung der **Strafvollstreckungskammer** festgelegt. Das gerichtliche Verfahren bei der Aussetzung von Reststrafen regelt § 454 Abs. 1 StPO (die Bestimmung ist nach § 463 Abs. 3 StPO auf freiheitsentziehende Maßregeln der Besserung und Sicherung sowie auf die Führungsaufsicht sinngemäß anzuwenden).

Die Strafvollstreckungskammer kann auf Antrag tätig werden. **Von Amts wegen** muss sie entscheiden, wenn der Inhaftierte demnächst zwei Drittel einer zeitigen oder 15 Jahre einer Lebenszeitstrafe verbüßt haben wird. Eine Prüfung von Amts wegen ist auch vorzunehmen, wenn die Erstverbüßerregelung von § 57 Abs. 2 Nr. 1 StGB vorliegt, d.h. der Verurteilte ist zu einer zwei Jahre nicht übersteigenden Freiheitsstrafe verurteilt und verbüßt erstmals eine solche Unrechtsreaktion. Dann ist die Aussetzung bereits nach Verbüßung der Hälfte der Strafe, mindestens jedoch nach sechs Monaten zulässig. Eine Prüfungspflicht besteht zudem, wenn bei dem Erstverbüßer mehrere Freiheitsstrafen nacheinander vollstreckt werden.[91] Eine Prüfung von Amts wegen unterbleibt nur in den Fällen des § 57 Abs. 2 Nr. 2 StGB. Hat der Inhaftierte die nach §§ 57 Abs. 1 S. 1 Nr. 3, 57a Abs. 1 S. 1 Nr. 3 StGB verlangte Einwilligung[92] verweigert, erübrigt dies nicht die gerichtliche Entscheidung.[93]

Die durch das Gericht von Amts wegen zu treffende **Entscheidung** über die   **169** vorzeitige Entlassung soll – wie aus § 454a Abs. 1 StPO geschlossen werden kann – **rechtzeitig ergehen**, damit der Vollzugsbehörde ausreichend Zeit zur Einleitung von Behandlungsmaßnahmen bleibt, welche zur Entlassungsvorbereitung geboten sind.[94] Damit insoweit eine zielgerichtete Einflussnahme gewährleistet ist, bedarf es einer frühzeitigen Vorbereitung des gerichtlichen Aussetzungsbeschlusses durch die Vollstreckungsbehörde.

Da der Strafvollstreckungsbehörde nach § 36 StVollstrO für das Vollstre-   **170** ckungsverfahren eine Überwachungsfunktion zukommt, ist sie nicht nur verpflichtet, den Halbstrafenzeitpunkt bzw. den Zwei-Drittel-Zeitpunkt zu berechnen, sie hat auch für eine **rechtzeitige Vorlage der Akten** zur Vorbereitung der Entscheidung der Strafvollstreckungskammer über die Strafrestaussetzung zu sorgen. Nach

---

[90]   BVerfGE 86, S. 331 f.
[91]   Zur Erstverbüßerregelung unten Kap. D IV. 2. b) aa).
[92]   Krit. zum Einwilligungserfordernis *Laubenthal*, 1988, S. 951 ff.
[93]   OLG Rostock, NStZ 2001, S. 278; a.A. OLG Zweibrücken, NStZ-RR 2001, S. 311; *Meyer-Goßner*, 2009, § 454 Rdn. 39.
[94]   *Laubenthal*, 2008, S. 383.

§ 36 Abs. 2 S. 1 StVollstrO muss die Vollstreckungsbehörde von Amts wegen prüfen, ob die Aussetzung des Restes einer oder mehrerer Freiheitsstrafen in Betracht kommt.

171   Die Strafvollstreckungsbehörde wacht darüber, dass die **Justizvollzugsanstalt** sich rechtzeitig vor Ablauf der Mindestverbüßungszeit gegenüber der Vollstreckungsbehörde zur Strafrestaussetzung äußert. Denn gem. § 454 Abs. 1 S. 2 StPO ist vor einer Entscheidung des Gerichts über eine bedingte Entlassung u.a. die Vollzugsanstalt zu hören.

172   Eine Regelung darüber, zu welchem **Zeitpunkt** die Vollstreckungsbehörde mit den **Vorbereitungen beginnen** soll, besteht nicht. Einerseits hat sie gem. § 36 Abs. 2 S. 1 StVollstrO die Vorbereitungen rechtzeitig einzuleiten. Andererseits erscheint es nicht als sinnvoll, zu früh mit den Vorbereitungen zu beginnen, weil einzuholende Stellungnahmen im Hinblick auf die zu treffende Entscheidung den möglichst aktuellen Stand wiedergeben sollen. Auch § 454a StPO normiert nicht, zu welchem Zeitpunkt das Gericht selbst eine Aussetzungsentscheidung treffen muss. Der Vorschrift kann man jedoch entnehmen, dass dies schon früher als zu dem genannten Zeitpunkt von drei Monaten geschehen kann und sich nach den Umständen des Einzelfalls richtet. Zwar erscheint eine frühzeitige Festlegung erforderlich, um die für die soziale Reintegration wesentliche Entlassungsvorbereitung durch die Justizvollzugsanstalt auf den Entlassungszeitpunkt hin orientieren zu können. Andererseits muss es aber möglich sein, im Sicherheitsinteresse der Allgemeinheit zu verhindern, dass der Inhaftierte einen frühzeitigen Aussetzungsbeschluss als Freibrief missversteht. Deshalb kann nach § 454a Abs. 2 S. 1 1. Halbs. StPO im Fall des Vorliegens neuer negativer Tatsachen ein vorzeitiger Aussetzungsbeschluss noch vor der Strafentlassung wieder aufgehoben werden. In der Praxis beginnt die Vollstreckungsbehörde mit der Entscheidungsvorbereitung spätestens zwei bis drei Monate vor dem möglichen Entlassungszeitpunkt.[95]

173   Die einzuholende **Stellungnahme der Justizvollzugsanstalt** soll dem Gericht Aufschluss über Verlauf und Erfolge des Strafvollzugs (§§ 57 Abs. 1 S. 2, 57a Abs. 1 S. 2 StGB) geben und deshalb die prognoserelevanten Gesichtspunkte enthalten. Sie wird grds. vom Anstaltsleiter selbst abgegeben, wobei sich dieser allerdings der Erkenntnisse anderer Bediensteter (allgemeiner Vollzugsdienst, Werkdienst, Psychologen, Sozialdienst, Anstaltsärzte) bedient. Die Stellungnahme sollte schriftlich erfolgen[96] und einen Entscheidungsvorschlag enthalten.[97] Zuständig ist diejenige Justizvollzugsanstalt, in welcher der Verurteilte sich zum Zeitpunkt des Aussetzungsverfahrens befindet. Ein gerichtliches Vorgehen gegen die Stellungnahme der Justizvollzugsanstalt kommt weder gem. §§ 109 ff. StVollzG noch nach §§ 23 ff. EGGVG in Betracht; es handelt sich um keine vollzugliche Maßnahme und um keinen Justizverwaltungsakt.[98]

174   Die Leitung der Justizvollzugsanstalt reicht zugleich mit ihrer Stellungnahme die **Erklärung** des Strafgefangenen nach § 57 Abs. 1 S. 1 Nr. 3 bzw. § 57a Abs. 1 S. 1 Nr. 3 StGB über dessen **Einwilligung** in die vorzeitige Entlassung zu den

---

[95]   *Röttle/Wagner*, 2009, Rdn. 896.
[96]   OLG Hamm, NStZ-RR 2000, S. 316.
[97]   *Meyer-Goßner*, 2009, § 454 Rdn. 10.
[98]   *Laubenthal*, 2008, S. 453.

Akten. Diese Einwilligung muss bis zur Rechtskraft der Entscheidung der Strafvollstreckungskammer über eine Strafrestaussetzung wirksam sein. Der Betroffene darf die Einwilligung bis zu diesem Zeitpunkt widerrufen oder die Einwilligung kann bis dahin nachgeholt werden.[99] Eine Mitteilung der Justizvollzugsanstalt an die Strafvollstreckungsbehörde, dass der Inhaftierte seine Einwilligung verweigert hat, führt nicht dazu, dass die Akten dem Vollstreckungsgericht überhaupt nicht vorgelegt werden.[100]

175 Sind die Entscheidungsvorbereitungen der Vollstreckungsbehörde abgeschlossen, so gibt sie die Akten mit einem Vermerk darüber, wann die Hälfte bzw. zwei Drittel der Freiheitsstrafe oder die Mindestverbüßungszeit von 15 Jahren bei einer Lebenszeitstrafe verbüßt sein werden, an die **Strafverfolgungsbehörde** weiter, § 36 Abs. 2 S. 4 StVollstrO. Die Staatsanwaltschaft ist befugt, weitere Ermittlungen anzustellen, wobei dies aber nicht durch den Rechtspfleger erfolgen darf.[101] Will die Strafverfolgungsbehörde eine vorzeitige Entlassung des Strafgefangenen beantragen, hat sie sich um eine ggf. noch fehlende Einwilligung des Verurteilten zu bemühen.

Erachtet die Staatsanwaltschaft als Strafverfolgungsbehörde die vorhandenen Unterlagen und Informationen für ausreichend, dann werden die Akten der zuständigen Strafvollstreckungskammer zugeleitet. Die Stellungnahme der Staatsanwaltschaft (§ 454 Abs. 1 S. 2 StPO) muss einen **Antrag** auf eine **bestimmte Entscheidung** enthalten.[102]

176 Die gem. § 454 Abs. 1 S. 2 StPO prinzipiell notwendige Anhörung des Verurteilten obliegt dem erkennenden Richter. § 454 Abs. 1 S. 4 StPO benennt – nicht abschließende – Gründe, nach denen das Gericht von einer persönlichen Anhörung des Betroffenen absehen kann. Bedarf es gem. § 454 Abs. 2 S. 1 StPO der Einholung eines Sachverständigengutachtens über den Verurteilten, obliegt die Auswahl des Gutachters dem Gericht (§ 73 Abs. 1 S. 1 StPO) und nicht der Strafvollstreckungs- oder der Strafverfolgungsbehörde.

Das Gebot bestmöglicher Sachaufklärung erfordert regelmäßig für die erstmalige Entscheidung über die Strafrestaussetzung bei einer lebenslangen Freiheitsstrafe ein zeitnahes wissenschaftlich fundiertes Gutachten. Im Fall der erstmaligen Prognoseentscheidung nach der Mindestverbüßungszeit von 15 Jahren darf das Gericht deshalb regelmäßig die Einholung eines Gutachtens nicht allein mit der Begründung verweigern, dass es eine Strafrestaussetzung nicht beabsichtigt. Nach einem derart langen Zeitraum fehlt es an Beurteilungsgrundlagen, die einem Gericht erlauben, ohne sachverständige Beratung, eine gesicherte Prognose darüber abzugeben, ob die durch die Tat zutage getretene Gefährlichkeit des Verurteilten fortbesteht.[103]

---

[99] KK-StPO/*Appl*, 2008, § 454 Rdn. 8 f.

[100] KK-StPO/*Appl*, 2008, § 454 Rdn. 7; *Laubenthal*, 1988, S. 951; a.A. Pohlmann/Jabel/ *Wolf*, 2001, § 36 Rdn. 13.

[101] KK-StPO/*Appl*, 2008, § 454 Rdn. 12; SK-StPO/*Paeffgen*, § 454 Rdn. 18; a.A. *Meyer-Goßner*, 2009, § 454 Rdn. 7.

[102] *Meyer-Goßner*, 2009, § 454 Rdn. 9.

[103] BVerfG, StraFo 2009, S. 414.

4. Anrechnung

177 Bei einer strafgerichtlichen Verurteilung kann es vor oder nach Eintritt der
Rechtskraft wegen derselben Tat zu den Rechtsfolgenausspruch faktisch übersteigenden Belastungen für die sanktionierte Person kommen. Blieben diese unberücksichtigt, hätte das zur Folge: Die Übelszufügung würde das nach dem Urteilsspruch notwendige Maß übersteigen. Zusätzliche Belastungseffekte stehen häufig
in keinem systematischen Zusammenhang mit dem Verfahrensergebnis. Deshalb
werden erlittene **Nachteile durch Anrechnung ausgeglichen**, damit im Ergebnis
eine nachvollziehbare Gesamtrelation zwischen Tatschwere und Belastung erzielt
ist.[104]

Die Anrechnung stellt eine **Maßnahme der Strafvollstreckung** dar. Das Gericht ist prinzipiell nicht mit Fragen der Berechnung von durch Anrechnung zu
berücksichtigenden Zeiten befasst. Die Strafzumessung erfolgt ohne Rücksicht auf
zusätzlich eingetretene Belastungen; ein Ausspruch im Strafurteil erübrigt sich
deshalb.[105]

Bei der Anrechnung ist zu unterscheiden zwischen
– vor der Rechtskraft der strafgerichtlichen Verurteilung eingetretenen Einbußen
und
– nach Rechtskrafteintritt erlittenem Freiheitsentzug.

a) Freiheitsentziehende Belastungen vor Rechtskrafteintritt

178 § 51 Abs. 1 S. 1 StGB enthält als **Anrechnungsgrundregel**: Hat der Verurteilte
aus Anlass einer Tat, die Gegenstand des Verfahrens ist oder gewesen ist, Untersuchungshaft oder eine andere Freiheitsentziehung erlitten, so wird sie auf zeitige
Freiheitsstrafe und auf Geldstrafe angerechnet. Wurde neben einer Freiheitsstrafe
zugleich auf eine Geldstrafe erkannt (§ 41 S. 1 StGB), erfolgt nach § 39 Abs. 1
S. 1 StVollstrO die Anrechnung zunächst auf die Freiheitsstrafe (wenn sich aus
der strafgerichtlichen Entscheidung nichts anderes ergibt). Der Wortlaut von § 51
Abs. 1 S. 1 StGB bezieht sich hinsichtlich der Anrechnung auf Freiheitsstrafe nur
auf die zeitige Freiheitsstrafe. Die Grundregel ist jedoch auch auf die Mindestverbüßungszeit (§ 57a Abs. 1 S. 1 Nr. 1 StGB) der lebenslangen Freiheitsstrafe entsprechend anwendbar.[106]

179 Da die **Anrechnung** den **Regelfall** bildet, bleibt zwar ein positiver Ausspruch
über Anrechnungen nach § 51 Abs. 1 S. 1 StGB im Urteil überflüssig. Das Gericht
kann aber ausnahmsweise nach Abs. 1 S. 2 anordnen, dass eine Anrechnung ganz
oder zum Teil unterbleibt, wenn sie im Hinblick auf das Verhalten des Verurteilten nach der Tat nicht gerechtfertigt ist. Das setzt ein Verhalten im Verfahren
voraus, welches die Anrechnung ungerechtfertigt werden lässt[107] (wenn es z.B. zu
einer Prozessverschleppung kommt, gerade um eine Verlängerung der anrechnungsfähigen Dauer der Untersuchungshaft herbeizuführen). Ist eine Nichtanrech-

---

[104] *Streng*, 2002, S. 298.
[105] *Fischer*, 2010, § 51 Rdn. 4.
[106] BGH, NJW 2004, S. 3789.
[107] BGHSt. 23, S. 307.

nungsanordnung ergangen, erfolgt unter den Voraussetzungen von § 450 Abs. 1 StPO dennoch eine partielle Anrechnung. Nach dieser Norm muss auf die zu vollstreckende Freiheitsstrafe unverkürzt diejenige Untersuchungshaft angerechnet werden, die der Verurteilte erlitten hat, seit er auf Einlegung eines Rechtsmittels verzichtet oder das eingelegte Rechtsmittel zurückgenommen hat oder seitdem die Einlegungsfrist abgelaufen ist, ohne dass von ihm eine Erklärung abgegeben wurde.[108] Der Begriff der Untersuchungshaft i.S.v. § 450 Abs. 1 StPO umfasst auch jede andere Freiheitsentziehung, welche nach § 51 Abs. 1 S. 1 StGB auf die Strafe angerechnet wird.

Für die **Jugendstrafe** enthält § 52a Abs. 1 S. 1 JGG eine § 51 Abs. 1 S. 1 StGB vergleichbare Anrechnungsgrundregel[109] für aus Anlass der Tat vollzogene Untersuchungshaft oder andere Freiheitsentziehung. Das Gericht kann nach § 52a Abs. 1 S. 2 JGG nicht nur wegen verfahrensbezogener Gesichtspunkte das Unterbleiben der Anrechnung anordnen, sondern auch aus erzieherischen Gründen. § 52a Abs. 1 S. 3 JGG stellt insoweit klar, dass Letztere grds. nur dann eine Nichtanrechnung rechtfertigen, wenn die Anrechnung der Freiheitsentziehung die noch erforderliche erzieherische Einwirkung auf den Angeklagten nicht gewährleisten würde.[110] **180**

aa) Anrechenbare Freiheitsentziehung

Für eine Anrechnung nach § 51 Abs. 1 S. 1 StGB gilt der Grundsatz der Verfahrenseinheit. Sie erfolgt nur für Belastungen, die aus Anlass der jetzt abzuurteilenden Tat erlitten wurden. Angerechnet werden kann dabei die tatsächlich erlittene Freiheitsentziehung, d.h. die auch faktisch vollzogene. **181**

Anrechnungsfähige Zeiten der Freiheitsentziehung sind:
– Untersuchungshaft (§§ 112 ff. StPO, § 72 JGG, § 51 Abs. 1 S. 1 StGB, § 39 Abs. 1 S. 1 StVollstrO),
– Haft aufgrund Haftbefehls gegen einen ausgebliebenen Angeklagten (§ 230 Abs. 2 StPO),
– Haft, welche die verurteilte Person aufgrund vorläufiger Festnahme durch eine Amtsperson erlitten hat (§ 127 Abs. 2 StPO, § 39 Abs. 3 Nr. 1 StVollstrO),
– Freiheitsentziehung infolge der Festnahme durch eine Privatperson (§ 127 Abs. 1 StPO),
– strafprozessuale Freiheitsentziehungen nach §§ 81, 126a StPO (§ 39 Abs. 3 Nr. 3 StVollstrO),
– Unterbringung nach §§ 71 Abs. 2, 73 Abs. 1 JGG (§ 39 Abs. 3 Nr. 3 StVollstrO),
– Unterbringung nach § 72 Abs. 4 S. 1 JGG,
– Ungehorsamsarrest nach §§ 15 Abs. 3 S. 2, 11 Abs. 3 JGG,
– Zeiten zur Durchführung der Blutentnahme oder anderer Untersuchungen (§ 81a StPO),
– Zeiten der erkennungsdienstlichen Behandlung und der damit verbundenen Vorführung (§ 81b StPO),
– Ordnungshaft nach § 178 Abs. 3 GVG,

---

[108] *Meyer-Goßner*, 2009, § 450 Rdn. 3.
[109] Dazu *Kamann*, 2009, S. 12.
[110] Dazu BGH, StraFo 2005, S. 434.

- Unterbringung nach Landesgesetzen,
- Unterbringung nach § 1906 BGB,
- persönlicher Sicherungsarrest (§§ 918, 933 ZPO), wenn dieser die Untersuchungshaft ersetzt[111],
- vollzogener Disziplinararrest nach §§ 22 Abs. 1 Nr. 5, 26 WDO (§ 39 Abs. 3 Nr. 4 StVollstrO),
- Auslieferungshaft und vorläufige Auslieferungshaft aus Anlass der Tat (§ 39 Abs. 3 Nr. 2 StVollstrO),
- eine im Ausland gegen den Verurteilten wegen derselben Tat verhängte und vollstreckte Strafe (§ 51 Abs. 3 S. 1 StGB),
- eine im Ausland erlittene Freiheitsentziehung, die nicht zu einer Verurteilung geführt hat oder im ausländischen Urteil nicht angerechnet wurde (§ 51 Abs. 3 S. 2 StGB),
- jede weitere wegen der abzuurteilenden Tat im Ausland erlittene Freiheitsentziehung ungeachtet ihrer Bezeichnung[112],
- Anrechnung von Strafe auf Strafe gem. § 51 Abs. 2 StGB, wenn eine rechtskräftig verhängte Strafe bereits ganz oder teilweise vollstreckt bzw. durch Anrechnung erledigt ist und später deshalb wegfällt, weil sie durch eine andere ersetzt wird (z.B. durch nachträgliche Gesamtstrafenbildung oder Bildung einer Einheitsjugendstrafe).

bb) Verfahrenseinheit

182 Muss die anzurechnende Freiheitsentziehung nach § 51 Abs. 1 S. 1 StGB, § 39 Abs. 1 S. 1 StVollstrO aus Anlass der Tat erlitten sein, die jetzt abzuurteilen ist, so setzt das voraus: Das Verfahren hat sich auf eine Tat bezogen, die zumindest eine der Anlässe der Freiheitsentziehung war. Eine Verfahrenseinheit liegt stets dann vor, wenn es sich um dieselbe Tat handelt (z.B. ein Angeklagter befindet sich wegen Totschlagverdachts in Untersuchungshaft und wird wegen dieser Tat zu einer Freiheitsstrafe verurteilt). Um den Konnex herzustellen, genügt auch eine kurzzeitige Verbindung von wenigen Tagen, d.h. das aktuelle Verfahren muss in irgendeiner Phase zugleich die den Freiheitsentzug herbeiführende Tat betroffen haben.

183   Die Rechtsprechung[113] lässt darüber hinausgehend entsprechend § 51 Abs. 1 S. 1 StGB die Anrechnung verfahrensfremden Freiheitsentzugs zu und erachtet das Bestehen **funktionaler Verfahrenseinheit** für ausreichend. Einer förmlichen Verbindung der Verfahren bedarf es nicht. Es genügt bereits, dass zwischen der Strafverfolgung bezüglich der die Freiheitsentziehung auslösenden Tat und der Strafverfolgung der abgeurteilten Tat ein Zusammenhang im Sinne eines irgendwie gearteten sachlichen Bezugs vorhanden ist oder war.[114]

---

[111] KG, NStZ-RR 2005, S. 388.
[112] *Volckart/Pollähne/Woynar*, 2008, S. 162.
[113] BVerfG, NStZ 2001, S. 501; BVerfG, NStZ 2000, S. 278; BVerfG, NStZ 1999, S. 24; BGHSt. 43, S. 116.
[114] BVerfG, NStZ 1999, S. 477.

18. Beispiel: Mit Urteil des Landgerichts Berlin vom 21. Dezember 1992 wurde gegen B eine Gesamtfreiheitsstrafe von drei Jahren wegen Hehlerei in zwölf Fällen (Tatzeiten: Mai bis Oktober 1991) verhängt. Später wurde B von der Staatsanwaltschaft bei dem Landgericht Hamburg angeklagt, am 13. März 1989 gemeinschaftlich mit Betäubungsmitteln in nicht geringer Menge Handel betrieben zu haben. Für jene Sache befand er sich etwa neun Monate in Untersuchungshaft (13. März bis 15. Dezember 1989). Durch Beschluss des Landgerichts Hamburg vom 2. März 1994 wurde das Verfahren im Hinblick auf die bereits verhängte Strafe gem. § 154 Abs. 2 StPO eingestellt. Eine Anrechnung der in dem eingestellten Verfahren erlittenen Untersuchungshaft wurde dem B verweigert.

Das Bundesverfassungsgericht[115] weist in seiner Entscheidung über die von B eingelegte Verfassungsbeschwerde auf die Intention des Gesetzgebers hin, durch eine weite Anwendung von § 51 StGB die Dauer des Freiheitsentzugs für mehrere irgendwie zusammenhängende Taten zu begrenzen und dadurch dem Freiheitsrecht des Art. 2 Abs. 2 S. 2 GG zu einer verstärkten Wirkung zu verhelfen. Erforderlich ist nach der gesetzlichen Anrechnungsregel von § 51 Abs. 1 S. 1 StGB zwar, dass zwischen den Strafverfolgungen hinsichtlich der die Untersuchungshaft auslösenden Tat und der Tat, die der Verurteilung zugrunde liegt, ein Zusammenhang bestanden haben muss oder zwischen ihnen ein irgendwie gearteter sachlicher Bezug vorhanden war. Es bleibt geboten, die Anrechnungsvoraussetzungen auch dann anzunehmen, wenn das die vorläufige Freiheitsentziehung betreffende Verfahren formal von dem anderen zur Verurteilung führenden Verfahren getrennt geführt wurde, die vorläufige Freiheitsentziehung sich aber in dem einen Verfahren auf den Gang oder den Abschluss des anderen Verfahrens konkret ausgewirkt hat. Es liegt nahe, die Voraussetzungen einer solchen funktionalen Verfahrenseinheit vor allem in denjenigen Fällen anzunehmen, in denen das Verfahren, für das Untersuchungshaft verbüßt wurde, nach § 154 Abs. 2 StPO im Hinblick auf das mit einer Verurteilung endende Verfahren eingestellt wurde oder in denen eine formal verfahrensfremde vorläufige Freiheitsentziehung sich auf ein anderes Verfahren in sonstiger Weise verfahrensnützlich auswirkte. Eine solche Verfahrenseinheit liegt jedenfalls dann vor, wenn in dem Verfahren, das später zu einer Verurteilung führte, zwar ein Haftbefehl erlassen, dieser aber nicht – dauerhaft – vollzogen, sondern hierfür – zeitweilig – Überhaft notiert wurde, weil in einem anderen Verfahren gegen denselben Beschuldigten bereits ein Haftbefehl existierte und auch vollstreckt wurde.

cc) Anrechnungsmodus

§ 39 Abs. 4 S. 1 StVollstrO gibt für die **Berechnung bei Anrechnung** von Untersuchungshaft und anderer Freiheitsentziehung vor: Der erlittene Freiheitsentzug wird vom errechneten Ende der Strafzeit nach vollen Tagen rückwärts abgerechnet. Demzufolge ist zunächst derjenige Kalendertag zu ermitteln, an dem die Strafe ohne eine Anrechnung verbüßt wäre. Von dem fiktiv ermittelten Strafende kommt es dann zum Abzug der anzurechnenden Zeiten rückwärts in vollen Tagen. Befindet sich die verurteilte Person bei Eintritt der Rechtskraft in der Sache in Untersuchungshaft (oder in anderer Freiheitsentziehung), erstreckt sich die Anrechnung der Untersuchungshaft oder der anderen Freiheitsentziehung – vorbehaltlich einer abweichenden gerichtlichen Entscheidung – bis einschließlich des Tages, an dem das Straferkenntnis rechtskräftig wurde (§ 39 Abs. 2 S. 1 StVollstrO). Der Tag, an dem die Rechtskraft eintrat, wird allerdings nur dann angerechnet, wenn dieser nicht schon unverkürzt nach § 38 Nr. 3 i.V.m. § 37

184

---

[115] BVerfG, NStZ 1999, S. 24 f.

Abs. 2 S. 2 StVollstrO als erster Tag der Strafhaft zählt. Damit soll eine doppelte Anrechnung vermieden werden; die Anrechnung als Strafhaft hat insoweit Vorrang.

185   Zu beachten bleibt, dass nach § 37 Abs. 1 S. 2 StVollstrO die Strafzeitberechnung nicht zu einer Verlängerung der nach § 39 StGB verhängten Strafe führen darf. Es bedarf deshalb einer Vergleichsberechnung (§ 39 Abs. 4 S. 2 StVollstrO), wobei das Strafende sich dann im Ergebnis nach dem **Günstigkeitsprinzip** bestimmt.

> *19. Beispiel*: T befand sich wegen des Verdachts des Betrugs ab dem 3. März 2010 in Untersuchungshaft. Wegen des Betrugsdelikts wird er zu einer Freiheitsstrafe von acht Monaten verurteilt. Gegen das Urteil legt er kein Rechtsmittel ein, so dass dieses am 12. Juli 2010 in Rechtskraft erwächst.
> Gemäß § 38 Nr. 3 1. Halbs. i.V.m. § 37 Abs. 2 S. 2 StVollstrO ist als Strafbeginn der 12. Juli 2010, 0.00 Uhr, anzusetzen. Das fiktive Strafende ist der Tagesbeginn des 12. März 2011. Die Untersuchungshaft wird nur bis einschließlich 11. Juli 2010 gezählt, denn der 12. Juli 2010 wird nach § 38 Nr. 3 StVollstrO bereits unverkürzt der Strafhaft zugeordnet. Vom fiktiven Strafende sind deshalb 131 Tage (3. März bis 11. Juli 2010) Untersuchungshaft abzuziehen. Danach gelangt man zu einem Strafende am 1. November 2010, 0.00 Uhr. Das entspricht dem Tagesende des 31. Oktober 2010. Setzt man bei der Vergleichsberechnung den Strafbeginn mit dem 3. März 2010, 0.00 Uhr, an (als ob T sich mit Beginn der Untersuchungshaft in Strafhaft befunden hätte), endet die achtmonatige Strafe am 3. November 2010, 0.00 Uhr, was dem Tagesende des 2. November 2010 entspricht. Dem Günstigkeitsprinzip gemäß wird T am 31. Oktober 2010 entlassen.

186   Gemäß § 39 Abs. 4 S. 1 StVollstrO ist **Rechnungseinheit** der **Tag**. Das bedeutet jedoch nicht, dass Tagesbruchteile jeweils mit einem Tag zu berechnen sind.[116] Das folgt unmittelbar aus § 39 Abs. 4 S. 3 StVollstrO für die Konstellation, dass bei an zwei aufeinanderfolgenden Tagen ununterbrochen vollzogener Freiheitsentziehung nur ein Tag anzurechnen bleibt, wenn sich den Vollstreckungsunterlagen nachvollziehbar entnehmen lässt, dass zusammen nicht mehr als 24 Stunden verbüßt wurden. Aber auch in anderen Fällen von Tagesbruchteilen im Freiheitsentzug (z.B. ein Verurteilter befand sich wegen der Tat an einem Tag für vier Stunden im polizeilichen Gewahrsam und dann noch einmal für acht Stunden in Untersuchungshaft) darf es zu keiner Doppelanrechnung kommen.[117] Die Tagesbruchteile sind vielmehr zu addieren. Nur wenn die anrechenbare Freiheitsentziehung insgesamt 24 Stunden überschreitet, wird ein neuer Tag gezählt.

187   Hat der Angeklagte aus Anlass der Tat, die Gegenstand des inländischen Verfahrens ist, eine **ausländische Strafe oder Freiheitsentziehung** erlitten, bestimmt gem. § 51 Abs. 4 S. 2 StGB das Gericht den Anrechnungsmaßstab der ausländischen Inhaftierung. Es erfolgt eine Ermessensentscheidung des Tatrichters, bei der er ggf. zu berücksichtigen hat, dass die Auswirkungen einer Inhaftierung für den Betroffenen in einem anderen Staat eine erhöhte Intensität besitzen können und er

---

[116] So aber OLG München, Rpfleger 1981, S. 317; *Volckart/Pollähne/Woynar*, 2008, S. 175 f.

[117] Pohlmann/Jabel/*Wolf*, 2001, § 39 Rdn. 87; *Röttle/Wagner*, 2009, Rdn. 165.

muss dann die divergierenden Haftbedingungen in ein dem deutschen Haftsystem zu entnehmendes Äquivalent umsetzen.

> *20. Beispiel*: Ein Tag Haft in einem ausländischen Staat im Verhältnis zur Haft in Deutschland:[118]
> - Australien   1:2
> - Belgien   1:1
> - Dominikanische Republik   1:3
> - Frankreich   1:1
> - Italien   1:1
> - Marokko   1:3
> - Mazedonien   1:3
> - Portugal   1:2
> - Schweiz   1:1
> - Slowakai   1:2
> - Tschechien   1:2
> - Türkei   1:2.
>
> Im Einzelfall ist zu berücksichtigen, dass die zu einem besseren Anrechnungsmaßstab führenden erschwerten Haftbedingungen in verschiedenen Vollzugseinrichtungen desselben Staates unterschiedlich ausgeprägt sein können. So divergieren etwa für Spanien die Anrechnungsmaßstäbe zwischen 1:1 bis 1:3.

b) Kompensation von Verfahrensverstößen

Kommt es im Verlauf eines Strafverfahrens zu dessen **rechtsstaatswidriger Verzögerung** in einem Ausmaß, dass eine Kompensation der zusätzlichen Belastungen für den Beschuldigten unabdingbar erscheint, wird zwar die schuldangemessene Strafe zunächst ohne Berücksichtigung der überlangen Verfahrensdauer festgesetzt. Das Gericht spricht dann jedoch in der Urteilsformel aus, dass ein genau bezifferter Teil der verhängten Strafe als vollstreckt gilt.[119] Mit dieser als **Vollstreckungsmodell** bezeichneten Vorgehensweise wird die eigentliche Strafzumessung nicht mit ihr wesensfremden Anforderungen belastet, sondern die Entschädigung des Betroffenen erfolgt in Anlehnung an § 51 StGB. Dabei darf aber das Maß der Anrechnung im konkreten Fall nicht entsprechend § 51 Abs. 1 S. 1 StGB mit dem Umfang der Verfahrensverzögerung gleichgesetzt werden. Die Anrechnung beschränkt sich vielmehr regelmäßig auf einen eher geringen Bruchteil der Strafe.[120]

188

Die Kompensation durch Anrechnung auf der Vollstreckungsebene betrifft nicht nur rechtsstaatswidrige Verfahrensverzögerungen. Sie kommt etwa auch in Fällen einer Verletzung der Pflicht zur Belehrung eines Festgenommenen mit fremder Staatsangehörigkeit über die Möglichkeit der Inanspruchnahme konsularischen Beistands in Betracht.[121]

---

[118] Siehe *Fischer*, 2010, § 51 Rdn. 19 m.w.Nachw.; *Volckart/Pollähne/Woynar*, 2008, S. 173 f.

[119] BGHSt. 52, S. 124; dazu *Streng*, 2008, S. 979.

[120] BGH, wistra 2008, S. 302.

[121] BGHSt. 52, S. 48; anders BGHSt. 52, S. 118.

c) Freiheitsentzug nach Rechtskrafteintritt

189 Während § 51 StGB und § 450 StPO die Anrechnung von Freiheitsentziehung, die der eigentlichen Strafvollstreckung vorangeht, allgemein regeln, ist die Anrechnung von erlittenem Freiheitsentzug nach Eintritt der Rechtskraft für verschiedene Fallgruppen gesondert normiert.

aa) Anrechnung von Auslieferungshaft

190 Nach § 450a Abs. 1 S. 1 StPO ist auf die zu vollstreckende Freiheitsstrafe die im Ausland erlittene Freiheitsentziehung anzurechnen, welche der Verurteilte in einem **Auslieferungsverfahren zum Zweck der Strafvollstreckung** erlitten hat. Damit wird die im Ausland erlittene Freiheitsentziehung infolge eines auf Strafvollstreckung gerichteten Auslieferungsbegehrens berücksichtigt. Der Begriff des Auslieferungsverfahrens ist weit zu interpretieren. Ausreichend bleibt jede Freiheitsentziehung, die ein Verurteilter außerhalb des Geltungsbereichs des Grundgesetzes zum Zweck der Zuführung zu einer inländischen Strafvollstreckung erlitten hat.[122] Entscheidend ist, dass die Durchführung der Freiheitsentziehung im Ausland gerade deshalb erfolgte, um den Verurteilten der deutschen Strafvollstreckung zuzuführen. Dabei spielt es keine Rolle, ob ein förmliches Auslieferungsverfahren betrieben wurde oder die deutschen Behörden überhaupt Fahndungsmaßnahmen ergriffen haben.[123] Kommt es zu einer doppelfunktionalen Auslieferungshaft, d.h. der Verurteilte wird sowohl zum Zweck der Strafvollstreckung als auch zur Strafverfolgung ausgeliefert und bleibt eine Aufspaltung der ausländischen Freiheitsentziehung unmöglich, bestimmt § 450a Abs. 1 S. 2 StPO den Vorrang der Anrechnung auf die zu vollstreckende Sanktion.

191 Anrechnungsgegenstand ist die im nichtdeutschen Gewahrsam verbrachte Zeit. Die anrechnungsfähige Zeit endet, wenn die Strafzeit beginnt; das ist bei Überstellung an die Behörden gem. § 38 Nr. 2 2. Halbs. StVollstrO die Übernahme durch deutsche Beamtinnen oder Beamte. Da die Anrechnung einen Teil der Strafzeitberechnung darstellt, ist sie **Aufgabe der Vollstreckungsbehörde**. In Zweifelsfällen wird nach § 458 Abs. 1 StPO die gerichtliche Entscheidung herbeigeführt. Das gilt auch für die Bestimmung des Umrechnungsmaßstabs entsprechend § 51 Abs. 4 S. 2 StGB, der von der Vollstreckungsbehörde – und subsidiär von der Strafvollstreckungskammer (§§ 458 Abs. 1, 462 Abs. 1 S. 1, 462a Abs. 1 StPO) – nach pflichtgemäßem Ermessen bestimmt wird.

192 Wie bei § 51 Abs. 1 S. 2 StGB unterbleibt gem. § 450a Abs. 3 S. 1 StPO die für den Regelfall normierte Anrechnung auf eine entsprechende gerichtliche Anordnung hin. Die vollständige oder teilweise **Nichtanrechnung** der ausländischen Freiheitsentziehung erfordert ein Verhalten des Verurteilten, das eine Anrechnung als nicht gerechtfertigt erscheinen lässt, wobei das Verhalten nach Urteilserlass (§ 260 Abs. 1 StPO) in der letzten Tatsacheninstanz relevant ist. Hierfür genügt eine Flucht ins Ausland allein nicht, denn diese stellt bereits den Regelfall der Anrechnung nach § 450a Abs. 1 StPO dar. Notwendig ist das Hinzutreten erschwerender Umstände (z.B. bei einem gewaltsamen Ausbruch aus der Anstalt

---

[122] KK-StPO/*Appl*, 2008, § 450a Rdn. 3; *Meyer-Goßner*, 2009, § 450a Rdn. 2.

[123] KMR/*Paulus/Stöckel*, § 450a Rdn. 6.

unter Begehung weiterer Straftaten gem. §§ 121, 240, 303 StGB)[124] oder das Verbringen von Tatbeute ins Ausland.[125]

Zuständig für die Nichtanrechnungsentscheidung ist die Strafvollstreckungs-
kammer (§§ 462 Abs. 1 S. 1, 462a Abs. 1 StPO). Sie entscheidet auf Antrag der
Staatsanwaltschaft hin. Gemäß § 39a Abs. 2 StVollstrO hat die Vollstreckungsbe-
hörde auf eine Prüfung hinzuwirken, wenn nach ihrer Auffassung die in § 450a
Abs. 3 S. 1 StPO genannten Voraussetzungen für eine Entscheidung über die
Nichtanrechnung von Auslieferungshaft vorliegen.

bb) Weitere anrechenbare Zeiten

Neben der Freiheitsentziehung zum Zweck der Strafvollstreckungsauslieferung   193
nach § 450a StPO sind als weitere Formen der Anrechnung erlittenen Freiheitsentzugs nach Rechtskraft **im Gesetz** folgende Fallgruppen ausdrücklich **normiert**:

– Wurde in demselben Urteil neben einer Freiheitsstrafe die Unterbringung in
   einem psychiatrischen Krankenhaus gem. § 63 StGB bzw. in einer Entziehungsanstalt nach § 64 StGB angeordnet, erfolgt gem. § 67 Abs. 1 StGB der
   Maßregelvollzug prinzipiell vor der Strafe. Wurde demgemäß die Maßregel
   der Besserung und Sicherung vor der Freiheitsstrafe durchgeführt, kommt es
   nach § 67 Abs. 4 StGB automatisch zu einer Anrechnung der Zeit des Maßregelvollzugs auf die Strafe durch die Strafvollstreckungsbehörde. Allerdings
   wird der Maßregelvollzug nicht immer in vollem Umfang angerechnet, sondern lediglich so weit, bis zwei Drittel der Strafe durch die Anrechnung erledigt sind. Damit wird ein Drittel der Freiheitsstrafe von der Anrechnungsmög-
   lichkeit ausgenommen.

– Hat das Gericht bei einer Verurteilung zu einer Freiheitsstrafe diese nach § 56
   StGB zur Bewährung ausgesetzt und sind hinreichende Gründe für die Annahme vorhanden, dass es zu einem Widerruf der Strafaussetzung gem. § 56f
   Abs. 1 StGB kommt, können nach § 453c Abs. 1 StPO Sicherungsmaßnahmen
   getroffen werden, damit nach dem Widerruf die Vollstreckung der Freiheitsstrafe alsbald erfolgen kann. § 453c StPO gilt über § 463 Abs. 1 StPO sinngemäß für die Reststrafenaussetzung nach §§ 57 und 57a StGB. Ist ein Siche-
   rungshaftbefehl ergangen und wird dieser vollstreckt, wird er unter
   entsprechender Anwendung von Vorschriften über die Untersuchungshaft als
   Sicherungshaft vollzogen. § 453c Abs. 2 S. 1 StPO schreibt – ohne eine Aus-
   nahmemöglichkeit – vor, dass die Sicherungshaft auf die später zu vollstreckende Freiheitsstrafe angerechnet werden muss.

Nicht ausdrücklich gesetzlich normiert ist die Anrechnung von **Organisations-**   194
haft. Die Zeit, die der zu einer stationären Maßregel der Besserung und Sicherung
Verurteilte zwischen Rechtskraft der Entscheidung und Beginn der Unterbringung
in der zuständigen Maßregelvollzugseinrichtung noch in einer Justizvollzugsanstalt zu verbringen hat[126], ist auf denjenigen Teil der Freiheitsstrafe anzurechnen,

---

[124] KK-StPO/*Appl*, 2008, § 450a Rdn. 10; *Meyer-Goßner*, 2009, § 450a Rdn. 6.
[125] BGHSt. 23, S. 307.
[126] Dazu *Laubenthal*, 2008, S. 541 f.

dessen Vollzug sich nicht durch Anrechnung der Unterbringung gem. § 67 Abs. 4 StGB erledigt hat, also auf das letzte Drittel der Freiheitsstrafe.[127]

195   Auf die Freiheitsstrafe anrechenbar sind auch **Therapiezeiten zur Suchtbehandlung**.[128] Ist gem. § 35 Abs. 1 BtMG eine Zurückstellung der Strafvollstreckung zum Zweck einer der Rehabilitation dienenden Behandlung wegen Drogenabhängigkeit erfolgt und hat sich der Verurteilte in einer staatlich anerkannten Einrichtung behandeln lassen, wird ihm die nachgewiesene Zeit seines Aufenthalts in einer solchen Einrichtung gem. § 36 Abs. 1 S. 1 BtMG auf die Strafe angerechnet, bis infolge der Anrechnung zwei Drittel der Strafe erledigt sind.

IV. Vollstreckung mehrerer Freiheitsstrafen

196   Freiheitsstrafen (aus denen keine Gesamtstrafe gebildet werden kann) und Ersatzfreiheitsstrafen sollen gem. § 454b Abs. 1 StPO, § 43 Abs. 1 StVollstrO unmittelbar nacheinander vollstreckt werden. Dem den Vorschriften zugrunde liegenden **Prinzip der nachhaltigen Vollstreckung** gemäß sind die Sanktionen regelmäßig in direktem zeitlichem Zusammenhang durchzuführen.

Hat die Vollstreckungsbehörde bei Verurteilungen in verschiedenen Verfahren die vorrangig zu beachtende Möglichkeit der Bildung einer nachträglichen Gesamtstrafe geprüft und verneint, kommt es zur **Anschlussvollstreckung**. Hierfür ist in § 43 Abs. 2 bis 4 StVollstrO die Reihenfolge festgelegt. Den materiellrechtlichen Bestimmungen über die Strafrestaussetzung zur Bewährung gem. §§ 57, 57a StGB wird durch § 454b Abs. 2 StPO und dem darin enthaltenen **Unterbrechungsgrundsatz** bei der Vollstreckung mehrerer Freiheitsstrafen Geltung verschafft. Danach erfolgt nicht eine Vollverbüßung der jeweils zu vollstreckenden Strafe, sondern deren Unterbrechung. Das Gericht entscheidet dann einheitlich über die Frage einer Strafrestaussetzung zur Bewährung.

1. Vollstreckungsreihenfolge

197   Prinzipiell für den gesamten Vollstreckungsablauf gibt § 43 Abs. 2 StVollstrO folgende Reihenfolge vor:
- Freiheitsstrafe von nicht mehr als zwei Monaten,
- Strafreste nach Widerruf der Aussetzung,
- kürzere vor längeren Freiheitsstrafen,
- gleich lange Freiheitsstrafen in der Reihenfolge des Eintritts der Rechtskraft,
- lebenslange Freiheitsstrafe,
- Ersatzfreiheitsstrafe.

Da die Mindestverbüßungszeit für eine Strafrestaussetzung zur Bewährung nach § 57 Abs. 1 S. 1 Nr. 1 StGB zwei Monate beträgt und **Kurzstrafen** bis zu

---

[127] BVerfG, StrVert 2006, S. 421.
[128] Siehe auch Kap. D VI. 5.

zwei Monaten damit nicht aussetzungsfähig und auch nicht nach § 454b Abs. 2 StPO zu unterbrechen sind, genießen sie Priorität. Gemäß § 454b Abs. 2 S. 2 StPO gelten die Unterbrechungsregelungen dieser Norm nicht für **Strafreste**, die aufgrund Widerrufs ihrer Aussetzung vollstreckt werden. Da eine Unterbrechung bei den nach einem Aussetzungswiderruf nach §§ 57 Abs. 5, 57a Abs. 3 S. 2 i.V.m. § 56f StGB oder nach vorausgegangenem Gnadenerweis zu verbüßenden Strafresten ausscheidet[129], kommt diesen Vorrang vor den die Dauer von zwei Monaten übersteigenden Freiheitsstrafen zu. **Ersatzfreiheitsstrafen** werden zuletzt vollstreckt, um dem Verurteilten weitere Zeit zu lassen, diese durch Zahlung der Geldstrafe abzuwenden.[130]

Zwar ist die Reihenfolge des § 43 Abs. 2 StVollstrO während des Vollstreckungsablaufs stets zu beachten. Abweichend von Abs. 2 wird jedoch gem. Abs. 3 die einmal **begonnene Vollstreckung** einer Freiheitsstrafe bis zu der gem. § 454b StPO gezogenen Unterbrechungsgrenze **fortgesetzt**. Kommt z.B. zu einer aktuell vollzogenen längeren Freiheitsstrafe eine kürzere hinzu, bleibt es zunächst bei der Vollstreckung der längeren. Eine Unterbrechung zur Herstellung der Reihenfolge gem. § 43 Abs. 2 StVollstrO (kürzere vor längerer Freiheitsstrafe) erfolgt zur Vermeidung von Beeinträchtigungen des vollzuglichen Behandlungsverlaufs nicht. Erst für zukünftig noch zu vollstreckende Sanktionen wird dann wieder die Reihenfolge von Abs. 2 maßgeblich. Die abweichende Regelung von Abs. 3 bezieht sich aber nicht auf die lebenslange Freiheitsstrafe. Hier wird zum Zweck einer möglichst tatnahen Vollstreckung[131] die Lebenszeitstrafe zugunsten der zeitigen unterbrochen.   **198**

Ein **Abweichen** von der sich aus § 43 Abs. 2 und 3 StVollstrO ergebenden Reihenfolge lässt Abs. 4 der Norm **aus wichtigen Gründen** zu. Die Vollstreckungsbehörde kann dadurch spezifischen Interessen des Verurteilten Rechnung tragen. So ist z.B. ein Abweichen zu erwägen, wenn in dem Verfahren mit der kürzeren Freiheitsstrafe ein aussichtsreicher Antrag auf Wiederaufnahme des Verfahrens gestellt wurde.[132]   **199**

Treffen bei der Vollstreckung **Jugendstrafe und Freiheitsstrafe** zusammen[133], gilt gem. § 89a Abs. 1 S. 1 JGG als Regelreihenfolge: **200**
– Jugendstrafe,
– Freiheitsstrafe.
Der Vollstreckungsleiter unterbricht die Vollstreckung der Jugendstrafe, wenn die Hälfte, mindestens aber sechs Monate verbüßt sind, § 89a Abs. 1 S. 2 JGG. Er kann die Vollstreckung schon zu einem früheren Zeitpunkt unterbrechen, wenn die Strafrestaussetzung in Betracht kommt (Abs. 1 S. 3). Bei der Jugendstrafe darf auch die Vollstreckung eines Strafrestes, der aufgrund des Aussetzungswiderrufs vollstreckt wird, unterbrochen werden, wenn die Hälfte, mindestens aber sechs Monate des Strafrestes bereits verbüßt sind und eine erneute Strafaussetzung zur Bewährung in Betracht kommt (Abs. 1 S. 4).

---

[129] Dazu *Baier*, 2009, S. 10.
[130] *Röttle/Wagner*, 2009, Rdn. 174.
[131] *Röttle/Wagner*, 2009, Rdn. 176.
[132] Pohlmann/Jabel/*Wolf*, 2001, § 43 Rdn. 26.
[133] Dazu *Kamann*, 2009, S. 16 f.

Zu einem Abweichen von der Regelreihenfolge des § 89a Abs. 1 S. 1 JGG kann es beim Zusammentreffen einer sehr kurzen Freiheitsstrafe mit einer längeren Jugendstrafe kommen. Dann erscheint der Vorwegvollzug der kurzen Freiheitsstrafe sinnvoll, weil der im längeren Jugendstrafvollzug angestrebte Sozialisationseffekt bei einer anschließenden Freiheitsstrafenverbüßung im Erwachsenenvollzug wieder beeinträchtigt werden könnte.[134] § 89a Abs. 2 S. 1 JGG normiert, dass unter den dort genannten Voraussetzungen bei einem Zusammentreffen von Jugendstrafe mit lebenslanger Freiheitsstrafe lediglich die Lebenszeitstrafe vollstreckt wird. Sinn dieser Regelung ist, dass angesichts der Mindestverbüßungszeit der lebenslangen Freiheitsstrafe von 15 Jahren (§ 57a Abs. 1 S. 1 Nr. 1 StGB) eine kaum noch erzieherisch wirkende Jugendstrafe vorweg durchgeführt werden sollte. Dagegen bleibt es bei der Regelreihenfolge von § 89a Abs. 1 S. 1 JGG, wenn beim Zusammentreffen von Lebenszeitstrafe und Jugendstrafe die besonderen Kriterien von Abs. 2 S. 1 nicht gegeben sind.

2. Vollstreckungsunterbrechung gem. § 454b StPO

a) Anwendungsbereich

201   Gemäß § 57 Abs. 1 und 2 StGB kann die Vollstreckung des Restes einer zeitigen Freiheitsstrafe unter den dort genannten Voraussetzungen[135] nach Verbüßung von zwei Dritteln, unter bestimmen Bedingungen schon nach Verbüßung der Hälfte der **Freiheitsstrafe** zur Bewährung ausgesetzt werden. § 57a Abs. 1 S. 1 Nr. 1 StGB lässt die Aussetzung des Restes einer lebenslangen Freiheitsstrafe zu, wenn mindestens 15 Jahre der Strafe verbüßt sind.[136] Treffen mehrere zeitige Freiheitsstrafen oder zeitige mit lebenslanger Freiheitsstrafe zusammen, soll das Gericht am Ende der letzten Anschlussvollstreckung einheitlich über die Strafrestaussetzung entscheiden. Deshalb schreibt § 454b Abs. 2 S. 1 StPO vor: Die Vollstreckung der zunächst durchzuführenden Freiheitsstrafe wird unterbrochen, wenn die Mindestverbüßungszeiten von § 57 Abs. 1 bzw. § 57a Abs. 1 StGB erfüllt sind oder im Fall von § 57 Abs. 2 Nr. 1 StGB der Sanktionierte als Erstverbüßer die Hälfte – aber mindestens sechs Monate – seiner zwei Jahre nicht übersteigenden Strafe verbüßt hat.

202   § 454b Abs. 2 StPO gilt auch, wenn mehrere Freiheitsstrafen und zusätzlich eine **stationäre Maßregel** der Besserung und Sicherung bzw. mehrere solcher Maßregeln zu vollstrecken sind.[137] Gleiches gilt bei der Zurückstellung von der Strafvollstreckung gem. § 35 BtMG.[138] Dagegen findet § 454b Abs. 2 S. 1 StPO keine Anwendung bei der Vollstreckung von Ersatzfreiheitsstrafen.[139] Insoweit gelten die spezielleren Regelungen von §§ 459e und f StPO.[140] § 454b Abs. 2 StPO bleibt

---

134   Pohlmann/Jabel/*Wolf*, 2001, § 43 Rdn. 21.

135   Dazu Kap. D III. 3. a).

136   Siehe Kap. D III. 3. b).

137   OLG Celle, NStZ 1990, S. 252; OLG Hamm, NStZ-RR 1997, S. 124.

138   OLG Stuttgart, StraFo 2008, S. 525.

139   OLG Bamberg, NStZ-RR 1998, S. 380; OLG Oldenburg, NStZ-RR 2007, S. 253; *Fischer*, 2010, § 57 Rdn. 3; *Lackner/Kühl*, 2007, § 57 Rdn. 1.

140   *Baier*, 2009, S. 4.

ferner unanwendbar bei einer Strafrestaussetzung gem. § 57 Abs. 2 Nr. 2 StGB.[141] Keine Freiheitsstrafe im Sinne der Norm stellt auch die Jugendstrafe dar.[142] Eine Ausnahme von dem in § 454b Abs. 2 S. 1 StPO normierten Grundsatz der Vollstreckungsunterbrechung enthält Abs. 2 S. 2: Die Unterbrechungsregelungen gelten danach nicht für **Strafreste**, die aufgrund Widerrufs ihrer Aussetzung vollstreckt werden. Allerdings darf insoweit die Vollstreckungsbehörde gem. § 43 Abs. 4 StVollstrO bei Vorliegen einer günstigen Sozialprognose Ausnahmen von der Vollstreckungsreihenfolge zulassen, einen derartigen Strafrest im Sinne der Vorschrift als letzte Strafe vollstrecken und dann auch die Vollstreckung unterbrechen.[143]

b) Termingerechte Unterbrechung

Das Unterbrechungsgebot von § 454b Abs. 2 S. 1 StPO ist von Verfassung wegen **203** strikt einzuhalten, es besteht **Unterbrechungszwang**.[144] Die Unterbrechung ist jeweils rechtzeitig vor dem gem. Abs. 2 S. 1 bestimmten Zeitpunkt vorzunehmen. Kommt es zu behördlichen Versäumnissen, dürfen diese nicht zu Nachteilen für den Verurteilten führen. Deshalb normiert Abs. 2 S. 3 für den Fall, dass zu dem nach S. 1 vorgegebenen Unterbrechungszeitpunkt eine weitere Strafe noch nicht vollstreckbar ist: Die Unterbrechung erfolgt rückwirkend auf den Zeitpunkt des Eintritts der Vollstreckbarkeit. Abs. 2 S. 3 ist entsprechend anzuwenden bei einem sonstigen fehlerhaften Unterlassen durch die Vollstreckungsbehörde (z.B. die Verurteilung zu der Folgestrafe hatte zwar bereits Rechtskraft erlangt und war damit grds. vollstreckbar, die Erteilung der Vollstreckbarkeitsbescheinigung wurde aber versäumt).[145]

Die **Unterbrechungstermine** folgen aus § 57 Abs. 1 und 2 sowie § 57a Abs. 1 **204** S. 1 Nr. 1 StGB:

– Halbstrafentermin: Der Inhaftierte hat mindestens sechs Monate verbüßt, die Strafe beträgt nicht mehr als zwei Jahre und der Verurteilte befindet sich erstmals im Strafvollzug;

– Zwei-Drittel-Termin: Der Verurteilte hat mindestens zwei Monate seiner Freiheitsstrafe verbüßt;

– bei lebenslanger Freiheitsstrafe: Der Inhaftierte hat mindestens 15 Jahre der Strafe verbüßt.

§ 37 Abs. 1 S. 3 StVollstrO bestimmt, dass bei den Freiheitsstrafen von mehr **205** als zwei Monaten sowie bei der lebenslangen Freiheitsstrafe auch die Ermittlung des jeweiligen Zeitpunkts, zu dem eine Strafrestaussetzung erfolgen kann, zur Strafzeitberechnung zählt.[146] Zu beachten ist dabei: Die Festlegung der Vollstre-

---

[141] OLG Hamm, NStZ 1993, S. 302; OLG Oldenburg, MDR 1987, S. 75; a.A. OLG Stuttgart, NStZ-RR 2003, S. 253.

[142] *Baier*, 2009, S. 4.

[143] OLG Frankfurt a.M., NStZ-RR 2000, S. 284; OLG Karlsruhe, StrVert 2003, S. 349; *Baier*, 2009, S. 11; *Meyer-Goßner*, 2009, § 454b Rdn. 7.

[144] BVerfG, NStZ 1988, S. 475.

[145] *Baier*, 2009, S. 7.

[146] Zur Berechnung der Aussetzungszeitpunkte siehe Kap. D III. 3.

ckungsreihenfolge und die sich daraus ergebenden Unterbrechungshandlungen dürfen nach § 454b Abs. 2 StPO nicht dazu führen, dass dadurch die Gesamtdauer des Freiheitsentzugs länger wird, als wenn die Strafen ohne Unterbrechung nacheinander vollstreckt worden wären. Die Vollstreckungsdurchführung darf nicht im Ergebnis faktisch eine Verlängerung der nach § 39 StGB ausgesprochenen Strafen zur Folge haben.[147]

aa) Erstverbüßerregelung

206 Befindet sich der Sanktionierte erstmals im Vollzug einer Freiheitsstrafe und übersteigt diese nicht zwei Jahre, wird nach § 57 Abs. 2 Nr. 1 StGB die Strafrestaussetzung bereits nach Verbüßung der Hälfte der Strafe, mindestens jedoch nach sechs Monaten zulässig. Gemäß § 454b Abs. 2 S. 1 Nr. 1 StPO muss bereits zu diesem Zeitpunkt die Vollstreckung unterbrochen werden.

207 § 57 Abs. 2 Nr. 1 StGB verlangt, dass die verurteilte Person **erstmals eine Freiheitsstrafe verbüßt**. Die Erstverbüßerregelung greift somit, wenn sich der Sanktionierte zum ersten Mal im Strafvollzug befindet. Die Halbstrafenaussetzung – und damit die Halbstrafenunterbrechung nach § 454b Abs. 2 S. 1 Nr. 1 StPO – findet auch bei mehreren unmittelbar hintereinander zu vollstreckenden Freiheitsstrafen statt, und zwar für jede einzelne dieser Sanktionen.[148] Das gilt sogar dann, wenn die zu vollstreckenden Strafen des sich erstmals im Strafvollzug Befindlichen in ihrer Summe eine Strafdauer von insgesamt mehr als zwei Jahren ergeben.[149] Grund hierfür ist, dass es sich bei § 57 Abs. 2 Nr. 1 StGB um eine spezialpräventiv orientierte Regelung handelt, bei der es nicht um die nur formelle Frage geht, ob lediglich eine oder mehrere Freiheitsstrafen hintereinander zu vollstrecken sind. Vielmehr geht es um die prognostische Erwägung, ob ein erstmaliger Aufenthalt in der Vollzugseinrichtung den Betroffenen so nachhaltig beeindruckt hat, dass dies eine Strafrestaussetzung zur Bewährung zum Halbstrafenzeitpunkt rechtfertigt.[150]

208 Keine Erstverbüßung i.S.d. § 57 Abs. 2 Nr. 1 StGB liegt vor, wenn bereits früher eine Jugendstrafe vollstreckt wurde, denn bei § 17 JGG handelt es sich um eine echte Kriminalstrafe. Das gilt jedoch nicht für den Jugendarrest, der lediglich ein Zuchtmittel darstellt.[151] Der Erstverbüßereigenschaft steht auch nicht der Vollzug von Untersuchungshaft sowie von Auslieferungshaft entgegen, weil hier der

---

[147] BVerfG, NStZ 1994, S. 452.

[148] OLG Celle, StrVert 1990, S. 271; OLG Düsseldorf, Rpfleger 1999, S. 147; OLG Köln, StraFo 2007, S. 479; OLG Oldenburg, NStZ 1987, S. 175; *Baier*, 2009, S. 8; KK-StPO/*Appl*, 2008, § 454b Rdn. 11; KMR/*Stöckel*, § 454b Rdn. 20; *Meyer-Goßner*, 2009, § 454b Rdn. 3; SK-StPO/*Paeffgen*, § 454b Rdn. 16; a.A. Erstverbüßer nur bezüglich der in der Reihenfolge der Vollstreckung an erster Stelle stehende Strafe OLG Hamm, NStZ-RR 2010, S. 60; OLG Hamm, MDR 1987, S. 512; *Lackner/Kühl*, 2007, § 57 Rdn. 16.

[149] OLG Jena, StrVert 2008, S. 35; OlG Karlsruhe, StrVert 2006, S. 255; OLG Köln, NStZ-RR 2007, S. 251; *Baier*, 2009, S. 8; KMR/*Stöckel*, § 454b Rdn. 25.

[150] KK-StPO/*Appl*, 2008, § 454b Rdn. 12.

[151] *Baier*, 2009, S. 9.

Haftzweck der Verfahrenssicherung im Vordergrund steht.[152] Im Ausland erlittene Strafhaft in derselben Sache (§ 51 Abs. 3 S. 1 StGB) steht der Erstverbüßerregelung ebenfalls nicht entgegen.[153]

bb) Sonstige Unterbrechungen

Nach § 454b Abs. 2 S. 1 Nr. 2 StPO unterbricht die Vollstreckungsbehörde die **209** Vollstreckung der zunächst zu vollstreckenden zeitigen Freiheitsstrafe in den Fällen des **Nichteingreifens der Erstverbüßerregelung** bei Verbüßung von zwei Dritteln, mindestens jedoch zwei Monaten. Auch hier gilt der Unterbrechungszwang. Hat ein Verurteilter eine Freiheitsstrafe von zwischen zwei und drei Monaten Dauer zu verbüßen, kommt es zur Unterbrechung nach genau zwei Monaten.[154] Nach § 454b Abs. 1 S. 1 Nr. 3 StPO erfolgt die Vollstreckungsunterbrechung bei der lebenslangen Freiheitsstrafe nach 15 Jahren.

Zwar legt § 454b Abs. 3 StPO fest: Hat die Vollstreckungsbehörde die Vollstreckung nach § 454b Abs. 2 StPO unterbrochen, so trifft das Gericht die Entscheidungen nach §§ 57 und 57a StGB erst, wenn über die Aussetzung der Vollstreckung der Reste aller Strafen gleichzeitig entschieden werden kann. Die Aussetzungsvoraussetzungen werden jedoch für jede Strafe gesondert geprüft, auch wenn die Sozialprognose auf einer einheitlichen Basis abzugeben ist. Dies kann im Einzelfall dazu führen: Die Strafvollstreckungskammer setzt die Vollstreckung des Restes einer zeitigen Freiheitsstrafe gem. § 57 StGB zur Bewährung aus, aber eine lebenslange Freiheitsstrafe bleibt wegen Vorliegens der besonderen Schwere der Schuld (§ 57a Abs. 1 S. 1 Nr. 2 StGB) weiter zu vollstrecken.[155]

V. Abschluss der Vollstreckung

Sobald der **Vollzug** der Freiheitsstrafe **beendet** ist, teilt die Leitung der Justizvoll- **210** zugsanstalt gem. § 35 Abs. 1 Nr. 10 StVollstrO der Vollstreckungsbehörde die Entlassung der verurteilten Person mit. Die Durchführung der rechtzeitigen Entlassung – ggf. unter Berücksichtigung von auf den Entlassungszeitpunkt anzurechnenden Freistellungstagen[156] – liegt in der Verantwortung der Vollzugsbehörde.[157]

Die Vollstreckungsbehörde trifft eine **Abschlussverfügung**, nachdem die Ent- **211** lassungsmitteilung bei ihr eingegangen ist. Dem Bundeszentralregister teilt sie

---

[152] KK-StPO/*Appl*, 2008, § 454b Rdn. 14; *Meyer-Goßner*, 2009, § 454b Rdn. 3.

[153] *Baier*, 2009, S. 9; KK-StPO/*Appl*, 2008, § 454b Rdn. 14; KMR/*Stöckel*, § 454b Rdn. 21; *Lackner/Kühl*, 2007, § 57 Rdn. 15; Schönke/Schröder/*Stree*, 2006, § 57 Rdn. 23a.

[154] *Baier*, 2009, S. 10.

[155] *Meyer-Goßner*, 2009, § 454b Rdn. 11.

[156] Dazu Kap. D III. 2. a).

[157] Zum Entlassungsvorgang siehe *Laubenthal*, 2008, S. 389 f.

nach § 15 BZRG den Tag mit, an dem die Vollstreckung der Strafe beendet war. Hat das Gericht Führungsaufsicht angeordnet oder tritt diese kraft Gesetzes ein[158], ergeben sich die Aufgaben der Vollstreckungsbehörde aus § 54a StVollstrO.

VI. Spezifische Vollstreckungsgegengründe

212   Der Vollstreckung einer freiheitsentziehenden Unrechtsreaktion dürfen keine Vollstreckungshindernisse entgegenstehen. Zur Unzulässigkeit der Strafvollstreckung führen die allgemeinen Vollstreckungsgegengründe der fehlenden Rechtskraft, der Vollstreckungsverjährung, das Vorliegen eines Gnadenerweises, eine Amnestie, ein Verstoß gegen das Vertrauensprinzip, eine schon erfolgte Vollstreckung der Unrechtsreaktion, eine fehlende Identität mit der sanktionierten Person sowie der Tod des Verurteilten.[159]

Den **Bereich der freiheitsentziehenden Unrechtsreaktionen** betreffen als weitere Vollstreckungshindernisse:
– die Immunität,
– der Grundsatz der Spezialität,
– der Strafausstand,
– das Absehen von der Strafvollstreckung bei Auslieferung, Überstellung und Ausweisung
– die Zurückstellung der Strafvollstreckung gem. § 35 BtMG.

Die Vollstreckungsfähigkeit einer strafgerichtlichen Entscheidung entfällt zudem durch eine Aussetzung der freiheitsentziehenden Unrechtsreaktion zur Bewährung oder einer Aussetzung des Restes der Sanktion[160], solange kein rechtskräftiger Widerrufsbeschluss ergangen ist.

Gegen die Durchführung bzw. den Fortbestand eines Vollstreckungsverfahrens kann mit dem Einwand des Bestehens eines Vollstreckungshindernisses vorgegangen werden. Als gerichtlicher **Rechtsbehelf** gegen die Zulässigkeit der Strafvollstreckung steht dem Betroffenen die Einwendung gem. § 458 Abs. 1 StPO offen.

1. Immunität

213   Das von Amts wegen zu beachtende Verfahrens- und Vollstreckungshindernis der Immunität betrifft das strafrechtliche Vorgehen gegen
– Mitglieder des Deutschen Bundestages,
– Mitglieder der gesetzgebenden Körperschaften der Bundesländer,
– deutsche Mitglieder des Europäischen Parlaments.

---

[158]   Zur Führungsaufsicht Kap. G I.
[159]   Zu den allgemeinen Vollstreckungshindernissen Kap. B III.
[160]   Zu vollstreckungsrechtlichen Aspekten der Straf(rest)aussetzung siehe die Einleitung von Kap. D sowie D III. 3. und IV. 2.

Gemäß Art. 46 Abs. 3 GG erfordert die Vollstreckung einer Freiheitsstrafe **214**
(oder einer freiheitsentziehenden Maßregel der Besserung und Sicherung) gegen
einen **Bundestagsabgeordneten** eine Genehmigung des Deutschen Bundestags.
Die Immunität eines Mitglieds des Deutschen Bundestags beginnt mit der Annahme der Wahl und endet mit Ablauf der Wahlperiode oder infolge des Verlusts
der Mitgliedschaft (§§ 45 f. BWahlG). Eine vom Parlament zu Beginn einer neuen
Wahlperiode erteilte allgemeine Genehmigung zur Durchführung von Ermitt-
lungsverfahren gegen Abgeordnete nach Nr. 192a Abs. 1 RiStBV erstreckt sich
nicht auf eine der Verurteilung nachfolgende Strafvollstreckung. Nach Nr. 192
Abs. 1 RiStBV bedarf es für die Vollstreckung eines auf Freiheitsstrafe lautenden
Urteils einer besonderen Vollstreckungsgenehmigung der gesetzgebenden Körper-
schaft. Grund hierfür ist, dass es durch die Vollstreckung einer freiheitsentziehenden Unrechtsreaktion nicht zu einer Veränderung der Mehrheitsverhältnisse im
Parlament kommen soll.

Die Notwendigkeit einer besonderen parlamentarischen Genehmigung zur **215**
Vollstreckung eines auf Freiheitsstrafe lautenden Urteils betrifft auch die Mitglie-
der der deutschen **Länderparlamente** (z.B. in Bayern gem. Art. 28 BayVerf).
Gemäß Nr. 192b Abs. 1 S. 1 RiStBV steht einem Mitglied des **Europäischen
Parlaments** aus der Bundesrepublik Deutschland die einem Abgeordneten des
Deutschen Bundestags zuerkannte Immunität zu. Soll gegen ein Mitglied des
Europaparlaments ein auf Freiheitsstrafe lautendes Urteil vollstreckt werden, muss
die Staatsanwaltschaft beantragen, einen Beschluss des Europäischen Parlaments
über die Aufhebung der Immunität (§ 5 EuAbgG) herbeizuführen, Nr. 192b Abs. 3
RiStBV.

2. Spezialität

Ein Vollstreckungshindernis kann sich im Einzelfall aus dem Grundsatz der Spe- **216**
zialität ergeben. Das Spezialitätsprinzip besagt, „dass regelmäßig ein Ausgeliefer-
ter ohne das Einverständnis der ausliefernden Regierung wegen anderer Handlungen als derjenigen, derentwegen die Auslieferung bewilligt wurde, nicht zur Verantwortung gezogen werden darf".[161]

Bei **Einlieferung aus dem Ausland** wird der Sanktionierte damit nur so weit
der Strafvollstreckung zugeführt, wie der ausliefernde Staat dies erlaubt. Sind
entsprechende Beschränkungen ausgesprochen, hat die Strafvollstreckungsbehörde diese zu berücksichtigen und darf insoweit nicht vollstrecken.[162] Das folgt auch
aus § 72 IRG. Danach sind Bedingungen, die der ersuchte Staat an die Rechtshilfe
geknüpft hat, zu beachten.

Gestattet die Auslieferungsbewilligung bei Vorliegen einer **Gesamtfreiheitsstrafe**
lediglich die Vollstreckung wegen einer oder mehrerer Einzelstrafen, erfolgt nur die

---

[161] BGHSt. 15, S. 126.
[162] KK-StPO/*Appl*, 2008, § 450 Rdn. 23; Pohlmann/Jabel/*Wolf*, 2001, § 2 Rdn. 14; *Rött-
le/Wagner*, 2009, Rdn. 664; *Schomburg*/Lagodny/Gleß/*Hackner*, 2006, § 72 IRG
Rdn. 29;.

Vollstreckung dieser in ihrer jeweiligen Höhe. Die vollstreckbare Einzelstrafe ist auch für die Berechnung des Zwei-Drittel-Zeitpunkts gem. § 57 Abs. 1 S. 1 Nr. 1 StGB maßgeblich.[163] Im Übrigen besteht ein Vollstreckungshindernis.

Wurde ein Verurteilter zur Vollstreckung einer bestimmten Unrechtsreaktion ausgeliefert, darf eine in anderer Sache verhängte Strafe nur dann in unmittelbarem Anschluss an jene vollstreckt werden, wenn völkerrechtliche Übereinkünfte oder multilaterale europäische Übereinkommen bzw. das Recht des ersuchten Staates dies zulassen. Auch kann der ersuchte Staat der Anschlussvollstreckung zustimmen (Nr. 100 Abs. 2c RiVASt). Ansonsten ist eine Vollstreckung erst nach Ablauf einer Schutzfrist zulässig. Diese beginnt mit der endgültigen Freilassung des Betroffenen in derjenigen Sache, in der die Auslieferung betrieben wurde.

3. Strafausstand

217 Ein Vollstreckungshindernis stellt auch der Strafausstand dar. Hierbei handelt es sich um eine – nur vorübergehende – Vollstreckungsaussetzung. Diese erfolgt vor Beginn des Vollzugs als **Strafaufschub**, danach als **Strafunterbrechung**. Während eines Strafausstands ruht die Vollstreckungsverjährung (§ 79a Nr. 2a StGB). Über einen Strafausstand entscheidet die Vollstreckungsbehörde von Amts wegen oder auf Antrag hin.

Ein Strafaufschub kann erfolgen wegen
– Vollzugsuntauglichkeit des Verurteilten (§ 455 Abs. 1 bis 3 StPO),
– bei persönlichen Härtefällen (§ 456 StPO),
– aus Gründen der Vollzugsorganisation (§ 455a StPO).

Eine Unterbrechung der Freiheitsstrafe kommt in Betracht
– bei Vollzugsuntauglichkeit des Untergebrachten (§ 455 Abs. 4 StPO),
– aus Gründen der Vollzugsorganisation (§ 455a StPO).

§ 47 Abs. 2 StPO lässt ferner die Anordnung des Vollstreckungsaufschubs (bei eingeleiteter Strafvollstreckung deren Unterbrechung) durch das über einen Wiedereinsetzungsantrag entscheidende Gericht zu, wenn der Antrag auf Wiedereinsetzung in den vorigen Stand frist- und formgerecht gestellt wurde und Erfolg verspricht.[164] Ein Strafausstand kann zudem auf dem Gnadenweg erfolgen.

218 Keinen Strafausstand stellt die Durchführung von **Vollzugslockerungen** (Hafturlaub bzw. Freistellung von der Haft, Sonderurlaub, Außenbeschäftigung, Freigang, Ausführung, Ausgang usw.) dar. Hierbei handelt es sich um Behandlungsmaßnahmen zur Erreichung des Vollzugsziels als Bestandteil der Vollzugsgestaltung. Vollzugslockerungen bedeuten **keine Unterbrechung der Strafvollstreckung**. Der Inhaftierte unterliegt weiterhin den besonderen, in der Freiheitsstrafe begründeten Begrenzungen.[165] Die Zeiten, in denen sich die verurteilte Person zur Durchführung von Vollzugslockerungen in Freiheit befindet, gelten als verbüßte Strafe.

---

[163] OLG München, StrVert 1989, S. 353.
[164] *Fischer*, 2010, § 47 Rdn. 2.
[165] *Laubenthal*, 2008, S. 310.

Wendet sich der zu einer Freiheitsstrafe Verurteilte gegen die Sanktionsdurch- **219**
führung wegen Vorliegens des Vollstreckungshindernisses des Strafausstands,
steht ihm als **Rechtsmittel** die Einwendung gegen die Zulässigkeit der Strafvollstreckung gem. § 458 Abs. 1 StPO offen. Gegen die Entscheidung der
Vollstreckungsbehörde über einen Vollstreckungsaufschub bzw. eine Vollstreckungsunterbrechung selbst kann der Verurteilte in den Fällen von § 455 und
§ 456 StPO Einwendungen nach § 458 Abs. 2 StPO erheben. Bei Ablehnung seines Antrags auf Aufschub oder Unterbrechung aus Gründen der Vollzugsorganisation (§ 455a StPO) gelten für den Betroffenen weder § 458 Abs. 2 StPO noch
§§ 109 ff. StVollzG. Der Strafausstand gem. § 455a StPO erfolgt nicht im persönlichen Interesse des Sanktionierten. Wird jedoch der Strafausstand gem. § 455a
StPO gegen seinen Willen angeordnet, kommt bei ermessensfehlerhafter Nichtbe-
rücksichtigung seiner Lebensplanung für den Verurteilten ein Vorgehen nach
§§ 23 ff. EGGVG in Betracht.[166]

a) Vollzugsuntauglichkeit

Bei einer verurteilten Person können **gesundheitliche Gründe** eintreten, die ihren **220**
Aufenthalt in einer Justizvollzugseinrichtung als unangebracht erscheinen lassen.
Gemäß § 455 StPO muss bzw. kann es deshalb zu einem Strafausstand kommen,
wobei die Dauer des Vollstreckungsaufschubs oder der Vollstreckungsunterbrechung wegen Vollzugsuntauglichkeit im Gesetz nicht bestimmt ist. Relevanz erlangt insoweit der Wiedereintritt der Vollzugstauglichkeit im Einzelfall. Ein Strafausstand darf auch lediglich für eine bestimmte Zeit bewilligt und notwendigen-
falls verlängert werden.

aa) Strafaufschub

Bei einem Strafaufschub wegen Vollzugsuntauglichkeit ist zwischen zwingenden **221**
und fakultativen Gründen zu differenzieren.

    Zwingende Aufschubgründe sind in § 455 Abs. 1 und 2 StPO geregelt. Da-
nach ist die Vollstreckung einer Freiheitsstrafe aufzuschieben, wenn der Verurteilte in **Geisteskrankheit** verfällt, Abs. 1. Der Begriff der Geisteskrankheit entspricht nicht dem engen Krankheitsbegriff von § 20 StGB; eine psychische
Erkrankung muss jedoch einen solchen Grad erreicht haben, dass der Sanktionierte für einen Behandlungsvollzug nicht mehr erreichbar ist.[167] Unabdingbar bleibt
nach § 455 Abs. 2 StPO ein Strafaufschub auch, wenn von der Vollstreckung eine
nahe Lebensgefahr für den Verurteilten zu besorgen ist. Es liegt ein Krankheits-
zustand vor, bei dem es sich um mehr handelt als um eine bloße Möglichkeit der
lebensbedrohlichen Verschlechterung.[168] Nach dem Wortlaut der Norm muss gerade die Vollstreckung Ursache der Gefahr sein; Abs. 2 gelangt deshalb nicht zur
Anwendung, wenn die Gefahr außerhalb des Strafvollzugs gleichermaßen bestün-

---

[166] KK-StPO/*Appl*, 2008, § 455 Rdn. 6; KMR/*Stöckel*, § 455a Rdn. 10; SK-StPO/*Paeffgen*,
    § 456a Rdn. 8; a.A. *Meyer-Goßner*, 2009, § 455a Rdn. 6.
[167] KK-StPO/*Appl*, 2008, § 455 Rdn. 6.
[168] BVerfGE 51, S. 348.

de.[169] Wesentliche Bedeutung kommt für einen Aufschub gem. Abs. 2 der Qualität und den Behandlungsmöglichkeiten in den vollzuglichen Krankeneinrichtungen zu. Vor einem Aufschub sind deshalb vollzugsinterne medizinische Maßnahmen vorrangig auszuschöpfen.[170]

222   Einen **fakultativen Aufschubgrund** wegen Vollzugsuntauglichkeit enthält § 455 Abs. 3 StPO. Danach kann die Strafvollstreckung aufgeschoben werden, wenn sich der Verurteilte in einem **körperlichen Zustand** befindet, bei dem eine sofortige Vollstreckung mit der Einrichtung der Strafanstalt unverträglich ist. Der Vollzug der Strafe darf im Interesse des Verurteilten ebenso wie im Interesse der Vollzugseinrichtung nicht zumutbar sein (z.B. bei fehlenden Behandlungs- oder Pflegemöglichkeiten).

bb) Strafunterbrechung

223   Prinzipiell soll eine einmal begonnene Strafvollstreckung zu Ende geführt werden. Das liegt sowohl im öffentlichen Interesse an einer nachdrücklichen Sanktionsdurchführung als auch im Interesse des Verurteilten, weil sich durch eine Vollstreckungsunterbrechung das Ende seiner Strafzeit hinausschiebt.

224   Eine Unterbrechung erfolgt nach § 455 Abs. 4 S. 1 StPO, wenn der Verurteilte in **Geisteskrankheit** verfällt (Nr. 1) oder wegen einer Krankheit von der Vollstreckung eine **nahe Lebensgefahr** für den Verurteilten zu besorgen ist (Nr. 2). Abs. 4 S. 1 Nr. 1 und 2 entsprechen den Strafaufschubgründen von § 455 Abs. 1 und 2 StPO.

225   Als Unterbrechungsgrund benennt § 455 Abs. 4 Nr. 3 StPO weiter: Wenn der **Verurteilte** sonst **schwer erkrankt** und die Krankheit in einer Vollzugsanstalt oder einem Anstaltskrankenhaus nicht erkannt oder behandelt werden kann. Vorrangig sind zunächst die strafvollzugsinternen Behandlungsmöglichkeiten zu prüfen und auszuschöpfen.[171] Eine Unterbrechung nach dieser Vorschrift soll nur in schwer wiegenden Fällen erfolgen.[172]

226   Eine Unterbrechung gem. § 455 Abs. 4 S. 1 StPO kommt nur in Betracht, wenn zu erwarten ist, dass die **Krankheit** voraussichtlich für eine **erhebliche Zeit andauert**. Wesentlich sind hierfür die Umstände des Einzelfalls und die restliche Strafverbüßungsdauer. Zulässig ist für Fälle absehbarer Genesungszeit eine Unterbrechung, falls die verurteilte Person anderenfalls einen unverhältnismäßig großen Teil der Strafe außerhalb der Justizvollzugsanstalt verbringen würde. Denn gem. § 461 StPO ist die Dauer des Aufenthalts in einem vollzugsexternen Krankenhaus in die Strafzeit einzurechnen.

227   Eine Unterbrechung wegen Vollzugsuntauglichkeit liegt im **Ermessen** der Strafvollstreckungsbehörde. Dem Verurteilten kommt ein Anspruch auf fehlerfreien Ermessensgebrauch zu.[173] Nach § 455 Abs. 4 S. 2 StPO ist jedoch eine **Unterbrechung ausgeschlossen**, wenn ihr überwiegende Gründe – namentlich der öffent-

---

[169] OLG Hamburg, NStZ-RR 2006, S. 285.

[170] KK-StPO/*Appl*, 2008, § 455 Rdn. 7.

[171] BVerfG, NStZ-RR 2003, S. 345.

[172] KK-StPO/*Appl*, 2008, § 455 Rdn. 13.

[173] KG, StrVert 2008, S. 87.

lichen Sicherheit – entgegenstehen (z.B. Fluchtgefahr oder drohende neue Strafta-ten). Der Verurteilte muss trotz oder gerade wegen seiner Krankheit derart gefähr-lich bleiben, dass es im Interesse der Allgemeinheit geboten erscheint, den Voll-zug der Freiheitsstrafe fortzusetzen. Er wird dann in einem Anstaltskrankenhaus behandelt bzw. – soweit dies nicht möglich ist – unter Fortdauer des Strafvollzugs in eine geeignete Einrichtung verlegt.[174]

b) Persönliche Härtefälle

Auf Antrag des Verurteilten kann gem. § 456 Abs. 1 StPO die Vollstreckung aus **228** wichtigen persönlichen Gründen aufgeschoben werden.[175] Die Norm lässt nur einen **Vollstreckungsaufschub** zu, nicht jedoch eine Vollstreckungsunterbre-chung.

§ 456 StPO gilt zwar eigentlich nicht nur bei freiheitsentziehenden Unrechtsreaktio-nen, sondern auch für die Geldstrafe. Wegen der besseren Schutzmöglichkeiten gem. §§ 459a ff. StPO[176] kommt § 456 StPO aber hinsichtlich der Geldstrafe keine prakti-sche Relevanz zu.

Ein Aufschub ist möglich, wenn durch die sofortige Vollstreckung dem Verur- **229** teilten oder seiner Familie **erhebliche, außerhalb des Strafzwecks liegende Nachteile** erwachsen. Damit finden keine Einbußen Berücksichtigung, die übli-cherweise mit dem Strafübel selbst verbunden sind, ebenso wenig solche, die der Betroffene selbst bewusst herbeigeführt hat.[177] Der zu erwartende Nachteil kann persönlicher oder wirtschaftlicher Natur sein (z.B. die Versorgung von Kindern bei vorübergehender Erkrankung eines Elternteils; die Notwendigkeit, einen Ver-treter für eine ausgeübte selbständige Tätigkeit zu finden; ein kurz bevorstehender Ausbildungsabschluss).[178] Da es sich um einen Nachteil handeln muss, der durch den Strafaufschub beeinflusst werden kann, fallen hierunter nicht solche negativen Folgen, die regelmäßig mit einem Freiheitsentzug einhergehen können (z.B. Ver-lust des Arbeitsplatzes).

Die **Höchstdauer** des Strafaufschubs wegen eines persönlichen Härtefalls be- **230** trägt nach § 456 Abs. 2 StPO vier Monate. Die Frist berechnet sich nach § 43 StPO und beginnt an dem Tag, an dem der Verurteilte zum Strafantritt geladen wurde bzw. an dem er nach einer Strafunterbrechung in die Anstalt zurückkehren soll.[179] Angesichts der zeitlichen Begrenzung der Dauer des Vollstreckungsauf-schubs rechtfertigen Nachteile i.S.d. § 456 Abs. 1 StPO einen Aufschub nicht, wenn die zu erwartende Nebenwirkung auch nach Ablauf der vier Monate noch bestehen würde.

Liegen die Voraussetzungen von § 456 Abs. 1 StPO auf der Tatbestandsseite **231** vor, steht dem Verurteilten aber nur ein Anspruch auf fehlerfreie **Ermessensent-scheidung** der Vollstreckungsbehörde zu. Dabei sind die persönlichen Interessen

---

[174] *Meyer-Goßner*, 2009, § 455 Rdn. 12.
[175] Dazu *Heimann*, 2001, S. 54 ff.
[176] Siehe Kap. E III., VII.
[177] KK-StPO/*Appl*, 2008, § 456 Rdn. 5.
[178] *Meyer-Goßner*, 2009, § 456 Rdn. 3.
[179] *Meyer-Goßner*, 2009, § 456 Rdn. 6.

des Sanktionierten mit dem öffentlichen Interesse an einer sofortigen Strafvollstreckung sowie der Sicherheit der Allgemeinheit und ggf. weiteren Strafzwecken abzuwägen. Nach § 456 Abs. 3 StPO kann die Entscheidung über die Bewilligung eines vorübergehenden Strafaufschubs an eine Sicherheitsleistung oder andere Bedingungen (z.B. Meldepflichten) geknüpft werden.

Ein über die Tatbestandsvoraussetzungen von § 456 Abs. 1 StPO hinausgehender bzw. die Höchstdauer nach Abs. 2 von vier Monaten überschreitender Vollstreckungsaufschub kann nur im Gnadenweg bewilligt werden. Das Gleiche gilt für eine Strafunterbrechung bei Vorliegen eines persönlichen Härtefalls i.S.d. Abs. 1 nach angetretener Strafe.

c) Vollzugsorganisatorische Gründe

232   Während bei §§ 455 und 456 StPO der Strafausstand aus Gründen erfolgt, die in der Person des Verurteilten liegen, erlaubt § 455a StPO einen solchen aus Gesichtspunkten der Vollzugsorganisation. Der Strafausstand nach dieser Norm hat das Ruhen der Vollstreckungsverjährung zur Folge (§ 79a Nr. 2a StGB).

Nach § 455a Abs. 1 StPO kann die Vollstreckungsbehörde die Vollstreckung einer Freiheitsstrafe (oder einer freiheitsentziehenden Maßregel der Besserung und Sicherung) **aufschieben** oder ohne Einwilligung des Gefangenen **unterbrechen**, wenn dies aufgrund von Umständen erforderlich ist, die im Bereich des Strafvollzugs liegen. Zudem dürfen überwiegende Aspekte der öffentlichen Sicherheit nicht entgegenstehen. Müssen Aufschub oder Unterbrechung **aus vollzuglichen Gründen** notwendig sein, geht es hierbei um unvorhersehbare Ereignisse (z.B. Zerstörung von Vollzugseinrichtungen) oder um praktische Probleme im Rahmen der Belegung der Justizvollzugsanstalten (z.B. Überfüllung). So kann es zu einem Strafausstand nach § 455a Abs. 1 StPO kommen, um deutliche Überbelegungen zu vermeiden und eine menschenwürdige Unterbringung im Strafvollzug zu gewährleisten.[180] Auch darf eine Unterbrechung erfolgen, damit bei Anstaltsüberbelegung Haftplätze für gefährliche Schwerkriminelle frei werden.[181]

233   Dem Strafausstand gem. § 455a Abs. 1 StPO dürfen nicht überwiegende Gründe der **öffentlichen Sicherheit entgegenstehen**. Dies gilt insbesondere im Hinblick auf die Gefahr der Begehung von neuen Straftaten oder das Vorliegen von Fluchtgefahr. Ein Strafausstand wird aber erst dann aufgrund vollzugsorganisatorischer Umstände **erforderlich**, wenn keine Abhilfe auf der vollzuglichen Ebene selbst möglich bleibt. So sehen die Strafvollzugsgesetze Möglichkeiten der Verlegung aus vollzugsorganisatorischen Gründen vor.[182] Erst wenn bei Überbelegungen oder unvorhersehbaren Ereignissen keine Abhilfe durch Verlegung in andere Justizvollzugseinrichtungen geschaffen werden kann, kommt deshalb ein Strafausstand in Betracht.

234   Zuständig für eine Entscheidung über den Strafausstand nach § 455a Abs. 1 StPO ist die **Vollstreckungsbehörde**. Die Anordnung des Strafausstands liegt in ihrem Ermessen. § 46a Abs. 1 S. 1 StVollstrO verpflichtet jedoch die Vollstre-

---

[180] OLG Oldenburg, StrVert 2004, S. 610.

[181] KK-StPO/*Appl*, 2008, § 455a Rdn. 2.

[182] Dazu *Laubenthal*, 2008, S. 204 ff.

ckungsbehörde, vor einem Strafausstand die Zustimmung der für sie zuständigen obersten Justizbehörde einzuholen. Vermag sie deren Zustimmung nicht rechtzeitig zu erlangen (bei Katastrophen und sonstigen Eilfällen), muss die oberste Justizbehörde unverzüglich über die getroffenen Maßnahmen unterrichtet werden.

Für besondere **Eilfälle** gibt § 455a Abs. 2 StPO dem Leiter der Justizvollzugs- **235** einrichtung eine **Notkompetenz** zur vorläufigen Unterbrechung. Kann bei Vorliegen der Tatbestandsvoraussetzungen von Abs. 1 die Entscheidung der Vollstreckungsbehörde nicht rechtzeitig eingeholt werden, darf die Anstaltsleitung – ohne Einwilligung des Verurteilten – die vorläufige Vollstreckungsunterbrechung anordnen. Ist dies erfolgt, so hat sie unverzüglich die Vollstreckungsbehörde sowie die oberste Justizbehörde über die getroffene Maßnahme zu unterrichten. Die Vollstreckungsbehörde entscheidet dann über die Fortdauer der Unterbrechung oder die Vollstreckungsfortsetzung.

4. Absehen von der Strafvollstreckung gem. § 456a StPO

Gemäß § 456a Abs. 1 StPO kann die Vollstreckungsbehörde von der Durchfüh- **236** rung einer Freiheitsstrafe (sowie einer Ersatzfreiheitsstrafe oder einer Maßregel der Besserung und Sicherung) absehen, wenn der Verurteilte wegen einer anderen Tat einer ausländischen Regierung ausgeliefert, an einen internationalen Strafgerichtshof überstellt oder wenn er aus dem Geltungsbereich des Bundesgesetzes ausgewiesen wird.[183]

Zweck von § 456a Abs. 1 StPO ist in erster Linie eine pragmisch-ökonomische Entlastung der Justizvollzugsanstalten von den häufig ineffektiven Strafvollstreckungen gegen Nichtdeutsche, wobei man insoweit eine Resozialisierung von auszuweisenden Tätern als wenig sinnvoll erachtet.[184] Als ratio legis wird auch benannt: Die Schaffung eines Ausgleichs für die mit der Ausweisung oder Auslieferung verbundenen Belastungen des Betroffenen sowie die verminderte Gefahr erneuter Deliktsbegehung durch ihn im Inland.[185] § 456a StPO gilt vor allem für Ausländer; sie kann aber auch auf Deutsche Anwendung finden, wenn diese nach Art. 16 Abs. 2 S. 2 GG ausgeliefert werden dürfen.[186]

Für ein Absehen von der Vollstreckung durch die Vollstreckungsbehörde muss **237** die aufenthaltsbeendende Maßnahme rechtskräftig angeordnet sein und faktisch bevorstehen. Es betrifft eine **Auslieferung** gem. §§ 2 ff. IRG, die **Überstellung an einen internationalen Strafgerichtshof** nach §§ 2 ff. IStGHG sowie die **Ausweisung** gem. §§ 53 ff. AufenthG. Der Ausweisung stehen gleich die Zurückschiebung (§ 57 AufenthG), die Abschiebung (§ 58 AufenthG) sowie Ausreisepflicht (§ 50 AufenthG, § 7 Freizügigkeitsgesetz/EU).[187] Eine Mindestverbüßungszeit sieht § 456a Abs. 1 StPO für keine der freiheitsentziehenden Unrechtsreaktionen vor. In den Erlassen und Richtlinien der einzelnen Bundeslän-

---

[183] Dazu *Seifert*, 2009, S. 817 f.
[184] *Groß*, 1987, S. 36; *Meyer-Goßner*, 2009, § 456a Rdn. 1.
[185] *Giehring*, 1992, S. 499; KMR/*Stöckel*, § 456a Rdn. 3; *Laubenthal*, 1999, S. 311 f.
[186] BVerfG, NJW 2004, S. 356.
[187] *Meyer-Goßner*, 2009, § 456a Rdn. 3.

der[188] ist ein Absehen von der Vollstreckung zumeist von der Verbüßung der Hälfte einer zeitigen Freiheitsstrafe abhängig. Die Vollstreckungsbehörden sind zudem angehalten, von der Regelung des § 456a Abs. 1 StPO großzügig Gebrauch zu machen.[189] Dies hat bezüglich der meisten ausländischen Straftäter zur Folge, dass sie nach ihre Entlassung nicht in Deutschland leben, sondern in den jeweiligen Kultur- und Rechtskreis ihres Heimatstaates zurückkehren.

238   § 456a Abs. 2 StPO regelt die Durchsetzung des Strafanspruchs, wenn der **Verurteilte** nach seiner Auslieferung, Überstellung bzw. Ausweisung ins Inland **zurückkehrt**. Dann bleibt die Nachholung der Vollstreckung bis zum Eintritt der Vollstreckungsverjährung (§ 79 StGB) zulässig. Erforderlich ist allerdings, dass der Betroffene infolge einer bewussten und freiwilligen Entscheidung zurückgekehrt ist.[190] Die Staatsanwaltschaft kann die Nachholung der Vollstreckung bereits zusammen mit der Entscheidung nach § 456a Abs. 1 StPO anordnen. Zugleich dürfen zu diesem Zweck schon ein Haft- oder Unterbringungsbefehl erlassen und Fahndungsmaßnahmen veranlasst werden. Sieht die Vollstreckungsbehörde von der Vollstreckung ab, legt sie nach § 17 Abs. 1 S. 2 StVollstrO einen Suchvermerk im Bundeszentralregister nieder. Über die Möglichkeit einer Nachholung der Vollstreckung muss der Sanktionierte unmissverständlich und in einer von ihm beherrschten Sprache belehrt worden sein (§ 456a Abs. 2 S. 4 StPO, § 17 Abs. 2 S. 2 StVollstrO). Die Belehrung kann auch durch die Vollzugsbehörde erfolgen (§ 17 Abs. 2 S. 4 StVollstrO).

239   Ein **Rechtsbehelf** steht einem von einer Entscheidung nach § 456a Abs. 1 StPO betroffenen Verurteilten im Fall des Absehens von der Vollstreckung nicht zu, weil er durch die vollstreckungsbehördliche Entscheidung nicht beschwert ist.[191] Hat die Vollstreckungsbehörde einen Antrag auf Absehen i.S.d. § 456a Abs. 1 StPO abgelehnt, bleibt nur ein Vorgehen nach §§ 23 ff. EGGVG möglich, wobei die Entscheidung der Vollstreckungsbehörde sich auf der Rechtsfolgenseite lediglich auf Ermessensfehler erstreckt (§ 28 Abs. 3 EGGVG). Grundlage der Überprüfung ist dabei der Inhalt der Begründung des Beschwerdebescheids der Generalstaatsanwaltschaft auf eine Einwendung gem. § 21 StVollstrO hin.[192] Wehrt sich ein Verurteilter nach Rückkehr in das Inland gegen die Anordnung der Nachholung der Vollstreckung, kann er gem. § 458 Abs. 2 StPO hiergegen eine Einwendung erheben.

5. Zurückstellung der Strafvollstreckung gem. § 35 BtMG

240   § 35 Abs. 1 S. 1 BtMG ermöglicht, die Vollstreckung einer verhängten Strafe zurückzustellen, indem entweder ein **Strafaufschub** oder eine **Strafunterbrechung** gewährt wird. Ist eine Zurückstellung erfolgt, stellt dies einen Vollstreckungsgegengrund dar.

---

[188]   Siehe Nachweise bei *Schmidt*, 2005, Rdn. 421 ff.

[189]   Vgl. KMR/*Stöckel*, § 456a Rdn. 3.

[190]   KG, NStZ-RR 2004, S. 312; OLG Frankfurt a.M., NStZ-RR 2001, S. 94.

[191]   OLG Celle, NStZ 2008, S. 222; OLG Karlsruhe, NStZ 2008, S. 223.

[192]   KK-StPO/*Appl*, 2008, § 456a Rdn. 5.

a) *Voraussetzungen der Zurückstellung*

Die Norm des § 35 BtMG erfordert, dass der Täter wegen eines auf Betäubungs- **241** mittelabhängigkeit zurückzuführenden Delikts zu einer Freiheitsstrafe von nicht mehr als zwei Jahren verurteilt wurde.[193] Die Vollstreckung der Strafe kann zurückgestellt werden, sofern sich der Betreffende gerade wegen seiner Abhängigkeit in einer der Rehabilitation dienenden Behandlung befindet oder verbindlich einwilligt, sich einer solchen zu unterziehen.

Voraussetzung der Zurückstellung ist somit zunächst ein rechtskräftiges Straf- **242** erkenntnis in Gestalt eines Urteils oder Strafbefehls (vgl. § 449 StPO sowie § 407 Abs. 2 S. 2 StPO). Ebenso genügt ein Beschluss über die nachträgliche Bildung einer Gesamtstrafe gem. § 460 StPO.[194] In der Entscheidung muss Freiheitsstrafe i.S.d. § 38 StGB oder Jugendstrafe nach § 17 Abs. 1 JGG i.V.m. § 38 Abs. 1 S. 1 BtMG von höchstens zwei Jahren festgesetzt sein; verhängt das Gericht daneben noch weitere Rechtsfolgen (z.B. Nebenstrafen, Maßregeln der Besserung und Sicherung oder andere Maßnahmen), steht dies einer Zurückstellung nach § 35 BtMG nicht entgegen.[195]

> Liegen mehrere Verurteilungen vor, so prüft das Gericht für jede gesondert, ob die Voraussetzungen des § 35 Abs. 1 S. 1 BtMG gegeben sind. Liegen diese nur für eine der verhängten Strafen nicht vor, scheidet eine Zurückstellung aus. Die Strafvollstreckung kann auch dann zurückgestellt werden, wenn mehrere Freiheitsstrafen zusammen die Obergrenze von zwei Jahren übersteigen; diese werden somit nicht zusammengerechnet. Auch hier sind die Bedingungen für eine Zurückstellung für jede Strafe separat zu prüfen.

Dass der Betreffende gerade gegen Vorschriften des Betäubungsmittelgesetzes **243** verstoßen hat, ist nicht notwendig. Allerdings muss sich das Delikt kausal auf eine Rauschmittelabhängigkeit zurückführen lassen. Neben den Betäubungsmitteltaten der §§ 29 ff. BtMG trifft dies in aller Regel auf die Beschaffungsdelinquenz zu.[196] Dabei muss die Abhängigkeit zum Zeitpunkt der Tat bestehen; da aber eine Zurückstellung zu Therapiezwecken sinnvoll nicht mehr in Betracht kommt, wenn der Täter seine Sucht überwunden hat, muss dieser Zustand auch im Moment der gerichtlichen Entscheidung noch gegeben sein.[197]

Die Vollstreckungsbehörde und das Gericht prüfen, ob die gewählte Therapie im Einzelfall geeignet erscheint. Befindet sich der Verurteilte zum Zeitpunkt der Entscheidung bereits in Behandlung, kann die Zurückstellung sofort erfolgen, sofern die übrigen Voraussetzungen vorliegen. Hat er die Therapie noch nicht angetreten, darf die Strafvollstreckung zurückgestellt werden, wenn der Betreffende zumindest zusagt, sich der Behandlung zu unterziehen und deren Beginn ge-

---

[193] *Franke*/Wienroeder, 2008, § 35 Rdn. 2 ff.; Kreuzer/*Körner*, 1998, § 18 Rdn. 7 ff.
[194] *Weber*, 2009, § 35 Rdn. 6.
[195] MüKo-StGB/*Kornprobst*, 2007, § 35 BtMG Rdn. 27.
[196] Ausführlich dazu *Körner*, 2007, § 35 Rdn. 86 ff.
[197] *Körner*, NStZ 1998, S. 229; *Malek*, 2008, Kap. 5 Rdn. 24; MüKo-StGB/*Kornprobst*, 2007, § 35 BtMG Rdn. 43.

währleistet ist. Dies setzt zunächst voraus, dass keine weitere Strafe zu vollstrecken und ein Therapieplatz zugesagt ist.[198]

Bei Beginn einer stationären Therapie muss regelmäßig auch die Zusage eines Kos-
tenträgers vorliegen. Als solche kommen die gesetzliche Renten- sowie Krankenver-
sicherung, die Arbeitslosenversicherung oder subsidiär der überörtliche Träger der
Sozialhilfe in Betracht.[199] Auch von privaten Krankenversicherungen werden mitunter Leistungen erbracht.

b) Verfahren

244 Als Vollstreckungsbehörde zuständig ist die Staatsanwaltschaft, hier der Rechtspfleger (§ 451 Abs. 1 S. 1 StPO, § 31 Abs. 2 S. 1 RPflG), bzw. der Jugendrichter
als Vollstreckungsleiter (§ 82 Abs. 1 S. 1 JGG). Die Zurückstellung der Vollstreckung erfordert zudem die Zustimmung des erstinstanzlich zuständigen Gerichts.
Dessen Entscheidung stellt eine justizinterne Prozesserklärung dar und wird nach
pflichtgemäßem Ermessen getroffen.

Aus Gründen des Vertrauensschutzes ist die einmal erteilte Zustimmung bindend und
kann grds. nicht widerrufen oder abgeändert werden. Etwas anderes gilt nur, sofern
sich die maßgeblichen Umstände nachträglich verändern.[200]

Der Vollstreckungsbehörde steht bei der Prüfung der Voraussetzungen ein Beurteilungsspielraum zu. Liegen diese nicht vor, muss sie die Zurückstellung zwingend ablehnen. Sofern die Voraussetzungen jedoch gegeben sind, entscheidet die
Vollstreckungsbehörde über die Zurückstellung nach pflichtgemäßem Ermessen.[201] Die Dauer der Zurückstellung sollte sich dabei an der erwarteten Therapie-
zeit orientieren und beträgt im Höchstfall zwei Jahre.

c) Widerruf der Zurückstellung

245 Gemäß § 35 Abs. 5 S. 1 BtMG widerruft die Vollstreckungsbehörde die Zurückstellung der Vollstreckung, wenn der Verurteilte die Behandlung abbricht oder gar
nicht beginnt. Denn da die Zurückstellung eine Ausnahme von dem Grundsatz der
zwingenden Vollstreckung rechtskräftiger Strafurteile darstellt, darf sie auch ausschließlich für die Dauer jener Behandlung erfolgen.[202] Ein Widerruf scheidet
daher aus, wenn zu erwarten ist, dass der Verurteilte eine Behandlung derselben
Art alsbald neu beginnt oder fortsetzt.[203]

Nach § 35 Abs. 6 BtMG ergeht zudem ein Widerruf, wenn bei nachträglicher
Bildung einer Gesamtstrafe nicht auch deren Vollstreckung nach Abs. 1, Abs. 3
der Norm zurückgestellt wird. Des Weiteren muss die Zurückstellung widerrufen
werden, sobald gegen den Verurteilten weitere freiheitsentziehende Sanktionen zu

---

[198] *Franke*/Wienroeder, 2008, § 35 Rdn. 14.
[199] *Weber*, 2009, § 35 Rdn. 123.
[200] Vgl. OLG Frankfurt a.M., NStZ 1987, S. 43.
[201] OLG Frankfurt a.M., NStZ-RR 2003, S. 246; OLG Karlsruhe, NStZ 2008, S. 576; OLG
Stuttgart, NStZ-RR 2001, S. 343.
[202] *Weber*, 2009, § 35 Rdn. 250 ff.
[203] *Franke*/Wienroeder, 2008, § 35 Rdn. 20.

vollstrecken sind. Für den Widerruf ist diejenige Vollstreckungsbehörde zuständig, die auch die nachträglich gebildete Gesamtstrafe zu vollstrecken hat (vgl. §§ 460, 462a Abs. 3, 451 StPO). Sie prüft dabei, ob die Vollstreckung der Gesamtstrafe nicht ebenfalls zurückgestellt werden kann, um bereits erzielte Therapieerfolge nicht zunichte zu machen.

d) Anrechnung von Therapiezeiten

Wurde die Vollstreckung nach § 35 BtMG zurückgestellt, bekommt der Verurteil-   **246**
te die Zeit des Aufenthalts in der betreffenden Einrichtung auf bis zu zwei Drittel der Strafe angerechnet, § 36 Abs. 1 S. 1 BtMG. Diese Möglichkeit soll die Bereitschaft des Drogenabhängigen wecken, sich freiwillig einer Therapie zu unterziehen.[204] Erfolgt die Zurückstellung gem. § 35 Abs. 1 S. 1 BtMG erst nach Beginn der Therapie, wird auch derjenige Zeitraum angerechnet, den der Betreffende schon vor der Zurückstellungsentscheidung in stationärer Behandlung verbracht hat.

Bei der Berechnung des Drittels kommt es auf das ursprüngliche Strafmaß an; unbeachtlich ist der Strafrest, der zur Zeit der Zurückstellung noch verbüßt werden muss. Betrifft die Zurückstellung mehrere Freiheitsstrafen, erfolgt die Anrechnung in der Reihenfolge, in der die zurückgestellten Strafen nach § 43 StVollstrO zu vollstrecken wären.[205]

Die Anrechnung setzt nicht voraus, dass die Behandlung beendet worden oder gar erfolgreich verlaufen ist. Selbst wenn der Verurteilte die Therapie abbricht oder die Zurückstellung aus anderem Grund widerrufen werden muss, erfolgt eine Anrechnung der bis dahin in der Einrichtung verbrachten Zeit auf die Strafe. Sofern die Voraussetzungen des § 36 Abs. 1 S. 1 BtMG nicht vorliegen, kommt nach Abs. 3 der Norm zudem eine fakultative Anrechnung für Ausnahme- oder Härtefälle in Betracht.

Die Zuständigkeit für die Entscheidung über die Anrechnung liegt bei dem Gericht des ersten Rechtszugs. Es kann darüber vorab gem. § 36 Abs. 1 S. 2 BtMG im Zusammenhang mit der Zustimmung zur Zurückstellung entscheiden, ebenso aber nachträglich zu einem späteren Zeitpunkt (vgl. § 36 Abs. 5 S. 1 BtMG).

e) Aussetzung zur Bewährung

Nach § 36 Abs. 1 S. 3 BtMG ist – angelehnt an § 57 Abs. 1 S. 1 Nr. 2 StGB – die   **247**
Aussetzung der Reststrafe zur Bewährung in zwei Fällen möglich: Zum einen, sobald durch die Anrechnung zwei Drittel der Strafe erledigt sind; zum anderen, wenn bereits vor diesem Zeitpunkt eine Behandlungsbedürftigkeit nicht mehr vorliegt. Beide Fälle erfordern zudem eine günstige Prognose, dass eine Aussetzung des Strafrestes „verantwortet" werden kann.[206]

Keine ausdrückliche Regelung trifft § 36 Abs. 1 S. 3 BtMG für die Aussetzung einer neben der Strafe zurückgestellten Unterbringung aufgrund einer freiheitsentziehen-

---

[204] *Körner*, 2007, § 36 Rdn. 1; Kreuzer/*Körner*, 1998, § 18 Rdn. 59.
[205] *Malek*, 2008, Kap. 5 Rdn. 116; Pfeil/Hempel/Schiedermair/*Slotty*, 1987, § 36 Rdn. 16.
[206] Eingehend dazu *Körner*, 2007, § 36 Rdn. 5 ff.

den Maßregel der Besserung und Sicherung. Nach h.M. gelangt hier § 67d Abs. 2 StGB in diesem Fall entweder entsprechend[207] oder unmittelbar[208] zur Anwendung.

Sind die Voraussetzungen des Abs. 1 S. 3 der Norm gegeben, so erfolgt die Aussetzung des noch nicht erledigten Teils der Strafe zwingend. Das Verfahren hierfür regelt § 36 Abs. 5 BtMG.

---

[207] LG München I, NStZ 1988, S. 559; Hügel/Junge/Lander/*Winkler*, 2002, § 36 Rdn. 3; *Körner*, 2007, § 36 Rdn. 68;.

[208] BT-Drs. 10/843, S. 36; *Maatz*, MDR 1988, S. 12; wohl auch MüKo-StGB/*Kornprobst*, 2007, § 36 Rdn. 60.

E Vollstreckung von Geldstrafe

Übersicht über die maßgeblichen Normen: **248**
- **§§ 40 bis 43 StGB**;
- Art. 293 EGStGB;
- **§§ 459 bis 459h** StPO, z.T. auch § 111d StPO und § 460 StPO;
- **§§ 48 bis 52** StVollstrO, z.T. auch §§ 22 bis 40 StVollstrO für die Vollstreckung von Ersatzfreiheitsstrafen;
- Einforderungs- und Beitreibungsanordnung (EBAO);
- Justizbeitreibungsordnung (JBeitrO).

I. Allgemeine Hinweise und Zuständigkeit

Die Geldstrafe i.S.d. §§ 40 ff. StGB bildet die zweite dem deutschen Recht be-   **249**
kannte Hauptstrafe neben der Freiheitsstrafe.[1] Auch sie stellt eine Sanktion dar,
die nur durch ein Urteil oder einen Strafbefehl angeordnet werden kann. Dadurch
unterscheidet sie sich von Bußgeldern, Ordnungsgeldern, Zwangsgeldern, anderen
Ordnungsmitteln sowie der Geldauflage bei einer Verfahrenseinstellung.

> Keine Geldstrafe war die Vermögensstrafe, welche das deutsche Recht früher in
> § 43a StGB vorsah. Nach der Entscheidung des Bundesverfassungsgerichts vom
> 20.3.2002[2] blieb diese Norm jedoch mit Art. 103 Abs. 2 GG unvereinbar und wurde
> damit nichtig erklärt; der Entscheidungsformel kommt nach § 31 Abs. 2 BVerfGG
> Gesetzeskraft zu. Obsolet ist aus diesem Grund auch § 459i StPO, der die Vollstreckung der Vermögensstrafe betraf.
> Ebenfalls keine Geldstrafe im engeren Sinne stellt der Verfall nach § 73 StGB dar.
> Dieser bildet vielmehr eine Maßregel der Besserung und Sicherung.

§ 40 StGB regelt die Bemessung der Geldstrafe nach dem sog. **Tagessatzsys-**   **250**
tem; der Strafzumessungsvorgang gliedert sich dabei in drei Phasen[3]:
- Zunächst muss die Zahl der Tagessätze je nach Tatschwere bestimmt werden.
- Anschließend bleibt die Höhe der Tagessätze orientiert an den persönlichen und wirtschaftlichen Verhältnissen des Täters festzusetzen.
- Dem Strafzumessungsvorgang schließt sich als dritter möglicher Schritt die Gewährung von Zahlungserleichterungen gem. § 42 StGB an.[4]

---

[1]   Dazu *König*, JA 2009, S. 809 ff.; *Mitsch*, JA 1993, S. 304 ff.
[2]   BVerfG, Urteil v. 20.3.2002 – 2 BvR 794/1995 (BGBl. 1995/I, S. 1340).
[3]   Ausführlich Satzger/Schmitt/Widmaier/*Mosbacher*, 2009, § 40 Rdn. 4 ff.; ähnlich Schönke/Schröder/*Stree*, 2006, § 40 Rdn. 1.

Die Dreiaktigkeit dieses Vorgangs soll eine sachgerechte wirtschaftliche Bemessungsgrundlage schaffen und dient damit der Herstellung einer Gleichwertigkeit der Sanktion bei wirtschaftlich unterschiedlich situierten Tätern, deren Taten einander im Unrechts- und Schuldgehalt entsprechen.[5] Die mit der Geldstrafe verbundene finanzielle Belastung wird damit für Verurteilte, die komparable Delikte begangen haben, gleichermaßen fühlbar.

251   Die Anzahl der Tagessätze liegt gem. § 40 Abs. 1 S. 2 StGB zwischen 5 und 360; sofern das Gericht auf eine Gesamtstrafe erkennt, kann auch eine Strafe von bis zu 720 Tagessätzen verhängt werden, § 54 Abs. 2 S. 2 StGB. Die Tagessatzhöhe richtet sich nach dem verfügbaren Nettoeinkommen des Täters und orientiert sich außerdem an dessen persönlichen und wirtschaftlichen Verhältnissen, § 40 Abs. 2, Abs. 3 StGB.[6]

Gem. § 40 Abs. 4 StGB sind in der Entscheidung Zahl und Höhe der Tagessätze anzugeben. Dies macht zugleich die jeweilige Tatschwere nach außen hin sichtbar und führt somit zu einer größeren Transparenz und einer erhöhten Vergleichbarkeit der Geldstrafe mit der Freiheitsstrafe.[7]

252   Sachlich **zuständig** für die Vollstreckung einer Geldstrafe ist gem. § 451 Abs. 1 StPO, § 4 Nr. 1 StVollstrO die **Staatsanwaltschaft** als Vollstreckungsbehörde. Die örtliche Zuständigkeit richtet sich nach § 143 Abs. 1 GVG, § 7 Abs. 1 StVollstrO; sie hängt folglich von der örtlichen Zuständigkeit desjenigen Gerichts ab, für das die Beamten der Staatsanwaltschaft bestellt sind. Werden bestimmte Strafsachen – wie bspw. Wirtschaftsstrafsachen – bei einem speziellen Gericht lokal konzentriert, so liegt auch die örtliche Zuständigkeit für die Vollstreckung der verhängten (Geld-)Strafen bei den Beamten der Staatsanwaltschaft, in deren Bezirk das betreffende Gericht liegt. Die funktionelle Zuständigkeit für die Strafvollstreckung steht nach § 31 Abs. 2 RPflG den der Vollstreckungsbehörde zugeordneten **Rechtspflegern** zu. Die Vorschrift normiert somit eine grundsätzliche Zuständigkeit des Rechtspflegers, soweit es nicht um Aufgaben des Staatsanwalts im Rahmen der Strafverfolgung geht.[8] Eine Übertragung auf den Urkundsbeamten der Geschäftsstelle ist nach § 36b Abs. 1 S. 1 Nr. 5 RPflG möglich.

---

[4]   Dazu unten Kap. E III.

[5]   *Fischer*, 2010, § 40 Rdn. 2; *Meier*, 2009, S. 56; Schönke/Schröder/*Stree*, 2006, § 40 Rdn. 1.

[6]   Ausführlich zur Strafzumessung *Meier*, 2009, S. 60 ff.

[7]   *Lackner/Kühl*, 2007, § 40 Rdn. 17.

[8]   Vgl. zur Aufhebung der früheren Begrenzungsverordnung durch das 1. Justizmodernisierungsgesetz v. 24.8.2004 (BGBl. 2004/I, S. 2198), in Kraft getreten am 1.9.2004; zum Ganzen KK-StPO/*Appl*, 2008, § 451 Rdn. 7.

II. Umfang und Gang der Vollstreckung

1. Einforderung

Die Vollstreckung der Geldstrafe setzt zunächst Rechtskraft der zugrunde liegen- **253**
den Entscheidung voraus. Vor diesem Zeitpunkt kann lediglich eine Sicherheitsleistung nach § 132 Abs. 1 S. 1 Nr. 1 StPO verlangt oder ein dinglicher Arrest
gem. § 111d Abs. 1 S. 2 StPO angeordnet werden.[9]
  Sobald das Urteil (bzw. der Strafbefehl, § 407 Abs. 2 S. 1 Nr. 1 Var. 1 StPO)
rechtskräftig geworden ist, beginnt die Vollstreckung mit der Prüfung der gemeinsamen bzw. allgemeinen Vollstreckungsvoraussetzungen durch den zuständigen
Rechtspfleger.[10] Das Procedere richtet sich sodann insbesondere nach den **§§ 456,
459 bis 459f StPO, §§ 48 bis 51 StVollstrO**, der **Einforderungs- und Beitreibungsanordnung (EBAO)** sowie der **Justizbeitreibungsordnung (JBeitrO)**.
Gleiches gilt gem. § 459g Abs. 2 StPO für die Vollstreckung von Nebenfolgen,
die zu einer Geldzahlung verpflichten.[11]
  Werden Geldstrafe und Kosten gleichzeitig eingefordert und beigetrieben, so **254**
sind sie gem. § 1 EBAO, § 1 JBeitrO zusammen von der verurteilten Person durch
Kostenrechnung anzufordern. Dabei entspricht die parallele Einforderung von
Geldstrafe und Kosten dem Grundsatz des § 1 Abs. 2 EBAO und erfolgt, sofern
nicht deren Verbindung nach § 15 EBAO gelöst wird.

> Eine solche Lösung nach § 15 EBAO kommt in Betracht, wenn sich die Beitreibung
> des Geldbetrags erledigt, für die Kostenforderung aber Beitreibungsmaßnahmen er-
> forderlich werden, § 15 Abs. 1 Nr. 1 EBAO[12]; ebenso im Fall nachträglicher Ge-
> samtstrafenbildung, § 15 Abs. 1 Nr. 2 EBAO i.V.m. § 55 StGB, § 460 StPO, oder so-
> fern die Vollstreckungsbehörde die getrennte Verfolgung beider Ansprüche aus
> Zweckmäßigkeitsgründen anordnet, § 15 Abs. 1 Nr. 3 EBAO.

Leistet der Verurteilte lediglich Teilzahlungen, ohne eine Tilgungsbestimmung **255**
zu treffen, normiert § 459b StPO die **Anrechnungsreihenfolge**. Die Norm sieht
vor, dass Teilzahlungen des Verurteilten erst auf die Geldstrafe, dann auf zu einer
Geldzahlung verpflichtende Nebenfolgen und zuletzt auf die Kosten des Verfahrens angerechnet werden. Zahlungen Dritter wie z.B. der Rechtschutzversicherung
werden jedoch ausschließlich auf die Kosten des Verfahrens angerechnet.
  § 459b StPO greift analog ein, sofern Geldstrafen und Kosten aus verschiedenen Verfahren zugleich bei derselben Vollstreckungsbehörde zu leisten sind und
der Zahlungspflichtige keine Tilgungsbestimmung trifft.[13] Dabei erfolgen Zahlungen zunächst auf sämtliche Geldstrafen, anschließend auf Nebenfolgen und zuletzt
auf die Kosten. Für die Frage, auf welche von mehreren Geldstrafen eine Leistung
zuerst anzurechnen ist, bestimmt das Gesetz indes nichts; hier findet § 366 Abs. 2

---

[9]   *Meier*, 2009, S. 70.
[10] Vgl. dazu oben Kap. B.
[11] Siehe Kap. I III.
[12] Dazu ausführlich *Röttle/Wagner*, 2009, Rdn. 265.
[13] KK-StPO/*Appl*, 2008, § 459b Rdn. 4.

BGB entsprechende Anwendung.[14] Umstritten ist, ob § 459b StPO auch bei zwangsweiser Beitreibung des Betrags zur Anwendung gelangen soll. Der Verurteilte hat jedoch in diesem Fall ebenso ein Mitbestimmungsrecht; anderenfalls stünde ein Zahlungsunfähiger schlechter als der solvente Schuldner. Infolgedessen wendet die h.M. § 459b StPO richtigerweise auch in dieser Konstellation an.[15]

256   Bei isolierter Einforderung und Beitreibung von Geldstrafen – d.h. soweit ein Ausnahmetatbestand des § 15 Abs. 1 EBAO eingreift oder die Kosten von dritter Seite wie etwa der Rechtsschutzversicherung bezahlt wurden – gilt gleichfalls § 1 EBAO. Hinsichtlich der Kosten richtet sich die Vollstreckung lediglich so lange und so weit nach der Einforderungs- und Beitreibungsanordnung, wie diese gemeinsam mit dem Geldbetrag beigetrieben werden, § 1 Abs. 3 EBAO. Wird jene Verbindung gelöst und bleiben die Kosten damit separat zu vollstrecken (etwa wenn die Geldstrafe bereits bezahlt ist[16]), erfolgt dies durch die Gerichtskasse gem. §§ 1 Abs. 5, 15 EBAO. Insoweit gilt die Kostenverfügung der jeweils zuständigen Kasse; die Vollstreckungsbehörde ist in diesem Fall nicht mehr zur Beitreibung der Kosten berechtigt.[17]

257   Des Weiteren bleiben die Nebengeschäfte der Strafvollstreckung zu erledigen. Hierunter fallen insbesondere die Anlegung eines Vollstreckungsheftes nach den §§ 15, 16 StVollstrO sowie die notwendigen Mitteilungen an das Bundeszentralregister gem. §§ 4, 60 BZRG.[18]

258   Bei Eintritt der Fälligkeit ordnet die Vollstreckungsbehörde – hier der Rechtspfleger – die **Einforderung** der Geldstrafe an. Dann erstellt der Kostenbeamte der Vollstreckungsbehörde eine Kostenrechnung und sendet die Zahlungsaufforderung an den Verurteilten, §§ 4, 5 EBAO. Gem. § 459c Abs. 1 StPO, § 3 Abs. 2 EBAO beträgt die **Zahlungsfrist zwei Wochen**, wobei diese mit dem Eintritt der Fälligkeit zu laufen beginnt. Geldstrafen werden grds. **mit Rechtskraft** des Straferkenntnisses **fällig**, vgl. § 449 StPO[19]; für die Kosten folgt Gleiches aus § 6 Abs. 2 GKG. Werden jedoch Zahlungserleichterungen gewährt, richtet sich dieser Zeitpunkt nach den festgesetzten Zahlungsterminen.[20]

259   Aus der Rechnung müssen sich die Höhe der Geldstrafe oder -buße sowie die Kosten (aufgeschlüsselt nach Gerichtsgebühren und Auslagen wie bspw. Zeugenentschädigung, Zustellungsgebühren, Sachverständigenentschädigung oder Auslagen der Polizei) einwandfrei ergeben. Entbehrlich ist diese Mitteilung jedoch bei Strafbefehlen, da diese bereits eine entsprechende Zahlungsaufforderung enthalten, § 5 Abs. 3 EBAO.

---

14 LR-StPO/*Wendisch*, 2001, § 459b Rdn. 6.

15 KK-StPO/*Appl*, 2008, § 459b Rdn. 4; LR-StPO/*Wendisch*, 2007, § 459b Rdn. 3; *Meyer-Goßner*, 2009, § 459b Rdn. 4; a.A. HK-StPO/*Krehl*, 2009, § 459b Rdn. 1; SK-StPO/*Paeffgen*, § 459b Rdn. 3.

16 Zur Zahlung einer Geldstrafe durch Dritte *Scholl*, NStZ 1999, S. 599 ff.; dazu ferner *Röttle/Wagner*, 2009, Rdn. 265.

17 *Wagner*, 2009, Rdn. 473.

18 Siehe dazu unten Kap. J II.

19 Satzger/Schmitt/Widmaier/*Mosbacher*, 2009, § 42 Rdn. 1; vgl. Kap. B I.

20 Vgl. unten Kap. E III. 3.

Hieraus folgt, dass eine Geldstrafe nur dann vollstreckbar ist, wenn im zu vollstreckenden Urteil oder Strafbefehl Anzahl und Höhe der Tagessätze exakt angegeben sind (vgl. § 40 Abs. 4 StGB). Anderenfalls mangelt es an einem notwendigen Bestandteil des Straferkenntnisses, so dass es diesbezüglich nicht in Rechtskraft erwachsen kann; nachträgliche Ergänzungen scheiden insoweit aus.[21] Nicht zwingend genannt werden muss hingegen die Summe der Geldstrafe, weshalb hier Berechnungsfehler in der Entscheidung unerheblich bleiben.

2. Mahnung und Beitreibung

Gemäß § 7 Abs. 1 EBAO soll der Zahlungspflichtige nach vergeblichem Ablauf **260** der zweiwöchigen Zahlungsfrist zunächst gemahnt werden (vgl. § 5 Abs. 2 JBeitrO). Die **Mahnung** kann durch ein formloses Schreiben erfolgen; eine Zustellung ist nicht notwendig. Vollstreckungsmaßnahmen werden dann eingeleitet, sofern binnen einer angemessenen Frist ihrer Absendung keine Zahlungsanzeige eingeht.[22] Als adäquat gelten hierbei unter Berücksichtigung des Post- und Überweisungswegs ca. zehn Tage. Ein Rechtsanspruch auf die Mahnung steht dem Zahlungspflichtigen indes nicht zu. Zudem sind unter Missachtung der Frist des § 8 Abs. 1 EBAO vorgenommene Beitreibungsmaßnahmen nicht bereits deshalb unzulässig. Die Zulässigkeit von Vollstreckungsmaßnahmen richtet sich insoweit ausschließlich nach § 459c Abs. 1 StPO.[23] Gänzlich entbehrlich bleibt eine Mahnung gem. § 7 Abs. 2 EBAO, wenn aufgrund konkreter Tatsachen zu erwarten ist, dass sich die verurteilte Person der Zahlung entziehen will. Beispiele hierfür stellen etwa das Wegschaffen von Vermögenswerten oder der vermehrte Wechsel von Wohnung und Arbeitsstätte zum Zweck der Vereitelung von Pfändungen dar.[24]

Jedoch sind Vollstreckungsmaßnahmen unter Missachtung der zweiwöchigen Schonfrist des § 459c Abs. 1 StPO bzw. § 3 Abs. 2 EBAO aufgrund dieses gravierenden Rechtsfehlers unwirksam, sofern nicht nach Fristablauf eine Heilung erfolgt.[25] Etwas anderes gilt nur, wenn Grund zu der Annahme besteht, der Verurteilte werde sich der Vollstreckung entziehen.[26] Einwendungen gegen die Anordnung sofortiger Vollstreckung können vom Zahlungspflichtigen nach § 31 Abs. 6 S. 1 RPflG i.V.m. § 459h StPO erhoben werden.[27] Bevor das zu vollstreckende Straferkenntnis in Rechtskraft erwächst, ist ein Zugriff auf das Vermögen des Zahlungspflichtigen nur nach § 111d StPO im Wege des dinglichen Arrests möglich.

Geht nach erfolgter Mahnung bzw. ohne Mahnung nach Ablauf einer entspre- **261** chenden Frist (vgl. § 8 Abs. 1 EBAO) keine Zahlung ein, so kann die **zwangswei-**

---

[21] BGHSt. 30, S. 93.

[22] BeckOK-StPO/*Klein*, 2009, § 459 Rdn. 3.

[23] *Röttle/Wagner*, 2009, Rdn. 240.

[24] Vgl. BeckOK-StPO/*Klein*, 2009, § 459c Rdn. 2; *Pfeiffer*, 2005, § 459c Rdn. 1.

[25] KMR/*Stöckel*, § 459c Rdn. 3; SK-StPO/*Paeffgen*, § 459c Rdn. 3; a.A. LR-StPO/ *Wendisch*, 2010, § 459c Rdn. 6; *Meyer-Goßner*, 2009, § 459c StPO Rdn. 2.

[26] *Röttle/Wagner*, 2009, Rdn. 240.

[27] Siehe dazu unten Kap. E VII.

se **Beitreibung** der Forderung erfolgen.[28] Vollstreckungsmaßnahmen finden jedoch nicht statt, sofern sich diesbezüglich eine mangelnde Erfolgsaussicht prog-
nostizieren lässt, § 459c Abs. 2 StPO. Beispiele hierfür bilden die Abgabe der
Versicherung nach § 807 ZPO oder amtliche Kenntnis vom Fehlen vollstreckungs-
fähiger Vermögensgüter einschließlich unpfändbaren (§§ 850 ff. ZPO) Arbeits-
einkommens.[29] Wenn eine zwangsweise Beitreibung wegen mangelnder Erfolgsaussicht unterbleibt, darf nach § 459e Abs. 2 StPO eine Ersatzfreiheitsstrafe
angeordnet und vollstreckt werden.[30]

III. Zahlungserleichterungen

1. Allgemeine Hinweise

262 Dem allgemeinen rechtsstaatlichen Grundsatz, dass einem Bürger keine subjektiv
unerfüllbaren Pflichten auferlegt werden dürfen, sowie der einer Geldstrafe imma-
nenten Gefahr der Drittwirkung trägt das Gesetz durch den Ausweg Rechnung,
dem Verurteilten Zahlungserleichterungen zu bewilligen. Fällig wird eine Geldstrafe – in voller Höhe –, sobald die sie aussprechende Entscheidung in Rechtskraft erwächst, § 449 StPO. Jedoch mag die sofortige Zahlung des gesamten Betrags dem Verurteilten aufgrund seiner persönlichen oder wirtschaftlichen
Verhältnisse unmöglich bzw. unzumutbar sein. Aus diesem Grund sieht § 42 S. 1
StGB die Anordnung einer **Zahlungsfrist** oder die Gewährung von **Ratenzahlung**
als Zahlungserleichterungen vor.[31] Daneben bleibt die Möglichkeit der Gewährung
eines Vollstreckungsaufschubs gem. § 456 StPO bestehen.[32]

263   Die **Zuständigkeit** für die Bewilligung einer Stundung oder Ratenzahlung
hängt von dem Zeitpunkt ab, in dem ihr Ausspruch erfolgt. So liegt sie nach § 42
S. 1 StGB bei dem erkennenden Gericht, wenn dieses die Zahlungserleichterung
im Rahmen der Strafzumessung gewährt. Die Anordnung der Zahlungserleichterung stellt dann einen Akt vorweggenommener Strafvollstreckung dar.[33] Mit der
Rechtskraft des Urteils geht die Zuständigkeit für die Gewährung auf die Vollstreckungsbehörde über, § 459a Abs. 1 StPO; die funktionelle Zuständigkeit liegt
beim Rechtspfleger, § 41 Abs. 2 S. 1 RPflG. Zwischen Erlass des (letzten) Urteils
und Eintritt der Rechtskraft besteht weder für das Gericht noch für die Vollstreckungsbehörde die Möglichkeit, über Zahlungserleichterungen zu befinden.

---

[28]   Kap. E IV.
[29]   KK-StPO/*Appl*, 2008, § 459c Rdn. 8.
[30]   Dazu Kap. E V
[31]   BeckOK-StGB/*von Heintschel-Heinegg*, 2009, § 42 Rdn. 1; Schönke/Schröder/*Stree*,
2006, § 42 Rdn. 1.
[32]   *Fischer*, 2010, § 42 Rdn. 3; dazu Kap. D VI. 3. b).
[33]   *Meier*, 2009, S. 66; Satzger/Schmitt/Widmaier/*Mosbacher*, 2009, § 42 Rdn. 3.

§ 459a Abs. 2 StPO schließt die Befugnis ein, im Urteil ausgesprochene Erleichterungen **abzuändern** oder zu **widerrufen**.[34] Zum Nachteil des Verurteilten sind solche Änderungen gem. Abs. 2 S. 2 der Norm jedoch nur aufgrund neuer Tatsachen oder Beweismittel hinsichtlich der Voraussetzungen des § 42 StGB möglich (vgl. § 42 Abs. 2 S. 2 StGB). Als neu gelten in diesem Zusammenhang Umstände, die zum Zeitpunkt der Urteilsverkündung noch nicht vorlagen. Ferner zählen hierzu Tatsachen oder Beweismittel, wenn sie zu diesem Zeitpunkt zwar bereits vorhanden, dem Gericht jedoch nicht zur Kenntnis gelangt waren.[35] Dem Verurteilten muss vor der Entscheidung über die Änderung bzw. den Widerruf rechtliches Gehör gewährt werden.[36]

Zahlungserleichterungen lassen sich ausnahmsweise auch auf dem **Gnadenweg** einräumen. Die Zuständigkeit richtet sich in diesem Fall nach § 452 StPO. Damit ist gem. Art. 60 Abs. 2 GG der Bundespräsident zuständig, wenn die Strafsache im ersten Rechtszug in Ausübung der Strafgerichtsbarkeit des Bundes entschieden worden ist, § 452 S. 1 StPO. In allen anderen Sachen steht das Begnadigungsrecht nach § 452 S. 2 StPO den Ländern zu, wo es die Verfassung des jeweiligen Landes meist dem Ministerpräsidenten zuspricht.[37]   **264**

2. Voraussetzungen

Die Gewährung von Zahlungserleichterungen setzt voraus, dass die sofortige Zahlung der Geldstrafe dem Verurteilten nach seinen persönlichen oder wirtschaftlichen Verhältnissen **nicht zuzumuten** ist.[38] Zwar bleibt eine klare Trennung zwischen beiden Faktoren oftmals nicht möglich; dies ist jedoch nicht erforderlich, da die Kriterien sowohl kumulativ als auch alternativ vorliegen können.   **265**

Für persönliche Unzumutbarkeit können insbesondere familiäre Verhältnisse, aber ebenso eigene Belange des Zahlungspflichtigen wie z.B. durch Krankheit oder Alter bedingte Belastungen eine Rolle spielen.[39] Wirtschaftliche Unzumutbarkeit liegt demgegenüber regelmäßig vor, wenn der Verurteilte aus seinen laufenden Einkünften heraus die Geldstrafe nicht auf einmal erbringen kann, ohne in finanzielle Bedrängnis zu geraten. Inwieweit eine Vermögensverwertung erwartet werden darf, ist von den Umständen des Einzelfalls abhängig und jeweils individuell zu ermitteln.[40]   **266**

---

[34] KK-StPO/*Appl*, 2008, § 459a Rdn. 5 f.
[35] BeckOK-StPO/*Klein*, 2009, § 459a Rdn. 5; KK-StPO/*Appl*, 2008, § 459a Rdn. 6; KMR/*Stöckel*, § 459a Rdn. 14; LR-StPO/*Wendisch*, 2001, § 459a Rdn. 10; *Meyer-Goßner*, 2009, § 459a Rdn. 5; a.A. *Volckart/Pollähne/Woynar*, 2008, Rdn. 219.
[36] *Röttle/Wagner*, 2009, Rdn. 241, 243.
[37] Siehe bspw. Art. 47 Abs. 4 BayVerf; Art. 2 Abs. 1 S. 1 VerfBW; Art. 59 Abs. 1 S. 1 VerfNRW.
[38] LG Berlin, StrVert 2002, S. 33; *Detter*, NStZ 1990, S. 578.
[39] Schönke/Schröder/*Stree*, 2006, § 42 Rdn. 2.
[40] BeckOK-StGB/*von Heintschel-Heinegg*, 2009, § 42 Rdn. 2; Schönke/Schröder/*Stree*, 2006, § 42 Rdn. 2.

267   Die Prüfung dieser Voraussetzungen hat sowohl durch das erkennende Gericht im Rahmen der Strafzumessung als auch durch die Vollstreckungsbehörde nach Rechtskraft des Urteils **von Amts wegen** zu erfolgen.[41] § 42 S. 3 StGB gebietet es, Erleichterungen auch dann zuzubilligen, wenn ohne sie die Wiedergutmachung des durch die Tat entstandenen Schadens erheblich gefährdet wäre. Dies mag etwa der Fall sein, weil dem Verurteilten die Mittel fehlen, Ansprüche des Staates sowie des Geschädigten parallel zu erfüllen.[42]

Liegen die Voraussetzungen des § 42 S. 1 StGB für Zahlungserleichterungen vor, so muss das Gericht bzw. die Vollstreckungsbehörde diese bewilligen; ein Entschließungsermessen räumt insoweit das Gesetz weder dem Gericht noch der Vollstreckungsbehörde ein.[43] Zu unterbleiben hat die Anordnung nur, wenn weder Stundung noch Gewährung von Ratenzahlung erwarten lassen, dass der Verurteilte die Geldstrafe innerhalb angemessener Frist oder in adäquaten Teilbeträgen zahlt. Hinsichtlich der Dauer der Zahlungsfrist sowie der Höhe der einzelnen Raten steht dem Gericht respektive der Vollstreckungsbehörde jedoch ein entsprechendes Auswahlermessen zu.

268   Im Ermessen des Gerichts steht es aber, eine sog. **Verfallklausel** in das Urteil aufzunehmen, § 42 S. 1 StGB. Wird als Zahlungserleichterung die Ratenzahlung bewilligt, erreicht ein solcher Zusatz, dass eben diese Vergünstigung entfällt, sofern der Verurteilte den Teilbetrag nicht rechtzeitig zahlt. Gerät er mit den Zahlungen in Rückstand, bedarf es diesbezüglich keines Widerrufs; die gesamte Reststrafe wird automatisch fällig. Lediglich ein (nicht gesondert anfechtbarer) Aktenvermerk über den Wegfall der Vergünstigung ist vorzunehmen, § 459a Abs. 3 S. 1 StPO.[44]

269   Gemäß § 459a Abs. 3 S. 2 StPO kann die Vollstreckungsbehörde trotz des Entfallens der Vergünstigung nach § 42 S. 2 StGB später eine erneute Zahlungserleichterung bewilligen.[45] Ist im Urteil der Ausspruch einer Verfallklausel unterblieben und gerät der Verurteilte mit den Zahlungen in Verzug, steht es damit im Ermessen der Vollstreckungsbehörde nach § 459a Abs. 2 S. 1 StPO, die Entscheidung des Gerichts über Zahlungserleichterungen aufzuheben.

> Im Einzelfall mag es vorkommen, dass nur kurzfristige Zahlungsverzögerungen eintreten, der Schuldner im Übrigen aber fristgerecht die Raten bezahlt. Existiert jedoch eine Verfallklausel i.S.d. § 42 S. 2 StGB, so entfällt nichtsdestotrotz die Vergünstigung auch bei bloß geringem Zahlungsverzug. Die Vollstreckungsbehörde kann in diesem Fall allerdings erneut – im Wege einer (schriftlichen) Verfügung – eine Ratenzahlung bewilligen. Konkludent beibehalten werden darf die Zahlungserleichterung wegen dieses Formerfordernisses jedoch nicht.[46]

---

[41]   OLG Hamburg, Rpfleger 1977, S. 65; LG Berlin, NStZ-RR 2006, S. 373.

[42]   Satzger/Schmitt/Widmaier/*Mosbacher*, 2009, § 42 Rdn. 11.

[43]   OLG Stuttgart, StrVert 2009, S. 131.

[44]   KK-StPO/*Appl*, 2008, § 459a Rdn. 7; *Röttle/Wagner*, 2009, Rdn. 243.

[45]   *Fischer*, 2010, § 42 Rdn. 11.

[46]   A.A. offenbar *Röttle/Wagner*, 2009, Rdn. 243, im Zshg. mit § 79a Nr. 2c StGB.

3. Wirkung

Der Ausspruch von Stundung bzw. die Gewährung von Ratenzahlung verzögern **270** den Eintritt der Fälligkeit einer Geldstrafe ganz oder zum Teil. Die **Kosten** des Verfahrens erfasst eine solche Anordnung nur, soweit sie nachträglich die Strafvollstreckungsbehörde trifft, § 459a Abs. 4 S. 1 StPO; Zahlungserleichterungen dürfen insoweit gem. § 459a Abs. 4 S. 2 StPO sogar ausschließlich hinsichtlich der Kosten gewährt werden. Durch das Gericht nach § 42 S. 1 StGB gewährte Vergünstigungen erstrecken sich indessen nie auf die Verfahrenskosten.[47]

Die **Vollstreckungsverjährung ruht** nach § 79a Nr. 2c StGB für die Dauer der **271** Stundung oder teilweise bis zur Fälligkeit der einzelnen Raten. Geht allerdings die Zahlungserleichterung aufgrund einer Verfallklausel verloren, so läuft die Vollstreckungsverjährung automatisch mit dem Wegfall weiter; wann die Akten tatsächlich dem zuständigen Rechtspfleger vorgelegt werden, der den Aktenvermerk darüber einträgt, ist unerheblich.[48]

Ist von dem Gericht oder der Vollstreckungsbehörde eine Verfallklausel an- **272** geordnet worden, so entfällt die Vergünstigung automatisch, sobald der Verurteilte mit den Zahlungen in Rückstand kommt. Einer formellen Aufhebung der Zahlungserleichterung bedarf es hierzu nicht. Ihr Entfallen folgt zudem verschuldensunabhängig; selbst eine Mitteilung an den Betreffenden muss nicht zwingend ergehen.[49] Ist die Anordnung einer Verfallklausel unterblieben, so steht der Widerruf der Vergünstigung im Ermessen der Vollstreckungsbehörde. Diese kann durch eine anfechtbare Verfügung[50] die Zahlungserleichterung aufheben, nachdem die verurteilte Person diesbezüglich angehört wurde.

IV. Zwangsmaßnahmen zur Beitreibung der Geldstrafe

1. Allgemeines

Geht innerhalb einer Frist von zwei Wochen nach Übersendung der Zahlungsauf- **273** forderung gem. § 5 Abs. 1 S. 1 EBAO kein ausreichender Betrag ein, so folgt in der Regel zunächst eine **Mahnung** an den Zahlungspflichtigen, § 7 Abs. 1 EBAO. Begleicht dieser seine Schuld dann nicht innerhalb einer angemessenen Frist, bestimmt die Staatsanwaltschaft als Vollstreckungsbehörde, welche weiteren Maßnahmen zur Beitreibung ergriffen werden sollen, § 8 Abs. 1 EBAO.

Gemäß § 7 Abs. 2 EBAO bedarf es – wie bereits ausgeführt – der Mahnung nicht, wenn damit zu rechnen ist, dass der Zahlungspflichtige diese ohnehin un-

---

[47] BeckOK-StPO/*Klein*, 2009, § 459a Rdn. 7; KK-StPO/*Appl*, 2008, § 459a Rdn. 8; *Meyer-Goßner*, 2009, § 459a Rdn. 7.

[48] *Röttle/Wagner*, 2009, Rdn. 243.

[49] *Isak/Wagner*, 2004, Rdn. 244.

[50] Siehe zum Rechtsschutz Kap. E VII.

beachtet lassen und gleichwohl nicht leisten wird.[51] In jedem Fall bleibt aber eine Beitreibung vor Ablauf von zwei Wochen nach Eintritt der Vollstreckbarkeit des jeweiligen Betrags grds. ausgeschlossen. Dies ergibt sich im Umkehrschluss aus § 459c Abs. 1 StPO.[52]

274   Beitreibung bedeutet die zwangsweise Vollstreckung durch die Anwendung von Vollstreckungsmaßnahmen. Sie richtet sich nach der Justizbeitreibungsordnung, insbesondere § 6 Abs. 1 Nr. 1 JBeitrO, der auf die maßgeblichen **Vorschriften der Zivilprozessordnung (ZPO)** verweist. Zuständig für die entsprechenden Anordnungen ist der Rechtspfleger, der dabei die am schnellsten und sichersten zum Ziel führende Maßnahme anwendet, § 8 Abs. 4 S. 1 EBAO. Er berücksichtigt gem. § 8 Abs. 4 S. 2 EBAO bei der Auswahl auch die persönlichen und wirtschaftlichen Verhältnisse des Zahlungspflichtigen.

Mögliche Zwangsmaßnahmen sind nach Maßgabe der §§ 8 bis 10 EBAO z.B.:
- Vollstreckung in das bewegliche Vermögen, § 9 EBAO;
- Zwangsvollstreckung in Forderungen oder in andere Vermögensrechte, § 8 Abs. 5 EBAO;
- Inanspruchnahme von Gefangenengeldern unter Beachtung der Beschränkungen des jeweiligen Strafvollzugsgesetzes;
- Aufrechnung gegen Ansprüche der verurteilten Person gegen die Staatskasse.

2. Gang der Vollstreckung

275 Die Vollstreckung in **bewegliches Vermögen** beginnt mit der Erteilung eines schriftlichen **Vollstreckungsauftrags** durch den zuständigen Rechtspfleger. Der mit Unterschrift und Dienstsiegel versehene Auftrag ersetzt gem. § 7 S. 2 JBeitrO den vollstreckbaren Schuldtitel, weshalb das zu vollstreckende Straferkenntnis nicht gesondert beigefügt werden muss. Das Dokument hat jedoch den Schuldgrund sowie die Höhe von Strafe und Kosten getrennt auszuweisen.

276 Sachlich **zuständig** für die Ausführung ist der Vollziehungsbeamte der Justiz anstelle des Gerichtsvollziehers, § 6 Abs. 3 S. 1 JBeitrO. Für ihn gilt die Dienstordnung für die Vollziehungsbeamten der Justiz (JVDO). Soweit nicht Beitreibungen nach den bestehenden Verwaltungsanordnungen den Vollziehungsbeamten der Justiz übertragen sind, bleibt gem. § 260 GVGA der Gerichtsvollzieher zuständig. Die örtliche Zuständigkeit richtet sich nach der Einteilung der Vollstreckungsbezirke.

> Muss der Gerichtsvollzieher die **Wohnung** des Zahlungspflichtigen gegen oder ohne dessen Willen durchsuchen, so ist dies vom Vollstreckungsauftrag nicht mehr umfasst. Vielmehr bleibt eine **Durchsuchungsanordnung des Vollstreckungsgerichts** erforderlich, welche vom Rechtspfleger beantragt werden muss (vgl. § 6 Abs. 1 Nr. 1 JBeitrO i.V.m. § 758a Abs. 1 S. 1 ZPO).[53] Eine Durchsuchung der Wohnung ohne richterliche Anordnung ist nach § 758a Abs. 1 S. 2 ZPO allein bei Gefährdung des

---

51   Siehe oben Kap. E II. 2.

52   Vgl. BeckOK-StGB/*Klein*, 2009, § 459c Rdn. 1.

53   BVerfG, NJW 1979, S. 1539; *Kaiser*, NJW 1980, S. 875 f.; dazu *Thewes*, Rpfleger 2006, S. 524 ff.

Vollstreckungserfolgs möglich. Zuständig für den Erlass einer Durchsuchungsanordnung ist das Amtsgericht, in dessen Bezirk die Vollstreckungsmaßnahme stattfinden soll.

Wird in **Forderungen** vollstreckt, erlässt die Vollstreckungsbehörde einen **277** **Pfändungs- und Überweisungsbeschluss**, § 6 Abs. 2 JBeitrO, § 8 Abs. 5 EBAO. Dies geschieht schriftlich, wobei das Dokument ebenfalls mit Unterschrift und Dienstsiegel zu versehen ist. § 6 Abs. 1 Nr. 1 JBeitrO verweist auf die diesbezüglich anwendbaren Vorschriften der Zivilprozessordnung. Sicherungsmaßnahmen kommen im Wege der Anordnung des dinglichen Arrestes gem. § 111d StPO zwar erst nach Erlass, aber bereits vor Rechtskraft des Strafurteils nach Maßgabe von § 917 ZPO in Betracht.[54] In Abweichung vom regulären Procedere bleibt im Rahmen der Vollstreckung von Geldstrafen in Forderungen die Überweisung an Zahlung statt gem. § 6 Abs. 4 JBeitrO ausgeschlossen; die gepfändete Forderung muss daher zur Einziehung überwiesen werden.[55]

Bei Vollstreckung in das **unbewegliche Vermögen** gelten gem. § 6 Abs. 1 **278** Nr. 1 JBeitrO die §§ 864 ff. ZPO entsprechend. Hierbei kann, sofern die zu vollstreckende Forderung höher als 750 Euro ist (§ 866 Abs. 3 ZPO), bspw. eine Sicherungshypothek für ein Grundstück eingetragen werden, wenn der Zahlungspflichtige dessen Eigentümer ist. In dem nach § 867 ZPO, §§ 6 Abs. 2 S. 1, 7 JBeitrO erforderlichen Antrag hat die Vollstreckungsbehörde den Schuldgrund, d.h. Geldstrafe, Verfahrenskosten einschließlich etwaiger Nebenkosten, anzugeben. Zudem bestehen die Möglichkeiten der Zwangsversteigerung sowie der Zwangsverwaltung für Immobilien, § 866 ZPO, § 6 Abs. 1 Nr. 1 JBeitrO.

3. Weiteres Verfahren

Die Vollstreckungsbehörde kann wie jeder Gläubiger einen Antrag auf Eröffnung **279** des **Insolvenzverfahrens** nach § 13 Abs. 1 InsO stellen. Dabei bilden gem. § 39 Abs. 1 Nr. 3 InsO Geldstrafen, Geldbußen, Ordnungsgelder und Zwangsgelder sowie solche Nebenfolgen einer Straftat oder Ordnungswidrigkeit, die zu einer Geldzahlung verpflichten, nachrangige Forderungen dar.[56] Wegen § 302 Nr. 2 InsO bleibt dem Zahlungspflichtigen hinsichtlich dieser Forderungen allerdings eine Restschuldbefreiung verwehrt.

Steht dem Zahlungspflichtigen eine Forderung gegen den Fiskus der Justiz zu, **280** so kann die Vollstreckungsbehörde gegen diese **aufrechnen**, § 387 BGB. Umgekehrt bleibt jedoch eine Aufrechnung durch den Verurteilten ausgeschlossen, weil dies insoweit dem Wesen einer Strafe widerspräche.[57] Als mögliche, dem Verurteilten zustehende Ansprüche kommen solche auf Rückzahlung zu Unrecht ver-

---

[54] *Meyer-Goßner*, 2009, § 111d Rdn. 1 ff.

[55] *Röttle/Wagner*, 2009, Rdn. 250.

[56] Braun/*Bäuerle*, 2007, § 39 Rdn. 13; *Heinze*, ZVI 2006, S. 14 ff.; *Pape*, InVo 2006, S. 454 ff.; a.A. aber offensichtlich contra legem *Röttle/Wagner*, 2009, Rdn. 254; vgl. zum Ganzen *Fortmann*, ZInsO 2005, S. 140 ff.

[57] *Röttle/Wagner*, 2009, Rdn. 258.

einnahmter oder aufgrund besonderer Ermächtigung zurückzuzahlender Geldbe-
träge nach § 13 Abs. 1 EBAO in Betracht. Ferner ist eine Aufrechnung denkbar
gegen Ansprüche des Verurteilten nach dem Gesetz über die Entschädigung für
Strafverfolgungsmaßnahmen (StrEG), über die bereits rechtskräftig entschieden
wurde (vgl. § 13 Abs. 2 StrEG i.V.m. § 851 ZPO, § 394 S. 1 BGB). Weitere
denkbare Ansprüche können dem Verurteilten in Form einer Zeugenentschädigung aus anderer Sache zustehen oder ihm als notwendige Auslagen bei einem
teilweisen Freispruch gebühren.

> Unzulässig bleibt die Aufrechnung allerdings, soweit sich dies nach den Grundsätzen
> von § 242 BGB als eine unzulässige Rechtsausübung darstellen würde. Dies kann
> etwa der Fall sein, wenn der dem Verurteilten zustehende Anspruch seiner Funktion
> nach der Genugtuung, Sanktionierung und Prävention rechtswidrigen Verhaltens von
> Seiten des Staates dient. Eine Aufrechnung gegen einen solchen Anspruch durch den
> Staat würde dessen Zweck konterkarieren und bleibt daher ausgeschlossen.[58]
> Zudem schränkt § 43 S. 1 RVG die Möglichkeit zur Aufrechnung für die Vollstre-
> ckungsbehörde weiter ein. Denn soweit der Verurteilte seinen Anspruch gegen die
> Staatskasse auf Erstattung von Anwaltskosten als notwendige Auslagen an den
> Rechtsanwalt abtritt, ist eine von der Staatskasse gegenüber dem Zahlungspflichtigen
> erklärte Aufrechnung unwirksam.[59] Hat die Vollstreckungsbehörde jedoch bereits
> zuvor wirksam gegen diesen Anspruch aufgerechnet, so bleibt eine (nachträgliche)
> Abtretung – da der Verurteilte nun nicht mehr Inhaber der Forderung ist und daher
> auch nicht länger darüber verfügen kann – ausgeschlossen (vgl. zum Formerfordernis
> § 43 S. 2 RVG[60]).

281   Das Vollstreckungsverfahren wegen Geldstrafen endet wie auch die Vollstre-
ckung von freiheitsentziehenden Sanktionen automatisch mit dem **Tod des Verurteilten**. Eine Inanspruchnahme des Erben für die höchstpersönlich zu erbrin-
gende Strafe scheidet aus. Pfändungen und Sicherungsmaßnahmen sind in diesem
Fall aufzuheben; in den Nachlass wird wegen der Geldstrafe nicht vollstreckt.[61]
Gegen unzulässige Vollstreckungsmaßnahmen kann der Erbe die entsprechenden
Einwendungen erheben, § 459h StPO. Etwas anderes gilt jedoch hinsichtlich der
Nebenfolgen und Verfahrenskosten, die keinen höchstpersönlichen Charakter
haben und daher Nachlassverbindlichkeiten darstellen (vgl. § 459g Abs. 2 StPO).
Zu deren Beitreibung darf die Vollstreckung in die Erbmasse stattfinden.

---

[58]   BGH, NStZ-RR 2010, S. 167 ff. im Zshg. mit einem Anspruch auf Geldentschädigung
       für immaterielle Schäden infolge menschenunwürdiger Haftbedingungen.
[59]   Dazu *Röttle/Wagner*, 2009, Rdn. 258.
[60]   *Mayer/Kroiß*, 2009, § 43 Rdn. 16.
[61]   *Meyer-Goßner*, 2009, § 459c Rdn. 7.

V. Ersatzfreiheitsstrafe

1. Voraussetzungen der Anordnung

Scheitert die Beitreibung einer Geldstrafe ganz oder teilweise in Höhe von min- **282**
destens einem Tagessatz (vgl. § 459e Abs. 3 StPO), tritt an ihre Stelle die Ersatzfreiheitsstrafe, § 43 S. 1 StGB. Sie ist – anders als die Erzwingungshaft – kein
Beugemittel, um die Zahlung des Verurteilten durchzusetzen, sondern eine **echte**
Strafe gegenüber Zahlungsunfähigen. Ihre Vollstreckung richtet sich nach § 454e
StPO, so dass gem. Abs. 1 der Norm die Vollstreckungsbehörde hierfür zuständig
ist. Die funktionelle Zuständigkeit liegt beim Rechtspfleger, § 31 Abs. 2 S. 1
RPflG. Die Ersetzung der uneinbringlichen Geldstrafe durch die Ersatzfreiheitsstrafe bedarf einer ausdrücklichen **Anordnung** der Vollstreckungsbehörde, welche
in diesem Zusammenhang die gesetzlichen Voraussetzungen von Amts wegen zu
prüfen hat.[62]

Gemäß § 459e Abs. 2 StPO setzt die Anordnung der Ersatzfreiheitsstrafe voraus, dass die Geldstrafe nicht eingebracht werden kann oder die Vollstreckung
nach § 459c Abs. 2 StPO unterbleibt.[63] **Fehlende Beitreibbarkeit** liegt vor, wenn
sämtliche erforderlichen Pfändungsversuche erfolglos verlaufen sind. Wie oft und
auf welche Weise die Vollstreckungsbehörde versuchen muss, den Betrag beizut-
reiben, hängt dabei von den Umständen des Einzelfalls ab. Sofern die zwangsweise Beitreibung gem. § 459c Abs. 2 StPO nicht stattfindet, bedarf die Feststellung
mangelnder Erfolgsaussicht einer hinreichenden Tatsachengrundlage.[64] Zudem
sind vor Anordnung der Ersatzfreiheitsstrafe etwaige Vollstreckungshindernisse[65]
zu prüfen; bestehen solche Hindernisse oder unterbleibt die Vollstreckung der
Geldstrafe nach § 459c Abs. 2 StPO, darf auch eine Ersatzfreiheitsstrafe nicht
angeordnet werden.

Liegen die Voraussetzungen vor, so ergeht die Anordnung der Ersatzfreiheits- **283**
strafe schriftlich durch den zuständigen Rechtspfleger, § 459e Abs. 1 StPO. Der
Verurteilte muss weder besonders angehört noch erneut gemahnt werden.[66] Hierauf folgt eine Ladung zum Strafantritt, versehen mit dem Hinweis, dass durch
Zahlung des entsprechenden Betrags die Vollstreckung der Ersatzfreiheitsstrafe
abgewendet werden kann, § 51 Abs. 1 StVollstrO.

---

[62] Vgl. *Köhne*, JR 2004, S. 453.
[63] Zu § 459c Abs. 2 StPO sogleich Kap. E VI.
[64] KK-StPO/*Appl*, 2008, § 459e Rdn. 2.
[65] Siehe dazu oben Kap. B.
[66] OLG Nürnberg, NStZ 2008, S. 224 f.; HK-StPO/*Krehl*, 2009, § 459 Rdn. 1;
KK-StPO/*Appl*, 2008, § 459e Rdn. 4; LR-StPO/*Wendisch*, 2010, § 459e Rdn. 7; *Meyer-
Goßner*, 2009, § 459e StPO Rdn. 2; SK-StPO/*Paeffgen*, § 459e Rdn. 4; a.A. KMR/
Stöckel, § 459e Rdn. 4; *Volckart/Pollähne/Woynar*, 2008, Rdn. 248.

2. Voraussetzungen der Vollstreckung

284   Die Ersatzfreiheitsstrafe wird gem. § 459e Abs. 4 StPO nur vollstreckt, sofern der Verurteilte dies nicht durch Zahlung der Geldstrafe abwendet (vgl. § 51 Abs. 1 StVollstrO). Ferner findet eine Vollstreckung nicht statt, soweit das Gericht Anordnungen nach § 459d StPO trifft. Die Vollstreckungsbehörde stellt daher fest, inwieweit eine gerichtliche Entscheidung nach § 459d StPO anzuregen ist oder Erleichterungen nach § 459a StPO in Betracht kommen. Die Ersatzfreiheitsstrafe entfällt zudem, sofern der Verurteilte gemeinnützige Arbeit i.S.d. Art. 293 EGStGB leistet.[67]

Darüber hinaus räumt **§ 459f StPO** dem Gericht die Möglichkeit ein, das Entfallen der Vollstreckung einer Ersatzfreiheitsstrafe anzuordnen, wenn dies für den Verurteilten eine **unbillige Härte** bedeutete. Dabei muss mit der Vollstreckung eine außerhalb des Strafzwecks liegende Belastung für den Betreffenden einhergehen. Hieraus folgt zugleich, dass Anordnungen nach § 459f StPO nicht in Betracht kommen, soweit der Strafzweck nicht auch durch die bloße *Verhängung* der Geldstrafe – d.h. ohne deren erfolgreiche Beitreibung – erreicht werden kann.[68] Folge der Anordnung nach § 459f StPO ist lediglich ein Aufschub der Vollstreckung einer Ersatzfreiheitsstrafe; die verhängte Geldstrafe wird dadurch nicht erlassen.

285   Berechtigt zur Stellung des Antrags sind die verurteilte Person sowie die Vollstreckungsbehörde, wobei eine Stellungnahme des Staatsanwalts einzuholen ist.[69] Die Entscheidung obliegt der Strafvollstreckungskammer, §§ 462, 462a StPO; die Vollstreckungsbehörde kann dabei lediglich gem. § 49 Abs. 2 StVollstrO eine Entscheidung anregen.

3. Durchführung der Vollstreckung

286   Wie bei der Freiheitsstrafe folgt, wenn die Voraussetzungen erfüllt sind, ein Aufnahmeersuchen an die Vollzugsanstalt, § 51 Abs. 2 StVollstrO. Für die Vollstreckung der Ersatzfreiheitsstrafe gelten gem. § 50 Abs. 1 StVollstrO dieselben Bestimmungen wie für die Vollstreckung von Freiheitsstrafen, §§ 22 ff. StVollstrO[70]; zu beachten sind jedoch einige Besonderheiten: Bspw. ist der Betrag, durch dessen Zahlung der Verurteilte die Vollstreckung abwenden kann, in der Ladung, § 51 Abs. 1 StVollstrO, ebenso im Vorführungs- und Haftbefehl wie auch im Steckbrief, §§ 33 Abs. 4 Nr. 7, 34 Abs. 3 Nr. 8 StVollstrO anzugeben. Ausschreibungen zur Festnahme werden lediglich in Betracht kommen, wenn die Geldstrafe eine gewisse Höhe aufweist und andere Maßnahmen erfolglos bleiben.

287   Der Strafantritt macht jede weitere Beitreibungshandlung durch die Strafvollstreckungsbehörde unzulässig; bestehende Pfändungen müssen aufgehoben

---

[67]   Siehe Kap. E VI.
[68]   Vgl. etwa *Wessing*, EWiR 2002, S. 168.
[69]   *Meyer-Goßner*, 2009, § 459f Rdn. 1.
[70]   Siehe dazu Kap. D.

werden. Leistet der Zahlungspflichtige die vollständige Zahlung nach Strafantritt, so erfordert dies seine sofortige Entlassung gem. § 51 Abs. 4 StVollstrO.

Trifft eine Ersatzfreiheitsstrafe mit Freiheitsstrafen zusammen, bestimmen § 454b StPO sowie § 43 StVollstrO die Reihenfolge der Vollstreckung.[71]

4. Berechnung der Dauer

Für die Berechnung der Strafzeit normiert § 43 S. 2 StGB zunächst, dass ein Tagessatz der Geldstrafe einem Tag Freiheitsstrafe entspricht.[72] Der Maßstab des § 43 S. 2 StGB gilt dabei auch, soweit bereits erlittene Untersuchungshaft auf die Geldstrafe angerechnet wird, § 51 Abs. 4 S. 1 StGB. Das Mindestmaß der Ersatzfreiheitsstrafe liegt bei einem Tag, § 43 S. 3 StGB; bei der Strafzeitberechnung bleiben zudem Beträge, die keinem vollen Tagessatz entsprechen, außer Betracht. **288**

> *1. Beispiel*: A wird zu einer Geldstrafe in Höhe von 30 Tagessätzen zu je 45 Euro verurteilt. Er zahlt 1 000 Euro, hinsichtlich des restlichen Betrags von 350 Euro gelingt eine Beitreibung nicht.
>
> Es kann eine Ersatzfreiheitsstrafe im Umfang von 7 Tagen angeordnet werden; dies entspricht 7 Tagessätzen zu je 45 Euro, also insgesamt 315 Euro. Der verbleibende Betrag von 35 Euro macht keinen ganzen Tagessatz aus und findet daher keine Berücksichtigung. Für diesen Teilbetrag bleibt A vermögensrechtlich haftbar bis zum Eintritt der Verjährung (vgl. § 50 Abs. 2 StVollstrO).

Mit Zahlung eines Teilbetrags vermindert sich die noch zu vollstreckende Ersatzfreiheitsstrafe anteilig.[73] Sind mehr als sieben Tage der Ersatzfreiheitsstrafe noch zu vollstrecken und wird nach Strafantritt vom Verurteilten ein Betrag in einer Größenordnung bezahlt, dass die Ersatzfreiheitsstrafe sieben Tage nicht mehr übersteigt, so muss eine erneute Berechnung der Ersatzfreiheitsstrafe nach Stunden erfolgen, §§ 37 Abs. 2, 50 Abs. 1 StVollstrO. **289**

> *2. Beispiel*: Gegen B wurde eine Geldstrafe von 20 Tagessätzen zu je 30 Euro verhängt. Aus dem Gesamtbetrag von 600 Euro begleicht er nur 350 Euro, im Übrigen ist die Strafe uneinbringlich. Am 3. März 2010, 17.00 Uhr tritt B die Ersatzfreiheitsstrafe an; am 5. März 2010 wird ein weiterer Teilbetrag von 90 Euro beglichen.
>
> Vollstreckt werden sollte zunächst eine 8-tägige Ersatzfreiheitsstrafe (8 x 30 Euro). Das Ende der Ersatzfreiheitsstrafe fiele deshalb hypothetisch auf den 10. März 2010. Nach Zahlung des weiteren Teilbetrags in Höhe von 90 Euro bleiben 160 Euro weiterhin zu leisten. Daher wird nun bloß noch für diesen Betrag die Ersatzfreiheitsstrafe vollstreckt. 160 Euro entsprechen allerdings lediglich 5 vollen Tagessätzen – also weniger als einer Woche – so dass die Dauer der Ersatzfreiheitsstrafe nach Stunden berechnet werden muss, §§ 37 Abs. 2, 50 Abs. 1 StVollstrO. B muss folglich am 8. März 2010 um 17.00 Uhr aus der Haft entlassen werden.
>
> Der verbleibende Teilbetrag von 10 Euro wird gem. § 459e Abs. 3 StPO nicht als Ersatzfreiheitsstrafe vollstreckt, obwohl § 37 Abs. 2 S. 1 1. Halbs. StVollstrO für Strafen

---

[71] Ausführlich oben Kap. D IV.
[72] Zu Reformüberlegungen vgl. Satzger/Schmitt/Widmaier/*Mosbacher*, 2009, § 43 Rdn. 1 m.w.Nachw.
[73] *Meyer-Goßner*, 2009, § 459f Rdn. 5.

von weniger als einer Woche eine Berechnung der Strafdauer nach Tagen und Stunden vorsieht.[74] Für den Restbetrag bleibt B daher vermögensrechtlich haftbar bis zum Eintritt der Verjährung (vgl. § 50 Abs. 2 StVollstrO).

Eine Strafaussetzung zur Bewährung nach § 57 StGB kommt bei der Ersatzfreiheitsstrafe nicht in Betracht.[75] Nach vollständig vollstreckter Strafe zeigt die Vollzugsanstalt der Vollstreckungsbehörde die Entlassung an, § 35 Abs. 1 Nr. 10 StVollstrO.

5. Besonderheiten bei der Vollstreckung nachträglicher Gesamtgeldstrafen

290 Besondere Probleme können im Einzelfall bei der Vollstreckung einer nachträglich gebildeten Gesamtgeldstrafe auftreten. Keine Schwierigkeiten bestehen, wenn der Verurteilte zum Zeitpunkt der Gesamtstrafenbildung noch keinerlei Zahlungen geleistet hat. Sind bereits Teilbeträge beglichen, so müssen diese von der gesamten geschuldeten Summe abgezogen werden, § 51 Abs. 2 StGB.

Soweit die Gesamtgeldstrafe (teilweise) uneinbringlich bleibt, kann auch in diesem Fall eine Ersatzfreiheitsstrafe vollstreckt werden. Unterscheidet sich dabei die Tagessatzhöhe der Gesamtstrafe nicht von denen der Einzelstrafen, errechnet sich die Strafzeit ohne Besonderheiten.

> *3. Beispiel*: Gegen C wurden zwei Einzelstrafen in Höhe von 40 Tagessätzen und 25 Tagessätzen zu jeweils 20 Euro verhängt. Nachträglich wird im Wege des Beschlussverfahrens nach § 460 StPO eine Gesamtstrafe von 50 Tagessätzen zu je 20 Euro gebildet. Zu diesem Zeitpunkt hat C jedoch bereits 600 Euro auf die erste Einzelstrafe geleistet. Im Übrigen bleibt der Betrag uneinbringlich, so dass eine Ersatzfreiheitsstrafe ausgesprochen wird.
>
> Für die Berechnung der Strafzeit ergeben sich hierbei keinerlei Besonderheiten. Von dem Gesamtbetrag von 1 000 Euro sind 400 Euro nicht beglichen; dies entspricht exakt 20 Tagessätzen. Da ein Tagessatz mit einem Tag Ersatzfreiheitsstrafe gleichgesetzt wird, dauert die Ersatzfreiheitsstrafe in diesem Fall 20 Tage.

Variiert allerdings die Tagessatzhöhe, bleibt fraglich, inwiefern frühere Zahlungen eine tilgende Wirkung hinsichtlich der Gesamtgeldstrafe entfalten.[76] Dabei ergeben sich mehrere, im Einzelnen äußerst umstrittene Möglichkeiten der Berechnung.[77]

---

[74]   So wohl KMR/*Stöckel*, § 459e Rdn. 8; Pohlmann/Jabel/*Wolf*, 2001, § 50 Rdn. 4.

[75]   HK-StPO/*Woynar*, 2009, § 459e Rdn. 4.

[76]   Allg. dazu *Siggelkow*, Rpfleger 2005, S. 644 ff.

[77]   Auf eine Darstellung muss an dieser Stelle aus Raumgründen verzichtet werden; vgl. dazu ausführlich Pohlmann/Jabel/*Wolf*, 2001, § 50 Rdn. 8 ff.

6. Abwendung der Ersatzfreiheitsstrafe durch freie Arbeit

Art. 293 EGStGB ermächtigt die Länder, durch Rechtsverordnungen dem Verur- **291** teilten die Möglichkeit einzuräumen, die drohende Ersatzfreiheitsstrafe durch freie Arbeit abzuwenden. Solche Regelungen existieren bundesweit, in Bayern bspw. jedoch nur als Gnadenlösung.[78]

Da die freie Arbeit eine Alternative zur Ersatzfreiheitsstrafe darstellt, kommt sie nur in Betracht, sofern die Voraussetzungen für Anordnung und Vollstreckung einer Ersatzfreiheitsstrafe vorliegen. Die freie Arbeit stellt insoweit keine Option dar, um eine Geldstrafe als solche zu tilgen.[79] Ein Tag Ersatzfreiheitsstrafe entspricht zumeist fünf oder sechs Stunden Arbeit. Die Arbeit muss unentgeltlich erbracht werden und gemeinnützig sein.

In aller Regel enthält die Ladung zum Antritt der Ersatzfreiheitsstrafe einen Hinweis darauf, dass der Verurteilte den landesrechtlichen Vorschriften gemäß einen entsprechenden Antrag stellen kann. Dafür räumt ihm die Vollstreckungsbehörde eine angemessene Frist ein.

VI. Absehen von der Vollstreckung

In bestimmten Ausnahmefällen wird eine Geld- respektive Ersatzfreiheitsstrafe **292** nicht vollstreckt. Als solche kommen in Betracht:
- Unterbleibensanordnung gem. § 459c Abs. 2 StPO;
- Tod der verurteilten Person, § 459c Abs. 3 StPO;
- Vollstreckung von Freiheitsstrafe neben Geldstrafe in demselben Verfahren, § 459d Abs. 1 Nr. 1 StPO, oder in einem anderen Verfahren gem. § 459d Abs. 1 Nr. 2 StPO, wenn die Vollstreckung die Wiedereingliederung des Verurteilten erschweren kann;
- unbillige Härte, § 459f StPO, § 49 Abs. 2 StVollstrO;
- Abwendung von Ersatzfreiheitsstrafe durch freie Arbeit, Art. 293 EGStGB.

Ist zu erwarten, dass die Vollstreckung in absehbarer Zeit zu keinem Erfolg **293** führt, kann eine **Unterbleibensanordnung** gem. § 459c Abs. 2 StPO ergehen, um überflüssige Vollstreckungsversuche zu vermeiden und stattdessen eine Ersatzfreiheitsstrafe zügig (vgl. § 2 StVollstrO) zu vollstrecken. Geboten erscheint jedoch eine enge Auslegung der Vorschrift.[80] Die Erfolglosigkeit muss sich aufgrund konkreter Tatsachen, d.h. etwa aus dem Akteninhalt oder eingeholten Auskünften, abzeichnen.[81] Typische Fälle, in denen eine Anordnung nach § 459c

---

[78] Überblick über die verschiedenen Regelungen der Länder bei LK-StGB/*Häger*, 2006, § 43 Rdn. 12.
[79] *Röttle/Wagner*, 2009, Rdn. 280.
[80] KK-StPO/*Appl*, 2008, § 459c Rdn. 8.
[81] *Röttle/Wagner*, 2009, Rdn. 247.

Abs. 2 StPO ergehen sollte, bilden die Abgabe der eidesstattlichen Versicherung durch den Verurteilten oder die Einleitung eines Insolvenzverfahrens.[82]

294   Verstirbt der Verurteilte, so darf in seinen Nachlass wegen einer rechtskräftig verhängten Geldstrafe nicht vollstreckt werden. Verfahrenskosten sowie Nebenfolgen, die zu einer Geldzahlung verpflichten, stellen demgegenüber Nachlassverbindlichkeiten dar. Für diese haftet die Erbmasse, sofern der **Tod** des Verurteilten erst nach Rechtskraft des Straferkenntnisses eingetreten ist. Geldstrafen, die zu diesem Zeitpunkt noch nicht vollstreckt sind, erlöschen.[83]

295   Das Gericht kann nach § 459d Abs. 1 Nr. 1 StPO anordnen, dass die Vollstreckung der Geldstrafe ganz oder zum Teil unterbleibt, wenn **Freiheitsstrafe neben Geldstrafe** in demselben Verfahren zu vollstrecken wäre. Die Regelung ergänzt § 41 StGB für die Zeit nach Eintritt der Rechtskraft; sie ist als Ausnahmevorschrift eng auszulegen. Die Unterbleibensanordnung setzt voraus, dass nach § 41 S. 1 StGB neben der Freiheitsstrafe eine Geldstrafe verhängt wurde und die Freiheitsstrafe vollständig vollstreckt oder zur Bewährung ausgesetzt ist. § 459d Abs. 1 Nr. 2 StPO betrifft demgegenüber diejenigen Fälle, in denen Freiheitsstrafe und Geldstrafe verschiedenen Verfahren entstammen, eine nachträgliche Gesamtstrafenbildung nach § 55 StGB jedoch ausscheidet.

> Zwar genügt es dem Wortlaut des § 459d Abs. 1 Nr. 2 StPO nach, dass die Freiheitsstrafe lediglich *verhängt* wurde; ihre Vollstreckung scheint demnach nicht erforderlich zu sein. Nach h.M. kommt eine Unterbleibensanordnung aufgrund des in Abs. 1 Nr. 1 der Norm enthaltenen Grundgedankens gleichwohl erst in Betracht, sobald die Freiheitsstrafe vollständig vollstreckt oder zur Bewährung ausgesetzt ist.[84]

> Sowohl Abs. 1 Nr. 1 als auch Abs. 1 Nr. 2 erfordern weiter, dass bei Vollstreckung der Geldstrafe ernste Wiedereingliederungsschwierigkeiten für den Verurteilten auftreten. Die tatsächlichen Umstände, die solche Schwierigkeiten erwarten lassen, müssen dabei nach Rechtskraft des Straferkenntnisses aufgetreten oder bekannt geworden sein. Denn § 459d Abs. 1 StPO soll nicht ermöglichen, richterliche (Fehl-)Entscheidungen zu korrigieren, nachdem sie in Rechtskraft erwachsen sind.[85] Die Unterbleibensanordnung steht im **Ermessen** des Gerichts, das bei seinen Erwägungen deren Tragweite berücksichtigt. Da die Anordnung in ihren Auswirkungen einem Straferlass gleichkommt, scheint eine restriktive Handhabung der Vorschrift geboten.

296   Nach § 459d Abs. 2 StPO kann das Gericht eine entsprechende Anordnung auch für zu einer Geldzahlung verpflichtende Nebenfolgen treffen oder diese zusätzlich auf die Kosten des Verfahrens erstrecken. Jedoch gelten dabei dieselben Voraussetzungen wie im Rahmen des Abs. 1 der Vorschrift; etwaige Wiedereingliederungsschwierigkeiten müssen daher zumindest auch aus der Belastung mit

---

[82]   BVerfG, NJW 2006, S. 3627; *Pape*, ZVI 2007, S. 7 ff.; *Pape*, InVo 2006, S. 454 ff.; vgl. ferner *Klaproth*, wistra 2008, S. 174 ff.; *Rönnau/Tachau*, NZI 2007, S. 208 ff.

[83]   *Pfeiffer*, 2005, § 459c Rdn. 4.

[84]   OLG Jena, NStZ-RR 2006, S. 286; OLG Jena, NStZ-RR 2004, S. 383; BeckOK-StPO/ *Klein*, 2009, § 459d Rdn. 3; KK-StPO/*Appl*, 2008, § 459d Rdn. 6; LR-StPO/*Wendisch*, 2001, § 459d Rdn. 8; *Meyer-Goßner*, 2009, § 459d Rdn. 7.

[85]   BeckOK-StPO/*Klein*, 2009, § 459d Rdn. 1.

den Verfahrenskosten resultieren. Liegen die Voraussetzungen des Abs. 1 nicht vor, kann eine Kostenniederschlagung nur aufgrund entsprechender kostenrechtlicher Vorschriften erfolgen.[86]

Wegen der Verfahrenskosten allein darf eine Anordnung nach § 459d Abs. 2 StPO indes nicht ergehen, denn der Norm fehlt insoweit eine § 459a Abs. 4 S. 2 StPO entsprechende Bestimmung.[87] Ohnehin erscheint kein Fall denkbar, in dem die Belastung des Verurteilten mit den Verfahrenskosten eine Gefahr für dessen Wiedereingliederung birgt, ohne dass mit der Geldstrafe als solcher nicht dieselben Schwierigkeiten einhergingen.

Anordnungen nach § 459d StPO trifft – von Amts wegen oder auf Antrag des **297** Betroffenen – entweder das Gericht des ersten Rechtszugs oder die Strafvollstreckungskammer (§§ 462 Abs. 1 S. 1, 462a Abs. 1 S. 1, Abs. 2 StPO). Gegen einen diese Anordnung ablehnenden Beschluss kann der Verurteilte sofortige Beschwerde einlegen, ebenso die Staatsanwaltschaft als Strafvollstreckungsbehörde gegen Anordnungen nach § 459d Abs. 1 oder Abs. 2 StPO (vgl. § 462 Abs. 3 S. 1 StPO).

VII. Rechtsbehelfe[88]

Einwendungen gegen die Zulässigkeit der Vollstreckung der Geldstrafe kann der **298** Verurteilte nach **§ 458 Abs. 1 StPO** erheben. Die Norm erfasst lediglich das „Ob" der Strafvollstreckung, so dass sich der Betroffene gegen den staatlichen Vollstreckungsanspruch als solchen bzw. gegen dessen Umfang wenden muss.[89] Betreffen die Einwände allein die Art und Weise der Strafvollstreckung, fallen sie nicht unter § 458 Abs. 1 StPO. Mögliche Vorbringen sind dabei etwa die Verjährung der Strafvollstreckung oder ihr Erlass, mangelnde Rechtskraft des Vollstreckungstitels oder – vor allem im Zusammenhang mit der Vollstreckung von Geldstrafen, aber auch hinsichtlich der Kosten – das Erlöschen des staatlichen Anspruchs durch Aufrechnung bspw. mit einem Kostenerstattungsanspruch.

Gegen Entscheidungen nach den §§ 459a, 459c, 459e und 459g StPO kann der **299** Verurteilte Einwendungen gem. **§ 459h StPO** erheben. Die Norm bewirkt eine Konzentration der Zuständigkeiten im Zusammenhang mit der Geldstrafenvollstreckung, weshalb sich das Gericht auch unmittelbar mit Entscheidungen des Rechtspflegers (§ 31 Abs. 2 Nr. 1 RPflG) befasst. Von der Vorschrift eingeschlossen werden ausschließlich Anordnungen über die Gewährung von Zahlungserleichterungen, die Beitreibung der Geldstrafe – wie etwa diejenige vor Ablauf der zweiwöchigen Schonfrist des § 459c Abs. 1 StPO – sowie die Vollstreckung von Ersatzfreiheitsstrafe und Nebenfolgen.

---

[86] KK-StPO/*Appl*, 2008, § 459d Rdn. 7.

[87] Vgl. BGH, NJW 1983, S. 1688.

[88] Ausführlich zum Rechtsschutz Kap. L.

[89] OLG Düsseldorf, NJW 1977, S. 117; OLG Schleswig, GA 1984, S. 96; *Meyer-Goßner*, 2009, § 458 Rdn. 4.

Einwendungen gegen die Verrechnungsentscheidungen der Vollstreckungsbehörde nach § 459b StPO unterfallen nicht § 459h StPO. Daher kommt eine gerichtliche Entscheidung nur nach § 21 StVollstrO, §§ 23 ff. EGGVG in Betracht.[90]

Zuständig ist gem. § 462a Abs. 2 StPO jeweils das Gericht des ersten Rechtszugs, sofern nicht der Verurteilte eine (Ersatz-)Freiheitsstrafe verbüßt.[91] In diesem Fall entscheidet gem. §§ 462a Abs. 1 S. 1, 462 StPO die Strafvollstreckungskammer. Der Beschluss ergeht dabei ohne mündliche Verhandlung, § 462 Abs. 1 S. 1 StPO; der Verurteilte wie auch die Staatsanwaltschaft können hingegen nach § 462 Abs. 3 StPO mit der sofortigen Beschwerde vorgehen.

300   Auch wegen eines Beschlusses, der einen Antrag nach §§ 459d oder 459f StPO ablehnt, steht dem Verurteilten gem. §§ 462 Abs. 3 S. 1, 311 StPO die sofortige Beschwerde zu, ebenso der Staatsanwaltschaft gegen Anordnungen nach § 459d Abs. 1 oder Abs. 2 StPO.

301   Greift der Verurteilte die Art und Weise der Vollstreckung an, so verweist **§ 6 Abs. 1 Nr. 1 JBeitrO** auf **§§ 765a, 766, 771 bis 776, 793, 805, 813a, 813b** und **825 ZPO**. Über diese Rechtsbehelfe entscheiden die sachnäheren Zivilgerichte.

---

[90]   KMR/*Stöckel*, § 459b Rdn. 6; a.A. LR-StPO/*Wendisch*, 2001, § 459h Rdn. 7.
[91]   *Meyer-Goßner*, 2009, § 462a Rdn. 4.

F Nachträgliche Bildung einer Gesamtstrafe

Übersicht über die maßgeblichen Normen: **302**
- **§§ 53 bis 55 StGB**;
- **§ 460 StPO**, §§ 462, 462a Abs. 3 StPO;
- § 39 StGB;
- § 41 StVollstrO.

I. Gesamtstrafenbildung

1. Verfahren

Verwirklicht der Täter mehrere Gesetzesverletzungen, die zueinander im Verhält- **303** nis der Tatmehrheit stehen, muss das Gericht nach § 53 Abs. 1 StGB eine Gesamtstrafe bilden, wenn die Taten gleichzeitig abgeurteilt werden oder gleichzeitig hätten abgeurteilt werden können.[1] Grundgedanke dieser Regelung ist es, Mehrfachtäter vor einem unverhältnismäßig schweren Strafübel zu bewahren, das sich bei einer Addition der Einzelstrafen wegen der progressiven Wirkung höherer Strafen ergeben würde.[2]

Die Bildung der Gesamtstrafe erfolgt gem. § 54 StGB nach dem sog. **Aspera-** **304** **tionsprinzip**.[3] Sie erfordert als gesonderter Strafzumessungsvorgang eine zusammenfassende Würdigung der Person des Täters:
- In einem ersten Schritt muss zunächst für jede begangene Tat eine Einzelstrafe festgesetzt werden.[4]

  Hierfür gelten die allgemeinen Regeln und die vom Gesetzgeber bei den jeweiligen Tatbeständen normierten Strafrahmen.[5] Es sind dabei bereits Strafrahmenänderungsgründe – wie etwa eine Milderung nach § 21 StGB – zu berücksichtigen.
- In einem zweiten Schritt ist der Gesamtkomplex der abgeurteilten Taten zu würdigen.

---

[1] BeckOK-StGB/*von Heintschel-Heinegg*, 2009, § 53 Rdn. 1; Schönke/Schröder/*Sternberg-Lieben*, 2006, § 53 Rdn. 1.

[2] Schäfer/Sander/van Gemmeren/*Redeker/Busse*, 2008, Rdn. 655.

[3] *Lackner/Kühl*, 2007, § 53 Rdn. 3; Schönke/Schröder/*Sternberg-Lieben*, 2006, § 53 Rdn. 2.

[4] Satzger/Schmitt/Widmaier/*Eschelbach*, 2009, § 54 Rdn. 2.

[5] LK-StGB/*Rissing-van Saan*, 2006, § 54 Rdn. 11.

Das Gericht darf hierfür nicht die jeweiligen Einzelstrafen zusammenrechnen; vielmehr führt es einen eigenständigen Strafzumessungsvorgang durch, für den Sonderregeln gelten.[6] Aus den Einzelstrafen muss die schwerste verwirkte Strafe als sog. **Einsatzstrafe** bestimmt werden, was sich nach der Strafart sowie der Strafhöhe richtet.[7] Treffen Freiheits- und Geldstrafe zusammen, erkennt das Gericht in aller Regel auf eine Gesamt*freiheits*strafe (vgl. § 53 Abs. 2 S. 1 StGB). Dies folgt aus dem Umstand, dass Freiheitsstrafen stets schwerer wiegen als Geldstrafen, selbst wenn die Zahl der Tagessätze im Vergleich zu der Dauer der Freiheitsstrafe größer erscheint. Jedoch besteht die Möglichkeit, Freiheits- und Geldstrafe getrennt zu verhängen, § 53 Abs. 2 S. 2 1. Halbs. StGB. Eine Freiheitsstrafe stellt auch gegenüber einem Strafarrest nach § 9 WStG die schwerere Sanktion dar; die Geldstrafe wiederum ist im Verhältnis zum Strafarrest milder.[8]

305   Im Übrigen entscheidet bei Freiheitsstrafen deren Dauer, bei Geldstrafen die Anzahl der Tagessätze über die Frage, welche Strafe die Einsatzstrafe darstellen soll. Ist eine Gesamtstrafe aus Freiheits- und Geldstrafe zu bilden, entspricht bei der Bestimmung der Summe der Einzelstrafen ein Tagessatz einem Tag Freiheitsstrafe, § 54 Abs. 3 StGB. Freiheitsstrafe und Strafarrest sind, was die Länge der Freiheitsentziehung betrifft, als gleichwertig zu behandeln (vgl. § 13 WStG), so dass eine „Umrechnung" insoweit nicht notwendig ist.

> *1. Beispiel*: X wird wegen eines Diebstahls, § 242 Abs. 1 StGB, zu einer Freiheitsstrafe von acht Monaten verurteilt sowie wegen eines Betrugs, § 263 Abs. 1 StGB, zu einer Geldstrafe von 360 Tagessätzen zu je 50 Euro.
> Die Einsatzstrafe bildet hier die Freiheitsstrafe von acht Monaten. Zwar entspricht ein Tagessatz einem Tag Freiheitsstrafe, so dass 360 Tagessätze mit 360 Tagen Freiheitsstrafe – also mehr als acht Monaten – gleichzusetzen wären. Die Einsatzstrafe muss jedoch der ihrer *Art* nach schwersten Strafe entnommen werden, § 54 Abs. 1 S. 2 StGB. Als schwerste Straf*art* ist stets die Freiheitsstrafe anzusehen (vgl. § 47 StGB). Bei einem Zusammentreffen von Freiheits- und Geldstrafe ist also immer die Freiheitsstrafe die Einsatzstrafe, selbst sofern sie ihrer Dauer nach niedriger als die Zahl der Tagessätze wirkt.

306   Durch **Erhöhung der Einsatzstrafe** um mindestens eine Einheit der jeweiligen Strafart i.S.v. §§ 39, 40 Abs. 1 StGB wird schließlich die Gesamtstrafe nach dem sog. Asperationsprinzip gebildet.[9] Die Erhöhung der Einsatzstrafe muss in diesem Fall nach den allgemeinen Strafzumessungsaspekten erfolgen[10]; dabei sollen sich diese Erwägungen jedoch auf den Gesamtkomplex und nicht auf die Einzeltaten beziehen.[11] Auch verbietet sich eine rechnerische oder sonst schematische Gesamtstrafenbildung.[12]

Gemäß § 54 Abs. 1 S. 3 StGB erfordert die Strafzumessung eine zusammenfassende Würdigung der Person des Täters und der einzelnen Straftaten. Dabei indi-

---

6   BGH, NJW 1995, S. 2234 f.; *Detter*, NStZ 2009, S. 491.
7   *Fischer*, 2010, § 54 Rdn. 4.
8   Schönke/Schröder/*Sternberg-Lieben*, 2006, § 54 Rdn. 5.
9   Schönke/Schröder/*Sternberg-Lieben*, 2006, § 54 Rdn. 4.
10   MüKo-StGB/*von Heintschel-Heinegg*, 2005, § 54 Rdn. 19.
11   *Lackner/Kühl*, 2007, § 54 Rdn. 6.
12   *Detter*, NStZ 2009, S. 491.

ziert die Schwere der einzelnen Taten die Höhe der Einzelstrafen.[13] Bedeutung
kommt zugleich deren persönlichem, sachlichem, zeitlichem und situativem Kon-
text zu.[14] Auch die Häufigkeit der Begehung und die Art der verletzten Rechtsgüter sowie die Begehungsweisen spielen hierfür eine Rolle.[15]

Umstritten bei der Bemessung der Gesamtstrafe ist, ob auch solche Strafzumessungs-
erwägungen erneut verwendet werden dürfen, die bereits bei der Bemessung der Einzelstrafen Berücksichtigung gefunden haben. Zuweilen wird eine zweifache Verwertung als unzulässig angesehen.[16] Der Bundesgerichtshof sowie ein großer Teil der
Lehre vertreten hingegen die Ansicht, es liege kein Verstoß gegen das Doppelverwertungsverbot[17] aus § 46 Abs. 3 StGB vor, wenn derselbe Umstand zunächst isoliert für
die Einzeltat und zum anderen in seiner Auswirkung auf die Gesamtheit der Taten
zusammenfassend berücksichtigt werde.[18] Die völlige Trennung der jeweils maßgeblichen Argumente lässt sich vor allem bei täterbezogenen Strafzumessungsgründen
ohnehin nicht durchführen[19], so dass sich eine mehrfache Verwertung faktisch nicht
vermeiden lässt.

Für die Erhöhung der Einsatzstrafe gilt ein **Sonderstrafrahmen**, dessen Min- **307**
destmaß die um wenigstens eine Strafeinheit erhöhte Einsatzstrafe beträgt. Bei
Freiheitsstrafen unter einem Jahr wird die Einsatzstrafe also um mindestens eine
Woche erhöht, bei höheren Freiheitsstrafen um einen Monat, § 39 StGB.[20] Bei
Geldstrafen hat eine Erhöhung jedenfalls um einen Tagessatz stattzufinden.

Die Gesamtstrafe darf gem. § 54 Abs. 2 S. 1 StGB nach oben hin weder die **308**
Summe der Einzelstrafen noch die abstrakt normierten Strafrahmenobergrenzen,
wie bspw. 15 Jahre Freiheitsstrafe oder 720 Tagessätze, § 54 Abs. 2 S. 2 StGB[21],
erreichen. Gleichzeitig legt das Gesetz jedoch als absolute Obergrenze fest, dass
die Gesamtstrafe zumindest die Summe der Einzelstrafen nicht erreichen darf,
§ 54 Abs. 2 S. 1 StGB. Die kleinste Einheit, um welche die Gesamtstrafe hinter
der Summe der Einzelstrafen zurückbleiben muss, richtet sich ebenfalls nach § 39
StGB. Sie beträgt also – je nachdem ob die Gesamtstrafe unter einem Jahr liegt
oder eine längere Dauer hat – eine Woche oder einen Monat. Eine Ausnahme lässt
die Rechtsprechung allerdings zu, wenn anderenfalls die Summe der Einzelstrafen
erreicht oder gar überschritten würde. Bei Gesamtstrafen von einem Jahr und mehr
darf also entgegen § 39 StGB im Einzelfall eine nicht nur nach Jahren und Monaten, sondern auch nach Wochen bemessene Gesamtfreiheitsstrafe verhängt wer-

---

[13] NK-StGB/*Frister*, 2010, § 54 Rdn. 18.
[14] BGH, wistra 1999, S. 463 f.; *Fischer*, 2010, § 54 Rdn. 7a; zur Bewertung von Serien-
       straftaten vgl. Satzger/Schmitt/Widmaier/*Eschelbach*, 2009, § 54 Rdn. 6.
[15] *Meier*, 2009, S. 162.
[16] *Fischer*, 2010, § 54 Rdn. 8; Schönke/Schröder/*Sternberg-Lieben*, 2006, § 54 Rdn. 15.
[17] Vgl. zum Doppelverwertungsverbot etwa *Fischer*, 2010, § 46 Rdn. 76 ff.
[18] Grundlegend zur Bemessung der Gesamtstrafe BGHSt. 24, S. 268 ff.; BGH, NStZ-RR
       1998, S. 237; *Lackner/Kühl*, 2007, § 54 Rdn. 6; LK-StGB/*Rissing-van Saan*, 2006, § 54
       Rdn. 12.
[19] NK-StGB/*Frister*, 2010, § 54 Rdn. 22.
[20] BeckOK-StGB/*von Heintschel-Heinegg*, 2009, § 54 Rdn. 14.
[21] Siehe dazu sogleich.

den.[22] Ferner schließt § 54 Abs. 2 S. 2 1. Halbs. StGB bei zeitigen Freiheitsstrafen eine Strafdauer von über 15 Jahren und bei Geldstrafe von mehr als siebenhundertzwanzig Tagessätzen aus.

> *2. Beispiel*: X wird wegen eines Raubs, § 249 Abs. 1 StGB, zu einer Freiheitsstrafe von einem Jahr sowie wegen eines Betrugs, § 263 Abs. 1 StGB, zu einer Geldstrafe von 360 Tagessätzen zu je 50 Euro verurteilt. Die Freiheitsstrafe bildet die Einsatzstrafe. Die Gesamtstrafe muss somit mindestens ein Jahr zuzüglich wenigstens einer weiteren kleinsten möglichen Strafeinheit betragen.
> Zwar entspricht ein Tagessatz der Geldstrafe einem Tag Freiheitsstrafe (vgl. §§ 43 S. 2, 54 Abs. 3 StGB); die Gesamtstrafe stellt jedoch nicht eine schlichte Addition von Einsatzfreiheitsstrafe und (umgerechneter) Geldstrafe dar. Vielmehr bildet sie eine völlig neue (Gesamt-)Freiheitsstrafe, für die § 39 StGB eingreift. Die kleinste mögliche Einheit beträgt somit einen Monat, da bereits die Einsatzstrafe nicht unter einem Jahr liegt. Als Obergrenze für die Gesamtstrafe nennt § 54 Abs. 2 S. 1 StGB die Summe der Einzelstrafen, die hier bei einem Jahr und 360 Tagen liegt. Daraus ergibt sich im Fallbeispiel eine Obergrenze von einem Jahr und 11 Monaten; die Tagessätze werden dabei also nach unten zum vollen Monat abgerundet.

> *3. Beispiel*: Gegen Y verhängt das Gericht eine Freiheitsstrafe von einem Jahr und 11 Monaten sowie – wegen einer anderen Tat – eine Geldstrafe von 15 Tagessätzen. Die Freiheitsstrafe fungiert bei der Gesamtstrafenbildung als Einsatzstrafe, die um die kleinste mögliche Einheit erhöht wird. Gleichzeitig darf die Gesamtstrafe jedoch die Summe der Einzelstrafen nicht erreichen; sie muss daher im Fallbeispiel unter einem Jahr 11 Monaten und 2 Wochen liegen.
> Eigentlich beträgt die kleinste mögliche Einheit hier einen Monat, da die Einsatzstrafe nicht unter einem Jahr bleibt, § 39 StGB. Da aber die Summe der Einzelstrafen nicht erreicht werden darf, kommt vorliegend dennoch eine Freiheitsstrafe von einem Jahr 11 Monaten und einer Woche in Betracht. Bei derartigen Verfahrenslagen ist es also ausnahmsweise zulässig, die Freiheitsstrafe *entgegen* § 39 StGB nach Jahren, Monaten und Wochen zu bemessen.

2. Sonderfälle

309   Stellt eine lebenslange Freiheitsstrafe die Einsatzstrafe dar, ist diese grds. nicht steigerungsfähig. Sie bildet stets Einsatz- und Gesamtstrafe zugleich, § 54 Abs. 1 S. 1 StGB.[23] Trotzdem muss für andere begangene Straftaten immer zusätzlich eine Einzelstrafe gesondert festgesetzt werden.

Eine **Gesamtfreiheitsstrafe** darf nach § 54 Abs. 2 S. 1 StGB die Summe der Einzelstrafen nicht erreichen, muss also mindestens eine Einheit darunter bleiben. Auf der anderen Seite kann die Strafdauer eine Höhe von 15 Jahren nicht überschreiten. Diese Obergrenze lässt sich auch nicht dadurch umgehen, dass eine selbstständige Geldstrafe neben der Freiheitsstrafe nach §§ 41, 53 Abs. 2 S. 2 StGB verhängt wird.[24] Wenn schon die Einsatzstrafe diese Höhe erreicht, hat eine

---

[22]   BGH, NStZ-RR 2004, S. 137; BeckOK-StGB/*von Heintschel-Heinegg*, 2009, § 54 Rdn. 15; Schönke/Schröder/*Stree*, 2006, § 39 Rdn. 4.

[23]   *Fischer*, 2010, § 54 Rdn. 3.

[24]   NK-StGB/*Frister*, 2010, § 54 Rdn. 13.

Erhöhung ebenfalls zu unterbleiben. Die Summe mehrerer zusammentreffender Gesamtstrafen darf jedoch die abstrakte Höchstgrenze des § 54 Abs. 2 S. 2 1. Halbs. StGB sehr wohl überschreiten.[25]

> § 54 Abs. 2 S. 2 1. Halbs. StGB enthält zudem eine Regelung zur Höchstgrenze der Gesamtstrafe bei Verhängung einer Vermögensstrafe. Diese ist indes aufgrund der Entscheidung des Bundesverfassungsgerichts vom 20.3.2002[26] obsolet. Denn nach diesem Urteil bleibt § 43a StGB, der früher die Vermögensstrafe regelte, mit Art. 103 Abs. 2 GG unvereinbar und damit nichtig; der Entscheidungsformel kommt gem. § 31 Abs. 2 BVerfGG Gesetzeskraft zu.

Auch bei einer **Gesamtgeldstrafe** ist zunächst eine Einsatzgeldstrafe zu bilden, **310** die dann um mindestens einen Tagessatz erhöht wird. Eine Umwandlung in eine Gesamtfreiheitsstrafe ist nicht möglich.[27] Die Gesamtgeldstrafe muss aber unterhalb der Summe der Einzelstrafen bleiben; ihr abstraktes Höchstmaß beträgt 720 Tagessätze, § 54 Abs. 2 StGB, und gilt auch für Gesamtgeldstrafen, die neben einer Freiheitsstrafe verhängt werden. Die Gesamtgeldstrafe muss die Einsatzstrafe hinsichtlich des Produkts aus Zahl und Höhe aller Tagessätze übersteigen. Sie darf jedoch nicht die Summe erreichen, die sich aus Addition der Produkte von Zahl und Höhe der Tagessätze der Einzelstrafen ergibt.[28]

> *4. Beispiel:* Aus Geldstrafen in Höhe von 20 Tagessätzen zu je 30 Euro und 40 Tagessätzen zu je 25 Euro soll eine Gesamtstrafe gebildet werden. Aufgrund der Anzahl der Tagessätze bildet hier die zweite Strafe in Höhe von 40 Tagessätzen zu je 25 Euro die Einsatzstrafe. Die Gesamtgeldstrafe muss die Einsatzstrafe hinsichtlich des Produkts aus Zahl und Höhe aller Tagessätze übersteigen, also über 1 000 Euro liegen. Sie hat jedoch insgesamt niedriger auszufallen als 1 600 Euro, da sie den Betrag nicht erreichen darf, den beide Einzelstrafen insgesamt ausmachen (bei einer Addition der Produkte von Zahl und Höhe der Tagessätze der Einzelstrafen).

Sollten bei den Einzelstrafen jeweils verschiedene Tagessätze festgesetzt worden sein, kommt u.U. auch eine Reduzierung der Tagessatzhöhe in Betracht. Bei Bildung einer Gesamtgeldstrafe aus Einzelstrafen mit verschiedenen Tagessatzhöhen muss die Höhe der Tagessätze unter Beachtung des Gesamtstrafübels neu bestimmt werden.[29]

---

[25] BGH, NStZ 2000, S. 84 f.; vgl. zudem etwa BGHSt. 44, S. 185; BGHSt. 43, S. 218; BGHSt. 33, S. 368 f.

[26] BVerfGE 105, S. 135 ff. (BGBl. 1995/I, S. 1340).

[27] Satzger/Schmitt/Widmaier/*Eschelbach*, 2009, § 54 Rdn. 15.

[28] OLG Frankfurt a.M., NStZ-RR 1997, S. 264 f.

[29] *Fischer*, 2010, § 55 Rdn. 25; eingehend dazu Schäfer/Sander/van Gemmeren/*Redeker/Busse*, 2008, Rdn. 695.

II. Nachträgliche Gesamtstrafenbildung nach § 55 StGB

1. Allgemeines

311 Einem Täter erwächst, wenn mehrere selbstständige von ihm begangene Taten gleichzeitig abgeurteilt werden, durch die Gesamtstrafenbildung nach dem Asperationsprinzip ein rechnerischer Vorteil. Denn anders als bei jeweils isolierter Aburteilung erreicht die festgesetzte Strafe die Summe der Einzelstrafen nicht.

War eine gleichzeitige Aburteilung der Taten jedoch nicht möglich, so bleibt dem Betroffenen dieser Vorteil versagt. Das kann der Fall sein, wenn der Täter vor einer rechtskräftigen Verurteilung eine weitere Straftat begangen hat, diese jedoch zum Zeitpunkt des Urteils noch nicht hinreichend aufgeklärt werden konnte. In einem solchen Fall ermöglicht die nachträgliche Bildung einer Gesamtstrafe gem. § 55 Abs. 1 StGB die Nachteile auszugleichen, welche durch eine getrennte Aburteilung entstehen.[30] Die Anwendung des § 55 StGB ist dabei obligatorisch und steht nicht zur Disposition des Gerichts.

312 Die nachträgliche Bildung einer Gesamtstrafe gewährleistet, dass sich die mit der Bestrafung verbundene Belastung nicht auf Grund von Umständen vergrößert, die dem Täter nicht zuzurechnen sind. § 55 StGB erlaubt somit einen beschränkten Eingriff in die Rechtskraft der früheren Entscheidung. Taten, die der Verurteilte zeitlich nach dieser Entscheidung begangen hat, werden jedoch nicht erfasst.[31] Zudem beschränkt die Norm eine nachträgliche Gesamtstrafenbildung auf Fälle, in denen die rechtskräftig verhängten Strafen noch nicht erledigt sind.[32] Wird die Gesamtstrafenbildung in einem Urteilsverfahren versäumt, so kann sie im Beschlussverfahren nach § 460 StPO nachgeholt werden.[33]

Im Unterschied dazu kennt das Jugendstrafrecht nur eine Einheitsstrafe, § 31 Abs. 2 JGG. In eine solche Einheitsjugendstrafe kann durchaus ein auf Freiheitsstrafe lautendes Urteil wegen einer Tat eines (inzwischen) Erwachsenen einbezogen werden. Das allgemeine Strafrecht bleibt in einem solchen Fall hingegen anzuwenden, wenn das Schwergewicht des strafrechtlichen Vorwurfs nicht bei der nach Jugendstrafrecht zu beurteilenden Tat liegt.[34]

2. Voraussetzungen

313 Eine nachträgliche Gesamtstrafenbildung nach § 55 StGB hat zur Voraussetzung:
- eine frühere rechtskräftige Verurteilung durch ein deutsches Gericht,
- die frühere Strafe darf sich noch nicht vollständig erledigt haben,
- die abzuurteilende Tat muss vor der früheren Verurteilung begangen worden sein.

---

[30] BGHSt. 31, S. 132; *Fischer*, 2010, § 55 Rdn. 2.
[31] LK-StGB/*Rissing-van Saan*, 2006, § 55 Rdn. 2.
[32] *Wilhelm*, NStZ 2008, S. 425 ff.
[33] *Meyer-Goßner*, 2009, § 460 Rdn. 1 ff.; unten Kap. F III.
[34] *Fischer*, 2010, § 55 Rdn. 2.

a) *Frühere rechtskräftige Verurteilung durch ein deutsches Gericht*

§ 55 Abs. 1 S. 1 StGB setzt für eine nachträgliche Gesamtstrafenbildung zunächst **314** eine frühere Verurteilung zu einer Freiheits- oder Geldstrafe voraus. Zum Zeitpunkt der Verkündung des (zweiten) Urteils muss also bereits eine (frühere) Entscheidung vorliegen.

> Im Verfahren nach Einspruch gegen einen Strafbefehl kommt es damit auf den Zeitpunkt der Hauptverhandlung mit Urteilsverkündung an, selbst wenn der Einspruch auf die Rechtsfolgen beschränkt wurde. Gleichfalls ist das Urteil im Wiederaufnahmeverfahren – nicht die ursprüngliche Entscheidung – maßgeblich; das gilt selbst dann, wenn dieses die vorangegangene Entscheidung lediglich aufrecht erhält.[35]

Das frühere Urteil muss zudem rechtskräftig sein, bevor das zweite Urteil in Rechtskraft erwächst; dieses Erfordernis soll Doppelbestrafungen vermeiden.[36] Daher darf auch eine (frühere) Gesamtstrafe nach § 55 StGB nur einbezogen werden, wenn sie ihrerseits bereits rechtskräftig ist.

Gegenstand des Eingriffs in die Rechtskraft ist allein eine Verurteilung durch ein deutsches Gericht. In die Rechtskraft ausländischer Urteile kann nicht eingegriffen werden, da sonst wegen der mit der Gesamtstrafenbildung verbundenen Beseitigung der Vollstreckbarkeit der Entscheidung die Souveränität des rechtsprechenden Staates beeinträchtigt würde.[37]

b) *Keine Erledigung*

Ferner darf Erledigung nicht eingetreten, die verhängte Strafe also weder **315** vollstreckt, verjährt noch erlassen worden sein. Der Ausschluss der nachträglichen Gesamtstrafenbildung bei Erledigung der früheren Verurteilung durchbricht den gesetzlichen Grundgedanken, den Täter so zu stellen, als seien von Anfang an bei jeder früheren Verurteilung sämtliche Taten, die gleichzeitig hätten abgeurteilt werden können, auch tatsächlich abgeurteilt worden. Diese Durchbrechung beruht darauf, dass es widersprüchlich erscheint, eine erledigte Strafe gleichwohl förmlich in eine Gesamtstrafe einzubeziehen.[38]

Eine nachträgliche Gesamtstrafenbildung scheidet daher insbesondere aus, wenn eine Freiheitsstrafe bereits verbüßt ist. Als vollstreckt gilt eine Geldstrafe, sofern der Verurteilte sie bezahlt hat oder eine Ersatzfreiheitsstrafe verbüßt wurde[39]; auch durch Aufrechnung erledigt sich eine (Geld-)Strafe. Liegt eine frühere Gesamtstrafe vor, so stellt sich diese hinsichtlich der Erledigung als Einheit dar.

Die Vollstreckungsverjährung richtet sich nach § 79 StGB und steht der nach- **316** träglichen Bildung einer Gesamtstrafe entgegen. Bei einer Strafaussetzung zur

---

[35]   *Fischer*, 2010, § 55 Rdn. 5; Schönke/Schröder/*Sternberg-Lieben*, 2006, § 55 Rdn. 11.
[36]   *Fischer*, 2010, § 55 Rdn. 5.
[37]   BGH, StrVert 2000, S. 196 f.; *Fischer*, 2010, § 55 Rdn. 5; Schönke/Schröder/ *Sternberg-Lieben*, 2006, § 55 Rdn. 4.
[38]   BeckOK-StGB/*von Heintschel-Heinegg*, 2009, § 55 Rdn. 20.
[39]   Vgl. dazu oben Kap. E V.

Bewährung tritt hingegen jedenfalls noch keine Erledigung dadurch ein, dass die Bewährungszeit im Zeitpunkt des neuen Urteils schon abgelaufen, die Strafe jedoch nicht nach § 56g Abs. 1 S. 1 StGB formell erlassen war.

c) Begehung „vor der früheren Verurteilung"

317 Die jetzt abzuurteilende Straftat muss vom Täter zudem „vor der früheren Verurteilung" begangen worden sein. Die Rechtsprechung sowie ein Teil der Lehre erachten hierbei die materielle Beendigung im Zeitpunkt der Verurteilung für entscheidend.[40] Ein anderer Teil der Literatur hält hingegen richtigerweise die Vollendung der Haupttat für maßgeblich.[41] Denn da ein Delikt bereits ab dem Zeitpunkt seiner Vollendung in das frühere Verfahren hätte einbezogen werden können, erscheint es vorzugswürdig, auch für die nachträgliche Bildung einer Gesamtstrafe hierauf abzustellen. Für die Gesamtstrafenfähigkeit kommt es zudem nicht auf den Eintritt einer Strafbarkeitsbedingung an, sondern auf den Zeitpunkt der Tatbegehung.[42]

318 Maßgeblicher Termin dafür, ob und wann eine Gesamtstrafenbildung möglich gewesen wäre, ist der desjenigen Urteils, bei dem die zugrunde liegenden **tatsächlichen Feststellungen** letztmals geprüft werden konnten, § 55 Abs. 1 S. 2 StGB. Tatrichterliche Entscheidungen sind etwa das erstinstanzliche Urteil oder eine ihm gleichstehende Entscheidung wie bspw. ein Strafbefehl sowie das eine Sachentscheidung enthaltende Berufungsurteil.[43] Ein Urteil, das eine Berufung lediglich als unzulässig zurückweist, genügt hingegen nicht.

Dem gesetzlichen Grundgedanken nach soll der Täter bei der nachträglichen Gesamtstrafenbildung stets so gestellt werden, als seien von Anfang an bei der früheren Verurteilung sämtliche Taten, die gleichzeitig hätten abgeurteilt werden können, auch tatsächlich zugleich abgeurteilt worden. Den Ausschlag gibt demnach nicht die zufällige äußere Verfahrensgestaltung, sondern die materielle Rechtslage.

> *5. Beispiel*: X begeht die erste Tat am 1. April 2010, die zweite Tat am 20. April 2010. Er wird wegen der ersten Tat am 1. Juni 2010 zu einer Freiheitsstrafe verurteilt; Rechtskraft tritt in Folge eines umfassenden Rechtsmittelverzichts sofort ein. Wegen der zweiten Tat ergeht ein Urteil am 28. Juni 2010.
>
>
>
> Hier hätte die zweite Tat schon im ersten Urteil unter Bildung einer für den Täter günstigeren Gesamtstrafe abgeurteilt werden können, sofern sie bereits Gegenstand der frü-

---

[40] BGH, NJW 1999, S. 1346; BGH, NJW 1997, S. 751; BGH, wistra 1996, S. 144; *Fischer*, 2010, § 55 Rdn. 7; *Lackner/Kühl*, 2007, § 55 Rn 4; LK-StGB/*Rissing-van Saan*, 2006, § 55 Rdn. 9.

[41] BeckOK-StGB/*von Heintschel-Heinegg*, 2009, § 55 Rdn. 6; *Bringewat*, 1987, Rdn. 219; NK-StGB/*Frister*, 2010, § 55 Rdn. 5; Satzger/Schmitt/Widmaier/*Eschelbach*, 2009, § 55 Rdn. 9; Schönke/Schröder/*Sternberg-Lieben*, 2006, § 55 Rdn. 12.

[42] LK-StGB/*Rissing-van Saan*, 2006, § 55 Rdn. 9.

[43] Ausführlich dazu Schönke/Schröder/*Sternberg-Lieben*, 2006, § 55 Rdn. 7 ff.

heren Hauptverhandlung gewesen wäre. Die Strafe aus dem ersten Urteil – nicht aber das Urteil selbst – ist daher in die Gesamtstrafe, die im Rahmen des zweiten Urteils nachträglich gebildet werden muss, einzubeziehen.

6. Beispiel: Y begeht die erste Tat am 1. April 2010, die zweite Tat am 1. Juni 2010. Er wird wegen der ersten Tat am 20. Mai 2010 zu einer Freiheitsstrafe verurteilt; Rechtskraft tritt sofort ein. Wegen der zweiten Tat ergeht ein Urteil am 12. August 2010.

Die nachträgliche Bildung einer Gesamtstrafe bleibt in diesem Fallbeispiel ausgeschlossen. Das erste Urteil am 20. Mai 2010 entfaltet hierbei eine **Zäsurwirkung**, welche einer Einbeziehung der früher verhängten Strafe entgegen steht.

Wurde in dem früheren Urteil bereits eine Gesamtstrafe gebildet – hat der Täter **319** also mehr als zwei selbstständige Taten begangen –, so muss diese ursprünglich verhängte Gesamtstrafe ggf. im Rahmen der nachträglichen Gesamtstrafenbildung aufgelöst werden. In diesem Fall erkennt das Gericht auf eine neue Gesamtstrafe, gebildet aus sämtlichen Einzelstrafen. Eine Ausnahme ergibt sich lediglich, wenn das frühere Tatgericht gem. § 53 Abs. 2 S. 2 StGB von der Gesamtstrafenbildung ausdrücklich abgesehen hat; dieser Vorteil darf dem Angeklagten nicht mehr genommen werden.[44]

7. Beispiel: Z begeht die erste Tat am 1. März 2010, die zweite Tat am 15. März 2010 und die dritte Tat am 5. April 2010. Er wird wegen der ersten und zweiten Tat am 7. Mai 2010 (rechtskräftig) verurteilt; dabei bildet das Gericht eine Gesamtstrafe. Wegen der dritten Tat ergeht ein Urteil am 26. Mai 2010.

Die dritte Tat hätte bereits im ersten Urteil mit abgeurteilt werden können, sofern sie bereits Gegenstand jener Hauptverhandlung gewesen wäre. Da die dritte Tat zeitlich bereits vor dem die ersten beiden Taten umfassenden Urteil liegt, entfaltet dieses erste Urteil insoweit keine Zäsurwirkung. Die Besonderheit dieser Fallkonstellation liegt darin, dass im ersten Urteil bereits eine Gesamtstrafe gebildet wurde; diese ist allerdings unrichtig, weil sie die dritte Tat nicht berücksichtigt. Die bereits verhängte Gesamtstrafe muss daher aufgelöst und eine neue Gesamtstrafe (nachträglich) gebildet werden.

Ein früheres Urteil entfaltet eine **Zäsurwirkung** im Hinblick auf danach be- **320** gangene Straftaten. Dies gilt jedoch nur für die Taten, welche auch von dem früheren Urteil betroffen waren.[45]

Wenn die neu abzuurteilende Tat vor zwei rechtskräftigen, unerledigten Vorverurteilungen begangen wurde, dann wird zur nachträglichen Bildung einer Gesamtstrafe nur die Strafe aus der ersten Verurteilung herangezogen. Diese bildet

---

[44] Schäfer/Sander/van Gemmeren/*Redeker/Busse*, 2008, Rdn. 691.
[45] Dazu BeckOK-StGB/*von Heintschel-Heinegg*, 2009, § 55 Rdn. 15; *Wilhelm*, NStZ 2008, S. 425 ff.

eine Zäsur mit der Folge, dass die zweite Verurteilung selbständig bestehen bleibt.[46]

> 8. *Beispiel*: Z begeht die erste Tat am 1. August 2009, die zweite Tat am 15. August 2009 und die dritte Tat am 3. September 2009. Er wird wegen der ersten und zweiten Tat am 23. September 2009 (rechtskräftig) verurteilt; dabei bildet das Gericht eine Gesamtstrafe. Die dritte Tat wurde von diesem Urteil jedoch noch nicht erfasst. Eine weitere vierte Straftat begeht Z am 11. Oktober 2009. Wegen der dritten und vierten Tat ergeht ein Urteil am 16. November 2009.

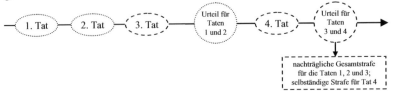

> Die dritte Tat hätte bereits von dem ersten Urteil erfasst werden müssen, wenn sie schon Gegenstand jener Hauptverhandlung gewesen wäre. Eine Zäsurwirkung, die eine Einbeziehung der *nach* dem ersten Urteil begangenen Taten ausschließt, greift für die dritte Tat daher nicht, weil diese vor der die Taten 1 und 2 aburteilenden ersten Entscheidung liegt. Diese Zäsurwirkung entfaltet das erste Urteil vom 23. September 2009 allerdings für die vierte Tat.
>
> Für die erste, zweite und dritte Tat muss daher unter Auflösung der im ersten Urteil verhängten Gesamtstrafe eine neue Gesamtstrafe (nachträglich) gebildet werden. Wegen der vierten Tat wird eine selbstständige Strafe verhängt.[47]

321   Probleme ergeben sich, wenn Taten zum Teil vor und zum Teil nach mehreren unerledigten Vorverurteilungen begangen wurden. Dann ist für die Gesamtstrafenfähigkeit die früheste unerledigte Vorverurteilung maßgeblich. Sie stellt eine erste Zäsur dar, so dass eine (nachträgliche) Gesamtstrafenbildung nur mit den Strafen für die vor diesem Zeitpunkt begangenen Taten in Betracht kommt.[48] Die zweite Vorverurteilung bildet dann eine weitere Zäsur; damit lassen sich alle Einzelstrafen für diejenigen Taten zusammenfassen, die zwar nach dem ersten, jedoch vor dem zweiten Urteil begangen wurden.[49]

Eine Zäsurwirkung tritt damit auch ein, wenn die nun abzuurteilende Tat zwischen zwei Vorverurteilungen begangen wurde und aus den beiden Vorstrafen eine Gesamtstrafe gebildet wurde.[50]

---

[46] *Fischer*, 2010, § 55 Rdn. 9.

[47] Ausführlich BeckOK-StGB/*von Heintschel-Heinegg*, 2009, § 55 Rdn. 15.

[48] Vgl. BGH, NStZ 2003, S. 200 f.; *Fischer*, 2010, § 55 Rdn. 12; dazu ferner *Bringewat*, NStZ 2009, S. 544.

[49] *Fischer*, 2010, § 55 Rdn. 12.

[50] BGH, NJW 1982, S. 2080 f.; *Fischer*, 2010, § 55 Rdn. 12; Schönke/Schröder/*Sternberg-Lieben*, 2006, § 55 Rdn. 14; *Wilhelm*, NStZ 2008, S. 425 ff.

9. Beispiel: A begeht die erste Tat am 1. April 2010, die zweite Tat am 1. Mai 2010 und die dritte Tat am 6. Juni 2010. Er wird wegen der ersten Tat am 25. Mai 2010 (rechtskräftig) verurteilt. Wegen der zweiten Tat erfolgt eine Verurteilung am 3. August 2010; dabei bildet das Gericht unter Einbeziehung der im Urteil vom 25. Mai 2010 wegen der ersten Tat verhängten Strafe eine Gesamtstrafe. Die dritte Tat wird am 8. September 2010 abgeurteilt.

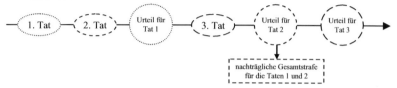

Tat 3 ist zwischen den Urteilen für Tat 1 und Tat 2 begangen; im zweiten Urteil wurde jedoch bereits eine Gesamtstrafe für die erste und zweite Tat gebildet. Daher kommt keine erneute Gesamtstrafenbildung im dritten Urteil in Betracht. Das Urteil vom 25. Mai 2010 für die erste, am 1. April 2010 begangene Tat entfaltet hier eine Zäsurwirkung hinsichtlich der dritten Tat. Denkbar ist in diesem Fall jedoch ein Härteausgleich.[51]

Als „frühere Verurteilung" i.S.v. § 55 Abs. 1 S. 2 StGB, die eine Zäsurwirkung **322** hinsichtlich später begangener Taten entfaltet, kommen nur Entscheidungen in Betracht, welche eine (letztmalige) Prüfung tatsächlicher Feststellungen beinhalten können. Maßgeblich ist also das letzte Tatsachen (über die zuerst begangene Tat) betreffende Urteil; dieses muss zeitlich nach der zweiten Tat liegen. Hierbei kann es sich auch um ein Berufungsurteil handeln.

10. Beispiel: C begeht die erste Tat am 1. Mai 2010, die zweite Tat am 1. Juli 2010. Er wird wegen der ersten Tat am 4. Juni 2010 erstinstanzlich verurteilt, legt gegen dieses Urteil jedoch Berufung ein. Über sein Rechtsmittel wird am 9. Juli 2010 entschieden; dabei wird die Berufung des C als unbegründet zurückgewiesen. Wegen der zweiten Tat erfolgt eine Verurteilung am 5. August 2010.

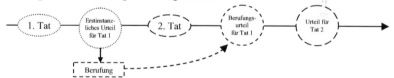

Hier folgt die zweite Tat zeitlich zwar dem erstinstanzlichen Urteil nach, jedoch wurde später – am 9. Juli 2010 – nochmals in einer Tatsacheninstanz über die erste Tat verhandelt. Zäsurwirkung entfaltet daher erst das Berufungsurteil, so dass in dem Urteil über die zweite Tat am 5. August 2010 eine Gesamtstrafe für beide Taten zu bilden ist.

Bei der nachträglichen Bildung einer Gesamtstrafe bleiben in der Vorverurtei- **323** lung verhängte Nebenstrafen, Nebenfolgen und Maßnahmen nach § 55 Abs. 2 StGB aufrecht zu erhalten, soweit sie nicht erledigt sind oder durch eine neue Entscheidung gegenstandslos werden.[52]

---

[51] Weitergehend dazu BeckOK-StGB/*von Heintschel-Heinegg*, 2009, § 55 Rdn. 16.
[52] *Fischer*, 2010, § 55 Rdn. 29 f.

Wenn die (nachträgliche) Gesamtstrafenbildung nur deshalb ausscheidet, weil die einzubeziehende Strafe bereits vollstreckt, verjährt oder erlassen und damit erledigt ist, muss bei Vorliegen aller sonstigen Voraussetzungen nach § 55 Abs. 1 StGB ein Härteausgleich erfolgen.[53] Dies kann durch Bildung einer fiktiven Gesamtstrafe geschehen. Von dieser ist dann die bereits vollstreckte Strafe abzuziehen. Der Nachteil kann jedoch auch unmittelbar bei der Festsetzung der neuen Strafe berücksichtigt werden.[54]

3. Aussetzung zur Bewährung

324 Im Fall der Gesamtstrafenbildung nach § 55 StGB sowie in dem Verfahren nach § 460 StPO[55] muss das zuständige Gericht über die Aussetzung der Strafe zur Bewährung neu entscheiden, da die Bildung einer Gesamtstrafe diese Aussetzung gegenstandslos macht. Eine zuvor ausgesprochene Bewährung entfällt damit und es muss nach § 58 StGB wegen der Aussetzung der *Gesamt*strafe zur Bewährung eine selbstständige Prüfung erfolgen.[56] Dabei kommt es für die zeitlichen Schranken des § 56 StGB auf die Höhe der Gesamtstrafe an, nicht auf die der Einzelstrafen.[57] Maßgeblich für die Beurteilung der für die Bewährungsentscheidung Ausschlag gebenden Sachlage ist der Zeitpunkt der Beschlussfassung.[58]

325 Selbst wenn sämtliche Einzelstrafen zur Bewährung ausgesetzt waren, kann es dennoch eine Bewertung der Taten in ihrer Gesamtheit rechtfertigen, von einer Aussetzung zur Bewährung abzusehen. Umgekehrt kann eine Gesamtstrafe selbst dann zur Bewährung ausgesetzt werden, wenn die Einzelstrafen, aus denen sie gebildet wurde, ohne Bewährung verhängt worden sind.[59]

Wird die neue Gesamtfreiheitsstrafe zur Bewährung ausgesetzt, sind die Bewährungszeit sowie die Auflagen und Weisungen erneut festzusetzen. Frühere Auflagen und Weisungen fallen weg, sofern sie nicht ausdrücklich aufrecht erhalten werden.
Der Widerruf einer im Gesamtstrafenbeschluss gewährten Strafaussetzung zur Bewährung gem. § 56f Abs. 1 Nr. 1 StGB ist nur aufgrund weiterer, nach Erlass des Beschlusses begangener Straftaten zulässig.

326 Nach § 58 Abs. 2 S. 1 StGB verkürzt sich das Mindestmaß der neuen Bewährungszeit um einen bereits abgelaufenen Bewährungszeitraum. Voraussetzung hierfür ist, dass nach § 55 StGB nachträglich eine Gesamtstrafe gebildet wurde

53 BGH, BeckRS 2010, Nr. 1427; ausführlich Satzger/Schmitt/Widmaier/*Eschelbach*, 2009, § 55 Rdn. 19 ff.
54 Hinweise zur Bearbeitung besonders komplizierter Sachverhalte finden sich bei BeckOK-StGB/*von Heintschel-Heinegg*, 2009, § 55 Rdn. 17.
55 Dazu oben Kap. E V.
56 *Meyer-Goßner*, 2009, § 460 Rdn. 17.
57 BeckOK-StGB/*von Heintschel-Heinegg*, 2009, § 58 Rdn. 1.
58 A.A. BeckOK-StGB/*von Heintschel-Heinegg*, 2009, § 58 Rdn. 3.
59 KK-StPO/*Appl*, 2008, § 460 StPO Rdn. 25a; *Pfeiffer*, 2007, § 460 Rdn. 10; a.A. *Meyer-Goßner*, 2009, § 460 Rdn. 17; SK-StPO/*Paeffgen*, § 460 Rdn. 22.

und mindestens eine der dabei einbezogenen Strafen (vollständig oder bezüglich eines Strafrests) zur Bewährung ausgesetzt war.

§ 58 Abs. 2 S. 2 StGB regelt den Fall, dass die Gesamtstrafe nicht zur Bewährung ausgesetzt wird, obwohl zumindest eine der einbezogenen Einzelstrafen mit Bewährung verhängt wurde. In dieser Konstellation muss das zuständige Gericht bei der Bildung der Gesamtstrafe zugunsten des Verurteilten bereits erbrachte Bewährungsleistungen nach § 56f Abs. 3 S. 2 StGB analog auf die Strafe anrechnen. Die Entscheidung steht dabei – anders als bei direkter Anwendung von § 56f Abs. 3 StGB – nicht im Ermessen des Gerichts; eine Anrechnung bereits auflagengemäß erbrachter Leistungen ist somit zwingend.[60]

III. Verfahren nach § 460 StPO

1. Allgemeines

Das nachträgliche Beschlussverfahren gem. § 460 StPO dient dazu, die von dem **327** Tatgericht unterlassene (nachträgliche) Bildung einer Gesamtstrafe nach § 55 StGB nachzuholen. Sein Zweck ist die Nivellierung von Vor- oder Nachteilen, welche der Täter durch die getrennte Aburteilung erlangt bzw. erleidet.[61]

Liegen die Voraussetzungen der §§ 54, 55 StGB vor, muss das Tatgericht eine Gesamtstrafe bilden. Eine Verweisung auf das Beschlussverfahren nach § 460 StPO darf nicht erfolgen.[62] „Außer Betracht geblieben" i.S.d. § 460 S. 1 StPO ist die Regelung des § 55 StGB, wenn der Tatrichter eine Gesamtstrafe, gleichgültig aus welchen Gründen, ohne nähere Prüfung nicht gebildet hat. Ob dies auf Rechtsunkenntnis oder auf tatsächlicher Unkenntnis von der früheren Verurteilung geschehen ist, bleibt unerheblich. Die Nichtanwendung des § 55 StGB muss dabei jedenfalls rechtsfehlerhaft gewesen sein.[63]

Rechtmäßig kann die Gesamtstrafenbildung z.B. außer Betracht bleiben, weil die **328** frühere Verurteilung noch nicht rechtskräftig war, der Verurteilte einen aussichtsreichen Wiedereinsetzungsantrag gestellt hat oder die Strafgewalt des Tatgerichts (etwa gegenüber der Rechtskraft des Urteils eines ausländischen Gerichts) nicht ausgereicht hätte.[64] Das nachträgliche Beschlussverfahren nach § 460 StPO kommt in diesen Fällen nicht in Betracht.

§ 460 StPO findet ebenfalls keine Anwendung, sofern der Tatrichter die Bildung einer Gesamtstrafe, wenn auch rechtsfehlerhaft, ausdrücklich abgelehnt oder bewusst auf eine gesonderte Geldstrafe gem. § 53 Abs. 2 S. 2 StGB erkannt hat.

---

[60]   BGH, NStZ 2009, S. 201; BeckOK-StGB/*von Heintschel-Heinegg*, 2009, § 58 Rdn. 6.
[61]   Eingehend zum strafprozessualen Verschlechterungsverbot *Bringewat*, NStZ 2009, S. 542 ff.
[62]   BeckOK-StPO/*Klein*, 2009, § 460 Rdn. 1; *Fischer*, 2010, § 55 Rdn. 34.
[63]   Dazu BGHSt. 35, S. 214; BeckOK-StPO/*Klein*, 2009, § 460 Rdn. 2.
[64]   BeckOK-StPO/*Klein*, 2009, § 460 Rdn. 1; *Meyer-Goßner*, 2009, § 460 Rdn. 2; vgl i.Ü. bereits oben Kap. F I. 1.

329   War die frühere Verurteilung zur Zeit des Urteils erledigt und lagen damit die Voraussetzungen für die Bildung einer Gesamtstrafe bereits nach § 55 StGB nicht vor, bleibt § 460 StPO ebenso unanwendbar. Trat die Erledigung hingegen erst nach dem Urteil ein, so hätte das Tatgericht nach § 55 StGB verfahren und eine Gesamtstrafe nachträglich bilden müssen; § 460 StPO gelangt daher zur Anwendung. Die gem. § 460 StPO zu bildende Gesamtstrafe ist dann anteilsmäßig um die erledigte Einzelstrafe zu kürzen[65]; dabei darf auch die Untergrenze des § 54 Abs. 1 S. 1 StGB bei lebenslanger Freiheitsstrafe unterschritten werden.

> Nicht einzubeziehen sind demgegenüber zwischenzeitlich nach § 56g StGB erlassene Bewährungsstrafen.[66] Sofern zwar die Bewährungszeit abgelaufen ist, die Freiheitsstrafe jedoch noch nicht erlassen wurde, bleibt nach h.M. eine Einzelfallentscheidung unter Beachtung des Verhältnismäßigkeitsgrundsatzes zu treffen.[67]

330   Einbezogen werden – wie im Rahmen von § 55 StGB – nur die in früheren Urteilen ausgesprochenen Einzelstrafen, nicht die Urteile als solche. Bereits gebildete Gesamtstrafen müssen aufgelöst werden, sofern dies auch § 55 StGB erfordert.[68] Über § 460 StPO lässt sich lediglich die unterbliebene Bildung einer Gesamtstrafe korrigieren, sonstige mögliche Fehler des vorangegangenen Urteils jedoch nicht. Daher dürfen in dem Beschlussverfahren weder die fehlenden Einzelstrafen durch fiktive Einzelstrafen ersetzt noch kann die Gesamtstrafe als Einzelstrafe behandelt werden, wenn die Festsetzung von Einzelstrafen in dem Urteil rechtsfehlerhaft unterblieben ist. Die Strafe muss in diesem Fall vielmehr bei der Gesamtstrafenbildung außer Betracht bleiben; für den Verurteilten besteht die Möglichkeit, den Nachteil im Wege des Härteausgleichs zu kompensieren.[69]

2. Verfahren, Zuständigkeit, Wirkung

331   Das Verfahren nach § 460 StPO kann auf Antrag der verurteilten Person oder von Amts wegen eingeleitet werden. Stellt der Verurteilte einen Antrag, ist die Staatsanwaltschaft als Vollstreckungsbehörde nach § 462 Abs. 2 StPO zu hören; anschließend hat eine Anhörung des Antragstellers – auch zu der Höhe der von der Staatsanwaltschaft beantragten Strafe – zu erfolgen.

Stellt die Staatsanwaltschaft fest, dass § 55 StGB im Urteil außer Betracht geblieben ist, hat sie einen Antrag auf Durchführung des Verfahrens nach § 460 StPO von Amts wegen zu stellen.[70] Lediglich als Anregung zur Durchführung des Verfahrens nach § 460 StPO lässt sich hingegen der Hinweis auf die mögliche Gesamtstrafenbildung nach § 23 BZRG auffassen. Denn das Vorliegen der Vor-

---

[65]   *Meyer-Goßner*, 2009, § 460 Rdn. 13.

[66]   KG, JR 1976, S. 202; zum nicht mehr entziehbaren Vorteil KK-StPO/*Appl*, 2008, § 460 Rdn. 14.

[67]   BVerfG, NJW 1991, S. 558; BGH, NStZ 1991, S. 330; KK-StPO/*Appl*, 2008, § 460 Rdn. 14.

[68]   Siehe dazu oben Kap. F II.

[69]   KK-StPO/*Appl*, 2008, § 460 Rdn. 10.

[70]   *Wagner*, 2009, S. 122.

aussetzungen einer nachträglichen Gesamtstrafenbildung vermag das Bundeszentralregister nicht zu erfassen, weil ihm hierfür wesentliche Informationen nicht zugehen.[71] Auch das Gericht kann von Amts wegen das Verfahren einleiten, wenn es dessen Voraussetzungen feststellt. Hierbei ist der Staatsanwaltschaft und dem Verurteilten rechtliches Gehör zu gewähren.

Die **Zuständigkeit** für die nachträgliche Bildung einer Gesamtstrafe im Be-   **332** schlussverfahren liegt grds. bei dem Gericht der ersten Instanz, §§ 462, 462a Abs. 3 S. 1 StPO. Dies folgt aus dem Umstand, dass die Strafzumessung einen Teil des Erkenntnisverfahrens bildet.[72] Die Zuständigkeit der Staatsanwaltschaft zur Antragstellung richtet sich nach derjenigen des örtlich und sachlich zuständigen Gerichts.

Waren die Urteile von verschiedenen Gerichten erlassen, so steht die Entscheidung dem Gericht zu, das auf die schwerste Strafart erkannt hat, § 462a Abs. 3 S. 2 StPO. Bei Strafen gleicher Art entscheidet die höchste Strafe, wobei dafür im Fall der Freiheitsstrafe die Strafdauer, bei der Geldstrafe die Anzahl (nicht die Höhe) der Tagessätze maßgeblich ist. Fallen die Strafen exakt gleich aus, kommt es auf die zeitliche Reihenfolge ihrer Verhängung an. Zuständig ist somit dasjenige Gericht, dessen Straferkenntnis zuletzt ausgesprochen wurde, also den späteren Verkündungstermin hatte; nicht entscheidend ist hingegen die Rechtskraft.

Ausnahmsweise liegt die Zuständigkeit bei dem Oberlandesgericht, § 462a Abs. 3 S. 3 2. Halbs. StPO. Hat dieses in erster Instanz entschieden, so ist es vorranging auch für die nachträgliche Bildung einer Gesamtstrafe zuständig. Ist ein Amtsgericht zur Gesamtstrafenbildung berufen, reicht seine Strafgewalt jedoch hierfür nicht aus, so entscheidet gem. § 462a Abs. 3 S. 4 StPO die Strafkammer des ihm übergeordneten Landgerichts.

Die Reichweite der Strafgewalt des Amtsgerichts bestimmt § 24 Abs. 2 GVG.[73] Be-   **333** deutung erlangt dabei vor allem der Ausschluss der Zuständigkeit nach § 24 Abs. 1 Nr. 2 GVG, wenn also insbesondere eine über vier Jahren liegende Freiheitsstrafe zu erwarten ist. Nach § 24 Abs. 2 GVG darf das Amtsgericht eine höhere Freiheitsstrafe als vier Jahre nicht verhängen. Für diesen limitierten amtsgerichtlichen Strafbann bleibt es unerheblich, ob es sich in dem konkreten Fall um eine Einzelstrafe, eine Gesamtstrafe nach §§ 53, 54 StGB oder um eine nachträgliche Gesamtstrafenbildung gem. § 55 StGB durch Urteil oder durch Beschluss nach § 460 StPO handelt.[74]

Die Entscheidung im Verfahren nach § 460 StPO ergeht als **Beschluss** ohne   **334** mündliche Verhandlung, § 462 Abs. 1 S. 1 StPO. Dieser ist zu begründen (§ 34 StPO), wobei die einbezogenen Einzelstrafen unter Angabe von Tatzeit sowie Urteilsdatum zu nennen sind. Zugleich muss die Persönlichkeit des Täters und die Gesamtheit der einzelnen Taten gewürdigt werden (vgl. § 267 Abs. 3 StPO, § 54 Abs. 1 S. 3 StGB). § 13 Abs. 2 StVollstrO erfordert eine Rechtskraftbescheinigung, denn der Beschluss über die nachträgliche Gesamtstrafe bildet die Grundla-

---

[71] BeckOK-StPO/*Klein*, 2009, § 460 Rdn. 13; *Wagner*, 2009, S. 122 f.
[72] *Wagner*, 2009, S. 123; vgl. auch Schäfer/Sander/van Gemmeren/*Redeker/Busse*, 2008, Rdn. 700.
[73] *Meyer-Goßner*, 2009, § 24 GVG Rdn. 11.
[74] KK-StPO/*Hannich*, 2008, § 24 GVG Rdn. 14.

ge der Urteilsvollstreckung.[75] Gegen den Beschluss besteht gem. § 462 Abs. 3 S. 1 StPO das Rechtsmittel der **sofortigen Beschwerde** nach § 311 StPO.[76] Diese kann auch beschränkt – etwa auf die Frage einer Aussetzung der Strafe zur Bewährung – eingelegt werden. Das Beschwerdegericht entscheidet nach § 309 Abs. 2 StPO in der Sache selbst.

335   Sobald eine Gesamtstrafe nachträglich gebildet wurde, kann aus den Einzelerkenntnissen nicht mehr vollstreckt werden. Grundlage der Vollstreckung bildet nun allein der Gesamtstrafenbeschluss gem. § 460 StPO.[77] Lediglich bis zum Eintritt der Rechtskraft dieses Beschlusses nach § 460 StPO bleibt die Vollstreckung aus den früheren Urteilen möglich. Ab diesem Zeitpunkt beginnt zudem die Vollstreckungsverjährung.

Eine zuvor ausgesprochene Bewährung entfällt; vielmehr muss nach § 58 StGB wegen der Aussetzung der Gesamtstrafe zur Bewährung eine selbstständige Prüfung erfolgen. Nebenstrafen, Nebenfolgen sowie Maßnahmen i.S.d. § 11 Abs. 1 Nr. 8 StGB müssen hingegen zwingend aufrecht erhalten bleiben[78]; sie dürfen in dem Beschluss nach § 460 StPO auch nicht erstmalig angeordnet werden.

3. Strafzeitberechnung

336   Die Strafzeitberechnung[79] richtet sich nach § 41 StVollstrO. Hat die Strafvollstreckung der Einzelstrafe(n) bereits begonnen, bestimmt § 41 Abs. 1 S. 1 StVollstrO, dass die Strafzeit für die nachträglich gebildete Gesamtstrafe so zu berechnen ist, als ob von vornherein die Gesamtstrafe zu vollstrecken gewesen wäre. Eine bereits verbüßte Strafzeit, Untersuchungshaft bzw. andere anrechenbare Freiheitsentziehung oder ein schon bezahlter Geldbetrag werden in vollem Umfang berücksichtigt. Hat der Vollzug einer Einzelstrafe bereits begonnen, so wird die Strafvollstreckung für die Gesamtstrafe fortgesetzt; als Beginn der Strafvollstreckung gilt dabei der Beginn der Vollstreckung der Einzelstrafe.

> *11. Beispiel*: Gegen X wird durch das Amtsgericht Würzburg mit Urteil vom 20. April 2011, rechtskräftig am 29. April 2011 eine Freiheitsstrafe von einem Jahr und vier Monaten verhängt. Am 3. Mai 2011 tritt X diese Freiheitsstrafe an. Das Amtsgericht Göttingen verurteilt X am 6. Juni 2011 wegen einer am 1. April 2011 begangenen Tat zu einer Freiheitsstrafe von zehn Monaten. Dabei übersieht es die Regelung des § 55 StGB.
> Im Verfahren nach § 460 StPO wird auf Antrag des X von dem gem. § 462a Abs. 3 S. 2 StPO zuständigen Amtsgericht Würzburg nachträglich eine Gesamtfreiheitsstrafe von zwei Jahren festgesetzt. Gemäß § 41 Abs. 1 S. 1 StVollstrO gilt der 3. Mai 2011 als Beginn der Vollstreckung; die Freiheitsstrafe endet damit am 2. Mai 2013.

337   Ist hingegen der Vollzug einer einbezogenen Einzelstrafe bereits abgeschlossen, so gilt als Beginn der Vollstreckung der Gesamtstrafe der Beginn der

---

[75]   BeckOK-StPO/*Klein*, 2009, § 460 Rdn. 12; *Wagner*, 2009, S. 123.
[76]   Siehe Kap. L.
[77]   BeckOK-StPO/*Klein*, 2009, § 460 Rdn. 12.
[78]   Schäfer/Sander/van Gemmeren/*Redeker*/*Busse*, 2008, Rdn. 696.
[79]   Ausführlich zur Strafzeitberechnung Kap. D III.

Vollstreckung der Einzelstrafe, während ihr Ende als Strafzeitunterbrechung behandelt wird.

12. Beispiel: Gegen Y wird durch das Amtsgericht Göttingen mit Urteil vom 20. April 2011, rechtskräftig am 29. April 2011 eine Freiheitsstrafe von sechs Monaten ohne Bewährung verhängt. Am 3. Mai 2011 tritt X diese Freiheitsstrafe an und verbüßt diese vollständig bis einschließlich 2. November 2011.

Das Amtsgericht Heidelberg verurteilt Y am 6. Dezember 2011 wegen einer am 1. April 2011 begangenen Tat unter Einbeziehung der von dem Amtsgericht Göttingen verhängten Strafe zu einer Gesamtfreiheitsstrafe von einem Jahr und drei Monaten ohne Bewährung. Die sechs Monate, welche Y bereits in der Strafhaft verbracht hat, werden auf diese Gesamtfreiheitsstrafe angerechnet. Tritt X die vom Amtsgericht Heidelberg verhängte Strafe am 24. Dezember 2011 an, so gilt der Zeitraum vom 2. November 2011 bis einschließlich 23. Dezember 2011 als Strafzeitunterbrechung.

G Freiheitsentziehende Maßregeln der Besserung und Sicherung

Übersicht über die maßgeblichen Normen: **338**
- **§§ 63 bis 67h StGB**;
- **§§ 53 f. StVollstrO** i.V.m. §§ 22 ff. StVollstrO;
- §§ 44 bis 44b StVollstrO;
- Unterbringungsgesetze der Länder.

Das Strafgesetzbuch nennt in § 61 Nr. 1 bis 3 StGB als freiheitsentziehende Maßregeln der Besserung und Sicherung die Unterbringung in einem psychiatrischen Krankenhaus (§ 63 StGB), die Unterbringung in einer Entziehungsanstalt (§ 64 StGB) und die Unterbringung in der Sicherungsverwahrung (§§ 66 ff. StGB).

I. Voraussetzungen

1. Unterbringung in einem psychiatrischen Krankenhaus

Die Unterbringung in einem psychiatrischen Krankenhaus gem. § 63 StGB dient **339** dem Schutz der Allgemeinheit vor psychisch kranken, gestörten oder schlicht gefährlichen Tätern, die in Freiheit weitere schwere Delikte begehen würden.[1]
In formeller Hinsicht setzt die Maßregel zunächst voraus, dass der Delinquent eine rechtswidrige Tat i.S.d. § 11 Abs. 1 Nr. 5 StGB im Zustand der Schuldunfähigkeit oder der verminderten Schuldfähigkeit begangen hat. Dieser Zustand nach §§ 20 oder 21 StGB muss zur Überzeugung des Gerichts erwiesen sein; bloße Zweifel an der Schuldfähigkeit reichen nicht aus. Bei nur vorübergehenden Defekten kommt die Verhängung dieser Sanktion nicht in Betracht.[2] Materielle Voraussetzung bildet eine negative Prognose bezüglich des künftigen Verhaltens. Eine solche besteht, wenn zum Zeitpunkt der letzten tatrichterlichen Entscheidung eine Gesamtwürdigung von Tat und Täter erwarten lässt, dass dieser auch in Zukunft erhebliche rechtswidrige Delikte verüben wird.[3] Für die Fortsetzung der kriminellen Aktivitäten muss dabei aufgrund konkreter Anhaltspunkte eine gewisse erhöh-

---

[1] *Meier*, 2009, S. 270 f.; MüKo-StGB/*van Gemmeren*, 2005, § 63 Rdn. 1.
[2] BGH, NStZ 1993, S. 182; Schönke/Schröder/*Stree*, 2006, § 63 Rdn. 12; SK-StGB/*Sinn*, § 63 Rdn. 7, 17.
[3] *Boetticher/Dittmann/Nedopil/Nowara/Wolf*, NStZ 2009, S. 478 ff.

te Wahrscheinlichkeit bestehen.[4] Problematisch kann mitunter sein, wann sich erwartete Taten als **erheblich** einstufen lassen. Bagatelldelinquenz genügt hier zwar nicht, mittlere Kriminalität hingegen reicht im Rahmen des § 63 StGB bereits aus.[5]

340   Zudem erfordert die Unterbringung einen **symptomatischen Zusammenhang** zwischen dem Geisteszustand des Verurteilten und seiner Tat.[6] Dies ist der Fall, wenn das krankhafte Befinden des Täters einen wesentlichen Auslöser des bereits begangenen Delikts, aber auch der weiteren erwarteten Taten bildet; Anlasstat und weitere Straftaten sollten sich also auf dieselbe psychische Störung zurückführen lassen. Infolge seines geistigen Zustands muss der Täter eine Gefahr für die Allgemeinheit darstellen.[7]

341   Bei Vorliegen sämtlicher Voraussetzungen hat eine Gesamtwürdigung des Geschehens stattzufinden. Das Tatgericht führt im Rahmen einer Verhältnismäßigkeitsprüfung eine Abwägung zwischen dem Freiheitsinteresse des Betreffenden und der Sicherheitsbelange der Allgemeinheit durch (vgl. § 62 StGB). Dabei sind maßgeblich die Bedeutung der begangenen und der zu erwartenden Delikte sowie der Grad der Gefahr, die vom Täter ausgeht.[8] Soweit sämtliche Voraussetzungen für die Unterbringung nach § 63 StGB erfüllt sind, folgt die Anordnung der Sanktion zwingend; ein Ermessen steht dem Gericht insoweit nicht zu.

2. Unterbringung in einer Entziehungsanstalt

342   Die Maßregel nach § 64 StGB bezweckt den Schutz der Allgemeinheit vor Tätern, die aufgrund ihrer Abhängigkeit von Suchtmitteln eine Gefahr für die Allgemeinheit darstellen. Die Unterbringung in einer Entziehungsanstalt betrifft damit Personen mit dem Hang, psychotrope Substanzen zu konsumieren und unter deren Einfluss erhebliche Straftaten zu verüben.[9] Sie verfolgt eine doppelte Zielsetzung, indem sie sowohl auf die Sicherung der Allgemeinheit als auch auf die Besserung des Täters bzw. die Beseitigung des Zustands der Abhängigkeit abzielt.[10]

Die Unterbringung in einer Entziehungsanstalt setzt voraus, dass der Delinquent den **Hang** hat, Suchtmittel im Übermaß zu konsumieren. Maßgeblich ist hierfür eine auf psychischer Disposition oder langwieriger Übung beruhende in-

---

4   Dazu BGH, NStZ-RR 2009, S. 306; BGH, NStZ-RR 2009, S. 170.

5   Vgl. etwa BGH, NStZ 2008, S. 210 sowie BGH, BeckRS 2007, Nr. 60535.

6   LK-StGB/*Schöch*, 2009, § 63 Rdn. 105 ff.

7   Dabei genügt es, wenn lediglich die Befürchtung besteht, der Täter werde gegen sich selbst oder gegen eine bestimmte andere Person weitere Delikte verüben; vgl. BGHSt. 26, S. 324; BGH, JR 1996, S. 290; *Fischer*, 2010, § 63 Rdn. 19; *Laubenthal*, JR 1996, S. 291; LK-StGB/*Schöch*, 2009, § 63 Rdn. 98 f.; a.A. NK-StGB/*Böllinger/Pollähne*, 2010, § 63 Rdn. 77 f.

8   BeckOK-StGB/*Ziegler*, 2009, § 62 Rdn. 1.

9   *Meier*, 2009, S. 283.

10   NK-StGB/*Böllinger/Pollähne*, 2010, § 64 Rdn. 44; Schönke/Schröder/*Stree*, 2006, § 64 Rdn. 1; krit. *Dessecker*, NStZ 1995, S. 318 ff.

tensive Neigung zum wiederholten Gebrauch von Rauschmitteln.[11] Eine körperliche Abhängigkeit bzw. Entzugserscheinungen erfordert die Norm indes nicht. Von einem **übermäßigen** Konsum ist auszugehen, wenn sich der Betreffende die psychotropen Stoffe derart häufig oder umfangreich zuführt, dass seine Gesundheit sowie Arbeits- oder Leistungsfähigkeit dadurch erheblich beeinträchtigt werden.[12] Eine fixe Grenze lässt sich hierbei nicht allgemein medizinisch bestimmen, sondern beinhaltet stets eine normative Komponente.

Formelle Voraussetzung bildet weiterhin ein rauschbedingtes rechtswidriges **343** Anlassdelikt i.S.d. § 11 Abs. 1 Nr. 5 StGB. Dieses muss entweder im Rausch begangen worden (1. Alt.) oder jedenfalls auf ihn zurückzuführen sein (2. Alt.). Anders als im Rahmen des § 63 StGB kommt es für die Unterbringung in einer Entziehungsanstalt nicht darauf an, ob der Täter im Zustand der Schuldfähigkeit gehandelt hat oder ob die Voraussetzungen der §§ 20, 21 StGB vorgelegen haben. Jedenfalls muss aber zwischen dem übermäßigen Rauschmittelkonsum und der Anlasstat ein **symptomatischer Zusammenhang** dergestalt bestehen, dass das Delikt auf den Rausch oder jedenfalls den Hang des Täters zurückzuführen ist.

Die Anordnung der Unterbringung in einer Entziehungsanstalt dürfte daher oftmals angezeigt sein, soweit es sich um Beschaffungskriminalität handelt. Hierzu zählen etwa Einbrüche in Apotheken, die Fälschung von Rezepten oder sonstige Eigentums- und Vermögensdelikte, die darauf abzielen, Geld für den Erwerb von Betäubungsmitteln oder ähnlichen Suchtstoffen zu erlangen.

§ 64 StGB erfordert weiterhin eine Prognose, dass der Täter aufgrund seines **344** Hangs künftig weitere erhebliche rechtswidrige Taten begehen wird. Maßgeblicher Zeitpunkt hierfür ist derjenige der letzten tatrichterlichen Entscheidung.[13]

Die Anordnung darf nur ergehen, sofern zugleich in Form einer positiven Prognose die hinreichend konkrete Aussicht darauf besteht, dass die verurteilte Person nach erfolgreicher Behandlung keine weiteren Straftaten begehen wird, § 64 S. 2 StGB.[14] Es kann daher gegen die Anordnung der Maßregel sprechen, wenn sich der Täter therapieunwillig zeigt oder bereits mehrere erfolglose Therapieversuche hinter sich hat.[15] Bei Vorliegen der Voraussetzungen **soll** das Gericht die Maßregel verhängen; im Einzelfall bleiben Abweichungen allerdings trotz ausreichender Erfolgsaussicht möglich.[16]

---

[11] Vgl. BGH, NStZ-RR 2007, S. 193; BGH, NStZ-RR 2003, S. 107.
[12] BGH, NStZ-RR 2006, S. 103.
[13] *Meier*, 2009, S. 287 f.
[14] BGH, NStZ-RR 2009, S. 49.
[15] BGH, NStZ 2009, S. 205; BGH, NStZ-RR 2009, S. 171; BGH, BeckRS 2008, Nr. 00694; a.A. *Schneider*, NStZ 2008, S. 69.
[16] *Meier*, 2009, S. 290; vgl. zudem BT-Drs. 16/1344, S. 12.

3. Unterbringung in der Sicherungsverwahrung

345   Die Sicherungsverwahrung ist eine „Ultima Ratio"[17] und dient dem Schutz der Allgemeinheit vor Tätern, die bereits erhebliche Straftaten begangen haben und die auch in Zukunft eine Gefahr für die Allgemeinheit darstellen.[18] Ihre Anordnung erfolgt unabhängig von der Schuld des Täters allein unter Sicherungsaspekten, ohne dass der Besserungsgedanke dabei eine Rolle spielt; er erlangt allenfalls auf der Vollzugsebene Bedeutung.

Unterscheiden lassen sich drei Formen der Maßregel: Das Gericht kann die Sicherungsverwahrung im Zusammenhang mit der Verurteilung des Täters nach § 66 StGB als primäre Maßregel anordnen; ferner ist der Vorbehalt ihrer Anordnung nach § 66a StGB möglich. Schließlich kommt eine Anordnung der Sicherungsverwahrung nachträglich im Lauf des Vollstreckungsverfahrens gem. § 66b StGB in Betracht.

a) Primäre Anordnung der Sicherungsverwahrung

346   Sicherungsverwahrung darf das Gericht gem. § 66 Abs. 1 StGB gegen Täter verhängen, die bereits mehrere Vor*strafen* aufweisen, also bereits mehrmals verurteilt wurden. Darüber hinaus erlaubt Abs. 2 der Vorschrift, die Maßregel auch gegen Personen auszusprechen, die zuvor zwar noch nicht strafrechtlich in Erscheinung getreten, nun aber wegen mehrerer Vor*taten* zu verurteilen sind.

In formeller Hinsicht setzt § 66 Abs. 1 StGB zunächst eine Anlassverurteilung wegen einer vorsätzlichen Straftat zu Freiheitsstrafe von mindestens zwei Jahren voraus. Weitere Erfordernisse, die kumulativ vorliegen müssen, normieren Abs. 1 Nr. 1 bis 3 der Vorschrift: Gegen den Delinquenten muss zunächst bereits zwei Mal eine Freiheitsstrafe von mindestens einem Jahr wegen vorsätzlicher sog. **Symptomtaten** verhängt worden sein (Nr. 1).[19]

347   Neben der zweimaligen Vorverurteilung setzt § 66 Abs. 1 Nr. 2 StGB weiter voraus, dass der Täter wenigstens wegen einer der beiden früheren Taten für die Dauer von mindestens zwei Jahren eine Freiheitsstrafe verbüßt oder sich im Vollzug einer freiheitsentziehenden Maßregel befunden hat. Schlussendlich muss in materieller Hinsicht die Gesamtwürdigung des Täters und der von ihm begangenen Delikte ergeben, dass der Betreffende infolge seines Hangs zu erheblichen Straftaten für die Allgemeinheit gefährlich ist.[20] Sofern die formellen und materiellen Voraussetzungen für die Sicherungsverwahrung vorliegen, bleibt ihre Anordnung obligatorisch und steht nicht im Ermessen des Gerichts.

348   Die Unterbringung in der Sicherungsverwahrung als primäre Maßregel kann gem. § 66 Abs. 2 StGB zudem gegen einen Täter erfolgen, der keine Vorverurteilungen der in Abs. 1 Nr. 1 der Norm bestimmten Art aufweist. Formelle Voraussetzung ist, dass der Betreffende wenigstens drei vorsätzliche Straftaten begangen

---

[17]   Siehe auch Schäfer/Sander/van Gemmeren//*Redeker/Busse*, 2008, Rdn. 840.

[18]   *Laubenthal*, ZStW 2004, S. 708 f.; MüKo-StGB/*Ullenbruch*, 2005, § 66 Rdn. 14 ff.

[19]   BGHSt. 30, S. 222 f.

[20]   BGH, NStZ 2005, S. 265; BGH, NStZ 2003, S. 202; *Boetticher/Kröber/Müller-Isberner/Böhm/Müller-Metz/Wolf*, NStZ 2006, S. 539 ff.; *Fischer*, 2010, § 66 Rdn. 6.

und dadurch jeweils eine Freiheitsstrafe von mindestens einem Jahr verwirkt hat. Wegen zumindest einer dieser Taten muss er dann im aktuellen Verfahren zu einer (Gesamt-)Freiheitsstrafe von nicht weniger als drei Jahren verurteilt werden.[21] Die materiellen Voraussetzungen unterscheiden sich nicht von denen des Abs. 1 der Vorschrift.

§ 66 Abs. 3 StGB normiert für die Anordnung von Sicherungsverwahrung erleichterte Voraussetzungen bei Tätern, deren Anlasstat ein Verbrechen oder ein anderes im Katalog der Vorschrift genanntes Delikt bildet. Bei den im Normtext aufgezählten Tatbeständen handelt es sich um bestimmte Sexualdelikte, qualifizierte Körperverletzungen sowie damit zusammenhängende Rauschtaten. Sicherungsverwahrung kommt dann als Sanktion in Betracht, wenn der Täter wegen der Anlasstat zu einer Freiheitsstrafe von mindestens zwei Jahren verurteilt wird und dem bereits eine andere Verurteilung wegen eines Delikts der genannten Art zu einer Freiheitsstrafe von mindestens drei Jahren vorausgegangen ist.

b) Vorbehaltene und nachträgliche Sicherungsverwahrung[22]

Ein Vorbehalt der Sicherungsverwahrung nach § 66a Abs. 1 StGB kommt in Betracht, wenn das Gericht zum Zeitpunkt des Urteils nicht mit hinreichender Sicherheit feststellen kann, ob der Täter für die Allgemeinheit gefährlich ist.[23] Dies ermöglicht es, die Entwicklung des Verurteilten während des Strafvollzugs abzuwarten und die Entscheidung über die Anordnung der Sicherungsverwahrung aufzuschieben. Die Regelung knüpft an § 66 Abs. 3 StGB an und erklärt den Vorbehalt für zulässig, wenn – abgesehen vom Erfordernis der Gefährlichkeit – die Voraussetzungen jener Norm gegeben sind. Die Entscheidung über die Anordnung der Sicherungsverwahrung wird dadurch in das Vollstreckungsverfahren verschoben; das Gericht muss sie jedoch spätestens sechs Monate vor dem Zeitpunkt treffen, ab dem eine Aussetzung der Vollstreckung des Strafrestes zur Bewährung möglich ist. **349**

Die nachträgliche Sicherungsverwahrung ist seit 2004 in § 66b StGB geregelt und kommt sowohl für Wiederholungstäter (§ 66b Abs. 1 StGB) als auch für Ersttäter (§ 66b Abs. 2 StGB) in Betracht.[24]

II. Vollstreckung

1. Zuständigkeit der Vollzugsanstalt

Die örtliche und sachliche Zuständigkeit für die Vollstreckung der freiheitsentziehenden Maßregeln der Besserung und Sicherung regelt grds. der **Vollstreckungs-** **350**

---

[21] LK-StGB/*Rissing-van Saan/Peglau*, 2008, § 66 Rdn. 89.

[22] Umfassend dazu *Ullenbruch*, NStZ 2008, S. 5 ff.

[23] *Ullenbruch*, NStZ 2008, S. 5 f.

[24] *Mansdörfer*, JZ 2009, S. 1021 ff.; *Ullenbruch*, NStZ 2007, S. 62 ff.; zur Sicherungsverwahrung bei nach Jugendstrafrecht Abgeurteilten *Nestler/Wolf*, 2008, S. 153 ff.

plan[25], § 53 Abs. 1 S. 1 StVollstrO i.V.m. § 22 StVollstrO. Dieser bestimmt, in welchem (psychiatrischen) Krankenhaus oder welcher sonstigen Vollzugseinrichtung des betreffenden Bundeslandes die Verurteilten ihre Maßregel zu verbüßen haben. Existieren allerdings besondere landesrechtliche Vorschriften für den Maßregelvollzug, gelten diese vorrangig:

Für die Unterbringung in der Sicherungsverwahrung normieren § 130 StVollzG, Art. 160 BayStVollzG, § 95 HmbStVollzG, § 112 NJVollzG, dass grds. die Bestimmungen über den Vollzug der Freiheitsstrafe entsprechende Anwendung finden. Dies schließt die maßgeblichen Bestimmungen zum Vollstreckungsplan (§ 152 Abs. 1 StVollzG, Art. 174 BayStVollzG, § 20 Buch 1 JVollzGB-BW, § 113 HmbStVollzG, § 185 NJVollzG) sowie die sich aus diesem ergebenden sachlichen und örtlichen Zuständigkeiten ein.

Für die Unterbringung in einem psychiatrischen Krankenhaus sowie in einer Entziehungsanstalt greifen primär diejenigen Unterbringungsgesetze der Länder ein, die entsprechende Regelungen zu einem Vollstreckungsplan enthalten. Die Bundesländer haben zum Teil eigenständige Maßregelvollzugsgesetze verabschiedet[26] oder das Landesunterbringungsrecht um Vorschriften über den Maßregelvollzug ergänzt[27]. Soweit diese Gesetze Bestimmungen zu einem Vollstreckungsplan enthalten, gehen sie dem in § 53 Abs.1 S. 1 StVollstrO normierten Grundsatz vor.[28]

351 Hinsichtlich der **örtlichen Zuständigkeit** verweist § 53 Abs. 2 Nr. 1 StVollstrO zunächst auf den für die Vollstreckung von Freiheitsstrafen geltenden § 24 StVollstrO. Soweit die Landesgesetze diesbezüglich – im Rahmen etwaiger Bestimmungen zum Vollstreckungsplan – besondere Regelungen treffen, schließen diese eine Anwendung von § 24 StVollstrO aus. Fehlen jedoch landesrechtliche Vorschriften oder sind sie unvollständig, bleibt es für die Zuständigkeit bei der Geltung von §§ 53 Abs. 1, Abs. 2 Nr. 1, 24 StVollstrO.[29]

Ist neben einer Freiheitsstrafe auf eine freiheitsentziehende Maßregel der Besserung und Sicherung erkannt, so bilden beide Sanktionen für die Frage der Zuständigkeit eine Einheit, soweit es hierfür auf die Dauer des Vollzugs ankommt (vgl. §§ 23 Abs. 1 S. 1, 24 Abs. 1 S. 2, Abs. 2 StVollstrO).[30] Auch insoweit gehen allerdings etwaige landesrechtliche Regelungen vor.

2. Dauer der Unterbringung

352 Für die Frage, welchen Zeitraum der zu einer freiheitsentziehenden Maßregel der Besserung und Sicherung Verurteilte in staatlichem Gewahrsam verbringen muss,

---

[25] Siehe dazu Kap. D I. 1.

[26] Hamburg, Hessen, Niedersachsen, Nordrhein-Westfalen, Rheinland-Pfalz, Saarland, Sachsen-Anhalt, Schleswig-Holstein.

[27] Baden-Württemberg, Bayern, Berlin, Brandenburg, Bremen, Mecklenburg-Vorpommern, Sachsen, Thüringen.

[28] Übersicht der landesrechtlichen Regelungen bei *Volckart/Grünebaum*, 2009, S. 263 ff.

[29] Pohlmann/Jabel/*Wolf*, 2001, § 53 Rdn. 5.

[30] Pohlmann/Jabel/*Wolf*, 2001, § 53 Rdn. 6.

erlangen zwei Faktoren Bedeutung: Maßgeblich ist primär, was etwaige gesetzlich normierte Höchstfristen vorsehen; zudem entscheidet über die Fortdauer der Maßregel ein möglicher Wegfall der Umstände, welche die Verhängung der Sanktion veranlasst haben. Relevanz kommt dabei den Prüfungsfristen[31] und den sich bei diesen Überprüfungen zeigenden Ergebnissen zu.

Die maximale Dauer der freiheitsentziehenden Maßregel richtet sich zunächst nach deren Art. So erfolgt die Unterbringung in einem psychiatrischen Krankenhaus nach § 63 StGB ebenso wie die Sicherungsverwahrung prinzipiell unbefristet. Für die Unterbringung in einer Entziehungsanstalt gilt demgegenüber grds. die zweijährige Höchstfrist des § 67d Abs. 1 S. 1 StGB. Gleichwohl handelt es sich auch bei der Maßregel nach § 64 StGB um eine Sanktion von unbestimmter Dauer, die das Gericht nicht von vornherein (auf weniger als zwei Jahre) zeitlich begrenzen darf.[32]

a) Fristbeginn

Die Frist beginnt gem. § 67d Abs. 1 S. 2 StGB, §§ 53 Abs. 2 Nr. 2, 38 StVollstrO **353** mit der tatsächlichen Aufnahme in den Maßregelvollzug.[33] Wenn der Verurteilte sich bereits nach § 126a StPO in einer Entziehungsanstalt befindet, so läuft sie ab dem Eintritt der Rechtskraft des Straferkenntnisses (vgl. § 38 Nr. 3 1. Halbs. StVollstrO). Die Zeit einer vorläufigen Unterbringung – etwa gem. § 126a Abs. 1 StPO – wird jedoch nicht in die Höchstfrist des § 67d Abs. 1 S. 1 StGB eingerechnet; gleiches gilt für den Zeitraum eines Vollstreckungsaufschubs nach § 463 StPO, §§ 455 f. StPO sowie die Dauer der Aussetzung der Vollstreckung.[34]

Die Anrechnung von Zeiten, während denen ein Verurteilter auf Grundlage von **354** § 126a Abs. 1 StPO untergebracht war, regeln § 51 Abs. 1 S. 1 StGB, § 39 Abs. 1 S. 1, Abs. 3 Nr. 3 StVollstrO. Diese werden (nur) auf eine verhängte Freiheitsstrafe, jedoch nicht auf die Höchstfrist der Unterbringung nach § 67d Abs. 1 S. 1 StGB angerechnet.[35] Daraus können durchaus Probleme entstehen, z.B. in Fällen, in denen gegen den Betreffenden keine (Freiheits-)Strafe verhängt wird. Der Grund für die Nichtanrechnung liegt darin, dass mit einer Therapie in aller Regel erst begonnen wird, wenn das Gericht die Unterbringung rechtskräftig angeordnet hat. Denn zuvor steht oftmals nicht fest, für welche Behandlung sich der Täter überhaupt eignet.[36]

1. Beispiel: Am 3. Mai 2010 wird V auf Grundlage von § 126a Abs. 1 StPO in eine Entziehungsanstalt verbracht. Mit Urteil vom 26. Mai 2010 – rechtskräftig am selben Tag – ordnet das Gericht die Unterbringung nach § 64 S. 1 StGB an; eine (Freiheits-)Strafe wird gegen V nicht verhängt, da dieser wegen des übermäßigen und wie-

---

[31]   Kap. G II. 3.

[32]   Vgl. BGHSt. 30, S. 307.

[33]   BeckOK-StGB/*Ziegler*, 2009, § 67d Rdn. 3.

[34]   *Fischer*, 2010, § 67d Rdn. 4.

[35]   Pohlmann/Jabel/*Wolf*, 2001, § 39 Rdn. 60; Schönke/Schröder/*Stree*, 2006, § 67d Rdn. 2; a.A., jedoch ohne Begründung KK-StPO/*Appl*, 2008, § 450 Rdn. 10e.

[36]   Vgl. dazu *Laubenthal*, 2008, Rdn. 896 ff.; ferner *Volckart/Grünebaum*, 2009, S. 204.

derholten Konsums psychotroper Substanzen an einer tiefgreifenden Bewusstseinsstörung (vgl. § 20 StGB) leidet.

Den Beginn der Höchstfrist regeln § 67d Abs. 1 S. 2 StGB, §§ 53 Abs. 2 Nr. 2, 38 StVollstrO. Sofern sich wie im vorliegenden Fall der Verurteilte bei Eintritt der Rechtskraft bereits in Verwahrung befindet, normiert § 67d Abs. 1 S. 2 StGB, dass die Frist von dem Beginn der Unterbringung an läuft. Aufgrund des Urteils untergebracht ist V allerdings erst, sobald dieses in Rechtskraft erwächst. Die Zeit vom 3. Mai 2010 bis einschließlich 25. Mai 2010 verbrachte V (nur) auf Grundlage von § 126a Abs. 1 StPO in der Anstalt. Daher wird diese Zeit nicht auf die Frist des § 67d Abs. 1 S. 1 StGB angerechnet. Die Höchstfrist für die Unterbringung des V endet damit voraussichtlich am 25. Mai 2012, 24.00 Uhr.

Die Zeit der vorläufigen Unterbringung nach § 126a Abs. 1 StPO kann vorliegend auch nicht gem. § 51 Abs. 1 S. 1 StGB, § 39 Abs. 1 S. 1, Abs. 3 Nr. 3 StVollstrO auf eine Freiheitsstrafe angerechnet werden, da eine solche gegen V nicht verhängt wurde. Selbst eine Entschädigung nach § 2 Abs. 2 Nr. 1 StrEG (ggf. i.V.m. § 7 Abs. 3 StrEG) steht ihm wegen des eindeutigen Wortlauts des § 2 Abs. 1 StrEG nicht zu.[37]

355   In der Praxis ergeben sich immer wieder Schwierigkeiten, wenn der Verurteilte nicht sofort nach Rechtskraft in den Maßregelvollzug überführt werden kann. Wegen der zum Teil dramatischen Belegungssituation in diesen Einrichtungen mag es vorkommen, dass nicht sogleich ein geeigneter Therapieplatz für den Betreffenden gefunden wird. Das Gericht ist jedoch nicht verpflichtet, eine Anordnung nach § 67 Abs. 2 StGB zu treffen, um so die Vollstreckungsreihenfolge (teilweise) umzukehren.[38] Weil die Maßregeln nach §§ 63, 64 StGB somit grds. vor einer etwaigen Freiheitsstrafe zu vollziehen sind, verbleibt der Verurteilte in sog. **Organisationshaft**, bis ein entsprechender Platz im Maßregelvollzug zur Verfügung steht.

Das BVerfG steht dieser Praxis mit Blick auf Art. 104 Abs. 1 S. 1 GG zu Recht kritisch gegenüber. Zugebilligt wird den Vollstreckungsbehörden unter Berücksichtigung des Beschleunigungsgebots eine Organisationsfrist von bis zu drei Monaten, um einen Therapieplatz zu finden.[39] Nachteile sollen dem Verurteilten hieraus jedoch nicht erwachsen. Zum Ausgleich muss daher die Zeit der Organisationshaft auf dasjenige (letzte) Drittel der Strafe angerechnet werden, das gem. § 67 Abs. 4 StGB von der Anrechnung ausgenommen ist.[40]

b) Fristende

356   Ist die in § 67d Abs. 1 S. 1 StGB festgesetzte **Höchstfrist** abgelaufen, muss der Untergebrachte aus der Entziehungsanstalt entlassen werden. Für die Unterbringung in einem psychiatrischen Krankenhaus sowie in der Sicherungsverwahrung existieren keine solchen Höchstfristen, so dass diese Sanktionen grds. unbefristet sind.

Nach § 67d Abs. 1 S. 3 StGB tritt eine Verlängerung der Höchstfrist ein, soweit die Maßregel vor einer daneben angeordneten Freiheitsstrafe vollzogen und die

---

[37]   Vgl. *Meyer*, 2008, § 2 Rdn. 21 ff., 37.
[38]   Siehe dazu unten Kap. G II. 4.
[39]   BVerfG, NJW 2006, S. 427; dazu *Laubenthal*, 2008, S. 541.
[40]   OLG Celle, StrVert 2007, S. 428; OLG Celle, StrVert 1997, S. 477.

Zeit des Vollzugs der Maßregel auf die Strafe angerechnet wird. Die maximale Dauer von grds. zwei Jahren, die der Betreffende in der Entziehungsanstalt verbringen muss, verlängert sich dann um zwei Drittel der Strafzeit – also gerade demjenigen Zeitraum, der gem. § 67 Abs. 4 S. 1 StGB, § 44a Abs. 1 S. 2 StVollstrO auf die Maßregel angerechnet wird.[41] Dies gilt jedoch nur, sofern Unterbringung und Freiheitsstrafe auf demselben Urteil beruhen und die Maßregel vor der Strafe vollzogen wird. Die Reststrafe ist gem. § 40 StVollstrO in Tagen zu berechnen.

> *2. Beispiel*: X befindet sich seit dem 10. Juli 2006 in Untersuchungshaft. Am 8. Februar 2007 wird X zu einer Freiheitsstrafe von 2 Jahren und 6 Monaten verurteilt; zugleich ordnet das Gericht seine Unterbringung in einer Entziehungsanstalt an. Das Urteil erwächst am 16. Februar 2007 in Rechtskraft. Am 27. März 2007 wird X in eine Entziehungsanstalt eingewiesen.
> Die erlittene Untersuchungshaft vom 10. Juli 2006 bis einschließlich 15. Februar 2007 (221 Tage) wird nur auf die Strafe, jedoch nicht auf die Maßregel angerechnet. Daraus ergibt sich ein fiktives Strafende am 6. Januar 2009, 24.00 Uhr.[42]
> Zu 2/3 ist die Freiheitsstrafe auf die Frist der Maßregel anrechenbar. Daher läuft die Strafe bis zu dem maßgeblichen 2/3-Zeitpunkt fiktiv parallel zu der Maßregel ab und gilt dann insoweit als erledigt. Dieser 2/3-Termin lässt sich ermitteln, indem vom hypothetischen Entlassungszeitpunkt ausgehend um 1/3 der Strafzeit rückwärts gerechnet wird. Der Termin liegt somit 10 Monate vor dem 6. Januar 2009, fällt also auf den 6. März 2008 (vgl. § 67 Abs. 4 S. 1 StGB).
> Die maximale Dauer, die X im Maßregelvollzug verbringen muss, verlängert sich gem. § 67d Abs. 1 S. 3 StGB um den Zeitraum vom 27. März 2007 bis einschließlich 6. März 2008; dies entspricht 346 Tagen. X wäre am 27. März 2009 aus der Entziehungsanstalt entlassen worden. Wegen § 67d Abs. 1 S. 3 StGB verlängert sich die zulässige Höchstdauer nun aber um 346 Tage, so dass Entlassungstermin (spätestens) der 7. März 2010, 24.00 Uhr ist.

c) *Aussetzung der Maßregel zur Bewährung*

Die weitere Vollstreckung der Maßregel kann das Gericht nach § 67d Abs. 2 StGB **357** zur Bewährung aussetzen, unabhängig davon, ob die Sanktion befristet oder unbefristet ist. Dies setzt voraus, dass aufgrund einer Prognose, vergleichbar derjenigen nach §§ 56 Abs. 1 StGB, 57 Abs. 1 Nr. 2 StGB künftig keine weiteren rechtswidrigen Taten von dem Verurteilten zu erwarten sind. Befindet sich der Betreffende in einem psychiatrischen Krankenhaus oder einer Entziehungsanstalt, kann eine Aussetzung zur Bewährung insbesondere dann in Betracht kommen, wenn sich der Zustand des Untergebrachten verbessert.[43] Hat die Unterbringung noch nicht begonnen – etwa weil die Vollstreckung der Strafe nach § 35 Abs. 1 BtMG zurückgestellt oder ein Vollstreckungsaufschub gem. §§ 463, 455 ff. StPO gewährt wurde – lässt sich die Maßregel ebenfalls zur Bewährung aussetzen.

---

[41] *Lackner/Kühl*, 2007, § 67d Rdn. 2.
[42] Siehe oben Kap. D III.
[43] Vgl. dazu auch BGH, NStZ-RR 2007, S. 339.

d) Erledigung der Maßregel

358 Nach § 67d Abs. 5 S. 1 StGB erklärt das Gericht die Unterbringung in einer **Entziehungsanstalt** für erledigt, sobald die Voraussetzungen des § 64 S. 2 StGB nicht mehr vorliegen. Wenn also keine (hinreichend konkrete) Aussicht besteht, den Verurteilten zu heilen oder zumindest einen Rückfall in den Hang zu verhindern, muss jener aus dem Maßregelvollzug entlassen werden. Fehlende Erfolgsaussicht kann dabei bspw. aus der Therapieunwilligkeit des Untergebrachten folgen, ebenso jedoch medizinische Ursachen haben.[44]

359 § 67d Abs. 3 S. 1 StGB normiert für die **Sicherungsverwahrung** eine Sonderregelung, die an zwei kumulative Voraussetzungen anknüpft. Nach (1.) zehnjährigem Vollzug muss diese Maßregel für erledigt erklärt werden, wenn der Untergebrachte (2.) keine erhebliche Gefahr für Leib und Leben anderer mehr darstellt. Auf den strengen Prognosemaßstab des § 67d Abs. 2 StGB kommt es dabei nicht mehr an.[45]

360 Die Unterbringung in einem **psychiatrischen Krankenhaus** erklärt das Gericht gem. § 67d Abs. 6 S. 1 1. Alt. StGB für erledigt, sobald die Voraussetzungen des § 63 StGB nicht mehr vorliegen. Entfällt also die psychische Störung des Täters oder zumindest dessen Gefährlichkeit, ist die Maßregel zu beenden. Das Gericht führt eine Abwägung zwischen dem Freiheitsanspruch des Verurteilten und dem Schutz der Allgemeinheit vor schwerwiegenden Straftaten durch. Dabei bezieht es in seine Überlegungen insbesondere den Rang der gefährdeten Rechtsgüter ein.[46]

§ 67d Abs. 6 S. 1 1. Alt. StGB bietet keine rechtliche Grundlage, Fehlentscheidungen im Nachhinein zu korrigieren. Die Norm greift daher nicht ein, wenn der Betreffende aufgrund einer falschen Diagnose oder eines Rechtsfehlers in der Anstalt untergebracht wurde[47]; dies lässt sich nur mit Revision oder Wiederaufnahme berichtigen.[48]

Gem. § 67d Abs. 6 S. 1 2. Alt. StGB muss die Unterbringung im psychiatrischen Krankenhaus beendet werden, sobald sie unverhältnismäßig erscheint. Maßgeblich dafür ist die vom Täter ausgehende Gefahr im Verhältnis zur Schwere des Eingriffs in seine persönliche Freiheit.[49] Je länger sich der Betreffende bereits im Vollzug der Maßregel befindet, desto größeres Gewicht kommt seinem Freiheitsanspruch gegenüber den Sicherheitsbelangen der Allgemeinheit zu.[50]

e) Zuständigkeit

361 Für die Entscheidungen nach § 67d StGB ist die Strafvollstreckungskammer zuständig, bzw. sofern Jugendstrafrecht zur Anwendung gelangt, der Jugendrichter

---

[44] KG NStZ-RR 2002, S. 139; OLG Frankfurt a.M., NStZ-RR 2002, S. 299; OLG Hamm, NStZ 2009, S. 39.

[45] Vgl. zum Prognosemaßstab OLG Hamm, NStZ-RR 2006, S. 27.

[46] Vgl. OLG Hamburg, NStZ 2005, S. 42.

[47] OLG Dresden, NStZ-RR 2005, S. 338.

[48] OLG Frankfurt a.M., NStZ-RR 2008, S. 325.

[49] Vgl. BT-Drs. 15/2887, S. 15.

[50] OLG Karlsruhe, NStZ-RR 2005, S. 338; ferner OLG Oldenburg, StrVert 2008, S. 593 ff.; *Peglau*, jurisPR-StrafR 1/2009 Anm. 4.

als Vollstreckungsleiter (§ 82 Abs. 1 JGG). Gem. §§ 454 Abs. 2, 463 Abs. 3, Abs. 5 StPO sind für die Aussetzung der Vollstreckung zur Bewährung sowie die Beendigung der Sicherungsverwahrung nach § 67d Abs. 3 StGB Sachverständigengutachten einzuholen.[51]

3. Prüfungsfristen

Der Verurteilte darf nicht länger im Vollzug der Maßregel verbleiben als unbe- **362** dingt notwendig, um deren Zweck zu erreichen. Deshalb sieht § 67e StGB eine gerichtliche Prüfung durch die Strafvollstreckungskammer vor. Nach § 67e Abs. 1 S. 1 StGB kann die Kontrolle dabei jederzeit **von Amts wegen oder aufgrund eines Antrags** erfolgen, während Abs. 1 S. 2, Abs. 2 der Vorschrift die zwingende Überprüfung binnen bestimmter Fristen normieren.

Um das Gericht zu einer Prüfung zu veranlassen, reichen Beteiligte mitunter besonders häufig und wiederholt entsprechende Anträge ein. Da dies jedoch in aller Regel den ungestörten Fortgang des Maßregelvollzugs beeinträchtigt, können nach § 67e Abs. 3 S. 2 StGB Fristen bestimmt werden, vor deren Ablauf ein Antrag auf Prüfung nicht gestellt werden darf. Jene Zeitspannen dürfen allerdings nicht länger bemessen sein als die gesetzlichen Prüfungsfristen. Gegen die Festsetzung einer solchen Frist steht dem Betreffenden die sofortige Beschwerde zu, §§ 463 Abs. 3, 454 Abs. 2 StPO.

Der Staatsanwaltschaft als Vollstreckungsbehörde sowie dem Untergebrachten **363** wird im Rahmen der Prüfung rechtliches Gehör gewährt (vgl. §§ 463 Abs. 3, 454 Abs. 1 StPO).[52] Entbehrlich ist die Anhörung nur, sofern ein etwaig gestellter Antrag ohnehin nach § 67e Abs. 3 S. 2 StGB unzulässig ist.

Nach § 67e Abs. 1 S. 2 StGB erfolgt eine Prüfung zwingend nach Ablauf be- **364** stimmter in Abs. 2 der Vorschrift normierter Fristen. Dem Gericht wird damit die Pflicht auferlegt, festzustellen, ob die weitere Unterbringung im Maßregelvollzug noch notwendig ist. Diese Fristen unterscheiden sich in ihrer Dauer bei den einzelnen Maßregeln: Während das Gesetz bei der Unterbringung in einer Entziehungsanstalt nur sechs Monate vorsieht, erfolgt die Kontrolle spätestens nach einem Jahr, wenn sich der Betreffende in einem psychiatrischen Krankenhaus befindet. Für die Sicherungsverwahrung beträgt die Prüfungsfrist zwei Jahre. Die Frist läuft ab dem Zeitpunkt der Unterbringung, § 67e Abs. 4 S. 1 StGB. Ferner beginnt der Fristlauf nach Abs. 4 S. 2 der Norm jedes Mal von vorne, wenn das Gericht einen zulässigen Antrag auf Aussetzung oder Erledigungserklärung der Maßregel als unbegründet zurückweist oder dies von Amts wegen ablehnt.[53] Unterbrechungen des Maßregelvollzugs – wie z.B. aufgrund einer Flucht des Betreffenden – hemmen den Fristablauf.[54] Zudem besteht für die Strafvollstre-

---

[51] Vgl. dazu BGH, NStZ-RR 2006, S. 92 f.; ferner OLG Frankfurt a.M., NStZ-RR 2009, S. 221 m.w.Nachw. sowie OLG Frankfurt a.M., NStZ-RR 2008, S. 237.

[52] Vgl. dazu OLG Düsseldorf, StrVert 2002, S. 493.

[53] Vgl. dazu LK-StGB/*Horstkotte*, 2008, § 67e Rdn. 13.

[54] OLG Karlsruhe, NStZ 1992, S. 456.

ckungskammer die Möglichkeit, die Fristen nach § 67e Abs. 3 S. 1 StGB abzukürzen und so die Kontrollintervalle auf den jeweiligen Einzelfall abzustimmen.

Umstritten ist, welche Mittel dem Untergebrachten offen stehen, um auf eine fristgerechte Überprüfung hinzuwirken. Teilweise wird in diesem Zusammenhang die Untätigkeit des Gerichts als konkludente Ablehnung eines entsprechenden Antrags angesehen, gegen die der Betreffende ggf. sofortige Beschwerde einlegen kann.[55]

4. Vollstreckungsreihenfolge bei Zusammentreffen mit einer Freiheitsstrafe

a) Vorwegvollzug der Maßregel

365   § 67 Abs. 1 StGB, § 44a Abs. 1 S. 1 StVollstrO ordnen für die Unterbringung in einem psychiatrischen Krankenhaus (§ 63 StGB) oder einer Entziehungsanstalt (§ 64 StGB) als Grundsatz den Vorwegvollzug der Maßregel vor der Freiheitsstrafe an, sofern beide Sanktionen **auf demselben Urteil** beruhen. Folgen sie aus verschiedenen Gerichtsentscheidungen, bestimmt allein § 44b StVollstrO die Vollstreckungsreihenfolge.

Zweck des Vorwegvollzugs der Maßregel ist es, den Verurteilten schon frühzeitig von seiner psychischen Störung oder seiner Abhängigkeit zu befreien, um so die Resozialisierung durch den anschließenden Vollzug der Freiheitsstrafe zu erleichtern.[56] Etwas anderes gilt nur, falls eine abweichende Reihenfolge die Erreichung des Maßregelzwecks fördert, § 67 Abs. 2 S. 1 StGB. Diese Anordnung steht nicht im Ermessen des Gerichts und erfolgt zwingend bei Vorliegen der Voraussetzungen – d.h. wenn die (teilweise) Umkehr der Vollstreckungsreihenfolge die Zweckerreichung begünstigt. Der Vorwegvollzug der Strafe bildet für den Verurteilten ein zusätzliches Strafübel. Daher ist ein Abweichen von dem gesetzlichen Grundsatz nur solange zulässig wie zwingend erforderlich, um bspw. genügend Druck zur Herstellung von Therapiebereitschaft auszuüben.[57]

366   Die Strafvollstreckungskammer kann die vom Tatgericht angeordnete Vollstreckungsreihenfolge nachträglich ändern. Dies kommt (unter zusätzlicher Beachtung der Voraussetzungen des § 67d Abs. 1 StGB) in Betracht, wenn neue Tatsachen bekannt werden, die eine abweichende Bewertung rechtfertigen.[58]

367   Ausnahmen vom Vorwegvollzug sehen ferner Abs. 2 S. 2 und S. 4 der Norm vor: Bei Freiheitsstrafen von über drei Jahren[59] soll gem. § 67 Abs. 2 S. 2 StGB zumindest ein Teil dieser Strafe vollstreckt werden, bevor die Unterbringung in einer Entziehungsanstalt folgt. Die Regelung ist als Soll-Vorschrift ausgestaltet, die Abweichungen z.B. bei akuter und dringender Therapiebedürftigkeit des Täters erlaubt.[60] Abs. 2 S. 2 der Norm gilt allerdings nur für die Unterbringung in

---

[55]   LK-StGB/*Horstkotte*, 2008, § 67e Rdn. 14.
[56]   BGH, NStZ-RR 2002, S. 26; BGHSt. 37, S. 161.
[57]   BGH, NStZ 2007, S. 30.
[58]   Schönke/Schröder/*Stree*, 2006, § 67 Rdn. 9 f.
[59]   Zur drei-Jahres-Grenze bei Gesamtstrafen BGH, NStZ 2009, S. 262.
[60]   BGH, NStZ-RR 2007, S. 371; *Fischer*, 2010, § 67 Rdn. 12.

einer Entziehungsanstalt, jedoch nicht für Täter, die in einem psychiatrischen Krankenhaus untergebracht sind. Eine weitere Ausnahme vom Vorwegvollzug der Maßregel normiert § 67 Abs. 2 S. 4 StGB, sofern die verurteilte Person zur Ausreise verpflichtet ist und dieser Pflicht mit großer Wahrscheinlichkeit noch während oder unmittelbar nach Verbüßung der Strafe (gezwungenermaßen) nachkommt (vgl. § 456a Abs. 1 StPO).

Wird in **verschiedenen Urteilen** auf Maßregel und Freiheitsstrafe erkannt, ist **368** § 44b StVollstrO anzuwenden. Dabei gilt gem. § 44a StVollstrO grds. dieselbe Abfolge wie bei § 67 StGB. Die Reihenfolge kehrt das Gericht um, sofern dadurch der Zweck der Maßregel besser erreicht wird. Jedoch wird die Unterbringung im Maßregelvollzug dabei nicht auf eine Strafe aus dem anderen Verfahren angerechnet.

b) Vorwegvollzug der Strafe bei Sicherungsverwahrung

Für die Sicherungsverwahrung trifft § 44 Abs. 1 S. 1, Abs. 2 StVollstrO eine ab- **369** weichende Bestimmung. Diese Maßregel ist in jedem Fall erst nach der verhängten Freiheitsstrafe zu vollstrecken, gleichgültig ob die Sanktionen aus demselben oder aus verschiedenen Strafverfahren stammen.[61] Vor der Sicherungsverwahrung sind daher alle Freiheitsstrafen aus sämtlichen Verfahren gegen den Betreffenden zu vollstrecken. Hinsichtlich der Reihenfolge der Vollstreckung dieser Strafen gelten die allgemeinen Grundsätze der § 454b StPO, § 43 StVollstrO.[62]

§ 44 Abs. 3 S. 1 StVollstrO regelt den Fall, dass sich der Betreffende bereits im Vollzug der Sicherungsverwahrung befindet und (etwa durch eine weitere spätere Verurteilung) eine Freiheitsstrafe hinzukommt. Ist diese Strafe nur kurz bemessen, kann ihre Vollstreckung zurückgestellt werden, wenn die Interessen der Strafrechtspflege nicht entgegenstehen und die Unterbrechung den Zweck der Sicherungsverwahrung gefährdete.[63]

c) Halbstrafenentscheidung

Nach §§ 67 Abs. 5 S. 1, 57 Abs. 1 S. 1 Nr. 2 und Nr. 3 StGB kann das Gericht die **370** Vollstreckung des Strafrestes zur Bewährung aussetzen, wenn die Hälfte der Strafe erledigt ist – also bereits vor dem in § 57 Abs. 1 S. 1 Nr. 1 StGB genannten zwei-Drittel-Zeitpunkt. Bei teilweisem Vorwegvollzug der Strafe vor der Maßregel muss nun gem. § 67 Abs. 2 S. 3 StGB der zuerst zu vollstreckende Teil der Freiheitsstrafe so bemessen werden, dass nach seiner Vollstreckung und nach Beendigung der Therapie eine Entscheidung nach Abs. 5 S. 1 der Norm möglich ist.[64] Denn spätestens sobald die Unterbringung im Maßregelvollzug endet, soll eine Aussetzung der Strafe zur Bewährung möglich sein, damit nicht der erreichte

---

[61] Pohlmann/*Jabel/Wolf*, 2001, § 44 Rdn. 1 f.

[62] Dazu oben Kap. D IV.

[63] Vgl. zur Zulässigkeit, wenn der Verurteilte zudem noch eine Restfreiheitsstrafe zu verbüßen hat, *Peglau*, NJW 2009, S. 957 ff.

[64] Vgl. dazu BGH, NStZ 2009, S. 88; BGH, NStZ-RR 2009, S. 49; BGH, NStZ 2008, S. 212; BGH, NStZ 2008, S. 28; BGH, NStZ-RR 2008, S. 142; BGH, NStZ-RR 2008, S. 74.

Therapieerfolg durch einen sich anschließenden (erneuten) Strafvollzug gefährdet oder gar zunichte gemacht wird.[65] Das rechtfertigt es auch, den Verurteilten in diesem Fall besser zu stellen als einen Täter, gegen den lediglich eine Freiheitsstrafe (ohne freiheitsentziehende Maßregel) verhängt wurde und für den der zwei-Drittel-Zeitpunkt gilt.

Es kommt dabei nicht darauf an, ob eine bedingte Entlassung zu diesem Zeitpunkt tatsächlich zu erwarten ist[66]; insofern hat der Tatrichter bei Bestimmung der Dauer des Vorwegvollzugs keinen Beurteilungsspielraum.[67] Zu berücksichtigen ist schließlich auch, dass der Maßregelvollzug teilweise auf die Strafe angerechnet werden muss.[68]

---

[65] BeckOK-StGB/*Ziegler*, 2009, § 67 Rdn. 14.
[66] BGH, NStZ 2009, S. 88.
[67] BGH, NStZ-RR 2009, S. 172; BGH, NStZ-RR 2008, S. 142.
[68] Siehe oben Kap. G II. 2. b).

H Nicht freiheitsentziehende Maßregeln der Besserung und Sicherung

I. Führungsaufsicht

Übersicht über die maßgeblichen Normen: **371**
- **§§ 68 bis 68g StGB**;
- mitunter § 56 ff. StGB;
- §§ 67b, 67c, 67d StGB;
- **§ 54a StVollstrO**.

Die Führungsaufsicht nach § 68 StGB stellt eine Maßregel der Besserung und Sicherung dar, die kraft richterlicher Anordnung oder kraft Gesetzes eintreten kann. Ihre Aufgabe ist präventiver Natur, da mit ihr bezweckt wird, gefährliche oder gefährdete Täter bei der Gestaltung ihres Alltags in straffreier Weise zu unterstützen.[1] Dem Rechtsinstitut kommt damit eine Doppelfunktion zu, weil es sowohl Resozialisierungshilfe als auch Sicherungsaufgaben leistet.[2]

1. Eintritt der Führungsaufsicht kraft richterlicher Anordnung

Die Maßregel kann gem. § 68 Abs. 1 StGB kraft richterlicher Anordnung eintre- **372** ten, wenn jemand wegen einer Straftat, bei der das Gesetz die Führungsaufsicht besonders vorsieht, eine zeitige **Freiheitsstrafe von mindestens sechs Monaten** verwirkt hat. Sie stellt dabei eine Zusatzsanktion dar, die nicht isoliert – d.h. nicht ohne die Freiheitsstrafe – verhängt werden kann.[3] Zudem muss die **Gefahr weiterer Straftaten** bestehen.

Delikte, bei denen das Gesetz die Anordnung von Führungsaufsicht normiert, sind bspw.:
- Bildung einer terroristischen Vereinigung, § 129a Abs. 9 StGB;
- sexueller Missbrauch von Schutzbefohlenen, §§ 174 ff., 181b StGB;
- erpresserischer Menschenraub und Geiselnahme, §§ 239a, 239b, 239c StGB;
- Diebstahl, §§ 242 ff., 245 StGB;
- Raub und räuberische Erpressung, §§ 249 ff., 256 Abs. 1 StGB;

---

[1] *Fischer*, 2010, vor § 68 Rdn. 2; Schönke/Schröder/*Stree*, 2006, § 68 Rdn. 3.
[2] *Meier*, 2009, S. 255; *Seifert/Möller-Mussavi*, NStZ 2006, S. 132; zur Legalbewährung bei Führungsaufsicht umfassend *Weigelt/Hohmann-Fricke*, BewHi 2006, S. 224 f.
[3] *Meier*, 2009, S. 255.

- Hehlerei, §§ 259 ff., 262 StGB;
- Betrug, § 263 Abs. 6 StGB;
- Brandstiftung, §§ 306 ff., 321 StGB.[4]

373   Erfolgt eine Verurteilung wegen mehrerer Taten, so genügt es sowohl bei tateinheitlicher Verwirklichung der Delikte als auch im Fall von Tatmehrheit, wenn nur eines der einschlägigen Strafgesetze die Führungsaufsicht zulässt, §§ 52 Abs. 4 S. 2, 53 Abs. 4 StGB. Stehen die Taten zueinander in Tatmehrheit, muss jedoch die Einzelstrafe derjenigen Tat, für welche das Gesetz die Führungsaufsicht vorsieht, mindestens sechs Monate betragen.

374   Materielle Voraussetzung bildet die Erwartung, dass der Täter auch in Zukunft weitere Straftaten begeht. Dies erfordert zwischen der Anlasstat und den weiteren erwarteten Taten einen **symptomatischen Zusammenhang** im Sinne „krimineller Kontinuität"[5]; zudem darf es sich bei diesen Taten nicht um bloße Bagatelldelikte handeln, die in Ausmaß und Gewicht der Anlasstat nicht gleichstehen. Ihre Begehung muss wahrscheinlich sein, weshalb allein die vage Befürchtung, der Täter werde weitere Straftaten verüben, nicht genügt.

375   Die Anordnung der Führungsaufsicht steht im **Ermessen** des Gerichts, das bei seinen Erwägungen den Verhältnismäßigkeitsgrundsatz zu beachten hat.[6] Ihr Ausspruch erfolgt gleichzeitig mit Verhängung der Freiheitsstrafe im Urteil, während über die nähere Ausgestaltung ein gesonderter Beschluss ergeht, § 268a Abs. 2 StPO. Die Entscheidungen über die konkrete Durchführung der Maßregel – nicht jedoch ihre Anordnung als solche – können auch nachträglich gem. § 68d StGB durch die zuständige Strafvollstreckungskammer (§§ 463 Abs. 2, Abs. 6, 453, 462a Abs. 1 StPO) ergehen.[7] Gegen einen solchen Beschluss steht dem Betroffenen gem. §§ 463 Abs. 2, 453 Abs. 2 S. 1 StPO die Beschwerde zu.

2. Führungsaufsicht kraft Gesetzes

376   Die Führungsaufsicht ist die einzige Maßregel der Besserung und Sicherung, die kraft Gesetzes eintreten kann, § 68 Abs. 2 StGB. Dies gilt sowohl im Zusammenhang mit Freiheitsstrafen als auch mit freiheitsentziehenden Maßregeln, bei denen die Vollstreckung zur Bewährung ausgesetzt wird.[8]

377   Im Anschluss an die Vollstreckung einer Freiheitsstrafe folgt die Führungsaufsicht gem. § 68f Abs. 1 S. 1 StGB, sofern der Täter eine Strafhaft von mindestens zwei Jahren wegen einer vorsätzlichen Straftat oder von mindestens einem Jahr wegen einer Straftat nach § 181b StGB vollständig verbüßt.[9] Das Erfordernis der **Vollverbüßung** beruht dabei auf der Vermutung, dass ein Delinquent nach seiner

---

4   Ausführlich dazu Satzger/Schmitt/Widmeier/*Jehle*, 2009, § 68 Rdn. 2.
5   LK-StGB/*Schneider*, 2008, § 68 Rdn. 9; NK-StGB/*Ostendorf*, 2010, § 68 Rdn. 6; SK-StGB/*Sinn*, 2009, § 68 Rdn. 8.
6   LK-StGB/*Schneider*, 2008, § 68 Rdn. 17.
7   So auch *Lackner/Kühl*, 2007, § 68 Rdn. 8; LK-StGB/*Schneider*, 2008, § 68 Rdn. 28.
8   Schönke/Schröder/*Stree*, 2006, § 68 Rdn. 13 ff.
9   *Fischer*, 2010, § 68f Rdn. 3.

endgültigen Entlassung der Kontrolle des Gerichts sowie der Hilfe und Betreuung des Bewährungshelfers nicht mehr unterstellt ist, während der auf Bewährung Entlassene den Einschränkungen der §§ 56 ff. StGB unterliegt.[10]

Der Eintritt der Führungsaufsicht im Anschluss an die vollständige Verbüßung einer Freiheitsstrafe verstößt nicht gegen das Verbot der Doppelbestrafung, Art. 103 Abs. 3 GG; dies folgt aus der unterschiedlichen Zwecksetzung von Strafen und Maßregeln.[11]

Im Anschluss an freiheitsentziehende Maßregeln der Besserung und Sicherung **378** tritt Führungsaufsicht kraft Gesetzes ein, wenn
– das Gericht die Unterbringung in einem psychiatrischen Krankenhaus oder einer Entziehungsanstalt anordnet und gleichzeitig deren Vollstreckung zur Bewährung aussetzt, § 67b Abs. 2 StGB;
– die freiheitsentziehende Maßregel erst nach Verbüßung der Freiheitsstrafe vollstreckt werden soll und die Vollstreckung der Maßregel vom Gericht nicht zur Bewährung ausgesetzt wird, § 67c Abs. 2 S. 1 2. Halbs. StGB;
– nach Rechtskraft der Anordnung der Vollzug der freiheitsentziehenden Maßregel noch nicht begonnen hat und das Gericht die Maßregelvollstreckung zur Bewährung aussetzt, § 67c Abs. 2 S. 4 StGB;
– das Gericht die Unterbringung in der Sicherungsverwahrung nach zehn Jahren ihres Vollzugs für erledigt erklärt, § 67d Abs. 3 S. 2 StGB;
– das Gericht die Unterbringung in einer Entziehungsanstalt für erledigt erklärt, weil die Voraussetzungen des § 64 S. 2 StGB nicht mehr vorliegen, § 67d Abs. 5 S. 2 StGB;
– das Gericht die Unterbringung in einem psychiatrischen Krankenhaus nach § 67d Abs. 6 S. 1 StGB für erledigt erklärt, § 67d Abs. 6 S. 2 StGB.

Führungsaufsicht, die kraft Gesetzes eintritt, stellt in diesem Fall der Rechtspfleger fest und berechnet ihr Ende.

3. Dauer der Führungsaufsicht

Beruht die Führungsaufsicht auf richterlicher Anordnung, § 68 Abs. 1 StGB, so **379** fällt ihr **Beginn** auf den Zeitpunkt, zu dem die sie verhängende Entscheidung in Rechtskraft erwächst, § 68c Abs. 4 S. 1 StGB.[12] In die Dauer nicht eingerechnet werden nach Abs. 4 S. 2 der Norm jedoch Zeiten, in denen der Verurteilte flüchtig ist (Var. 1), sich verborgen hält (Var. 2) oder in einer Anstalt verwahrt wird (Var. 3). Bedeutung für die Berechnung der Frist erlangt dabei insbesondere die behördlich angeordnete Verwahrung des Betreffenden i.S.d. Var. 3. Die Frist beginnt somit faktisch erst zu laufen, sobald der Täter aus dem Vollzug der Freiheitsstrafe entlassen wird.

---

[10] Vgl. hierzu etwa Satzger/Schmitt/Widmaier/*Mosbacher*, 2009, § 56 Rdn. 1 ff.
[11] BVerfGE 55, S. 30.
[12] BeckOK-StGB/*Heuchemer*, 2009, § 68c Rdn. 11;

> *Beispiel*: Wegen Hehlerei (§ 259 Abs. 1 StGB) wird A zu einer Freiheitsstrafe von 8 Monaten verurteilt; die Strafe wird nicht zur Bewährung ausgesetzt. Zusätzlich ordnet das Gericht nach § 68 Abs. 1 StGB Führungsaufsicht für 2 Jahre an. Am 7. Januar 2010 tritt A die Strafe an und wird am 6. September 2010 entlassen.
> Bei der Berechnung der Dauer der Führungsaufsicht wird die Zeit, in der sich A im Strafvollzug befand nicht eingerechnet, § 68c Abs. 4 S. 2 StGB. Das Ende der Maßregel fällt somit auf den 6. September 2012.

380   Im Fall des § 68f Abs. 1 S. 1 StGB tritt Führungsaufsicht ebenfalls automatisch mit der Entlassung des Verurteilten aus dem Strafvollzug ein, sofern nicht unmittelbar hierauf der Vollzug einer Maßregel der Besserung und Sicherung folgt, § 68f Abs. 1 S. 2 StGB, oder das Gericht das Entfallen der Führungsaufsicht anordnet, § 68f Abs. 2 StGB.

> Das Gericht mag es ablehnen nach § 68f Abs. 2 StGB anzuordnen, dass die Führungsaufsicht unterbleibt. Eine solche negative Entscheidung schließt dabei zugleich die Feststellung über das positive Vorliegen der Eintrittsvoraussetzungen des § 68f Abs. 1 S. 1 StGB ein.[13]

Sofern die Führungsaufsicht kraft Gesetzes infolge der Aussetzung einer freiheitsentziehenden Maßregel der Besserung und Sicherung zur Bewährung eintritt, so beginnt sie mit der Rechtskraft des Aussetzungsbeschlusses.[14]

381   Ihre **Dauer** liegt zwischen zwei und fünf Jahren, § 68c Abs. 1 S. 1 StGB, jedoch lässt sich dieser Zeitrahmen nach § 68c Abs. 1 S. 2 StGB bis zum gesetzlichen Mindeststrafmaß abkürzen. Das Gericht ist dabei nicht verpflichtet, eine Entscheidung hinsichtlich einer Frist zu treffen. Ohne eine solche explizite Festsetzung bestimmt die Vollstreckungsbehörde nach § 458 Abs. 1 StPO das Fristende.[15]

Unbefristet darf das Gericht die Führungsaufsicht anordnen, soweit der Verurteilte der Weisung, sich einer Entziehungskur oder einer Heilbehandlung zu unterziehen, nicht nachkommt, § 68c Abs. 2 StGB. Ebenso gilt dies, wenn der Betroffene einer Therapieweisung nicht Folge leistet. Sofern eine Maßregel der Besserung und Sicherung noch zur Bewährung ausgesetzt ist, dürfte dies allerdings nur in Betracht kommen, solange Weisungsverstöße nicht derart grob oder beharrlich erscheinen, dass die Bewährung widerrufen werden muss.[16] Zudem besteht die Möglichkeit unter den Voraussetzungen des durch das „Gesetz zur Reform der Führungsaufsicht und zur Änderung der Vorschriften über die nachträgliche Sicherungsverwahrung"[17] neu eingefügten § 68c Abs. 3 StGB, die Sanktion über die Dauer von fünf Jahren hinaus unbefristet zu verlängern.

---

[13]   OLG Hamm, NStZ 1996, S. 337.

[14]   *Röttle/Wagner*, 2009, Rdn. 374.

[15]   BeckOK-StGB/*Heuchemer*, 2009, § 68c Rdn. 4.1; *Fischer*, 2010, § 68c Rdn. 2; a.A. *Meier*, 2009, S. 264, wonach die Maßregel in diesem Fall fünf Jahre dauern soll.

[16]   *Peglau*, NJW 2007, S. 1560.

[17]   BGBl. 2007/I, S. 513 ff.; dazu *Schneider*, NStZ 2007, S. 441 ff.; zum Entwurf von 2005 bereits *Vollbach*, MschrKrim 2006, S. 40 ff.

Diese Regelung betrifft insbesondere Personen, die unter der Führungsaufsicht durchaus Heilbehandlungen nutzen und Medikamente einnehmen, bei denen dies aber bei Wegfall der Kontrolle nicht mehr gewährleistet ist. Damit soll bspw. verhindert werden, dass jene Verurteilten erneut in ihre psychische Krankheit oder Störung zurückfallen.[18]

Erledigung und damit das Ende der Führungsaufsicht treten ein, wenn das Ge-   **382** richt eine entsprechende Aufhebung ausspricht, weil anzunehmen ist, der Verurteilte werde auch ohne entsprechende Kontrolle keine weiteren Straftaten begehen, § 68e Abs. 2 StGB. Zudem beendet der Beginn des Vollzugs einer freiheitsentziehenden Maßregel der Besserung und Sicherung die Führungsaufsicht (§ 68e Abs. 1 S. 1 Nr. 1 und 2 StGB); gleiches ergibt sich bei Eintritt einer neuen Führungsaufsicht (§ 68e Abs. 1 S. 1 Nr. 3 StGB).

Im Fall des § 68f Abs. 2 StGB folgt die Maßregel kraft Gesetzes mit der Entlassung einer verurteilten Person aus dem Strafvollzug nach vollständiger Verbüßung der Freiheitsstrafe. In diesem Fall endet sie, soweit das Gericht ihr Unterbleiben anordnet, weil – entgegen der gesetzlichen Vermutung – die Umstände erwarten lassen, dass der Verurteilte auch ohne Führungsaufsicht keine Straftaten mehr begeht, § 68f Abs. 2 StGB. Dieser soll dann mit der Sanktion nicht mehr belastet werden, wenn sich eine positive Sozialprognose stellen lässt. Die Anordnung nach § 68f Abs. 2 StGB bildet dabei jedoch einen Ausnahmefall.[19]

Gemäß § 68g Abs. 3 S. 1 StGB endet die Führungsaufsicht zudem zwingend,   **383** sobald eine wegen derselben Tat verhängte Freiheitsstrafe, die zur Bewährung ausgesetzt wurde (§§ 56, 57 StGB), nunmehr erlassen wird (1. Alt.). Ferner beendet es die Maßregel, wenn das Gericht ein zur Bewährung ausgesetztes Berufsverbot für erledigt erklärt (2. Alt.).

Ob § 68g Abs. 3 S. 1 StGB auch für die kraft Gesetzes eintretende Maßregel gilt, ist umstritten. Der Wortlaut „angeordnete Führungsaufsicht", legt zwar zunächst nahe, den Anwendungsbereich auch tatsächlich allein auf die infolge richterlicher Anordnung eintretende Sanktion zu beschränken; dennoch erstreckt sich nach überwiegender Auffassung der Anwendungsbereich der Norm auch auf die gesetzliche Führungsaufsicht.[20]

4. Ablauf der Führungsaufsicht

Bei der Durchführung der Führungsaufsicht kommt dem **Vollstreckungsgericht**   **384** (§§ 463 Abs. 6, 462a StPO) als der **Führungsaufsichtsstelle** sowie dem **Bewährungshelfer** übergeordnetem Organ eine Reihe unterschiedlicher Aufgaben zu. So obliegt ihm zunächst die Auswahl des Bewährungshelfers, § 68a Abs. 1 StGB, wie auch die Überwachung der Führungsaufsicht im Allgemeinen, § 68a Abs. 3 StGB. Kommt es zwischen der Aufsichtsstelle und dem Bewährungshelfer zu Unstim-

---

[18]   BT-Drs. 16/1993, S. 21; *Peglau*, NJW 2007, S. 1560.
[19]   BeckOK-StGB/*Heuchemer*, 2009, § 68f Rdn. 12.
[20]   OLG Oldenburg, NStZ-RR 2009, S. 260; *Lackner/Kühl*, 2007, § 68g Rdn. 4; LK-StGB/*Schneider*. 2008, § 68g Rdn. 26; Schönke/Schröder/*Stree*, 2006, § 68g Rdn. 15; SK-StGB/*Sinn*, 2009, § 68g Rdn. 10; a.A. LG Marburg, NStZ-RR 2007, S. 39.

migkeiten und lässt sich ein Einvernehmen nicht erzielen, entscheidet das Gericht über die betreffende Frage. Zudem kann es der Aufsichtsstelle bzw. dem Bewährungshelfer für deren Tätigkeiten Anweisungen geben, § 68a Abs. 5 StGB.

385   Im Rahmen von § 68b StGB ist das Gericht befugt, der verurteilten Person für die Dauer der Führungsaufsicht Weisungen zu erteilen. Deren Ziel besteht ausschließlich in der Sicherung der Allgemeinheit sowie der Resozialisierung des Täters, ohne dass Vergeltungszwecke eine Rolle spielen dürfen.[21] Bei der Erteilung solcher Instruktionen ist zwischen solchen i.S.d. Abs. 1 S. 1 der Norm und den nach § 68b Abs. 2 StGB zulässigen weiteren Weisungen zu differenzieren. Ein Verstoß gegen Weisungen nach Abs. 1 zieht eine Strafbarkeit gem. § 145a StGB nach sich.[22] Bei Verstößen gegen die weiteren Weisungen des § 68b Abs. 2 StGB macht sich der Verurteilte hingegen nicht strafbar; dennoch hat das Gericht das vom Verurteilten erwartete Verhalten so genau wie möglich zu umschreiben, um ihm eine exakte Anleitung für sein Verhalten zu geben.[23]

386   Zusätzlich besteht für das Vollstreckungsgericht die Möglichkeit, eine ausgesetzte Unterbringung im stationären Maßregelvollzug nach §§ 63, 64 StGB **befristet wieder in Vollzug** zu **setzen**, um einen endgültigen Widerruf der Aussetzung zu vermeiden, § 67h StGB. Durch die Vorschrift kann der Betreffende im Krisenfall kurzzeitig stationär behandelt werden, ohne dass bereits eingetretene Therapieerfolge entfielen.[24]

> Nicht mehr erforderlich ist es damit – wie bislang in der Praxis gängig – über einen Sicherungshaftbefehl gem. § 453c Abs. 1 StPO den Verurteilten wieder in den Maßregelvollzug aufzunehmen.[25] Dem Gericht bleibt nun die Möglichkeit auf die befristete Wiederinvollzugsetzung zurückzugreifen, wenn zum einen die Widerrufsvoraussetzungen des § 67g Abs. 2 StGB noch nicht vorliegen, jedoch bei ungehinderter Weiterentwicklung alsbald eintreten würden; ebenso wenn der Widerruf eher eine Zustandsverschlechterung denn eine Krisenbeseitigung erreichen würde.[26]

387   **Zuständig** für die Anordnung ist das **Vollstreckungsgericht**, §§ 463 Abs. 6, 462a StPO. Die Höchstdauer der Wiederinvollzugsetzung liegt bei drei Monaten, kann jedoch bis zu einer Höchstgrenze von sechs Monaten erneut angeordnet oder verlängert werden, sofern die Voraussetzungen des § 67h Abs. 1 Satz 2 und 3 StGB vorliegen.[27]

---

[21]   Vgl. dazu OLG Dresden, NJW 2009, S. 3315.

[22]   *Schneider*, NStZ 2007, S. 443; zu rechtspolitischen Bedenken im Zusammenhang mit § 145a StGB *Meier*, 2009, S. 262.

[23]   OLG Oldenburg, Beschl. v. 5.1.2009, 1 Ws 758/08.

[24]   RegE BT-Drs. 16/1993, S. 16 f.; *Peglau*, jurisPR-StrafR 6/2009 Anm. 2; *Peglau*, NJW 2007, S. 1561; *Schneider*, NStZ 2007, S. 444.

[25]   BeckOK-StGB/*Ziegler*, 2009, § 67h Rdn. 1.

[26]   *Meier*, 2009, S. 263.

[27]   Zum Bezugspunkt der Höchstgrenze *Meier*, 2009, S. 263 f.

5. Weitere Aufgaben der Vollstreckungsbehörde

Die Vollstreckungsbehörde hat im Rahmen der Durchführung der Führungsauf- **388** sicht darauf hinzuwirken, dass die nach §§ 68f, 67d Abs. 2-6, 67c Abs. 1 und 2 StGB vorgesehenen gerichtlichen Entscheidungen rechtzeitig getroffen werden. Zur Vorbereitung soll ausreichend Zeit verbleiben, damit die Ausgestaltung der Maßregel ihre Zweckerreichung möglichst fördert.[28]

Ferner muss die Vollstreckungsbehörde die zuständige **Führungsaufsichtsstelle** über den Eintritt der Sanktion **unterrichten**, § 54a Abs. 1 StVollstrO. § 54a Abs. 2 S. 1 StVollstrO bestimmt zudem, dass sie die Vorlage der Akten drei Monate vor der Entlassung der verurteilten Person bei dem Gericht herbeiführen muss.

> Nach der Rspr. des BGH kommt § 54a Abs. 2 StVollstrO dabei eine zuständigkeitsbegründende Wirkung zu. Denn ab dem in der Norm genannten Zeitpunkt ist die Strafvollstreckungskammer das i.S.d. §§ 462a Abs. 1 S. 1, 463 Abs. 6 StPO mit der Sache befasste und damit zuständige Gericht. Ob zu diesem Termin die Akten tatsächlich übersandt werden, spielt dafür hingegen keine Rolle.[29]

Im Einzelfall mag es vorkommen, dass im Anschluss an eine Freiheitsstrafe, **389** nach deren Vollstreckung gem. § 68f Abs. 1 S. 1 StGB Führungsaufsicht eintreten soll, zunächst eine weitere Freiheitsstrafe wegen einer anderen Straftat vollstreckt werden muss. Die Anordnung nach § 68f Abs. 2 StGB trifft das Gericht dann erst drei Monate (vgl. § 54a Abs. 2 S. 1 StVollstrO) vor Beendigung der *letzten* Freiheitsstrafe. Denn frühestens zu diesem Zeitpunkt lässt sich abschließend beurteilen, ob die Voraussetzungen des § 68f Abs. 2 StGB bei der Entlassung vorliegen.[30]

Überdies teilt die Vollstreckungsbehörde der Aufsichtsstelle die von ihr nach Maßgabe der §§ 68c-68g StGB berechnete Dauer der Führungsaufsicht sowie deren Beginn und Ende mit, § 54a Abs. 4 StVollstrO.

II. Entziehung der Fahrerlaubnis

Übersicht über die maßgeblichen Normen: **390**
– **§§ 69 bis 69b StGB**;
– **§ 56 StVollstrO**;
– § 111a StPO und § 463b StPO;
– §§ 4 f., 8 BZRG;
– Nr. 45 MiStra;
– zudem partiell das Straßenverkehrsgesetz (StVG), etwa § 21 StVG;
– die Verordnung über die Zulassung von Personen zum Straßenverkehr (Fahrerlaubnis-Verordnung, FeV);
– Straßenverkehrs-Zulassungs-Ordnung (StVZO), insb. § 13 StVZO.

---

[28] *Röttle/Wagner*, 2009, Rdn. 377.
[29] BGH, Beschl. v. 26.11.1992, 1 StR 249/92.
[30] *Röttle/Wagner*, 2009, Rdn. 379.

Die Entziehung der Fahrerlaubnis stellt die in der Praxis am häufigsten verhängte Maßregel der Besserung und Sicherung dar. Sie dient dem Schutz der Allgemeinheit vor Gefahren im Straßenverkehr durch Personen, die sich zum Führen von Kraftfahrzeugen nicht eignen.[31] Da die motorisierte Teilnahme am Verkehr mit nicht zu unterschätzenden Risiken verbunden ist, setzt sie die Erteilung einer Erlaubnis durch die zuständige Behörde voraus, § 2 Abs. 1 StVG, § 4 FeV; das Führen von Kraftfahrzeugen im Straßenverkehr ohne eine solche zieht eine Strafbarkeit gem. § 21 StVG nach sich.

1. Voraussetzungen der Entziehung der Fahrerlaubnis

a) Formelle Voraussetzungen

391   § 69 Abs. 1 StGB setzt die Begehung einer **rechtswidrigen Tat** i.S.d. § 11 Abs. 1 Nr. 5 StGB bei oder im Zusammenhang mit dem Führen eines Kraftfahrzeugs[32] bzw. unter Verletzung der Pflichten eines Kraftfahrzeugführers voraus. Bloße Ordnungswidrigkeiten reichen hierbei ebenso wenig aus wie gerechtfertigte Taten.

Auch bleibt die Entziehung der Fahrerlaubnis möglich, wenn eine Verurteilung allein an fehlender bzw. nicht nachweisbarer Schuldfähigkeit des Täters nach § 20 StGB scheitert. Im Fall eines strafbefreienden Rücktritts gem. § 24 StGB, eines unvermeidbaren Verbotsirrtums i.S.d. § 17 S. 1 StGB oder eines entschuldigenden Notstands nach § 35 StGB kommt die Maßregel jedoch nicht in Betracht.[33] Bei einer Einstellung nach den §§ 153 ff. StPO darf sie das Gericht ebenfalls nicht verhängen, jedoch durchaus, sofern lediglich – bspw. gem. § 142 Abs. 4 StGB – von Strafe abgesehen wird.[34]

392   Den **Begriff des Kraftfahrzeugs** legen § 1 Abs. 2 StVG, § 4 StVZO fest. Entscheidendes Kriterium bildet hierbei die Möglichkeit der selbständigen Fortbewegung mittels Maschinenkraft[35], so dass z.B. auch ein Mofa oder ein motorisierter Rollstuhl als führerscheinfreie Kraftfahrzeuge erfasst und mit der für den Verkehr erforderlichen Sorgfalt zu führen sind.

393   Nach § 69 Abs. 1 StGB muss der Verurteilte das Delikt bei (Var. 1) oder im Zusammenhang mit (Var. 2) dem Führen eines Kraftfahrzeugs oder unter Verletzung der Pflichten eines Kraftfahrzeugführers (Var. 3) begangen haben. Für das Merkmal **„beim Führen eines Kraftfahrzeugs"** spielen als Anlasstaten im Wesentlichen die §§ 315c und 316 StGB eine gewichtige Rolle. Die Delikte der Var. 1 können, weil Führer eines Kraftfahrzeugs ausschließlich derjenige ist, der

---

[31]   Hentschel/*König*, 2007, § 69 Rdn. 1; *Meier*, 2009, S. 243 f.; Schönke/Schröder/*Stree*, 2006, § 69 Rdn. 1.

[32]   Zum Begriff Satzger/Schmitt/Widmaier/*Jehle*, 2009, § 69 Rdn. 13; Schönke/Schröder/*Stree*, 2006, § 69 Rdn. 11.

[33]   Schönke/Schröder/*Stree*, 2006, § 69 Rdn. 7.

[34]   Satzger/Schmitt/Widmaier/*Jehle*, 2009, § 69 Rdn. 12.

[35]   Ganz h.M.; vgl. etwa OLG Rostock, NStZ-RR 2008, S. 320; LG Oldenburg, NZV 2008, S. 50; *Laschewski*, NZV 2008, S. 50 f.; LK-StGB/*Geppert*, 2008, § 69 Rdn. 22; Schönke/Schröder/*Stree*, 2006, § 69 Rdn. 11; a.A. *Fischer*, 2010, § 69 Rdn. 3.

dieses in Bewegung setzt und es während der Fahrt kontrolliert und steuert, allein von dessen Fahrer begangen werden. Das Führen des Fahrzeugs erfolgt somit nur eigenhändig.[36]

> Umstritten ist in diesem Zusammenhang, inwieweit die Norm ein Führen des Fahrzeugs im öffentlichen Verkehrsraum erfordert. Zum Teil findet sich hier die Auffassung, es reiche aus, wenn der Betreffende die Tat auf privatem Grund und Boden begeht. Es erscheint allerdings im Hinblick auf die Rechtsfolge eines Verbots des Führens von Kraftfahrzeugen im Straßenverkehr nicht einleuchtend, auf jeden Bezug gerade zu diesem öffentlichen Verkehr zu verzichten.[37]

Das Merkmal des **Zusammenhangs mit dem Führen eines Kraftfahrzeuges** **394** nach Var. 2 setzt voraus, dass die Benutzung des Fahrzeugs der Vorbereitung, Durchführung oder unmittelbaren Förderung einer Straftat dient. Zwischen der Anlasstat und dem Führen des Fahrzeugs muss – ausgehend von dem Zweck der Maßregel, die Allgemeinheit vor Gefahren des Straßenverkehrs zu schützen – ein **funktionaler Zusammenhang** bestehen. Eine Tat, die lediglich bei Gelegenheit des Führens eines Kraftfahrzeuges verwirklicht wird, genügt nicht.[38]

Notwendig ist demnach mehr als ein bloß (äußerer) zeitlicher und räumlicher Konnex, wobei jedoch die Voraussetzungen dieses funktionalen Bezugs zwischen Anlasstat und dem Führen eines Kraftfahrzeuges im Einzelnen umstritten sind. Jedenfalls muss diese Tat aber tragfähige Rückschlüsse darauf zulassen, dass bei dem Täter die Bereitschaft besteht, die Sicherheit des Straßenverkehrs seinen eigenen kriminellen Zwecken unterzuordnen.[39]

> Eine beliebige funktionale Beziehung, bei welcher der Gebrauch des Fahrzeugs die Tat lediglich irgendwie fördert oder ermöglicht, reicht somit nicht aus. Vielmehr erfordert § 69 Abs. 1 Var. 2 StGB einen inneren Zusammenhang zwischen Anlasstat und Gebrauch des Kraftfahrzeugs. Kein verkehrsspezifischer Gefahrzusammenhang besteht daher z.B. bei Handlungen, die nur mit dem Besitz, jedoch nicht mit dem Führen eines Kfz zusammenhängen.[40]
> Streitig ist zudem, ob der Täter bei Verwirklichung der Var. 2 das Kraftfahrzeug selbst bzw. eigenhändig führen muss. Nach h.M. genügt es aber, sofern er zumindest einen bestimmenden Einfluss auf die Fortbewegung ausübt.[41]

---

[36] *Fischer*, 2010, § 69 Rdn. 10; Schönke/Schröder/*Stree*, 2006, § 69 Rdn. 12.
[37] *Janiszewski*, NStZ 1996, S. 587; Satzger/Schmitt/Widmaier/*Jehle*, 2009, § 69 Rdn. 16; Schönke/Schröder/*Stree*, 2006, § 69 Rdn. 12; a.A. LG Stuttgart NZV 1996, S. 213; *Fischer*, 2010, § 44 Rdn. 7; *Lackner/Kühl*, 2007, § 44 Rdn. 3; LK-StGB/*Geppert*, 2008, § 69 Rdn. 24.
[38] BGH, NStZ 2004, S. 477; *Geppert*, NStZ 2003, S. 288 ff.; *Meier*, 2009, S. 245; zur Entziehung der Fahrerlaubnis bei Taten der allgemeinen Kriminalität vgl. *Sowada*, NStZ 2004, S. 169 ff.
[39] BGHSt. 50, S. 97 ff.; vgl. dazu auch Satzger/Schmitt/Widmaier/*Jehle*, 2009, § 69 Rdn. 19 f. m.w.Nachw.
[40] Siehe die Bspe. bei *Meier*, 2009, S. 245.
[41] BGHSt. 10, S. 333; *Fischer*, 2010, § 69 Rdn. 10; MüKo-StGB/*Athing*, 2008, § 69 Rdn. 39; Satzger/Schmitt/Widmaier/*Jehle*, 2009, § 69 Rdn. 22; Schönke/Schröder/*Stree*, 2006, § 69 Rdn. 14; a.A. LK-StGB/*Geppert*, 2008, § 69 Rdn. 45.

395   Eine Tat hat der Betreffende **unter Verletzung der Pflichten** eines Kraftfahrzeugführers (Var. 3) begangen, wenn er dabei gegen Vorschriften verstößt, die der Verkehrssicherheit dienen.[42] Hierunter fallen sämtliche Normen, die einen verkehrssicheren Zustand herstellen sollen oder die Absicherung eines Fahrzeugs zur Verhütung von Unfällen betreffen.

b) Materielle Voraussetzungen der Entziehung der Fahrerlaubnis

396   In materieller Hinsicht setzt der Entzug der Fahrerlaubnis voraus, dass der Täter zum Führen von Kraftfahrzeugen **ungeeignet** ist. Beurteilen lässt sich die Frage anhand der Prognose, der Betreffende werde auch künftig die Verkehrssicherheit beeinträchtigende Straftaten begehen.[43] Diese Erwartung mag auf körperlichen oder geistigen Mängeln beruhen, kann jedoch ebenso auf Charakterdefizite zurückzuführen sein.[44]

> Soweit sich körperliche Mängel durch Hilfsmittel oder Medikamente kompensieren lassen, kommt eine Entziehung der Fahrerlaubnis nicht in Betracht. Charakterliche Unzulänglichkeiten müssen sich auf die verkehrsspezifische Gefährlichkeit des Täters beziehen und damit fehlendes Risikobewusstsein und Verantwortungslosigkeit gerade im Hinblick auf die Gefahren des Straßenverkehrs dokumentieren.[45] Das Merkmal der Ungeeignetheit entspricht somit der Gefährlichkeitsprognose, die bei anderen Maßregeln vorzunehmen ist.[46]
>
> Zum Fahrverbot nach § 44 StGB steht die Fahrerlaubnisentziehung damit grds. in einem Exklusivitätsverhältnis.[47] Denn ein Fahrverbot kommt für Täter in Betracht, die nicht als zum Führen von Kraftfahrzeugen ungeeignet erscheinen[48], während die Maßregel nach §69 StGB eben diese fehlende Eignung voraussetzt. Dennoch kann das Gericht beide Sanktionen nebeneinander anordnen, soweit bspw. auch die Benutzung fahrerlaubnisfreier Fahrzeuge untersagt sein soll.[49] In diesem Fall erfolgt ihre Vollstreckung gleichzeitig; die Maßregel und die Nebenstrafe ergänzen sich insoweit gegenseitig.

397   § 69 Abs. 2 StGB benennt vier **Regelbeispiele**, in denen typischerweise Eignungsmängel vorliegen. Es handelt sich hierbei um Straßenverkehrsdelikte, bei deren Verwirklichung die Verfehlung eine derartige Qualität erreicht, dass damit regelmäßig zugleich die mangelnde Eignung zum Führen von Kraftfahrzeugen feststeht; einer weiteren Begründung bedarf es hierfür nicht.[50] Sofern der Täter keines der Regelbeispiele erfüllt, bleibt eine Gesamtwürdigung seiner Tat sowie seiner Persönlichkeit erforderlich. Ausgehend von dem gesamten Vorgang sind dabei sämtliche Umstände – wie etwa strafrechtliche Vorauffälligkeiten oder das

---

[42]   *Fischer*, 2010, § 69 Rdn. 11.
[43]   *Meier*, 2009, S. 246.
[44]   BGH, NStZ 2004, S. 144; *Fischer*, 2010, § 69 Rdn. 14.
[45]   BGHSt. 50, S. 93 ff.
[46]   *Fischer*, 2010, § 69 Rdn. 19.
[47]   OLG Celle, NJW 1968, S. 1102.
[48]   Siehe Kap. J I. 1.
[49]   Vgl. NK-StGB/*Herzog*, 2010, § 44 Rdn. 9; Schönke/Schröder/*Stree*, 2006, § 44 Rdn. 2.
[50]   *Meier*, 2009, S. 246; vgl. dazu auch *Lenhart*, NJW 2004, S. 191 ff.

Nachtatverhalten – einzubeziehen, die Rückschlüsse auf seine Eignung zum Führen von Kraftfahrzeugen erlauben.[51]

Bei Vorliegen der formellen und materiellen Voraussetzungen für die Entziehung der Fahrerlaubnis ist die Anordnung der Maßregel obligatorisch, ohne dass eine weitere Verhältnismäßigkeitsprüfung stattfinden muss bzw. darf, § 69 Abs. 1 S. 2 StGB. Der Gesetzgeber ging hierbei davon aus, die Sanktion sei in diesem Fall stets mit dem Grundsatz der Verhältnismäßigkeit vereinbar.[52]   **398**

2. Wirkung der Fahrerlaubnisentziehung

Mit der Rechtskraft des Urteils bzw. des Strafbefehls erlischt die Fahrerlaubnis, § 69 Abs. 3 Satz 1 StGB. Hierbei sind weder eine zeitliche Begrenzung noch Ausnahmen hinsichtlich bestimmter Fahrzeug- oder Nutzungsarten vorgesehen.   **399**

> Zwar genügt sowohl ein Urteil als auch ein entsprechender Strafbefehl, um die Maßregel zu verhängen. Im Strafbefehlsverfahren beschränkt allerdings § 407 Abs. 2 Nr. 2 StPO die Dauer der Sperrfrist auf zwei Jahre.[53]
>
> Bei nach Jugendstrafrecht abgeurteilten Personen kann das Gericht gem. § 7 Abs. 1 JGG ebenfalls die Fahrerlaubnis entziehen. Dies gilt – anders als bei einem Fahrverbot nach § 44 StGB[54] – selbst soweit nach § 27 JGG die Entscheidung über die Verhängung der Jugendstrafe zur Bewährung ausgesetzt wird.[55]

3. Sperrfrist nach § 69a StGB

a) Dauer der Sperre

Mit der Entziehung der Fahrerlaubnis setzt das Gericht gem. § 69a Abs. 1 S. 1 StGB eine Sperrfrist von sechs Monaten bis zu fünf Jahren fest, für deren Dauer diese nicht erneut erteilt werden darf. Erst nach Ablauf der Frist kann die Erlaubnis erneut gewährt werden, § 20 Abs. 1 FeV.[56] Zweck dieser Regelung ist es, den Täter solange nicht am Straßenverkehr teilnehmen zu lassen, bis er voraussichtlich zum Führen eines Kraftfahrzeugs wieder geeignet ist. Jedoch vermag selbst nach dem Verstreichen der Sperrfrist die Verwaltungsbehörde bis zur Erbringung weiterer Eignungsnachweise die Neuerteilung zu verweigern.[57]   **400**

Nach Maßgabe des § 69a Abs. 2 StGB kann das Gericht jedoch von der Verhängung einer Sperrfrist – nicht aber von der Entziehung der Fahrerlaubnis als solcher – bestimmte Arten von Kraftfahrzeugen ausnehmen. Eine solche Ent-

---

[51] Satzger/Schmitt/Widmaier/*Jehle*, 2009, § 69 Rdn. 23 ff.

[52] Krit. Satzger/Schmitt/Widmaier/*Jehle*, 2009, § 69 Rdn. 38, m.w.Nachw.

[53] *Meyer-Goßner*, 2009, § 407 Rdn. 20.

[54] Vgl. Kap. J I. 1.

[55] *Fischer*, 2010, § 69 Rdn. 7; zum Fahrverbot bei Jugendlichen *Rueber*, jurisPR-VerkR 18/2008, Anm. 5.

[56] BGH, NStZ 1983, S. 168; LK-StGB/*Geppert*, 2008, § 69, Rdn. 117.

[57] Evtl. nach einer sog. MPU; vgl. BeckOK-StGB/*Heuchemer*, 2009, § 69a Rdn. 14.

scheidung kommt in Betracht, wenn besondere Umstände die Annahme rechtfertigen, dass der Zweck der Maßregel dadurch nicht gefährdet wird.[58]

> Diese Beschränkungen spielen insbesondere für Berufskraftfahrer und Landwirte ei-
> ne Rolle, welche die abgeurteilte Tat im Rahmen privater Fahrzeugnutzung begangen
> haben, ohne sich im Berufsleben eine Verfehlung zu Schulde kommen zu lassen.[59]
> Das Tatbestandsmerkmal der besonderen Umstände wird dabei restriktiv ausgelegt
> und verlangt mehr als lediglich wirtschaftliche Erfordernisse.[60] Für Fahrzeuge, die
> von der Sperre ausgenommen sind, kann der Verurteilte bei der zuständigen Verwal-
> tungsbehörde sofort wieder eine neue Fahrerlaubnis beantragen.[61]

401   Die Sperre wird gem. § 69a Abs. 1 S. 1 StGB grds. für die Dauer von **sechs
Monaten bis zu fünf Jahren** verhängt, wobei dem Gericht ein **Ermessensspiel-
raum** zusteht. Soweit jedoch anzunehmen ist, dass die Höchstfrist von fünf Jahren
nicht genügt, um die von dem Täter drohenden Gefahren abzuwehren, darf es eine
solche Sperre nach § 69a Abs. 1 S. 2 StGB auch lebenslang aussprechen.[62] Bei
Wiederholungstätern[63] sieht § 69a Abs. 3 StGB eine Frist von mindestens einem
Jahr vor. Die Dauer der Sperre bemisst sich an der voraussichtlichen Dauer der
Ungeeignetheit des Täters Kraftfahrzeuge zu führen und orientiert sich somit an
Grund und Umfang des Eignungsmangels; keine Berücksichtigung finden demge-
genüber allgemeine Strafzumessungsregeln.[64]

> In der Praxis beruht die Bemessung der Sperrfrist regelmäßig auf Art und Schwere
> der begangenen Tat. Denn nach Auffassung der Rechtsprechung lässt das Maß der
> Tatschuld mitunter Rückschlüsse auf die charakterliche Unzuverlässigkeit und somit
> auf die Ungeeignetheit des Täters zu.[65]

402   Berücksichtigung findet die Zeit einer vorläufigen Entziehung der Fahrerlaubnis nach § 111a StPO beim Mindestmaß der Sperre, § 69a Abs. 4 S. 1 StGB. In
diesem Fall darf jedoch gem. § 69a Abs. 4 S. 2 StGB die Sperrfrist drei Monate
nicht unterschreiten.[66] Hierbei reicht es aus, wenn das Dokument zunächst nach
§ 94 StPO verwahrt, sichergestellt oder beschlagnahmt wurde, § 69a Abs. 6 StGB.

> Dabei mag sich die Situation ergeben, dass das Führerscheindokument nicht sicher-
> gestellt werden kann, etwa weil es vom Täter bei seiner Ergreifung nicht mitgeführt
> wird. Die Zeit zwischen der gewollten Sicherstellung bis zur tatsächlichen Ingewahr-
> samnahme darf aber bei der Berechnung der Sperrfrist gem. § 69a Abs. 4, Abs. 6

---

[58]   Dazu *Krumm*, ZRP 2010, S. 11 f.
[59]   LK-StGB/*Geppert*, 2008, § 69a Rdn. 9; Schönke/Schröder/*Stree*, 2006, § 69a Rdn. 3.
[60]   *Fischer*, 2010, § 69a Rdn. 32; Schönke/Schröder/*Stree*, 2006, § 69a Rdn. 3.
[61]   *Röttle/Wagner*, 2009, Rdn. 387
[62]   Schönke/Schröder/*Stree*, 2006, § 69a Rdn. 8; zur Dauer der Sperre bei Langstrafigen
        OLG Köln, NJW 2001, S. 3492; *Molketin*, NZV 2001, S. 67.
[63]   Zum Begriff siehe *Röttle/Wagner*, 2009, Rdn. 387.
[64]   BGH, NStZ-RR 1997, S. 332; BGH, NStZ 1991, S. 183; BeckOK-StGB/*Heuchemer*,
        2009, § 69a Rdn. 15 ff.; SK-StGB/*Sinn*, § 69a Rdn. 5.
[65]   BGH, NStZ 1991, S. 183; BGH, StrVert 1989, S. 388; LK-StGB/*Geppert*, 2008, § 69a
        Rdn. 17; ferner dazu *Dencker*, StrVert 1988, S. 455 f.
[66]   BeckOK-StGB/*Heuchemer*, 2009, § 69a Rdn. 24; Jagow/*Burmann*/Heß, 2008, § 69a
        Rdn. 7; vgl. *Krumm*, NJW 2004, S. 1629 f.; dazu das 4. Bsp. unten.

StGB nicht eingerechnet werden. Denn nur die Beschlagnahme des Führerscheins selbst – nicht bereits die Aufforderung zu dessen Herausgabe – verhindert, dass der Beschuldigte weiterhin legal am Verkehr teilnimmt. Fährt er mit dem ihm verbliebenen Führerschein weiter, so macht er sich nicht nach § 21 Abs. 2 Nr. 2, Nr. 3 StVG strafbar.[67]

Die **vorzeitige Aufhebung** der Sperre lässt § 69a Abs. 7 StGB zu, sofern sich **403** Grund zu der Annahme ergibt, dass der Täter nicht mehr ungeeignet zum Führen von Kraftfahrzeugen ist – insbesondere wenn er bspw. erfolgreich an einem Nachschulungskurs für alkoholauffällige Kraftfahrer teilgenommen hat. Bloß längere Unauffälligkeit des Betreffenden oder ein besonderes wirtschaftliches bzw. berufliches Interesse an der erneuten Erteilung der Fahrerlaubnis reichen hingegen nicht aus.[68] Eine solche vorzeitige Aufhebung ist jedoch frühestens zulässig, wenn die Sperre drei Monate, oder bei Verhängung nach § 69 Abs. 3 StGB ein Jahr angedauert hat, § 69a Abs. 7 S. 2 StGB. Die Entscheidung über darüber ergeht durch Beschluss, §§ 463 Abs. 5, 462 Abs. 1 S. 1, 462a StPO.

Sobald die Sperrfrist abgelaufen ist und die Ungeeignetheit des Täters nicht **404** mehr besteht, kann dieser eine **Neuerteilung der Fahrerlaubnis** beantragen (vgl. §§ 20 Abs. 1, 11 Abs. 3 Satz 1 Nr. 5 FeV). Lehnt die zuständige Behörde, die hierüber in eigener Kompetenz entscheidet, dies ab, so dürfen die Gründe hierfür nicht mit denjenigen, auf denen das Strafurteil beruht, identisch sein. Der mehrfachen Heranziehung stehen insoweit die materielle Rechtskraft des Urteils und die Unzulässigkeit seiner Korrektur entgegen.[69]

Eine **isolierte Sperrfrist** im Sinne des § 69a Abs. 1 S. 3 StGB wird ausgespro- **405** chen, wenn der Täter zuvor noch keine Fahrerlaubnis besaß oder diese in einem anderen Verfahren bereits entzogen wurde. Sie wird als alternative Maßregel formell und materiell nach denselben Regeln behandelt.[70]

Ist die Fahrerlaubnis in mehreren verschiedenen Verfahren gleichzeitig entzo- **406** gen oder sind mehrere isolierte Sperrfristen nebeneinander verhängt worden, spricht das Gericht in einem Gesamtstrafenerkenntnis eine einheitliche Sperre aus. Diese darf die Höchstfrist von fünf Jahren nicht überschreiten, sofern nicht in einem der Verfahren eine lebenslange Sperrfrist verhängt wurde. Sofern die Voraussetzungen einer nachträglichen Gesamtstrafenbildung nicht vorliegen, laufen mehrere Fristen unabhängig voneinander ab (vgl. § 72 Abs. 2 StGB).

b) Berechnung der Sperrfrist

Die Sperrfrist beginnt nach § 69a Abs. 5 Satz 1 StGB mit dem Tag, an dem das **407** Urteil bzw. der Strafbefehl in Rechtskraft erwächst. Wird die Entscheidung rechtskräftig, weil die Rechtsmittelfrist (um 24.00 Uhr ihres letzten Tages) abgelaufen ist, fällt der Beginn der Sperrfrist auf den darauf folgenden Tag, 00.00 Uhr.

---

[67] MAH/*Schäpe*, 2009, § 16 Rdn. 37; Hentschel/*König*, 2007, § 21 Rdn. 22.
[68] OLG Düsseldorf, NZV 1990, S. 238; *Fischer*, 2010, § 69a Rdn. 44; LK-StGB/*Geppert*, 2008, § 69a Rdn. 86.
[69] NK-StGB/*Herzog*. 2010, § 69a Rdn. 2; zur Aufhebung bei lebenslanger Sperre *Himmelreich*, SVR 2010, S. 1 ff.
[70] LK-StGB/*Geppert*, 2008, § 69a Rdn. 3; NK-StGB/*Herzog*. 2010, § 69a Rdn. 11.

Tritt Rechtskraft infolge eines Rechtsmittelverzichts ein, rechnet die Sperrfrist ab dem Termin, zu dem der Verurteilte diesen Verzicht erklärt – jedoch bereits ab Tagesbeginn um 00.00 Uhr.

> *1. Beispiel*: C wird am Mittwoch, den 3. März 2010 ein Strafbefehl zugestellt, durch den ihm für die Dauer von einem Jahr die Fahrerlaubnis entzogen wird. C unternimmt nichts gegen die Entscheidung.
>
> Gem. § 410 Abs. 1 S. 1 StPO beträgt die Frist für einen Einspruch gegen den Strafbefehl 2 Wochen nach dessen Zustellung; sie beginnt also am Donnerstag, den 4. März um 00.00 Uhr und endet am Mittwoch, den 17. März 2010 um 24.00 Uhr (vgl. § 43 Abs. 1 1. Halbs. StPO).[71] Die einjährige Sperrfrist beginnt somit gem. § 69 Abs. 5 S. 1 StGB am Donnerstag, den 18. März 2010, 00.00 Uhr und endet am 17. März 2011 um 24.00 Uhr.
>
> *2. Beispiel*: Wie im 1. Beispiel geht dem C am Mittwoch, den 3. März 2010 ein Strafbefehl zu, der für die Dauer von einem Jahr eine Entziehung der Fahrerlaubnis vorsieht. Diesmal erklärt C jedoch am Dienstag, den 9. März 2010 wirksam einen Rechtsmittelverzicht.
>
> In diesem Fall tritt zwar die Rechtskraft im Lauf des 9. März 2010 ein. Zugunsten des Verurteilten wird hier – entgegen dem in § 42 StPO zum Ausdruck kommenden Grundgedanken[72] – für den Beginn der Sperrfrist dem Günstigkeitsprinzip[73] entsprechend auf den Anfang dieses Tages zurückgerechnet. Die Sperre beginnt daher am 9. März 2010 um 00.00 Uhr und endet am 8. März 2011, 24.00 Uhr.

408   Praktisch erlangt der Termin der Rechtskraft jedoch nur geringe Bedeutung, da gem. § 69a Abs. 5 S. 2 StGB bei vorläufiger Entziehung der Fahrerlaubnis (§ 111a Abs. 1 StPO oder § 94 Abs. 3 StPO) für den Fristbeginn derjenige Zeitpunkt maßgeblich ist, zu dem das Gericht letztmalig den Sachverhalt in tatsächlicher Hinsicht prüfen konnte.[74] Die Sperrfrist läuft daher regelmäßig nach Verkündung des Urteils an, selbst wenn Rechtskraft noch nicht eintritt, sofern die Fahrerlaubnis bereits vorläufig entzogen wurde. Der Zeitraum zwischen der letzten Tatsacheninstanz bis zum Eintritt der Rechtskraft wird folglich in die Sperrfrist **eingerechnet**. Daher verlagert sich in diesem Fall der Fristbeginn faktisch auf die Urteilsverkündung.[75]

> *3. Beispiel*: Mit Urteil vom 15. März 2010 spricht das Gericht gegen A die Entziehung der Fahrerlaubnis aus und verhängt eine Sperrfrist für die Dauer von zwei Jahren. Zugleich ordnet es die vorläufige Entziehung der Fahrerlaubnis nach § 111a Abs. 1 S. 1 StPO an; der Führerschein kommt in amtliche Verwahrung. Am 18. März 2010 erklärt A wirksam einen umfassenden Rechtsmittelverzicht.
>
> Das Urteil erwächst mit dem Verzicht auf Rechtsmittel in Rechtskraft, so dass Beginn der Sperrfrist grds. der 18. März 2010, 00.00 Uhr wäre. Da die Fahrerlaubnis jedoch gem. § 111a Abs. 1 S. 1 StPO bereits vorläufig entzogen war, kommt es nach § 69a

---

71 KK-StPO/*Maul*, 2008, § 43 Rdn. 24.

72 §§ 42 ff. StPO gelten nur für strafprozessuale Fristen; *Meyer-Goßner*, 2009, vor § 42 Rdn. 1.

73 Siehe dazu oben Kap. D III. 2.; a.A. *Röttle/Wagner*, 2009, Rdn. 388 (dort Fn. 142), die §§ 187, 188 BGB anwenden wollen.

74 Schönke/Schröder/*Stree*, 2006, § 69a Rdn. 18.

75 *Röttle/Wagner*, 2009, Rdn. 388.

Abs. 5 S. 2 StGB darauf an, wann das Gericht den Sachverhalt in tatsächlicher Hinsicht das letzte Mal prüfen konnte – vorliegend also in der Hauptverhandlung am 15. März 2010. Die Sperrfrist beginnt somit (nach dem Günstigkeitsprinzip[76]) am 15. März 2010 um 00.00 Uhr.

Endet das Verfahren mit einer Hauptverhandlung in der Berufungsinstanz, dann **409** ist maßgebend für den Beginn der Sperrfrist eben dieser Termin. Denn auch in der Berufungsverhandlung prüft das Gericht – anders als in der Revision – den Sachverhalt in tatsächlicher Hinsicht.[77]

Wurde dem Täter die Fahrerlaubnis vorläufig entzogen, so bestimmt § 69a Abs. 4 S. 1 StGB, dass sich die (endgültig) verhängte Sperrfrist um eben diesen Zeitraum verkürzt. Es handelt sich hierbei nicht um eine Anrechnungsvorschrift; Rechnung trägt die Regelung vielmehr dem Umstand, dass aufgrund einer bereits erlittenen Fahrerlaubnisentziehung das Mindestmaß von sechs Monaten als zu hoch erscheinen kann.[78] Liegt eine lange Zeitspanne zwischen der vorläufigen Entziehung und der Entscheidung der letzten Tatsacheninstanz, mag dies zu einer enormen Verkürzung der Sperrfrist führen.[79] Ein Mindestmaß von drei Monaten darf hierbei jedoch nicht unterschritten werden, § 69a Abs. 4 S. 2 StGB.

4. Beispiel: Am 6. Juni 2010 wird N die Fahrerlaubnis nach § 111a Abs. 1 S. 1 StPO vorläufig entzogen. Nach der Hauptverhandlung beabsichtigt das Gericht zunächst mit Urteil vom 22. November 2010 – rechtskräftig am selben Tag – eine Sperre für die Dauer von *insgesamt* 8 Monaten zu verhängen.
Da vom 6. Juni 2010 bis einschließlich 21. November 2010 (169 Tage) die Fahrerlaubnis vorläufig entzogen war, verkürzt sich die sechsmonatige Mindestdauer der Sperrfrist um eben diesen Zeitraum, § 69a Abs. 4 S. 1 StGB. Eigentlich fiele das Ende der Sperrfrist somit auf den 2. Februar 2011, 24.00 Uhr.
Allerdings darf das Mindestmaß der Sperrfrist 3 Monate nicht unterschreiten, § 69a Abs. 4 S. 2 StGB. Am 22. November 2010 muss das Gericht somit mindestens eine Sperre von eben dieser Dauer aussprechen. Das Ende der Sperrfrist fällt somit auf den 21. Februar 2011, 24.00 Uhr.

4. Behandlung des Führerscheins

Mit Entziehung der Fahrerlaubnis wird zugleich gem. § 69 Abs. 3 S. 2 StGB ein **410** inländischer Führerschein **eingezogen**; die Vollstreckung geschieht hierbei durch die Wegnahme der Urkunde, §§ 463 Abs. 1, 459g Abs. 1 StPO. Dies gilt für sämtliche von deutschen Behörden ausgestellten Führerscheine des Täters, erfasst somit auch Sonderführerscheine wie bspw. für Einsatzfahrzeuge oder selbstfahrende Arbeitsmaschinen.

Auf dem Führerschein vermerkt die Vollstreckungsbehörde dessen Einziehung und macht das Dokument zudem durch Einschneiden unbrauchbar, § 56 Abs. 1

---

[76] Siehe oben Kap. D III. 2.
[77] Schönke/Schröder/*Stree*, 2006, § 69a Rdn. 13.
[78] Hentschel/*König*, 2007, § 69a StGB Rdn. 9.
[79] Insb. in Berufungsverfahren drohen unbillige Härten; vgl. Schönke/Schröder/*Stree*, 2006, § 69a Rdn. 13.

StVollstrO. Ferner muss sie das Ende der verhängten Sperrfrist verzeichnen, bevor sie den Führerschein an die für seine erneute Erteilung zuständige Behörde versendet (vgl. § 2 StVG, § 68 StVZO).

411 Sofern der Verurteilte noch im Besitz des Führerscheins ist und diesen nicht freiwillig an die Vollstreckungsbehörde herausgibt, beauftragt diese den Gerichtsvollzieher mit der **Wegnahme**, § 61 StVollstrO. Lässt sich das Dokument bei dem Verurteilten nicht auffinden, hat dieser eine eidesstattliche Versicherung über dessen Verbleib abzugeben, §§ 56 Abs. 5, 62 Abs. 1 S. 1 StVollstrO; das Verfahren richtet sich dabei nach § 459g Abs. 1 S. 2 StPO i.V.m. §§ 6 Abs. 1 Nr. 1, 7 JBeitrO.

Eine Sonderregelung enthält § 69b Abs. 2 S. 1 StGB für Führerscheine, die von der Behörde eines EU-Mitgliedstaats bzw. eines Staats des Europäischen Wirtschaftsraums ausgestellt wurden. Diese unterliegen derselben Behandlung wie deutsche Führerscheine und daher der Einziehung. Führerscheine, die eine Behörde eines nicht der EU bzw. dem Europäischen Wirtschaftsraum angehörenden Staates ausgestellt hat, können nicht eingezogen werden. Sie erhalten stattdessen nach § 69b Abs. 2 S. 2 StGB einen entsprechenden Vermerk, sofern der Inhaber über einen ordentlichen Wohnsitz in Deutschland verfügt.[80]

Damit die Vollstreckungsbehörde den Vermerk anbringen kann, muss der Verurteilte den Führerschein bei dieser vorlegen. Weigert er sich, kann sie das Dokument gem. § 463b Abs. 2 StPO beschlagnahmen. Eine entsprechende Anordnung trifft sodann der Rechtspfleger. Ebenso wie bei inländischen Führerscheinen bleibt es bei Unauffindbarkeit des Dokuments möglich, den Betreffenden eine eidesstattliche Versicherung hierüber abgeben zu lassen.[81]

5. Mitteilungspflichten

412 Für die Vollstreckungsbehörde entstehen **Mitteilungspflichten** wie diejenige an das Bundeszentralregister, §§ 4 f., 8 BZRG. Die Vollstreckungsbehörde muss die hiernach erforderlichen Angaben machen, wie bspw. die Personendaten des Betroffenen (§ 5 Abs. 1 Nr. 1 BZRG), das entscheidende Gericht (§ 5 Abs. 1 Nr. 2 BZRG) sowie insbesondere den Tag, an dem die Sperrfrist endet (§ 8 BZRG).

Dem Kraftfahrtbundesamt in Flensburg meldet die Vollstreckungsbehörde gem. § 59 FeV i.V.m. § 28 Abs. 3 Nr. 2 StVG die Tat sowie die verhängte Rechtsfolge einschließlich der weiteren erforderlichen Angaben – z.B. Personalien des Täters oder Ort, Tag und Zeit der Tat. Ferner ist nach Nr. 45 Abs. 1, Abs. 2 MiStra i.V.m. § 73 Abs. 1-3 FeV die Verwaltungsbehörde, welcher die Neuerteilung der Fahrerlaubnis obliegt, zu verständigen. Sie muss über sämtliche Tatsachen unterrichtet werden, die von Relevanz sind, um zu beurteilen, ob der Betreffende sich zum Führen von Kraftfahrzeugen eignet. Dies erlangt insbesondere Bedeutung, wenn die Verwaltungsbehörde nach Ablauf der Sperrfrist vor der Neuerteilung der Fahrerlaubnis zu prüfen beabsichtigt, ob sonstige Eignungsmängel vorliegen.

---

[80] *Röttle/Wagner*, 2009, Rdn. 385.
[81] *Röttle/Wagner*, 2009, Rdn. 391.

Denn in diesem Fall kann sie die Erteilung der Erlaubnis aus anderen als den in der Entscheidung genannten Gründen versagen.

Zum Zweck der Überwachung muss ferner die Polizeibehörde des Wohn- und **413** Aufenthaltsortes der verurteilten Person nach Nr. 45 Abs. 3 MiStra in Kenntnis gesetzt werden. Weitere Mitteilungspflichten bestehen gem. Nr. 45 Abs. 4 MiStra gegenüber Bundeswehr, Bundes- oder Landespolizei. Überdies macht die Vollstreckungsbehörde im Fall einer Entziehung der Fahrerlaubnis nach § 69b StGB der ausländischen Verwaltungsbehörde die nach Nr. 45 Abs. 6 MiStra erforderlichen Angaben.

III. Berufsverbot

Seiner kriminalpolitischen Zielsetzung nach erfüllt das Berufsverbot des § 70 **414** StGB als dritte ambulante Maßregel der Besserung und Sicherung den Zweck, die Allgemeinheit vor Gefahren zu schützen, welche sich aus der Berufs- oder Gewerbeausübung des Täters ergeben. Folglich werden mit der Sanktion ausschließlich Sicherungszwecke, jedoch keinerlei Besserungseffekte angestrebt.[82] Oftmals entzieht die Verhängung des Berufsverbots dem Täter die Grundlage seiner wirtschaftlichen Existenz, was einer gelungenen Resozialisierung in höchstem Maß hinderlich sein mag. Dies hat der Täter jedoch auf Grund eines in diesem Fall überwiegenden öffentlichen Interesses an der Verhinderung weiterer Gefahren hinzunehmen. Verfassungsrechtliche Bedenken gerade in Bezug auf Art. 12 Abs. 1 GG bestehen indes nicht.[83]

1. Voraussetzungen der Verhängung

In formeller Hinsicht setzt die Verhängung eines Berufsverbots zunächst voraus, **415** dass eine rechtswidrige Tat i.S.d. § 11 Abs. 1 Nr. 5 StGB begangen wird. Der Täter muss deswegen verurteilt worden, bzw. darf seine Verurteilung allein auf Grund mangelnder Schuldfähigkeit nach § 20 StGB unterblieben sein. § 70 Abs. 1 S. 1 StGB erfordert weiter, dass der Betreffende diese Tat unter Missbrauch des Berufs oder Gewerbes bzw. unter grober Verletzung der mit diesen verbundenen Pflichten begangen hat.

> Beruf und Gewerbe lassen sich von einander nicht eindeutig abgrenzen. Während der Terminus Beruf eine auf Dauer angelegte und eine gewisse Sachkenntnis erfordernde Lebenstätigkeit beschreibt, meint der Begriff des Gewerbes das Unterhalten eines auf Herstellung, Verarbeitung oder Umsatz von Waren gerichteten Betriebs zum Zweck der Gewinnerzielung.[84]

---

[82] BeckOK-StGB/*Stoll*, 2009, § 70 Rdn. 1.
[83] *Jescheck/Weigend*, 1996, S. 829; LK-StGB/*Hanack*, 2008, § 70 Rdn. 3.
[84] LK-StGB/*Hanack*, 2008, § 70 Rdn. 12 ff.; *Meier*, 2009, S. 266.

416   § 70 Abs. 1 S. 1 1. Alt. StGB betrifft den **Missbrauch** des Berufs oder Gewerbes. Hierbei verlangt die ganz h.M. zwischen dessen Ausübung und der Straftat einen inneren Zusammenhang dergestalt, dass der Täter gerade die ihm durch seinen Beruf gestellten Aufgaben bewusst missachtet und stattdessen zur Begehung des Delikts ausnutzt.[85] Von einer **groben Verletzung von Pflichten** geht hingegen § 70 Abs. 1 S. 1 2. Alt. StGB aus. Dabei müssen gerade die verletzten Obliegenheiten für den jeweiligen Beruf bzw. das Gewerbe charakteristisch oder typisch sein. Sowohl für die erste wie auch für die zweite Alternative bildet der **innere Zusammenhang** zwischen Beruf respektive Gewerbe und der begangenen Straftat ein maßgebliches Kriterium. Daher genügt es nicht, dass ein Delikt lediglich bei Gelegenheit der Berufs- oder Gewerbstätigkeit begangen wird.[86]

417   In materieller Hinsicht muss die **Gefahr** der Begehung **weiterer erheblicher rechtswidriger Taten** bestehen. Zu erstellen ist hierbei eine Gefährlichkeitsprognose auf Grundlage einer Gesamtbetrachtung von Tat sowie Täter. Zumindest bei Ersttätern sind hieran allerdings hohe Anforderungen zu stellen.[87] Sofern bereits die strafgerichtliche Verurteilung für sich genommen ausreicht, um den Betreffenden von weiteren Straftaten abzuhalten, kommt ein Berufsverbot nicht mehr in Betracht.

418   Die Anordnung der Maßregel steht im **Ermessen** des Gerichts, das hierbei andere zur Abwendung der Gefahr geeignete und gleichzeitig weniger belastende Maßnahmen – wie z.B. Weisungen nach §§ 56c oder 68b StGB – in die Betrachtung mit einzubeziehen hat.[88]

> Unter anderem gegenüber Angehörigen der Presse eröffnet die Verhängung eines Berufsverbots häufig weitere Problembereiche. So hat das Gericht hier im Rahmen seiner Ermessensausübung zu berücksichtigen, dass die Maßregel den grundrechtlich geschützten Bereich der freien Meinungsäußerung nach Art. 5 GG tangiert bzw. einschränkt. § 70 StGB stellt dabei ein allgemeines Gesetz i.S.d. Art. 5 Abs. 2 GG dar, welches die Meinungsfreiheit beschränkt und im Lichte des Grundrechts ausgelegt und angewandt werden muss.[89]

2. Rechtsfolgen

419   Spricht das Gericht ein Berufsverbot nach § 70 Abs. 1 S. 1 StGB aus, so wird dem Täter die Ausübung seiner Berufstätigkeit bzw. seines Gewerbes untersagt. Gleichzeitig bleibt gem. § 70 Abs. 3 StGB sichergestellt, dass der Verurteilte die entsprechende Tätigkeit nicht für einen Dritten ausübt oder eine andere von seinen Weisungen abhängige Person für die Dauer des Berufsverbots diese Beschäftigung auszuüben veranlasst.

---

[85]   BGH, BeckRS 2003, Nr. 05883; BGH, NJW 1989, S. 3232; *Fischer*, 2010, § 70 Rdn. 3.
[86]   Vgl. BeckOK-StGB/*Stoll*, 2009, § 70 Rdn. 4 f.; Schönke/Schröder/*Stree*, 2006, § 70 Rdn. 6 f.
[87]   BeckOK-StGB/*Stoll*, 2009, § 70 Rdn. 6.
[88]   *Lackner/Kühl*, 2007, § 70 Rdn. 13.
[89]   Schönke/Schröder/*Stree*, 2006, § 70 Rdn. 4.

Die **Dauer** des Berufsverbots liegt gem. § 70 Abs. 1 S. 1 StGB zwischen ein **420** und fünf Jahren und wird vom Gericht nach pflichtgemäßem Ermessen festgesetzt. Die Sanktion kann im Einzelfall auch lebenslang angeordnet werden, § 70 Abs. 1 S. 2 StGB. Maßgeblich ist hierbei, wie lange die berufs- bzw. gewerbespezifische Gefährlichkeit des Täters voraussichtlich anhält.[90] Ein zuvor verhängtes vorläufiges Berufsverbot nach § 132a StPO hat eine Verkürzung der Mindestdauer zur Folge, § 70 Abs. 2 S. 1 StGB; die Frist darf nach Abs. 2 S. 2 der Norm drei Monate allerdings nicht unterschreiten.

Mit der **Rechtskraft** des Urteils wird die Maßregel wirksam. Sofern ein vorläu- **421** figes Berufsverbot nach § 312a Abs. 1 StPO verhängt wurde, beginnt die Frist allerdings bereits mit Verkündung des Urteils in der letzten Tatsacheninstanz, § 70 Abs. 4 StGB.[91] Zeiten, in denen sich der Täter in behördlicher Verwahrung befunden hat, werden nach Abs. 4 S. 3 der Norm nicht in die Frist eingerechnet; diese beginnt daher erst mit der Haftentlassung zu laufen, bzw. unterbricht die während des Laufs der Frist eintretende Inhaftierung deren Ablauf.

Beispiel: Bereits am 14. April 2009 wurde dem A die Berufsausübung nach § 132a Abs. 1 StPO vorläufig untersagt. Nach einem langwierigen Verfahren beabsichtigt das Gericht mit Urteil vom 3. März 2010 gegen ihn ein Berufsverbot für die Dauer von einem Jahr zu verhängen. A lässt die Rechtmittelfrist verstreichen, so dass die Entscheidung am 10. März 2010, 24.00 Uhr in Rechtskraft erwächst. In anderer Sache befindet sich A dann vom 19. Mai 2010 bis zum 6. Juni 2010 in Untersuchungshaft.

Aufgrund der vorläufigen Untersagung verkürzt sich die Verbotsfrist gem. § 70 Abs. 2 S. 1 StGB um den Zeitraum vom 14. April 2009 bis einschließlich 2. März 2010. Da aber nach § 70 Abs. 2 S. 2 StGB die Frist der Sanktion 3 Monate nicht unterschreiten darf, muss das Gericht im Urteil ein Berufsverbot von eben dieser Mindestdauer aussprechen.

Wirksamkeit erlangt das Berufsverbot erst mit der Rechtskraft des Urteils am 10. März 2010 und dauert daher ab 11. März 2010, 00.00 Uhr grds. die verhängten 3 Monate. Allerdings wird die Zeit vom 3. März 2010 bis zur Verkündung in die Verbotsfrist eingerechnet, § 70 Abs. 4 S. 2 StGB. Hiernach fiele das Ende des Berufsverbots eigentlich auf den 2. Juni 2010, 24.00 Uhr.

Für die 19 Tage, in denen sich A in amtlicher Verwahrung befand, wird die Verbotsfrist unterbrochen. Bei Haftantritt waren bereits 70 Tage der dreimonatigen Dauer verstrichen, so dass nach der Entlassung noch 20 Tage zu vollstrecken bleiben. Das Berufsverbot läuft daher am 7. Juni 2010 um 00.00 Uhr weiter und endet somit am 26. Juni 2010, 24.00 Uhr.

3. Verfahren

Das Berufsverbot wird im Urteil ausgesprochen, wobei § 260 Abs. 2 StPO eine **422** exakte Bezeichnung der untersagten Tätigkeit gebietet. Die genaue Beschreibung gewinnt unter dem Gesichtspunkt des § 145c StGB, der eine Strafbarkeit von Verstößen gegen das Verbot normiert, besondere Bedeutung.[92]

---

[90] *Fischer*, 2010, § 70 Rdn. 13 f.; *Meier*, 2009, S. 269.
[91] *Röttle/Wagner*, 2009, Rdn. 392.
[92] Schönke/Schröder/*Stree*, 2006, § 70 Rdn. 16.

423   Zur **Bewährung** aussetzen kann das Gericht die Sanktion gem. § 70a Abs. 1 StGB. Dies kommt in Betracht, sofern Tatsachen die Annahme rechtfertigen, der Täter werde erhebliche rechtswidrige Taten der in § 70 Abs. 1 S. 1 StGB bezeichneten Art nicht mehr begehen. Entsprechend anzuwenden sind gem. § 70 Abs. 3 StGB in diesem Fall die §§ 56a, 56c-56e StGB, welche die Ausgestaltung der Strafaussetzung zur Bewährung regeln. Ein Widerruf der Bewährung kommt nach § 70b Abs. 1 und Abs. 2 StGB in Betracht. Das Verbot tritt dann für die im Urteil festgesetzte Dauer in Kraft, wobei die Zeit, während der die Maßregel zur Bewährung ausgesetzt war nicht eingerechnet wird.[93]

424   Um erhebliche Härten für den Verurteilten oder seine Angehörigen, die vom Zweck der Norm nicht mehr erfasst wären, zu vermeiden, kann das Gericht beim Erlass des Urteils das **Wirksamwerden** des Berufsverbots bis zu sechs Monate **aufschieben**, § 456c Abs. 1 S. 1 StPO. Diese Zeit wird jedoch nach Abs. 4 der Norm nicht auf die festgesetzte Dauer des Verbots angerechnet.[94] Ebenso kann die Vollstreckungsbehörde nach § 456c Abs. 2 StPO, § 55 Abs. 2 S. 1 1. Alt. StVollstrO unter denselben Voraussetzungen einen solchen Aufschub gewähren oder – sofern das Berufsverbot bereits wirksam ist – dessen Unterbrechung anordnen.[95] Diese Möglichkeit besteht selbst für den Fall, dass das Gericht einen Aufschub ausdrücklich abgelehnt hat. Jedoch darf die Vollstreckungsbehörde nur von der gerichtlichen Entscheidung abweichen, wenn zwischenzeitlich neue Umstände bekannt geworden oder eingetreten sind, die eine entsprechende Bewertung zulassen.[96] Zusätzlich erlaubt § 55 Abs. 2 S. 1 2. Alt. StVollstrO der Vollstreckungsbehörde das Verbot auszusetzen, wenn dies einem öffentlichen Interesse an der vorübergehenden weiteren Berufsausübung Rechnung trägt. Von Gericht und Vollstreckungsbehörde gewährter Aufschub bzw. angeordnete Unterbrechung dürfen zusammen sechs Monate jedoch nicht überschreiten.[97]

Bewährt sich der Verurteilte und erfolgt daher kein Widerruf der Bewährung nach § 70b Abs. 1 und Abs. 2 StGB, so erklärt das Gericht das Berufsverbot für erledigt, § 70b Abs. 5 StGB. Sämtliche Entscheidungen nach §§ 70a, 70b StGB ergehen durch das nach §§ 463 Abs. 5, 462, 462a StPO zuständige Gericht durch Beschluss. Über Einwendungen gegen die Entscheidung der Vollstreckungsbehörde befindet daher ebenfalls gem. § 458 Abs. 2, Abs. 3 S. 2 StPO die nach §§ 462, 462a StPO zuständige Strafvollstreckungskammer. Gegen diese Beschlüsse steht dem Betreffenden die sofortige Beschwerde nach § 311 StPO zu.[98]

425   Die Vollstreckungsbehörde erledigt die notwendigen **Mitteilungen**: Hierzu meldet sie zunächst gem. § 55 Abs. 1 S. 2 StVollstrO der für die Berufs- und Gewerbeausübung zuständigen Behörde, dass ein Berufsverbot gegen den Täter verhängt wurde. Ferner zeigt sie die Maßregel einschließlich einer eventuellen Aussetzung zur Eintragung in das Bundeszentralregister an, §§ 4 f., 15 BZRG. Meldungen nach Nr. 40 MiStra ergehen im Einzelfall an die zuständigen Gewer-

---

[93]   *Fischer*, 2010, § 70b Rdn. 6.

[94]   *Röttle/Wagner*, 2009, Rdn. 394.

[95]   KK-StPO/*Appl*, 2008, § 456c Rdn. 5; *Meyer-Goßner*, 2009, § 456c Rdn. 5.

[96]   LK-StPO/*Wendisch*, 2009, § 456c Rdn. 11.

[97]   *Röttle/Wagner*, 2009, Rdn. 398.

[98]   *Fischer*, 2010, § 70b Rdn. 7; siehe Kap. L.

bebehörden; Relevanz kommt zuweilen jedoch auch Nr. 2 Abs. 2, Nr. 10 und Nr. 13 MiStra zu. Die Entscheidung darüber, ob eine Mitteilung zu machen ist, trifft – außer in den Fällen der Nr. 10 Abs. 1, Nr. 13 Abs. 3 und Nr. 40 MiStra, in denen der Rechtspfleger tätig wird – die Staatsanwaltschaft.

I Nebenstrafen und Nebenfolgen

I. Fahrverbot

Übersicht über die maßgeblichen Normen: **426**
- § **44 StGB**, § 51 Abs. 5 StGB;
- § 463b StPO;
- § **59a StVollstrO**, §§ 37 Abs. 2, 4, 5, 39 Abs. 4, 40 Abs. 1 StVollstrO;
- § **25 StVG**, ferner § 21 Abs. 1 Nr. 1 StVG.

Das Fahrverbot stellt eine Nebenstrafe dar, die nur in Verbindung mit einer Hauptstrafe (Geld- oder Freiheitsstrafe) verhängt werden kann. Seiner Zwecksetzung nach bildet es vorrangig eine spezialpräventiv ausgerichtete Warnungs- und Besinnungsstrafe für achtlose oder leichtsinnige Fahrer, die aber nicht ungeeignet zum Führen von Kraftfahrzeugen erscheinen.[1] Aus dem Strafcharakter des Fahrverbots ergibt sich, dass Haupt- und Nebenstrafe gemeinsam betrachtet die Tatschuld nicht überschreiten dürfen. Aufgrund dieser Wechselwirkung zwischen Haupt- und Nebenstrafe lassen sich Rechtsmittel grds. nicht beschränkt auf das Fahrverbot einlegen.[2]

Die Sanktion verhängt das Gericht, wenn die Hauptstrafe allein dem Unrechts- **427** gehalt der abgeurteilten Tat nicht gerecht würde oder sich der erwünschte spezialpräventive Effekt ohne das Verbot nicht erzielen ließe; dies muss sich aus dem Urteil bzw. Strafbefehl (vgl. § 407 Abs. 2 Nr. 1 StPO) zweifelsfrei ergeben.[3]

Nach § 44 Abs. 1 S. 1 StGB kann das Fahrverbot für eine Dauer **von einem bis** **428** **zu drei Monaten** verhängt werden.[4] Während dieses Zeitraums darf die verurteilte Person kein Kraftfahrzeug[5] im Straßenverkehr führen; die Sanktion erfasst dabei auch führerscheinfreie Kraftfahrzeuge.[6]

---

[1] BeckOK-StGB/*von Heintschel-Heinegg*, 2009, § 44 vor Rdn. 1; *Krumm*, NJW 2004, S. 1628; Schönke/Schröder/*Stree*, 2006, § 44 Rdn. 1.

[2] Sehr str., vgl. *Fischer*, 2010, § 44 Rdn. 24; Schönke/Schröder/*Stree*, 2006, § 44 Rdn. 31; jew. m.w.Nachw.; differenzierend Jagow/*Burmann*/Heß, 2008, § 44 StGB Rdn. 17.

[3] *Röttle/Wagner*, 2009, Rdn. 407.

[4] *Krumm*, SVR 2009, S. 139.

[5] Siehe zur Definition Kap. H II. 1. a).

[6] Vgl. BayObLG, NStZ-RR 2001, S. 26; BeckOK-StGB/*von Heintschel-Heinegg*, 2009, vor § 44 Rdn. 4.

Es existieren kriminalpolitische Überlegungen, das Fahrverbot zu einer Hauptstrafe mit einer Höchstdauer von bis zu sechs Monaten auszubauen. Der vorhandene Sanktionskatalog des Strafrechts enthalte zu wenige Gestaltungsmöglichkeiten für die Gerichte, um in spezialpräventiver Hinsicht auf Straftäter einzuwirken. Kritiker wenden dagegen vor allem ein, dass der Verzicht auf den Zusammenhang zwischen begangenem Delikt und dem Führen eines Kraftfahrzeugs völlig sachfremd ist; daher besteht die Gefahr mangelnder Akzeptanz durch die Gesellschaft.[7]
Der Sanktion nach § 44 StGB kommt enorme praktische Bedeutung zu: Sie wurde im Jahr 2008 gegen ca. 33 000 Verurteilte verhängt.[8] Dennoch liegt sie, was die Anzahl der Verurteilungen angeht, weit hinter dem Fahrverbot des Ordnungswidrigkeitenrechts nach § 25 StVG.[9]

429   Wirksam wird die Nebenstrafe mit Rechtskraft des Urteils bzw. Strafbefehls; um die Funktion des Verbotes als spezialpräventive Warnungs- und Besinnungsstrafe nicht zu konterkarieren, bleibt ein Aufschub nach § 456 StPO ausgeschlossen.[10]

1. Voraussetzungen

430   § 44 Abs. 1 S. 1 StGB setzt zunächst eine vom Verurteilten bei oder im Zusammenhang mit dem Führen eines Kraftfahrzeugs oder unter Verletzung der Pflichten eines Kraftfahrzeugführers begangene **Straftat** voraus. Als solche kommt ausschließlich eine tatbestandsmäßige, rechtswidrige und schuldhafte Tat in Betracht.

Demgegenüber kann nach § 25 Abs. 1 S. 1 StVG auch wegen einer Verkehrs*ordnungswidrigkeit* ein Fahrverbot ergehen. Dieses bildet dann allerdings keine Strafe, sondern eine erzieherische Nebenfolge.

431   Im Gegensatz zur Fahrerlaubnisentziehung, die auch gegen Schuldunfähige ausgesprochen werden kann[11], scheidet die Verhängung eines Fahrverbots als Nebenstrafe bei Vorliegen eines Strafbarkeitsdefizits auf der Schuldebene aus.[12] Ob der Täter vorsätzlich oder fahrlässig handelt, ist dagegen unerheblich; auch der strafbare Versuch eines Delikts genügt. Das Fahrverbot darf allerdings nicht mehr ergehen, sobald die Straftat verjährt (§§ 78 ff. StGB) oder ein erforderlicher Strafantrag nicht gestellt wird. Weil sich die Sanktion nur zusammen mit einer Hauptstrafe anordnen lässt, reicht es nicht aus, wenn das Gericht gegen die Betreffende eine Verwarnung mit Strafvorbehalt ausspricht (§ 59 Abs. 1 StGB); ebenso wenig genügt ein Absehen von Strafe nach § 60 StGB.[13]

---

[7]   *Kilger*, ZRP 2009, S. 13 ff.; *König*, NZV 2001, S. 8.
[8]   *Statistisches Bundesamt*, 2008, S. 362.
[9]   *Krumm*, NJW 2004, S. 1627; siehe dazu unten Kap. I I. 5.
[10]   *Fischer*, 2010, § 44 Rdn. 18; *Himmelreich/Janker/Hillmann*, 2005, Rdn. 292; a.A. Schönke/Schröder/*Stree*, 2006, § 44 Rdn. 20.
[11]   *Lackner/Kühl*, 2007, § 69 Rdn. 2.
[12]   Schönke/Schröder/*Stree*, 2006, § 44 Rdn. 5.
[13]   BeckOK-StGB/*von Heintschel-Heinegg*, 2009, § 44 Rdn. 3; MAH/*Schäpe*, 2009, § 16 Rdn. 60; *Röttle/Wagner*, 2009, Rdn. 407.

Bei nach Jugendstrafrecht abgeurteilten Personen mag ebenfalls ein Fahrverbot anzuordnen sein. Gem. § 8 Abs. 3 JGG kann das Gericht diese Nebenstrafe mit Erziehungsmaßregeln (§§ 9 ff. JGG), Zuchtmitteln (§§ 13 ff. JGG) sowie Jugendstrafe
(§§ 17 f. JGG) kombinieren. Ein Schuldspruch nach § 27 JGG reicht dagegen nicht
aus, da in diesem Fall – anders als bei einer Aussetzung der Jugendstrafe zur Bewährung gem. §§ 21 ff. JGG – eine Strafe noch nicht endgültig verhängt wurde. Dies ist
jedoch erforderlich, da das Fahrverbot als Nebenstrafe eben nur zusammen mit einer
Hauptstrafe ausgesprochen werden darf. Ob beide Sanktionen in ihrer Gesamtheit mit
dem Unrechts- und Schuldgehalt der Tat korrespondieren, lässt sich erst feststellen,
wenn (auch) die Höhe der Hauptstrafe definitiv feststeht.[14]

Die begangene Straftat darf keine Bagatelltat sein, sondern muss eine gewisse **432**
Schwere aufweisen. Dies beurteilt sich nach der Häufigkeit des Verstoßes sowie
dem Ausmaß des Schadens.[15] Auch Delikte von geringerem Gewicht reichen daher aus, wenn der Täter im Straßenverkehr bereits mehrfach strafrechtlich in Erscheinung getreten ist.

Weiter muss der Verurteilte das Delikt bei (Var. 1), im Zusammenhang mit
(Var. 2) dem Führen eines Kraftfahrzeugs oder unter Verletzung der Pflichten
eines Kraftfahrzeugführers (Var. 3) begangen haben. Für das Merkmal „beim
Führen eines Kraftfahrzeugs" spielen im Wesentlichen die §§ 315c und 316 StGB
sowie § 21 StVG eine gewichtige Rolle.[16] Ebenso mag das Fahrverbot als Folge
bei Verkehrsverstößen welche eine Strafbarkeit nach §§ 222, 229 oder 240 StGB
nach sich ziehen, Bedeutung erlangen.

Den Begriff des Zusammenhangs mit dem Führen von Kraftfahrzeugen i.S.d. **433**
Var. 2 legt die Rechtsprechung überwiegend weit aus. Damit kommen vor allem
Taten in Betracht, bei denen das Kraftfahrzeug zu deren Vorbereitung oder Durch-
führung eingesetzt wird, also etwa dem Abtransport der Beute dient. § 44 Abs. 1
S. 1 Var. 2 StGB setzt seinem Wortlaut nach nicht voraus, dass der Täter das
Fahrzeug selbst geführt hat; vielmehr darf die Anordnung eines Fahrverbots auch
gegen einen Mittäter ergehen, der das Kfz nicht gesteuert hat.[17] Der Vorsatz des
Betreffenden muss allerdings in jedem Fall den Verwendungszusammenhang
umfassen, so dass er das Kraftfahrzeug zur Tatbegehung instrumentalisiert.

Unter Verletzung der Pflichten eines Kraftfahrzeugführers nach Var. 3 handelt
der Täter in schlechthin jedem Fall, in dem er spezifische Obliegenheiten im Zusammenhang mit dem Führen von Fahrzeugen außer Acht lässt. Dies kann auch
Sicherungspflichten an einem Unfallort sowie die Wartung des Fahrzeugs betref-

---

[14] BeckOK-StGB/*von Heintschel-Heinegg*, 2009, § 44 Rdn. 3; *Fischer*, 2010, § 44
Rdn. 13; LK-StGB/*Geppert*, 2008, § 44 Rdn. 8; a.A. *Diemer*/Schoreit/Sonnen, 2008,
§ 27 Rdn. 11; *Eisenberg*, 2009, § 27 Rdn. 1 ff.; *Lackner/Kühl*, 2007, § 44 Rdn. 5;
Ostendorf, 2009, § 27 Rdn. 9; zu §§ 27 ff.; *Streng*, 2002, S. 289; zu §§ 27 ff. JGG insg.
Laubenthal/Baier, 2005, Rdn. 792 ff.
[15] *Molketin*, NZV 2001, S. 411; Schönke/Schröder/*Stree*, 2006, § 44 Rdn. 6.
[16] BeckOK-StGB/*von Heintschel-Heinegg*, 2009, § 44 Rdn. 5; zu § 21 StVG MAH/
Schäpe, 2009, § 14 Rdn. 144 ff.
[17] Vgl. OLG Düsseldorf, NStZ-RR 2002, S. 314; dazu *Dreher/Fad*, NZV 2004, S. 233 ff.

fen oder dem Halter des Kfz eine entsprechende Sorgfalt bei der Weitergabe des Autoschlüssels an Dritte abverlangen.[18]

434   Das Vorliegen der Voraussetzungen beurteilt das Gericht; die Entscheidung über die Anordnung eines Fahrverbotes und dessen Dauer richtet sich nach den allgemeinen Strafzumessungsregeln (vgl. § 46 StGB) und steht im richterlichen **Ermessen**.[19] Das Fahrverbot kann durch ein Urteil, jedoch ebenso durch einen Strafbefehl, § 407 Abs. 2 Nr. 1 StPO verhängt werden. Auch im beschleunigten Verfahren nach § 212 ff. StPO bleibt seine Anordnung möglich.

§ 44 Abs. 1 S. 2 StGB enthält eine Strafzumessungsregel, die das Ermessen des Gerichts einschränkt. Sofern also bei einer Verurteilung nach § 315c Abs. 1 Nr. 1 lit. a), Abs. 3 StGB oder § 316 StGB wegen einer vorsätzlichen oder fahrlässigen Trunkenheitsfahrt die Fahrerlaubnis nicht nach § 69 StGB entzogen wird, soll regelmäßig ein Fahrverbot angeordnet werden.[20]

2. Rechtsfolgen

435   Mit Eintritt der Rechtskraft des Urteils oder Strafbefehls erlangt das Fahrverbot Wirksamkeit, § 44 Abs. 2 S. 1 StGB. Es lässt eine bestehende Fahrerlaubnis zwar unberührt, untersagt dem Verurteilten jedoch, hiervon für die Dauer des Verbots Gebrauch zu machen.[21] Bei einem Rechtsmittelverzicht in der Hauptverhandlung gilt diese Untersagung sofort, so dass der Betroffene insbesondere – was recht häufig geschieht – nicht mehr selbst mit seinem Pkw von der Hauptverhandlung nach Hause fahren darf.

436   Der Führerschein ist gem. § 463b Abs. 1 StPO zu beschlagnahmen, sofern der Täter ihn nicht freiwillig herausgibt; die Vollstreckungsbehörde nimmt das Dokument nach § 44 Abs. 2 S. 2 StGB in amtliche Verwahrung.

In Verwahrung zu nehmen sind zudem ausländische Führerscheine, die eine Behörde eines Mitgliedsstaats der Europäischen Union oder eines anderen Vertragsstaats des Abkommens über den Europäischen Wirtschaftsraum[22] (Island, Liechtenstein, Norwegen) ausgestellt hat, wenn der Täter über einen ordentlichen Wohnsitz in der Bundesrepublik Deutschland verfügt, § 44 Abs. 2 S. 3 StGB, § 59a Abs. 3 S. 1 StVollstrO.[23]

Im Übrigen muss in ausländischen, d.h. von einer *sonstigen* ausländischen Behörde ausgestellten Fahrausweisen das Fahrverbot jedenfalls vermerkt werden, § 44 Abs. 2 S. 4 StGB, § 59a Abs. 3 S. 2 StVollstrO. Sofern sich ein solcher Vermerk aufgrund der Beschaffenheit des Dokuments – etwa in Scheckkartenform – nicht anbringen lässt, locht die Vollstreckungsbehörde den Führerschein und verbindet untrennbar mit diesem eine gesonderte Anmerkung mittels gesiegelter Schnur.

---

[18]   OLG Koblenz NJW 1988, S. 152; *Fischer*, 2010, § 44 Rdn. 11; *Meier*, 2009, S. 136.
[19]   *Lackner/Kühl*, 2007, § 44 Rdn. 6.
[20]   MAH/*Schäpe*, 2009, § 16 Rdn. 61; *Meier*, 2009, S. 136.
[21]   *Meier*, 2009, S. 136; *Röttle/Wagner*, 2009, Rdn. 408.
[22]   ABl. EG L 1 v. 3.1.1994, S. 3 ff.
[23]   Hentschel/*König*, 2007, § 44 StGB Rdn. 12; *Röttle/Wagner*, 2009, Rdn. 408.

Der Verurteilte muss nicht über eine Fahrerlaubnis verfügen. Ein Fahrverbot **437** kann auch gegen Personen verhängt werden, die keine Fahrerlaubnis besitzen.[24] Das Gericht darf die Sanktion also auch dann anordnen, wenn dem Betreffenden bereits zuvor die Fahrerlaubnis entzogen wurde; ebenso besteht die Möglichkeit Fahrverbot und Entziehung der Fahrerlaubnis in ein und demselben Urteil nebeneinander auszusprechen.[25] Bedeutung kommt dem Fahrverbot dann zu, weil es auch das Führen von gem. § 4 Abs. 1 S. 2 FeV fahrerlaubnisfreien Fahrzeugen untersagt; zudem erfasst es Kraftfahrzeuge die das Gericht nach § 69a Abs. 2 StGB von der Sperre für die erneute Erteilung der Fahrerlaubnis ausgenommen hat.[26]

Durch ein Fahrverbot kann entweder das Führen jeglicher Kraftfahrzeuge im **438** Straßenverkehr untersagt werden, es lässt sich jedoch ebenso auf bestimmte Arten von Kraftfahrzeugen beschränken, z.B. auf Lkw, Pkw, Traktoren, andere Zugmaschinen oder auch Feuerlöschfahrzeuge.

Selbst wenn sich bei Eintritt der Rechtskraft der Führerschein noch nicht in behördlichem Gewahrsam befindet, wird das Verbot dennoch bereits zu diesem Zeitpunkt wirksam. Der rechnerische Beginn der Fahrverbotsfrist fällt jedoch gem. § 44 Abs. 3 S. 1 StGB erst auf denjenigen Tag, an dem der Führerschein in amtliche Verwahrung gelangt.[27]

§ 55 StGB sowie § 460 StPO greifen auch für die Nebenstrafe des § 44 StGB **439** ein. Bildet das Gericht (nachträglich) eine **Gesamtstrafe**, darf es daher nur ein einheitliches Fahrverbot von höchstens drei Monaten verhängen. Das gilt selbst dann, wenn jede einzelne Tat für sich betrachtet bereits den Ausspruch der Nebenstrafe rechtfertigen würde. Mehrere Fahrverbote mögen im Einzelfall zusammentreffen. Sofern dann nicht nach § 55 StGB oder § 460 StPO eine Gesamtstrafe nachträglich gebildet und daher ein einheitliches Verbot festgesetzt werden kann, bleiben die Nebenstrafen unabhängig von einander bestehen. In diesem Fall berechnen sich auch die Verbotsfristen isoliert nach den Grundsätzen der §§ 44, 51 StGB.[28]

3. Aufgaben der Vollstreckungsbehörde

Die funktionelle Zuständigkeit für die Vollstreckung des Fahrverbots liegt gem. **440** § 31 Abs. 2 S. 1 RPflG beim Rechtspfleger. Er nimmt den Führerschein in amtlichen Gewahrsam, indem er diesen zu den Strafakten bzw. zu dem eventuell geführten Vollstreckungsheft[29] legt, § 59a Abs. 1 S. 1 StVollstrO. Diese Art der Verwahrung entspricht dem Regelfall in der Praxis, ist jedoch gem. § 59a Abs. 1 S. 2 StVollstrO nicht zwingend. Bezieht sich das Fahrverbot nicht auf sämtliche

---

[24] *Fischer*, 2010, § 44 Rdn. 14.

[25] BeckOK-StGB/*von Heintschel-Heinegg*, 2009, § 44 Rdn. 15.

[26] Zur Entziehung der Fahrerlaubnis Kap. H II.

[27] MAH/*Schäpe*, 2009, § 16 Rdn. 65; siehe zur Fristberechnung unten Kap. I I. 4.

[28] AG Passau, NStZ-RR 2005, S. 244; *Krumm*, SVZ 2009, S. 139; *Röttle/Wagner*, 2009, Rdn. 409.

[29] Dazu Kap. J II.

Arten von Kraftfahrzeugen, sondern es schließt bestimmte Klassen davon aus, muss der Verurteilte seinen Führerschein gleichwohl bei der Vollstreckungsbehörde abgeben. Er kann in diesem Fall jedoch bei der zuständigen Führerscheinstelle einen Ersatzführerschein für die vom Verbot nicht umfassten Kraftfahrzeuge ausstellen lassen.[30]

441   Die Vollstreckungsbehörde fordert den Verurteilten bei Einleitung der Vollstreckung zur Herausgabe des Dokuments auf, sofern es sich zu diesem Zeitpunkt noch nicht in behördlichem Gewahrsam befindet. Zudem muss sie den Betroffenen nach §§ 268c, 409 Abs. 1 StPO über den Beginn des Fahrverbots belehren. Wenn der Verurteilte seinen Führerschein nicht freiwillig übergibt, hat die Vollstreckungsbehörde gem. § 463b Abs. 1 und Abs. 2 StPO dessen **Beschlagnahme** anzuordnen. In diesem Fall beauftragt sie nach § 457 Abs. 1 StPO die Polizei mit der Durchführung.

> Besondere Probleme treten auf, sofern zum Zweck der Beschlagnahme die Wohnung des Betroffenen durchsucht werden muss, denn dabei ist umstritten, ob eine gesonderte richterliche Anordnung hierüber zu ergehen hat. Richtigerweise erfordert die Durchsuchung in diesem Fall keine separate Genehmigung durch das Gericht, da sich die Zulässigkeit jener Maßnahme nach den §§ 102 ff. StPO richtet. § 105 Abs. 1 StPO sieht hier zwar eine Durchsuchungsanordnung durch den Richter vor; für Räumlichkeiten des Verurteilten – nicht denen eines Dritten – enthält jedoch die Anordnung der Beschlagnahme (konkludent) zugleich die Durchsuchungsanordnung.[31]

442   Eine **eidesstattliche Versicherung** über den Verbleib des Führerscheins muss der Betroffene abgeben, wenn das Dokument unauffindbar ist und daher nicht beschlagnahmt werden kann, § 463b Abs. 3 S. 1 StPO. Ebenso verfährt die Vollstreckungsbehörde bei ausländischen Führerscheinen, sofern bei diesen eine Beschlagnahme nicht möglich ist.

443   Vor Ablauf des Fahrverbots wird der Führerschein dem Verurteilten zurückgegeben. Dazu muss der Betreffende das Dokument entweder abholen oder sich zusenden lassen, wobei die Zusendung am letzten Tag der Nebenstrafe erfolgt sein soll, § 59a Abs. 2 S. 1 StVollstrO.

4. Berechnung

444   Die Zuständigkeit für die Berechnung der Dauer des Fahrverbots liegt bei der Vollstreckungsbehörde, funktional beim Rechtspfleger (§ 31 Abs. 2 RPflG) und richtet sich nach §§ 44 Abs. 3, 51 Abs. 5 StGB, § 59a Abs. 5 StVollstrO. Demnach beginnt die Verbotsfrist zwar grds. mit der Rechtskraft des Urteils, frühestens jedoch an demjenigen Tag, an welchem der Führerschein in amtliche Ver-

---

[30]   *Röttle/Wagner*, 2009, Rdn. 410.
[31]   KK-StPO/*Appl*, 2008, § 463b Rdn. 1; MAH/*Schäpe*, 2009, § 16 Rdn. 67; *Meyer-Goßner*, 2008, § 463b Rdn. 1, § 105 Rdn. 6; *Röttle/Wagner*, 2009, Rdn. 410; a.A. offenbar *Bohnert*, 2007, § 91 Rdn. 13; sehr str. wenn die Bußgeldbehörde das Fahrverbot nach § 25 StVG ausgesprochen hat, dazu Kap. I I. 5.

wahrung genommen wird, § 59a Abs. 5 StVollstrO, § 44 Abs. 3 S. 1 StGB.[32] Der Tag des Eingangs bei der Behörde wird bei der Berechnung der Dauer des Verbots mitgezählt.

Selbst wenn sich bei Eintritt der Rechtskraft des Strafausspruchs der Führer- **445** schein noch nicht in behördlichem Gewahrsam befindet, wird das Verbot dennoch zu diesem Termin wirksam. Die Zeitpunkte der Wirksamkeit und des Fristbeginns können somit auseinanderfallen, um zu verhindern, dass ein Täter, indem er die Herausgabe des Dokuments verweigert, das Fahrverbot unterläuft oder umgeht.

Übersendet der Verurteilte seinen Führerschein nicht an die Strafvollstreckungsbehörde, sondern etwa an das Gericht oder die Polizei, so beginnt gleichwohl die Frist für das Fahrverbot. Denn aus § 44 Abs. 3 S. 1 StGB geht nicht hervor, dass ausschließlich der Eingang des Dokuments bei der Staatsanwaltschaft die Verbotsfrist zum Laufen bringt (vgl. § 59a Abs. 5 S. 3 StVollstrO). Auch eine Beschlagnahme nach § 463b Abs. 1 und 2 StPO reicht hierfür aus, da diese ebenfalls den erforderlichen amtlichen Gewahrsam begründet.[33] Bei postalischer Versendung des Dokuments startet der Fristlauf erst mit dem Eingang bei Vollstreckungsbehörde oder Gericht.

Maßgeblich bei ausländischen Führerscheinen, die nicht von einer deutschen **446** Behörde in amtliche Verwahrung genommen werden können, ist das Datum der Eintragung des Vermerks über das Fahrverbot auf dem Dokument, § 44 Abs. 3 S. 3 StGB. Ein Verurteilter, der neben dem allgemeinen noch einen oder mehrere Sonderführerscheine besitzt, muss diese ebenfalls in behördliche Verwahrung geben, damit der Fristablauf beginnt.

1. Beispiel: Gegen X wird für die Dauer von zwei Monaten ein Fahrverbot verhängt; das Urteil erwächst am 14. April 2010 in Rechtskraft. Er gibt seinen Führerschein jedoch erst am 6. Juni 2010 bei der Polizei ab.
Zwar wird das Fahrverbot nach § 44 Abs. 2 S. 1 StGB mit Rechtskraft wirksam. Die Frist beginnt hier jedoch gem. § 44 Abs. 3 S. 1 StGB, § 59a Abs. 5 S. 2 StVollstrO erst mit dem Tag der Übergabe des Führerscheins an die Polizei am 6. Juni 2010, 00.00 Uhr. Die Nebenstrafe endet somit am 5. August um 24.00 Uhr, §§ 59a Abs. 5 S. 1, 37 Abs. 4 S. 2 StVollstrO.

Der Fristbeginn liegt grds. nicht vor dem Eintritt der Rechtskraft des Urteils **447** oder Strafbefehls. Selbst wenn der Verurteilte seinen Führerschein freiwillig bereits vor diesem Termin in die amtliche Verwahrung gibt, fängt die Frist erst an zu laufen, sobald der Strafausspruch rechtskräftig wird, weil es zuvor an der Wirksamkeit des Verbots fehlt (vgl. § 59a Abs. 5 S. 2 StVollstrO).

Dies ergibt sich argumentum e contrario aus § 51 Abs. 5 S. 1 StGB; danach ist die Zeit, in der sich der Führerschein des Verurteilten bereits vor Rechtskraft des Urteils in amtlicher Verwahrung befand, auf die Frist des Fahrverbots anzurechnen. Das gilt jedoch nur, wenn die Verwahrung auf einer vorläufigen Entziehung der Fahrerlaubnis (§ 111a StPO) oder einer Sicherstellung und Beschlagnahme

---

[32] BeckOK-StGB/*von Heintschel-Heinegg*, 2009, § 44 Rdn. 22.
[33] *Röttle/Wagner*, 2009, Rdn. 412.

(§ 94 StPO), also auf staatlichem Zwang beruht.[34] Durch eine solche Anrechnung kann die Mindestverbotsfrist von einem Monat im Einzelfall faktisch unterschritten werden.[35]

> *2. Beispiel:* Gegen Y wird durch Strafbefehl für die Dauer von einem Monat ein Fahrverbot verhängt. Sofort nach dessen Zustellung am 7. Januar 2010 gibt Y seinen Führerschein freiwillig bei der Staatsanwaltschaft ab. Der Strafbefehl wird – da Y zunächst Einspruch eingelegt, diesen aber dann zurückgenommen hatte – erst am 27. Januar 2010 rechtskräftig.
> Die Zeit vom 7. Januar 2010 bis einschließlich 26. Januar 2010 kann nicht auf die sechswöchige Verbotsfrist angerechnet werden. Denn eine solche Anrechnung von Zeiträumen, in denen sich der Führerschein vor Eintritt der Rechtskraft des Strafausspruchs in amtlicher Verwahrung befand, darf nach § 51 Abs. 5 StGB nur erfolgen, wenn dies Folge einer vorläufigen Entziehung der Fahrerlaubnis nach § 111a StPO bzw. einer Sicherstellung und Beschlagnahme gem. § 94 StPO war. Die Frist beginnt somit am 27. Januar 2010 um 00.00 Uhr zu laufen (§§ 37 Abs. 2 S. 2, 59a Abs. 5 StVollstrO) und endet am 26. Februar 2010 um 24.00 Uhr (§§ 37 Abs. 4 S. 2, 59a Abs. 5 StVollstrO).
>
> *3. Beispiel:* Gegen Z wird für die Dauer von zwei Monaten ein Fahrverbot verhängt; der Strafausspruch erwächst am 14. April 2010 in Rechtskraft. Während des Ermittlungsverfahrens war der Führerschein des Z bereits am 11. März sichergestellt und beschlagnahmt worden (§ 94 StPO).
> Da sich der Führerschein des Z bei Eintritt der Rechtskraft bereits in amtlicher Verwahrung befindet, beginnt die Verbotsfrist gem. § 59a Abs. 5 S. 2 StVollstrO ab diesem Termin, 14. April 2010, 00.00 Uhr, zu laufen. Das reguläre Fristende fiele somit auf den 13. Juni 2010, 24.00 Uhr. Auf die Verbotsfrist wird nach § 51 Abs. 5 S. 2 StGB jedoch die Zeit angerechnet, in welcher der Führerschein bereits vor Wirksamwerden des Fahrverbots sichergestellt und beschlagnahmt war. Dies betrifft die Zeit vom 11. März 2010 bis einschließlich 13. April 2010 (34 Tage). Das Ende des Fahrverbots fällt somit auf den 10. Mai 2010, §§ 59a Abs. 5 S. 1, 39 Abs. 4 S. 1 StVollstrO.

448   Das Fahrverbot als Nebenstrafe soll vor allem einen in Freiheit befindlichen Verurteilten treffen, indem es ihn bei der Teilnahme am Straßenverkehr einschränkt. Daher **unterbricht** § 44 Abs. 3 S. 2 StGB die Verbotsfrist, solange sich der Täter in behördlicher Verwahrung – etwa im Vollzug einer Freiheitsstrafe in derselben oder einer anderen Sache – befindet; Zeiten in Haft werden somit nicht in die Fahrverbotsfrist eingerechnet.

449   Neben der Freiheitsstrafe kann die Verwahrung des Verurteilten auch auf einer Jugendstrafe oder einem Jugendarrest beruhen. Ebenso genügen Untersuchungshaft oder freiheitsentziehende Maßregeln. Gleichgültig ist zudem, ob dem Betroffenen Vollzugslockerungen wie Ausgang oder Urlaub aus der Haft gewährt werden; auch während dieser Zeiten befindet sich der Verurteilte in amtlicher Verwahrung, so dass diese nicht in die Verbotsfrist einzurechnen sind.[36]

---

[34]   BeckOK-StGB/*von Heintschel-Heinegg*, 2009, § 44 Rdn. 23; *Röttle/Wagner*, 2009, Rdn. 408; ferner *Maatz*, StrVert 1988, S. 84.

[35]   *Fischer*, 2010, § 44 Rdn. 19.

[36]   OLG Stuttgart, NStZ 1983, S. 429; BeckOK-StGB/*von Heintschel-Heinegg*, 2009, § 44 Rdn. 26; Jagow/*Burmann*/Heß, 2008, § 44 StGB Rdn. 11.

Die Unterbrechung berechnet sich hierbei nach §§ 59a Abs. 5, 40 Abs. 1 S. 1 **450**
und 2 StVollstrO, so dass der Strafrest i. d. R. nach Tagen festgelegt wird. Lediglich bei einer verbleibenden Dauer von insgesamt nicht mehr als einer Woche
berechnet es sich nach Stunden. Der Wiederbeginn der Verbotsfrist fällt dabei
zwar grds. auf denjenigen Tag, an dem der Freiheitsentzug endet; da dieser jedoch
bereits als Tag in Haft gilt, darf er in die Berechnung der Fahrverbotsfrist nicht
mehr einfließen.[37] Dies gilt zudem gem. § 51 Abs. 5 StGB analog, sofern sich der
Verurteilte während der Zeit einer vorläufigen Entziehung der Fahrerlaubnis in
Haft befunden hat.[38]

> *4. Beispiel*: Gegen A wird für die Dauer von zwei Monaten ein Fahrverbot verhängt;
> die Frist beginnt am 25. April 2010 zu laufen. Am 6. Juni 2010 um 18.00 Uhr tritt A ei-
> ne sechsmonatige Freiheitsstrafe an, aus der er am 5. Dezember 2010 um 09.00 Uhr
> entlassen wird.
> Für den Zeitraum vom 6. Juni 2010, 00.00 Uhr bis zum 5. Dezember 2010, 24.00 Uhr
> unterbricht der Vollzug der Freiheitsstrafe die Fahrverbotsfrist. Diese läuft am
> 6. Dezember um 00.00 Uhr weiter, wobei noch 19 Tage zu vollstrecken bleiben, §§ 59a
> Abs. 5 S. 1, 40 Abs. 1 S.1 StVollstrO. Während das ursprüngliche Fristende auf den
> 24. Juli 2010, 24.00 Uhr gefallen wäre, endet das Fahrverbot nunmehr am
> 24. Dezember 2010 um 24.00 Uhr, §§ 59a Abs. 5, 37 Abs. 4 S. 1 und 2 StVollstrO.

Trifft das Fahrverbot mit einer Entziehung der Fahrerlaubnis zusammen, erfolgt **451**
eine gleichzeitige Vollstreckung von Nebenstrafe und Maßregel. Sperrfrist und
Verbotsdauer werden dann (jeweils isoliert) ab Rechtskraft der Entscheidung
berechnet. War die Fahrerlaubnis vorläufig entzogen bzw. der Führerschein sichergestellt und beschlagnahmt, folgt die Anrechnung dieser Zeit auf die Dauer
von Sperre respektive Verbot den jeweils eigenen Regeln. Für die Entziehung der
Fahrerlaubnis richtet sich dies nach § 69a Abs. 4-6 StGB, während für das Fahrverbot § 51 Abs. 5 StGB gilt.

Die Anwendbarkeit von § 51 Abs. 5 StGB ist allerdings umstritten, wenn beide Sanktionen auf derselben Entscheidung beruhen. Dem Wortlaut der Norm lässt sich jedoch eine Beschränkung auf den Fall, dass *ausschließlich* ein Fahrverbot verhängt
wurde, nicht entnehmen.[39] Entstammen Fahrverbot und Entziehung der Fahrerlaubnis
verschiedenen Verfahren, so werden sie gleichfalls nebeneinander vollstreckt; hier
gelangt § 51 Abs. 5 StGB nach ganz h.M. zur Anwendung.

Sofern mehrere Fahrverbote zusammentreffen bleibt fraglich wie sich dies auf **452**
den Fristablauf auswirkt. Zum Teil findet sich hier die Auffassung, die verhängten
Nebenstrafen seien gem. § 43 Abs. 1 StVollstrO analog *nach*einander zu vollstrecken. Dagegen spricht allerdings, dass die explizite Verweisung des § 59a Abs. 5
S. 1 StVollstrO die Norm des § 43 Abs. 1 StVollstrO gerade nicht erfasst. Nach
richtiger h.M. laufen die Verbote daher grds. *neben*einander (gleichzeitig) ab,

---

[37] *Röttle/Wagner*, 2009, Rdn. 408.
[38] OLG Koblenz, NStZ 2007, S. 720; vgl. dazu auch Schönke/Schröder/*Stree*, 2006, § 44
     Rdn. 22.
[39] *Himmelreich/Janker/Hillmann*, 2005, Rdn. 298; a.A. zweifelhaft und ohne Begründung
     Röttle/Wagner, 2009, Rdn. 409.

soweit keine Gesamtstrafe gem. § 55 StGB oder § 460 StPO nachträglich gebildet werden muss.[40]

Selbst wenn die Fahrverbote parallel zu einander ablaufen, können die Nebenstrafen dennoch in ihrer Gesamtheit aufgrund von verschiedenen Anfangsterminen der Verbotsfristen rechnerisch die Höchstdauer von 3 Monaten übersteigen.

453   Über die Frage, wie in diesem Fall zu verfahren ist, herrscht ebenfalls Streit. Gegen eine Überschreitung der dreimonatigen Höchstgrenze wird eingewandt, das Verbot habe eine spezialpräventive Warnfunktion und die mit seiner Verhängung beabsichtigte Wirkung ließe sich bereits mit einer kurzen Dauer der Nebenstrafe verwirklichen.[41] Für den Betroffenen (bzw. dessen Verteidiger) erscheint es daher sinnvoll, die ein Fahrverbot aussprechenden Entscheidungen durch Verzicht auf Rechtsmittel oder deren Rücknahme gleichzeitig rechtskräftig werden zu lassen, damit die Nebenstrafen parallel vollstreckt werden.[42]

5. Fahrverbot nach § 25 StVG

454   Das Fahrverbot gem. § 25 StVG entspricht der Sache nach dem Fahrverbot nach § 44 StGB; es stellt allerdings keine Nebenstrafe dar, sondern kommt nur als eine **Nebenfolge** in Betracht.[43] Die Voraussetzungen seiner Verhängung sind enger als die des § 44 StGB, so dass dessen Grundsätze nicht unreflektiert übertragen werden dürfen.[44]

455   § 25 Abs. 1 S. 1 StVG setzt die Verhängung einer Geldbuße wegen einer Verkehrsordnungswidrigkeit nach § 24 StVG gegen den Betroffenen voraus. Dieser muss die Ordnungswidrigkeit unter grober oder beharrlicher Verletzung der Pflichten eines Kraftfahrzeugführers begangen haben. Der Bußgeldbehörde bzw. dem Gericht steht bei der Bewertung des Sachverhalts hinsichtlich dieses Merkmals ein gewisser **Beurteilungsspielraum** zu (vgl. §§ 25 Abs. 1 S. 2, 24a StVG).[45]

456   Im Unterschied zum Fahrverbot nach § 44 StGB kann dem Betroffenen im Rahmen von § 25 Abs. 2a S. 2 StVG in bestimmten Fällen eine viermonatige Frist für das Wirksamwerden des Fahrverbots eingeräumt werden.[46] Sicherstellung und Beschlagnahme des Führerscheins sind gem. § 25 Abs. 2 S. 3, Abs. 3 S. 2 StVG zulässig. Nach herrschender Auffassung bleibt dabei eine gesonderte richterliche Anordnung für die Durchsuchung der Wohnung des Betreffenden entbehrlich, selbst wenn (nur) die Bußgeldbehörde das Verbot angeordnet hat.[47] Jedoch ist

---

[40]   *Fischer*, 2010, § 44 Rdn.18a; Hentschel/*König*/Dauer, 2009, § 44 Rdn. 13 m.w.Nachw.; ferner *Krumm*, SVR 2009, S. 140; a.A. *Röttle/Wagner*, 2009, Rdn. 409 sowie offenbar *Burmann/Gebhardt*, 2006, Fahrverbot bei Ordnungswidrigkeiten.

[41]   BayObLG, DAR 1999, S. 221.

[42]   MAH/*Schäpe*, 2009, § 16 Rdn. 69; *Röttle/Wagner*, 2009, Rdn. 409.

[43]   MAH/*Schäpe*, 2009, § 16 Rdn. 71.

[44]   Vgl. zu Strafzumessungsgrundsätzen bei § 44 StGB OLG Köln, NZV 1996, S. 286.

[45]   BayObLG, DAR 2000, S. 222.

[46]   *Burmann/Gebhardt, 2006,* Fahrverbot bei Ordnungswidrigkeiten.

[47]   Jagow/*Burmann*/Heß, 2008, § 25 StVG Rdn. 45.

sorgfältig zu prüfen, ob die Durchsuchung gegen den Verhältnismäßigkeitsgrundsatz verstößt.[48] Im Übrigen verläuft die Vollstreckung des Fahrverbots nach § 25 StVG ebenso wie diejenige des Verbots gem. § 44 StGB.[49]

II. Verlust von Amtsfähigkeit, Wählbarkeit und Stimmrecht

Übersicht über die maßgeblichen Normen: **457**
- **§§ 45 bis 45b StGB**;
- §§ 4, 5 Abs.1 Nr. 7 BZRG; Nr. 2 bis 5 der Anlage 3 zur 3. BZRVwV sowie Nr. 12 MiStra.

Aberkennung von Amtsfähigkeit, Wählbarkeit und Stimmrecht nach §§ 45 bis 45b StGB bilden Nebenfolgen einer Straftat; sie werden auch **„Statusfolgen"** genannt. Ihre Zwecksetzung liegt in der Bestärkung des Vertrauens der Allgemeinheit in die Rechtsordnung sowie in der Wiederherstellung von Rechtsfrieden.[50] Damit dienen die Statusfolgen der Wahrung des Ansehens der öffentlichen Ämter und Funktionen, weshalb sie sämtliche aus der Staatsgewalt herrührenden Positionen erfassen.

Der Verlust der Amtsfähigkeit betrifft aufgrund der Zwecksetzung der Nebenfolge ausschließlich *staatliche* Stellen – nicht jedoch kirchliche Posten, Ehrenämter sowie Ämter, die sich aus einer ausländischen Staatsmacht ableiten.
Wählbarkeit und Stimmrecht gehen dem Verurteilten für öffentliche Wahlen bzw. soweit es staatliche Institutionen betrifft verlustig. Ob dies auch für andere Bereiche wie Organe der Sozialversicherungen oder berufsständischer Organisationen gilt ist umstritten. Aufgrund fehlender Abgrenzbarkeit wird man jedoch nicht-staatliche Institutionen von der Regelung auszuschließen haben.[51]

Sobald die Statusfolge eintritt, verliert der Verurteilte zugleich die entspre- **458** chenden Rechtsstellungen bzw. Rechte, die er zu diesem Zeitpunkt bereits innehat, § 45 Abs. 3 StGB. Gleiches gilt nach § 45 Abs. 4 StGB für Rechte, die dem Betreffende aus öffentlichen Wahlen zustehen.
Die Vollstreckungsbehörde erledigt dazu die gem. §§ 4, 5 Abs.1 Nr. 7 BZRG und Nr. 2-5 der Anlage 3 zur 3. BZRVwV erforderlichen Benachrichtigungen. Zusätzlich nimmt sie – sofern notwendig – Mitteilungen zum Wählerverzeichnis gem. Nr. 12 MiStra vor.

---

[48] MAH/*Schäpe*, 2009, § 16 Rdn. 80.
[49] Vgl. zur Vollstreckung bei Ordnungswidrigkeiten unten Kap. K.
[50] *Geiger*, 2006, S. 246 ff.; *Meier*, 2009, S. 369.
[51] *Meier*, 2009, S. 370; weitergehende a.A. BeckOK-StGB/*von Heintschel-Heinegg*, 2009, § 45 Rdn. 1 f.; *Fischer*, 2010, § 45 Rdn. 3.

1. Voraussetzungen

459 Verlust von Amtsfähigkeit, Wählbarkeit und Stimmrecht können sich gem. § 45 Abs. 1 StGB unmittelbar aus dem Gesetz ergeben, nach Abs. 2 der Norm jedoch ebenso aus einer richterlichen Anordnung resultieren. Die Nebenfolge tritt **kraft Gesetzes** ein, wenn der Täter wegen eines Verbrechens i.S.d. § 12 Abs. 1 StGB zu einer Freiheitsstrafe von mindestens einem Jahr verurteilt wird, § 45 Abs. 1 StGB.[52]

> Um ein Verbrechen – nicht lediglich ein Vergehen nach § 12 Abs. 2 StGB – handelt es sich selbst dann, wenn die Tat nur das Versuchsstadium erreicht hat. Ebenso genügt die Teilnahme oder der Versuch einer Beteiligung an einem Verbrechen aus.

> Verhängt das Gericht eine Gesamtstrafe, so reicht es aus, wenn eine der Einzelstrafen diesen Voraussetzungen entspricht.[53] Die Rechtsfolgen treten nach §§ 45 Abs. 1, 45a Abs. 1 StGB automatisch mit Rechtskraft des Urteils ein und müssen nicht erst vom Gericht explizit festgestellt werden.

460 Gem. § 45 Abs. 2, Abs. 5 StGB kann der Verlust von Amtsfähigkeit, Wählbarkeit und Stimmrecht auch auf **richterlicher Anordnung** beruhen, sofern das Gesetz die Nebenfolge für die betreffende Straftat ausdrücklich zulässt.[54] Dies betrifft etwa Taten aus dem politischen Strafrecht des ersten bis einschließlich fünften Abschnitts des StGB oder die Amtsdelikte:

- § 92a StGB;
- § 101 StGB;
- § 102 Abs. 2 StGB;
- §§ 108c, 108e Abs. 2 StGB (beschränkt auf den Verlust von aktivem und passivem Wahlrecht);
- § 109i StGB;
- § 358 StGB (begrenzt auf den Verlust der Amtsfähigkeit).

> Die Norm erlaubt die Anordnung der Nebenfolge, wenn der Täter wegen eines Amtsdelikts zu einer Freiheitsstrafe von mindestens sechs Monaten verurteilt wurde. Dabei soll auch eine sechsmonatige Gesamtstrafe – unabhängig von der Dauer der Einzelstrafen – ausreichen, sofern diese ausschließlich wegen Straftaten aus dem 30. Abschnitt des StGB verhängt wurde.[55]

461 Dabei ist eine Beschränkung auf den Verlust des Stimmrechts nach § 45 Abs. 5 StGB denkbar. Die Entscheidung über die Anordnung der Nebenfolge liegt im pflichtgemäßen richterlichen **Ermessen**, wobei bei der Entscheidung die Rechtsnatur von Amtsverlust sowie Verlust von aktivem und passivem Wahlrecht das entscheidende Kriterium bildet.

> Im Jugendstrafverfahren bleiben § 6 Abs. 1 S. 1 und Abs. 2 JGG zu beachten, die sowohl die Anordnung der Statusfolge durch das Gericht nach § 45 Abs. 2, 5 StGB,

---

[52] BeckOK-StGB/*von Heintschel-Heinegg*, 2009, § 45 Rdn. 3.

[53] *Fischer*, 2010, § 45 Rdn. 6; Schönke/Schröder/*Stree*, 2006, § 45 Rdn. 3.

[54] *Stein*, GA 2004, S. 24 f.

[55] BGH, NStZ 2008, S. 283; LK-StGB/*Zieschang*, 2009, § 358 Rdn. 3, 4; SK-StGB/ *Rudolphi/Rogall*, 2003, § 358 Rdn. 2.

wie auch deren Eintritt kraft Gesetzes gem. § 45 Abs. 1 StGB ausschließen.[56] Findet auf Heranwachsende Erwachsenenstrafrecht Anwendung, so bleibt die die Verhängung der Nebenfolge fakultativ, § 106 Abs. 2 JGG.

Umstritten ist, ob für den auf gerichtlicher Anordnung beruhenden Statusver-   **462** lust die allgemeinen Strafzumessungsregeln des § 46 StGB Anwendung finden dürfen. Denn nach verbreiteter Ansicht handelt es sich bei der kraft Gesetzes eintretenden Nebenfolge gerade nicht um eine Strafe; eine Strafzumessung fehlt insoweit. Wenn Verlust von Amtsfähigkeit, Wählbarkeit und Stimmrecht jedoch auf Grundlage von § 45 Abs. 2 StGB eintreten, besitzt die Statusfolge zumindest einen strafähnlichen Charakter, der die Anwendung von § 46 StGB gebietet.[57]

2. Dauer

Wirkung entfaltet die Statusfolge **mit Rechtskraft** des Urteils, § 45a Abs. 1   **463** StGB.[58] Bei einem vom Gericht angeordneten Verlust beträgt die Dauer nach § 45 Abs. 2 StGB zwischen zwei und fünf Jahren; die kraft Gesetzes eintretende Nebenfolge dauert gem. § 45 Abs. 1 StGB fünf Jahre.

Für die Berechnung der Zeitspanne, in der die Nebenfolge wirksam bleibt, gilt zunächst § 45a Abs. 2 S. 1 StGB. Danach fällt der Fristbeginn auf denjenigen Tag, an dem die Freiheitsstrafe verbüßt, verjährt oder erlassen ist. Dies hat zur Folge, dass die Termine von Wirksamkeit und Fristbeginn auseinanderfallen, so dass sich die Dauer des Statusverlusts um die Zeit in Haft verlängern und damit faktisch die fünf-Jahres-Grenze überschreiten kann.[59]

> *Beispiel*: Gegen W wird eine Freiheitsstrafe von 3 Jahren wegen besonders schwerer Brandstiftung nach § 306b Abs. 1 StGB verhängt. Das Urteil erwächst am 7. Januar 2010 in Rechtskraft; die Strafe tritt er am 8. Januar 2010 an. Nachdem er seine Haftstrafe vollständig verbüßt hat, wird W am 7. Januar 2013 entlassen.
> Ab dem Zeitpunkt der Entlassung dauert der Statusverlust noch weitere fünf Jahre bis zum 6. Januar 2018. W verliert damit insgesamt für acht Jahre Amtsfähigkeit und Wählbarkeit.
> Sein aktives Wahlrecht (vgl. Art. 38 GG) darf W jedoch auch während der Zeit im Vollzug der Freiheitsstrafe ausüben. § 45a Abs. 2 S. 1 StGB muss daher verfassungskonform dahingehend ausgelegt werden, dass das aktive Wahlrecht vom Zeitpunkt der Rechtskraft des Urteils an nur für die darin bestimmte Zeit vorenthalten werden kann.[60]
> Sein aktives Wahlrecht darf W somit bereits am 7. Januar 2015 wieder ausüben

Wurden gegen der Verurteilten freiheitsentziehende Maßregeln der Besserung   **464** und Sicherung verhängt, beginnt die Frist für die Statusfolgen erst zu laufen, wenn

---

[56] Vgl. *Eisenberg*, 2009, § 6 Rdn. 1 f.

[57] LK-StGB/*Theune*, 2008, § 45 Rdn. 1, 15; MüKo-StGB/*Radtke*, 2008, § 45 Rdn. 6 f.; Schönke/Schröder/*Stree*, 2006, § 45 Rdn. 4; a.A. *Meier*, 2009, S. 371.

[58] *Meier*, 2009, S. 371; *Stein*, GA 2004, S. 25.

[59] MüKo-StGB/*Radtke*, 2008, § 45 Rdn. 5.

[60] BeckOK-StGB/*von Heintschel-Heinegg*, 2009, § 45a Rdn. 1; *Fischer*, 2010, § 45a Rdn. 3; LK-StGB/*Theune*, 2008, § 45a Rdn. 4; ferner *Beaucamp*, DVBl 2009, S. 1006.

auch jene Maßregel erledigt ist, § 45a Abs. 2 S. 2 StGB.[61]

Setzt das Gericht die Vollstreckung der Strafe zur Bewährung aus, wird gem. § 45a Abs. 3 StGB die Bewährungszeit in die Frist für die Statusfolgen eingerechnet. Allerdings erfolgt die Einrechnung nur nachträglich und lediglich, sofern das Gericht nach Ablauf der Bewährungszeit die Strafe oder der Strafrest erlässt. Maßgeblich für den Beginn der Frist ist dann derjenige Zeitpunkt, zu dem der Beschluss, durch den die Bewährungszeit festgelegt wurde, in Rechtskraft erwächst.[62] Das Gleiche gilt, wenn eine freiheitsentziehende Maßregel der Besserung und Sicherung zur Bewährung ausgesetzt wurde; auch diese muss verbüßt, verjährt, erlassen oder nach §§ 67c Abs. 2, 67d Abs. 3, 67f, 67g Abs. 5 StGB erledigt sein.

465   § 45b StGB sieht vor, dass das Gericht dem Verurteilten die verlorenen Fähigkeiten vorzeitig **wiederverleihen** kann, sobald die Hälfte der Frist verstrichen ist und gleichzeitig dem Betreffenden eine positive Prognose gestellt zu werden vermag.[63] Nach § 45b Abs. 2 StGB finden auch hier bei der Berechnung der ersten Fristhälfte Zeiten in Haft keine Berücksichtigung. Endgültig verloren bleiben zudem – selbst bei regulärem Ablauf der Frist – die nach § 45 Abs. 3 und Abs. 4 StGB eingebüßten Rechtspositionen.[64]

III. Verfall und Einziehung

466   Übersicht über die maßgeblichen Normen:
- **§§ 73 ff. StGB**;
- §§ 76, 76a StGB;
- §§ 462 StPO;
- §§ 60 ff. StVollstrO.

Verfall und Einziehung sind Sanktionen, die sich gegen das Eigentum des Verurteilten richten. Ziel des Verfalls ist es dabei, dem Täter zu entziehen, was er aus der Straftat erlangt hat.[65] Dahinter steht der Gedanke, dass sich die Deliktsbegehung für den Delinquenten nicht auszahlen soll. Die Vorschriften zum Verfall bezwecken demnach grds. keine zusätzliche Bestrafung des Täters, sondern wollen lediglich einen rechtswidrigen Zustand wieder beseitigen – ähneln also den §§ 812 ff. BGB.[66]

---

[61]   Zur Erledigung freiheitsentziehender Maßregeln siehe Kap. G II. 2. d).

[62]   *Meier*, 2009, S. 372; NK-StGB/*Albrecht*, 2010, § 45a Rdn. 2.

[63]   Dazu Thüringer OLG, Beschl. v. 01.07.2009, 1 Ws 201/09.

[64]   BeckOK-StGB/*von Heintschel-Heinegg*, 2009, § 45b Rdn. 3; *Röttle/Wagner*, 2009, Rdn. 422; Schönke/Schröder/*Stree*, 2006, § 45b Rdn. 3.

[65]   BeckOK-StGB/*Heuchemer*, 2009, § 73 Rdn. 1.

[66]   BVerfGE 110, S. 21; *Meier*, 2009, S. 373; nach Einführung des sog. Bruttoprinzips str., vgl. *Lackner/Kühl*, 2007, § 73 Rdn. 4b; NK-StGB/*Herzog*, 2010, vor § 73 Rdn. 8, § 73 Rdn. 12 ff.; Schönke/Schröder/*Eser*, 2006, vor § 73 Rdn. 2a, 19.

Die Einziehung ist hingegen auf Tatwerkzeuge und Tatprodukte gerichtet; sie dient dazu, Gegenstände zu entziehen, die durch die Tat hervorgebracht oder zu ihrer Begehung bzw. Vorbereitung gebraucht wurden oder bestimmt waren.

1. Voraussetzungen

a) Verfall

Für den Verfall setzt § 73 Abs. 1 S. 1 StGB zunächst voraus, dass der Täter eine **467** rechtswidrige Tat i.s.d. § 11 S. 1 Nr. 5 StGB begangen und aus dieser „etwas erlangt" hat. Die Straftat muss lediglich rechtswidrig, jedoch nicht schuldhaft verübt worden sein, weshalb Strafbarkeitsdefizite auf Schuldebene der Anordnung des Verfalls nicht entgegenstehen.[67]

Aus der Tat erlangtes etwas kann jeder Gegenstand sein, durch den sich die Vermögenslage des Täters in irgendeiner Form verbessert. Hierunter fallen körperliche Sachen, jedoch ebenso Forderungen. Das Merkmal orientiert sich damit eng an § 812 Abs. 1 S. 1 BGB und schließt gem. § 73 Abs. 2 S. 1 StGB zudem gezogene Nutzungen sowie Gegenstände ein, die der Täter durch die Veräußerung eines erlangten Gegenstandes oder als Ersatz für dessen Zerstörung, Beschädigung bzw. Entziehung erworben hat, § 73 Abs. 2 S. 2 StGB.[68]

§ 73 Abs. 1 S. 2 StGB nimmt vom Verfall aus, soweit der Täter infolge der **468** Anordnung Ansprüche nicht mehr erfüllen könnte, die dem Verletzten aus der Tat erwachsen sind. Die Regelung hat sämtliche auf Rückerstattung im weiteren Sinn gerichteten Ansprüche im Blick – somit vor allem Herausgabe- sowie Schadensersatzansprüche, aber auch solche aus einer Geschäftsführung ohne Auftrag.[69]

Die Norm entscheidet das Konkurrenzverhältnis zwischen dem zivilrechtlichen Anspruch des Verletzten und dem staatlichen Verfallsanspruch zum Vorteil des ersteren. Als Verletzter gilt dabei nur, wessen Individualinteressen durch die vom Täter verwirklichte Strafnorm geschützt werden sollen.[70] Zudem verhindert § 73 Abs. 1 S. 2 StGB eine doppelte Belastung des Täters.[71]

Für den Verfall gilt das sog. **Bruttoprinzip**, wonach dem Täter das Erlangte **469** vollumfänglich auch dann entzogen wird, wenn ihm bei der Tat Aufwendungen entstanden sind. Diese können – anders als im Rahmen der §§ 812 ff. BGB – nicht zum Abzug gebracht werden.

Das Bruttoprinzip geht auf das Gesetz zur Bekämpfung des illegalen Rauschgifthandels und anderer Erscheinungsformen der Organisierten Kriminalität aus dem Jahr 1992 zurück.[72] Zuvor galt das Nettoprinzip, das eine Berücksichtigung von Aufwendungen zuließ und den Täter damit finanziell weitgehend risikolos stellte. Daher wird vertreten, beim Verfall handele es sich seit der Gesetzesänderung um eine Rechtsfol- **470**

[67] Schönke/Schröder/*Eser*, 2006, § 73 Rdn. 4.
[68] *Fischer*, 2010, § 73 Rdn. 9; *Meier*, 2009, S. 374.
[69] *Meier*, 2009, S. 374.
[70] BGH, NStZ 2001, S. 156.
[71] *Fischer*, 2010, § 73 Rdn. 11; NK-StGB/*Herzog*, 2010, § 73 Rdn. 17.
[72] BGBl. 1992/I, S. 1302 ff.

ge, der ein **strafähnlichen Charakter** zukommt.[73] Nach Auffassung von BGH wie auch BVerfG handelt es sich beim Verfall jedoch um eine Maßnahme eigener Art, die sich nicht an der Schwere von Unrecht sowie Schuld bemisst und somit nicht um eine Strafe.[74] Bedeutung hat dieser Streit für die Frage, ob sich das Gericht bei der Anordnung des Verfalls an den allgemeinen Strafzumessungskriterien orientieren muss, so dass verhängte Strafe und Verfall insgesamt dem Unrechts- und Schuldgehalt der Tat entsprechen.

471   Nach § 73d StGB darf das Gericht den Verfall hinsichtlich bestimmter Gegenstände auch dann anordnen, wenn der Täter diese nicht durch die abgeurteilte Tat, sondern durch ein anderes Delikt erlangt hat. Dieser **erweiterte Verfall** zielt auf die Abschöpfung von Vermögenswerten aus dem Bereich organisierter Kriminalität zuzurechnenden Straftaten ab, die nicht erneut in die Begehung von Delikten reinvestiert werden sollen.[75]

§ 73d Abs. 1 StGB setzt erfordert, dass sich (1.) die Voraussetzungen für einen Verfall nach § 73 Abs. 1 S. 1 StGB nicht feststellen lassen und (2.) die vom Täter begangene Anlasstat den erweiterten Verfall zulässt. Solche Verweisungen auf § 73d StGB enthalten vor allem banden- oder gewerbsmäßig begangene Straftatbestände, wie bspw.:

- § 150 Abs. 1 StGB,
- §§ 244 Abs. 3, 244a Abs. 3 StGB,
- § 260 Abs. 3 StGB,
- § 261 Abs. 7 S. 2 StGB.

Nach § 73d Abs. 1 StGB ordnet das Gericht den erweiterten Verfall bereits dann an, wenn „Umstände die Annahme rechtfertigen", der fragliche Gegenstände diene der Durchführung rechtswidriger Taten oder sei aus ihnen erlangt worden. Dennoch hält das BVerfG die Norm und damit die Absenkung der Beweisanforderungen für mit dem Grundsatz in-dubio-pro-reo und der Unschuldsvermutung vereinbar.[76]

472   Eine Verfallsanordnung kann unter den Voraussetzungen von § 73 Abs. 3, Abs. 4 StGB auch gegen Dritte ergehen, wenn der Täter für diesen gehandelt hat oder ihm das aus der Tat Erlangte zukommen lässt. Diese Regelungen sollen verhindern, dass Sachen und Rechte, die dem Verfall unterliegen, mit Hilfe eines Dritten verschleiert oder sonst als Tatvorteile gesichert werden können.[77]

Nach § 73c StGB besteht die Möglichkeit, bei einer übermäßigen Belastung für den Täter von der Anordnung des Verfalls abzusehen. Diese **Härteklausel** kommt auch Dritten zu Gute, die nach § 73 Abs. 3 oder Abs. 4 StGB vom Verfall betroffen sind.

---

[73] *Lackner/Kühl*, 2007, § 73 Rdn. 4b; NK-StGB/*Herzog*, 2010, vor § 73 Rdn. 8, § 73 Rdn. 12 ff.; Schönke/Schröder/*Eser*, 2006, vor § 73 Rdn. 2a, 19, § 73 Rdn. 2.

[74] BVerfGE 110, S. 1 ff.; BGHSt. 47, S. 372 f.; BGHSt. 47, S. 265; BGHSt. 32, S. 60.

[75] *Meier*, 2009, S. 375.

[76] BVerfGE 110, S. 23; zu den Anforderungen an Beweiserhebung und –würdigung BGHSt. 40, S. 371; BGH, NStZ 2000, S. 137; BGH, NStZ-RR 1998, S. 297.

[77] *Meier*, 2009, S. 376; *Schmid/Winter*, NStZ 2002, S. 12.

b) Einziehung

Wenn der Täter eine vorsätzliche Straftat begangen hat, können nach § 74 Abs. 1 **473**
StGB Gegenstände, die durch diese Tat hervorgebracht oder zu ihrer Begehung
bzw. Vorbereitung gebraucht wurden, eingezogen werden. Die Anlasstat muss
dabei – anders als beim Verfall – schuldhaft begangen worden sein.[78]

Die Norm setzt in § 74 Abs. 2 Nr. 1 StGB zudem voraus, dass die einzuziehen-
den Gegenstände im Eigentum des Täters stehen (sog. **Strafeinziehung**). Gegen
Dritte ist eine Einziehung nur ausnahmsweise unter den Voraussetzungen des
§ 74a Abs. 1 und Abs. 2 StGB möglich. Demnach muss die verletzte Norm ausdrücklich auf die erweiterte Einziehung verweisen, was z.B. auf folgende Delikte
zutrifft:

- Straftaten des 1. und 2. Abschnitts des StGB, §§ 92b, 101a StGB;
- Kriminelle und terroristische Vereinigungen, § 129b Abs. 2 StGB;
- Verbreitung, Erwerb und Besitz kinderpornographischer Schriften, § 184b
  Abs. 6 S. 2 StGB;
- Verletzungen des persönlichen Lebens- und Geheimbereichs, bspw. §§ 201
  Abs. 5 S. 2, 201a Abs. 4 S. 2 StGB;
- Subventionsbetrug nach § 264 Abs. 6 S. 2 StGB;
- Jagdwilderei gem. § 295 StGB;
- zum Teil Delikte nach dem BtMG, § 33 Abs. 2 BtMG.

Der Dritte muss dabei entweder leichtfertig dazu beigetragen haben, dass der **474**
Täter die betreffende Sache als Tatmittel einsetzt oder beim Erwerb des Gegenstands Kenntnis von den die Einziehung begründenden Umständen gehabt haben.
Dies mag etwa der Fall sein, wenn der Dritte dem Täter einen Camcorder über-
lässt, obwohl er ohne Probleme dessen Plan, unbefugt Bildaufnahmen i.S.d.
§ 201a Abs. 1 StGB herzustellen, hätte erkennen können.

> Die Dritteinziehung ist rechtspolitisch alles andere als unumstritten. Gegen die Rege-
> lung bringen Kritiker vor, sie sei als Maßnahme mit Strafcharakter mit dem Schuld-
> prinzip unvereinbar und stehe außerdem im Widerspruch zu den übrigen Einzie-
> hungsvorschriften.[79]

Nach § 74 Abs. 2 Nr. 2 StGB bleibt die Einziehung ferner zulässig bei Gegens- **475**
tänden, die ihrer Art nach die Allgemeinheit zu gefährden oder, falls zu befürchten
steht, diese würden der Begehung rechtswidriger Taten dienen. Die Regelung der
sog. **Sicherungseinziehung** betrifft damit insbesondere Waffen, Gifte oder
Sprengstoffe.[80] Die Einziehung richtet sich dabei auf die Abwehr von Gefahren;
daher erfordert sie im Fall des § 74 Abs. 2 Nr. 2 StGB nicht, dass der Täter
schuldhaft gehandelt hat.[81]

---

[78] *Fischer*, 2010, § 74 Rdn. 11; *Meier*, 2009, S. 378.
[79] *Meier*, 2009, S. 379; NK-StGB/*Herzog*, 2010, § 74a Rdn. 3; Schönke/Schröder/*Eser*,
      2006, § 74a Rdn. 2.
[80] BeckOK-StGB/*Heuchemer*, 2009, § 74 Rdn. 31; Schönke/Schröder/*Eser*, 2006, § 74
      Rdn. 33.
[81] *Meier*, 2009, S. 380.

2. Rechtsfolgen der Anordnung

476 Mit Eintritt der Rechtskraft der den Verfall oder die Einziehung anordnenden Entscheidung **geht das Eigentum** an dem betreffenden Gegenstand gem. §§ 73e Abs. 1, 74e Abs. 1 StGB **auf den Staat über**. Rechtsinhaber wird dasjenige Land, dessen Gericht über die Sache im ersten Rechtszug entschieden hat, § 60 S. 1 StVollstrO. Angeordnet werden können auch Verfall oder Einziehung zugunsten des Bundes. In diesem Fall erwirbt der Bund das Eigentum an der Sache bzw. das Recht, § 60 S. 3 StVollstrO.

Der Eigentumsübergang tritt automatisch und unabhängig von zivilrechtlichen Formvorschriften mit Rechtskraft ein; der gerichtlichen Entscheidung kommt damit eine konstitutive Wirkung zu – selbst sofern das Gericht die Eigentumsverhältnisse unzutreffend bewertet.[82] Daher ist bei Verfall und Einziehung von Rechten weder im Bezug auf den Verurteilten, noch auf einen Dritten eine Pfändung und Überweisung notwendig, § 61 Abs. 5 S. 1 StVollstrO.

Nach § 73e Abs. 1 S. 2 StGB lässt der Rechtswechsel bestehende Rechte Dritter, insbesondere beschränkte dingliche Rechte wie etwa Pfandrechte oder Sicherungsrechte an unbeweglichen Sachen, grds. unberührt. Das Gericht kann bei der Einziehung allerdings nach § 74e Abs. 2 S. 2 und 3 StGB deren Wegfall anordnen. Soweit Dritten Rechte an einer eingezogenen Sache zustanden und in Folge der Anordnung erlöschen, gewährt § 74f Abs. 1 StGB einen Entschädigungsanspruch. Dieser bleibt allerdings nach Abs. 2 der Norm in vielen Fällen ausgeschlossen, insbesondere soweit die Einziehung nach § 74a StGB angeordnet wurde. Kommt eine Entschädigung demnach nicht in Betracht, spricht das Gericht dies nach § 463 Abs. 3 S. 1 StPO aus. Im Einzelfall kann – trotz Vorliegen eines Ausschlusstatbestands nach § 74f Abs. 2 StGB – eine Entschädigung gewährt werden. Dies kommt in Betracht, wenn die Nicht-Bewilligung für den Betroffenen eine unbillige Härte bedeutete, § 74f Abs. 3 StGB, § 436 Abs. 3 S. 2 StPO. Sofern das Gericht nach § 436 Abs. 3 StPO eine (ablehnende) Entscheidung trifft, der Dritte aber gleichwohl eine Entschädigung verlangt, hat gem. § 68a S. 1 StVollstrO die oberste Justizbehörde darüber zu bestimmen.

3. Nachträgliche und selbstständige Anordnung von Verfall und Einziehung

477 Das Gericht kann die Anordnung von Verfall und Einziehung gem. §§ 76 f. StGB nachträglich treffen oder eine bereits ausgesprochene Anordnung abändern. § 76 StGB erlaubt dabei eine Durchbrechung der Rechtskraft, um auf später eingetretene Änderungen der tatsächlichen Umstände zu reagieren.[83]

§ 76 1. Alt. StGB setzt voraus, dass eine frühere Anordnung undurchführbar ist. Dies mag der Fall sein, wenn das Objekt der Einziehung bei Durchführung der Vollstreckungsmaßnahme vernichtet, verwertet oder an einen gutgläubigen Dritten

---

[82]   *Röttle/Wagner*, 2009, Rdn. 423.
[83]   BeckOK-StGB/*Heuchemer*, 2009, § 76 Rdn. 1 f.

übertragen wurde. Ebenso kommt der nachträgliche Ausspruch gem. § 76 2. Alt. StGB in Betracht, soweit sich die zuvor getroffene Entscheidung nach der neuen Sachlage als unzureichend darstellt. Das Gesetz hat hierbei Konstellationen im Blick, in denen zwischenzeitlich entstandene Belastungen des Gegenstands etwa einen Entschädigungsanspruch eines Dritten zur Folge hätten (vgl. § 74c Abs. 2 StGB i.V.m. § 74f StGB).[84]

Die Entscheidung steht im pflichtgemäßen **Ermessen** des Gerichts, selbst wenn **478** dies für die ursprüngliche Einziehung nicht gilt. § 462 StPO sieht vor, dass das Gericht des ersten Rechtszuges die Anordnung durch Beschluss ohne mündliche Verhandlung trifft. Zuvor sind dem Verurteilten wie auch der Staatsanwaltschaft rechtliches Gehör zu gewähren.

Nach § 76a StGB können Verfall und Einziehung auch selbstständig angeord- **479** net werden, ohne dass es zu einer Verurteilung kommt. Diese häufig als „objektives Verfahren" bezeichnete Anordnung erlaubt, bestimmte Gegenstände unabhängig von der Verhängung einer Strafe aus dem Verkehr zu ziehen. Vorliegen müssen sämtliche Voraussetzungen von Verfall oder Einziehung – abgesehen von der Verurteilung des Täters, die an *tatsächlichen* Hindernissen scheitert. Für eine Sicherungseinziehung normiert § 76a Abs. 2 StGB erleichterte Voraussetzungen; hier genügt es bereits, wenn Verfolgungsverjährung eingetreten ist (Abs. 2 S. 1 Nr. 1) oder ein sonstiges *rechtliches* Verfolgungs- oder Verurteilungshindernis besteht (Abs. 2 S. 1 Nr. 2).[85] Einen Ausschlusstatbestand normiert § 76a Abs. 2 S. 2 StGB, sofern es an formalen Voraussetzungen wie etwa einem Strafantrag nach §§ 77 ff. StGB fehlt.[86]

4. Vollstreckungsrechtliche Verfahrensaspekte[87]

Die von einer Verfalls- oder Einziehungsanordnung erfassten Gegenständen **480** nimmt die Vollstreckungsbehörde nach Rechtskraft der Entscheidung in Besitz, soweit sie sich zu diesem Zeitpunkt noch nicht in amtlichem Gewahrsam befinden, § 61 Abs. 1 S. 1 StVollstrO. Zum Zweck der **Wegnahme** kann sie auch einen Gerichtsvollzieher beauftragen, wenn der betroffene Einziehungsbeteiligte (vgl. § 431 Abs. 1 S. 1 StPO) die Sache nicht freiwillig herausgibt, § 61 Abs. 1 S. 2 StVollstrO i.V.m. § 459g Abs. 1 StPO.

Als Einziehungsbeteiligten bezeichnet § 431 Abs. 1 S. 1 StPO nur Personen, die nicht Beschuldigte in dem Strafverfahren sind.[88] Für Verfallsbeteiligte gilt gem. § 442 Abs. 1 StPO dasselbe.

---

[84] Schönke/Schröder/*Eser*, 2006, § 76 Rdn. 6.

[85] *Fischer*, 2010, § 76a Rdn. 8 f.

[86] BeckOK-StGB/*Heuchemer*, 2009, § 76a Rdn. 11.

[87] Das Verfahren bei Verfall und Einziehung richtet sich grds. nach den §§ 430 ff. StPO; für den Verfall ergibt sich dies aus § 442 Abs. 1 StPO. An dieser Stellen können jedoch lediglich die für die Strafvollstreckung, d.h. in zeitlicher Hinsicht insbesondere die Phase **nach Rechtskraft** des Urteils betreffenden Aspekte behandelt werden.

[88] BeckOK-StPO/*Temming*, 2009, § 431 Rdn. 2.

481   Der Auftrag an den Gerichtsvollzieher wird schriftlich mit dem in § 61 Abs. 2 S. 1 und 2 StVollstrO bestimmten Inhalt (verurteilte Person, Verfalls- oder Einziehungsbeteiligte, wegzunehmende Sache) erteilt. Im Einzelfall kann eine Durchsuchungsanordnung notwendig werden, wenn der Gerichtsvollzieher gegen oder ohne den Willen des Betroffenen eine Wohnung betreten muss (vgl. § 107 Nr.8 S. 1 1. Alt. GVGA). Denn nach § 459g Abs.1 StPO i.V.m. § 6 Abs. 1 Nr. 1 JBeitrO findet in diesem Zusammenhang § 758a Abs. 1 S. 1 ZPO Anwendung, der die Notwendigkeit einer entsprechenden Anordnung normiert.

Ein Verfalls- oder Einziehungsbeteiligter mag die Herausgabe verweigern und dabei vortragen, Eigentümer der Sache zu sein. Der Betreffende kann dann gem. § 442 Abs. 2 S. 2 StPO im Nachverfahren der §§ 430 ff. StPO seine Einwendungen geltend machen. Macht der Beteiligte geltend, ihm stehe ein beschränktes dingliches Recht zu, darf nur vollstreckt werden, soweit vom Gericht dessen Erlöschen angeordnet wurde, § 61 Abs. 3 S. 1 StVollstrO.

482   Lässt sich die für verfallen erklärte oder einzuziehende Sache nicht vorfinden, muss die Vollstreckungsbehörde eine eidesstattliche Versicherung über deren Verbleib herbeiführen, § 459g Abs. 1 S. 2 StPO i.V.m. §§ 6 Abs. 1 Nr. 1, 7 JBeitrO. Der entsprechende Antrag wird vom Rechtspfleger gestellt. Für das weitere Verfahren gelten dann §§ 899, 901, 902, 904-906 sowie 913 ZPO.[89]

483   Verfall oder Einziehung haben für den betreffenden Gegenstand in aller Regel die Verwertung zur Folge, § 63 Abs. 1 S. 1 StVollstrO. Sofern sie allerdings wertlos, unverwertbar oder gemeingefährlich sind bzw. sich in gesetzeswidrigem Zustand befinden sieht Abs. 1 S. 2 der Norm deren Vernichtung vor. Zum Zweck der Verwertung sehen § 63 Abs. 2 S. 1 und S. 2 StVollstrO die öffentliche Versteigerung des Gegenstands oder dessen freihändigen Verkauf vor. Die Vollstreckungsbehörde beauftragt damit gem. § 64 Abs. 1 S. 1 StVollstrO den Gerichtsvollzieher.

§ 63 Abs. 5 StVollstrO schließt Täter und Teilnehmer vom grds. Erwerb der Sache – gleichgültig ob die Veräußerung durch öffentliche Versteigerung oder im Weg des freihändigen Verkaufs erfolgt – aus und erlaub ihn „nur ausnahmsweise und nur mit Einwilligung der obersten Justizbehörde". Für Angehörige der Justiz normiert § 63 Abs. 6 StVollstrO bei freihändigem Verkauf (dem Wortlaut nach jedoch nicht bei öffentlicher Versteigerung) ebenfalls einen Ausschluss.

Nach § 66 Abs. 1 S. 1 und 2 StVollstrO müssen Gegenstände, die eine bestimmte Eignung für justitielle Zwecke aufweisen, zunächst in ein Verzeichnis aufgenommen und verwahrt werden. Sind sie für kriminalwissenschaftliche Forschungs- oder Lehrzwecke von Relevanz, so werden sie leihweise[90] gem. § 67 StVollstrO dem Landes- oder Bundeskriminalamt angeboten. §§ 69 ff. StVollstrO sehen für bestimmte Gegenstände besondere Verwendungen vor. Dies betrifft bspw. Jagd- und sonstige Waffen, Funkanlagen, Arznei- und Betäubungsmittel oder auch Wertpapiere und Zahlungsmittel.[91]

484   Soweit das Gericht die Unbrauchbarmachung oder Vernichtung eines Gegenstandes (bspw. nach § 74d Abs. 1 S. 2 StGB) angeordnet hat, verfährt die Vollstre-

---

[89]   *Röttle/Wagner*, 2009, Rdn. 428.
[90]   *Röttle/Wagner*, 2009, Rdn. 432.
[91]   Vgl. die Übersicht bei *Röttle/Wagner*, 2009, Rdn. 436.

ckungsbehörde nach § 63 Abs. 3 und 4 StVollstrO. Dabei steht es im pflichtgemäßen Ermessen der Behörde, die tauglichste Methode zu wählen. Die Behandlung amtlich verwahrter Gegenstände richtet sich nach Nrn. 74 ff. RiStBV. Dabei normiert Nr. 74 RiStBV zunächst allgemein, dass diese sorgfältig zu behandeln und vor Verlust, Entwertung oder Beschädigung zu schützen sind. Wie die Verwahrung im Detail ausgestaltet ist, richtet sich nach den sog. Gewahrsamssachenanweisungen der Länder.[92] Die Abwicklung bzw. Herausgabe der Gegenstände richtet sich schließlich nach Nr. 75 RiStBV.

IV. Beschäftigungsverbot nach § 25 JArbSchG

An der Eignung bestimmter Personen, Jugendliche zu beschäftigen, anzuweisen, **485** zu beaufsichtigen oder auszubilden, können in Folge von strafrechtlichen Verfehlungen Zweifel bestehen. Zum Schutz der Jugendlichen normiert § 25 JArbSchG in diesem Fall ein Beschäftigungsverbot.

Ein solches Verbot trifft nach § 25 Abs. 1 S. 1 Nr. 1 JArbSchG Personen, die wegen eines Verbrechens zu einer mindestens zweijährigen Freiheitsstrafe verurteilt worden sind. Auch Jugendstrafen von eben dieser Dauer reichen dabei aus.[93] Gem. § 25 Abs. 1 S. 1 Nr. 2 JArbSchG richtet sich das Verbot auch an Arbeitgeber, Auszubildende oder Ausbilder, die zu einer Freiheitsstrafe von mehr als drei Monaten wegen einer Straftat zum Nachteil von Kindern oder Jugendlichen verurteilt wurden, bei der sie die ihnen im Rahmen ihrer Tätigkeit obliegenden Pflichten verletzt haben. Die Vorschrift hat dabei vor allem Verstöße gegen § 58 Abs. 5 JArbSchG oder § 223 StGB im Blick. § 25 Abs. 1 S. 1 Nr. 3-5 JArbSchG normieren weitere Fälle, in denen das Beschäftigungsverbot eintritt:

– Verurteilung wegen einer Straftat nach den §§ 109h, 171, 174 bis 184g, 225, 232 bis 233a StGB;
– Verurteilung wegen einer Straftat – nicht lediglich einer Ordnungswidrigkeit (§ 32 BtMG) – nach dem BtMG;
– wenigstens zweimalige Verurteilung wegen einer Straftat nach dem JSchG (vgl. §§ 27, 28 JSchG) innerhalb von fünf Jahren.[94]

Die 2. Alt. des § 25 Abs. 1 S. 1 Nr. 5 JArbSchG ist seit dem 31.3.2003 obsolet, da das Gesetz über die Verbreitung jugendgefährdender Schriften zu diesem Termin außer Kraft getreten ist.[95] An dessen Stelle trat ab dem 1.4.2003 der Jugendmedienschutz-Staatsvertrag (JMStV), der eine entsprechende Strafbestimmung in § 23 JMStV enthält.

Das Beschäftigungsverbot nach § 25 JArbSchG tritt kraft Gesetzes ein, ohne **486** dass es ihrer expliziten Anordnung im Urteil bedürfte. Unerheblich bleibt es auch,

---

[92] Vgl. bspw. für Baden-Württemberg, Anweisung v. 18.10.2000, Die Justiz 2000, S. 440; Berlin, Anweisung v. 19.12.2006, Abl. Nr. 1 v. 5.1.2007.
[93] Erbs/Kohlhaas/*Ambs*, 2009, § 25 JArbSchG Rdn. 4.
[94] Erbs/Kohlhaas/*Ambs*, 2009, § 25 JArbSchG Rdn. 9, 11.
[95] BGBl. 2002/I, S. 2730.

wenn das Gericht die Strafe nach §§ 56, 57 StGB zur Bewährung aussetzt. Das Verbot gilt für die Dauer von **fünf Jahren** ab Rechtskraft des zu Grunde liegenden Urteils.[96] Dabei werden gem. § 25 Abs. 1 S. 3 JArbSchG Zeiten, in denen sich der Verurteilte in amtlicher Verwahrung befindet, nicht in die Frist eingerechnet.

487 Das Beschäftigungsverbot erlischt spätestens mit der Tilgung bzw. dem Eintritt der Tilgungsreife der Straftat im Bundes-Zentralregister.[97] Die Vollstreckungsbehörde, hier der Rechtspfleger, muss daher keine Frist berechnen, sondern lediglich den Eintritt des Verbots zur Kenntnis nehmen und die entsprechenden Mitteilungen vornehmen. Sie teilt daher den Eintritt der Nebenfolge gem. § 5 Abs. 1 Nr. 7 BZRG zur Eintragung in das Bundeszentralregister mit; daneben hat eine Benachrichtigung an das Gewerbeaufsichtsamt zu erfolgen, Nr. 36 MiStra.

Ein Verstoß gegen das Beschäftigungsverbot wird nach § 58 Abs. 2 JArbSchG geahndet. Ordnungswidrig handelt danach sowohl derjenige, der selbst dem Beschäftigungsverbot unterliegt, als auch ein Arbeitgeber, der eine solche Person mit der Beschäftigung von Jugendlichen beauftragt.

---

[96] ErfKomm/*Schlachter*, 2010, § 2 JArbSchG Rdn. 2.
[97] *Wagner*, 2009, S. 24.

J Kosten und (weitere) Nebengeschäfte

I. Kosten in Straf- und Bußgeldsachen

Übersicht über die maßgeblichen Normen: **488**
- **§§ 464 bis 473a StPO**;
- § 1 Abs. 1 Nr. 5 und Nr. 6 GKG sowie § 8 GKG;

Eine Regelung zu den angefallenen Kosten des Verfahrens muss in jeder gerichtlichen oder staatsanwaltschaftlichen Entscheidung enthalten sein, die ein
Strafverfahren beendet, § 464 Abs. 1 StPO. Zu treffen ist dabei eine sog. **Kosten-
grundentscheidung**, welche lediglich die Kostentragungspflicht als solche, nicht
jedoch deren Höhe zum Gegenstand hat.[1] Die Festsetzung der Kosten im Einzelnen, d.h. die Angabe eines konkreten Betrags, gehört zu den Nebengeschäften der
Vollstreckungsbehörde.

Als Kosten des Verfahrens bezeichnet § 464a Abs. 1 S. 1 StPO jegliche Gebühren und Auslagen der Staatskasse, die aus der Verfolgung der Straftat bzw. aus
einem selbstständigen Verfalls- oder Einziehungsverfahren resultieren.[2] Das Ge-
richtskostengesetz muss dabei in seinem Kostenverzeichnis die betreffende gerichtliche Handlung als gebühren- bzw. kostenpflichtig erfassen; anderenfalls gilt der
Grundsatz, dass sämtliche gerichtlichen Handlungen kostenfrei sind.[3]

1. Kostenschuldner

Die Kostenschuldner im Einzelnen bestimmen §§ 465 ff. StPO. Demnach trägt die **489**
Kosten zunächst gem. § 465 Abs. 1 S. 1 StPO der Angeklagte, soweit sie innerhalb des Verfahrens entstanden und auf diejenigen Tat zurückzuführen sind, wegen der er verurteilt und mit Sanktionen belegt wurde. Es reicht nach § 465 Abs. 1
S. 2 StPO jedoch aus, wenn das Gericht eine Verwarnung mit Strafvorbehalt ausspricht oder von Strafe absieht. Im Übrigen fallen dem Betreffenden die Kosten
nicht zur Last.

Betrifft ein Strafverfahren mehrere Angeklagte, sind die Kosten von jedem der
Beteiligten gesondert und nur entsprechend der gegen ihn erkannten Strafe zu
erheben. Eine gesamtschuldnerische Haftung ordnet lediglich § 466 S. 1 StPO

---

[1]   KK-StPO/*Gieg*, 2008, § 464 Rdn. 4.
[2]   *Pfeiffer*, 2005, § 464a Rdn. 1.
[3]   *Hartmann*, 2008, § 1 Rdn. 1; Binz/Dörndorfer/*Petzold*/Zimmermann, 2009, § 1 Rdn. 4.

hinsichtlich der Auslagen an, wenn die Angeklagten wegen derselben Tat verurteilt wurden. Dies gilt allerdings nur, soweit die Auslagen nicht lediglich einem der Angeklagten anzulasten sind, wie es z.B. bei einem bestellten Verteidiger, einem Dolmetschers oder den durch die Vollstreckung entstandenen Auslagen der Fall ist (vgl. § 466 S. 2 StPO).[4]

> Endet das Verfahren durch den Tod des Angeklagten, so muss nach § 206a StPO durch einen förmlichen Beschluss eingestellt und über die Kosten entschieden werden. § 465 Abs. 3 StPO bestimmt für den Fall, dass ein Verurteilter vor Eintritt der Rechtskraft stirbt, dass sein Nachlass nicht für die Kosten haftet.

490 Neben dem Angeklagten kann eine Kostenpflicht weitere Personen treffen:
- den Halter eines Kraftfahrzeugs, § 25a StVG;
- den Anzeigenden bei einer vorsätzlich oder leichtfertig erstatteten unwahren Anzeige, § 469 Abs. 1 S. 1 StPO;
- den Antragsteller bei Zurücknahme des Strafantrags, § 470 S. 1 StPO;
- den Privat- oder Widerkläger, § 471 StPO;
- den Verletzten, § 472a Abs.1 StPO;
- den Nebenbeteiligten, § 472b StPO;
- sonstige Beteiligte, § 473 StPO.

491 Auch der von einem Verfahren wegen Ordnungswidrigkeiten Betroffene muss für die Kosten aufkommen, da § 46 Abs. 1 OWiG auch hier die Geltung der strafprozessualen Kostenvorschriften anordnet. Für das Jugendstrafverfahren trifft § 2 JGG eine vergleichbare Regelung.

> Werden in Jugendstrafverfahren Erziehungsmaßregeln oder Zuchtmittel verhängt, entstehen hierfür keine Gerichtsgebühren; gleiches gilt bei Aussetzung einer verhängten Jugendstrafe zur Bewährung. Zudem kann das Gericht gem. § 74 JGG von einer Auferlegung der Kosten absehen. Die Regelung soll sicherstellen, dass von dem Jugendlichen Kosten nur dann zu tragen sind, wenn er diese aus Mitteln begleichen kann, über die er selbstständig verfügt. Ihm selbst entstandene notwendige Auslagen muss der jugendliche oder heranwachsende Angeklagte jedoch in jedem Fall selbst übernehmen.[5]

> Ohne Verurteilung – wenn also der Angeklagte freigesprochen wird oder eine Einstellung durch das Gericht oder die Staatsanwaltschaft erfolgt – fallen die Kosten in aller Regel der Staatskasse zur Last, § 467 Abs. 1 S. 2 StPO. Vom Betroffenen zu tragen sind dann lediglich diejenigen Kosten (insbesondere Auslagen), die er durch schuldhaftes Versäumen einer Frist oder eines Termins verursacht hat, § 467 Abs. 2 StPO. Eine weitere Ausnahme zur Kostentragungspflicht des Staates normiert Abs. 3 S. 1 der Norm für den Fall einer unrichtigen Selbstanzeige.

---

[4]   BeckOK-StPO/*Niesler*, 2009, § 464 Rdn. 3.
[5]   BGH, NStZ 2006, S. 503; BeckOK-StPO/*Allgayer*, 2009, § 74 JGG Rdn. 1; a.A. *Eisenberg*, 2009, § 74 Rdn. 15a.

2. Gebühren des Gerichts

Die Gerichtskosten eines Strafverfahrens richten sich nach den Vorschriften des **492** Gerichtskostengesetzes (GKG); dieses gilt gem. § 1 Abs. 1 Nr. 5 GKG für Verfahren vor den ordentlichen Gerichten nach der Strafprozessordnung sowie darüber hinaus nach Abs. 1 Nr. 6 der Vorschrift ebenfalls für Verfahren nach dem Jugendgerichtsgesetz (JGG). Die Gebührenpflicht folgt in Strafsachen aus dem rechtskräftigen Straferkenntnis des Gerichts; Fälligkeit tritt dabei nach § 8 S. 1 GKG mit der Rechtskraft ein. Entsprechendes gilt in gerichtlichen Verfahren wegen Ordnungswidrigkeiten, § 8 S. 2 GKG.[6]

Die Höhe der Gebühren bemisst sich grds. unabhängig von der Instanz oder der **493** Dauer des Verfahrens ausschließlich nach der rechtskräftig verhängten Strafe (vgl. Teil 3 Vorbem. 3.1 Abs. 1 KV GKG). Dabei gibt die in letzter Instanz festgesetzte Strafe auch die Gebühren der vorangegangenen Instanz vor; erfolgt letztinstanzlich ein Freispruch, werden für die Vorinstanzen ebenfalls keine Kosten erhoben. Sofern das Gericht nach § 53 Abs. 2 S. 2 StGB neben der Freiheitsstrafe eine Geldstrafe verhängt, muss die Zahl der Tagessätze der Dauer der Freiheitsstrafe hinzugerechnet werden. 30 Tagessätze entsprechen dabei einem Monat Freiheitsstrafe (Teil 3 Vorbem. 3.1 Abs. 2 KV GKG), wobei stets zugunsten des Verurteilten nach unten zum vollen Monat abzurunden ist.

> *1. Beispiel*: X wird zu einer Freiheitsstrafe von 11 Monaten verurteilt; daneben verhängt das Gericht gegen ihn nach § 53 Abs. 2 S. 2 StGB eine Geldstrafe in Höhe von 61 Tagessätzen zu jeweils 50 Euro.
> Die Gebühr für die Freiheitsstrafe beträgt nach Nr. 3111 KV GKG 240 Euro (Verurteilung zu einer Freiheitsstrafe von bis zu einem Jahr). Hinzugerechnet wird jedoch die Geldstrafe, die mit 2 Monaten gleichgesetzt wird. Insgesamt muss die Gebühr damit aus 13 Monaten Freiheitsstrafe erhoben werden und liegt folglich gem. Nr. 3112 KV GKG (Verurteilung zu einer Freiheitsstrafe von bis zu 2 Jahren) bei 360 Euro.

Wird eine Gesamtstrafe verhängt, so ist für die Gebührenhöhe eben diese maß- **494** geblich – nicht die Summe der Einzelstrafen. Erfolgt die Bildung der Gesamtstrafe nachträglich gem. § 55 Abs. 1 StGB, hängt die Gebührenhöhe von der Differenz zwischen der einbezogenen Einzelstrafe und der neuen Gesamtstrafe ab.[7] Wird eine Gesamtstrafe nachträglich im Beschlussverfahren gem. § 460 StPO gebildet, fällt dafür keine weitere Gebühr an.

> *2. Beispiel*: Y wird zu einer Freiheitsstrafe von 8 Monaten verurteilt. Später folgt eine weitere Verurteilung wegen einer anderen Tat zu einer Freiheitsstrafe von einem Jahr. Unter Einbeziehung der wegen der ersten Tat verhängten Freiheitsstrafe von 8 Monaten wird nachträglich eine Gesamtstrafe von einem Jahr und 3 Monaten gebildet.
> Die im zweiten Urteil zu erhebende Gebühr beträgt nach Nr. 3110 KV GKG 240 Euro für die Differenz von 7 Monaten zwischen der einbezogenen Einzelstrafe und der neuen Gesamtstrafe (Verurteilung zu Freiheitsstrafe bis zu einem Jahr).

---

6   Zur Vollstreckung bei Ordnungswidrigkeiten Kap. K.
7   *Hartmann*, 2008, KV Rdn. 19, 21.

Bei auf selbstständige Taten beschränkt eingelegten Rechtsmitteln, bemessen sich die Gebühren in der nächsten Instanz lediglich nach dem Gegenstand des Rechtsmittelverfahrens.

> *3. Beispiel*: Das Gericht erster Instanz verhängt gegen Z eine Freiheitsstrafe von einem Jahr und 2 Monaten wegen Körperverletzung sowie eine Freiheitsstrafe von 10 Monaten wegen Nötigung. Daraus bildet es eine Gesamtstrafe von einem Jahr und 8 Monaten. Beschränkt auf die Verurteilung wegen Nötigung legt Z Berufung ein. In zweiter Instanz setzt das Gericht wegen der Nötigung eine Freiheitsstrafe von 8 Monaten fest und bildet eine Gesamtstrafe von einem Jahr und 4 Monaten.
>
> Die Gebühr für das erstinstanzliche Verfahren errechnet sich aus einer (Gesamt-)Strafe von einem Jahr und 4 Monaten und beträgt damit gem. Nr. 3112 KV GKG 360 Euro (Verurteilung zu einer Freiheitsstrafe von bis zu 2 Jahren). Für die zweite Instanz fällt zusätzlich eine Gebühr aus der wegen Nötigung verhängten Freiheitsstrafe von 8 Monaten an; dies entspricht 240 Euro, Nr. 3111 KV GKG (Verurteilung zu einer Freiheitsstrafe von bis zu einem Jahr).

495   Keine Kosten fallen für gesetzliche Nebenfolgen wie z.B. den Amtsverlust nach § 45 StGB, das Beschäftigungsverbot gem. § 25 JArbSchG oder Verfall und Einziehung, §§ 73 ff. StGB an. Unberücksichtigt bleiben auch die kraft Gesetzes eintretende Führungsaufsicht sowie Nebenstrafen. Gebühren in Höhe von 60 Euro fallen für gerichtlich verhängte Maßregeln der Besserung und Sicherung an. Dies gilt für jede Instanz und ist unabhängig von der Anzahl der verhängten Maßregeln; es bleibt somit stets bei nur *einer* Gebühr von 60 Euro.

In gerichtlichen Bußgeldsachen existieren nach § 8 GKG i.V.m. Nr. 4110 ff. KV GKG ebenfalls gerichtliche Gebühren an. Die Erhebung folgt dabei den gleichen Grundsätzen wie im Strafverfahren, so dass Gebühren nur anfallen, wenn gegen den Betroffenen rechtskräftig eine Geldbuße festgesetzt wird. Nach deren Umfang richtet sich die Höhe der Gebühr, wobei mehrere in derselben Entscheidung verhängte Bußgelder addiert werden. Eine gesonderte Festsetzung der jeweiligen Gebühren ist erforderlich, falls Straftaten und Ordnungswidrigkeiten zusammentreffen (vgl. § 83 OWiG). In Bußgeldverfahren der Verwaltungsbehörden richten sich die anfallenden Kosten nach § 107 OWiG.

3. Gebühren des Verteidigers

a) Frei gewählte Verteidiger

496   Dem vom Angeklagten frei gewählten Verteidiger steht nach Nrn. 4118, 4112 und 4106 der Anl. 1 zum Rechtsanwaltsvergütungsgesetz (VV RVG) ein Gebührenanspruch zu. Dabei handelt es sich um eine **Rahmengebühr**, der kein bestimmter Gegenstandswert zugrunde liegt. Vielmehr bestimmt der gewählte Verteidiger deren Höhe gem. § 14 Abs. 1 RVG nach billigem Ermessen unter Würdigung der Umstände des konkreten Einzelfalls. Sofern nicht eine besondere Sachlage ein Abweichen nach oben oder unten gebieten, darf vom Verteidiger jeweils eine sog. **Mittelgebühr** erhoben werden.

Wesentliche Kriterien bilden dabei gem. § 14 Abs. 1 S. 1 RVG Umfang und Schwierigkeit der anwaltlichen Tätigkeit, Bedeutung der Angelegenheit sowie die Einkommens- und Vermögensverhältnisse des Auftraggebers. Wie umfangreich die Tätigkeit einzustufen ist, bemisst sich objektiv nach dem Durchschnitt der in Strafverfahren regelmäßig erforderlichen Bemühungen. Schwierigkeitsgrad und Bedeutung der Sache müssen ebenfalls objektiv und damit unabhängig von den individuellen Fähigkeiten des Verteidigers oder der subjektiven Wichtigkeit für den Angeklagten im Einzelfall ermittelt werden.

Ausnahmsweise kann der Verteidiger seine Gebühren durch das Gericht gem. **497** § 11 Abs. 1, Abs. 8 RVG festsetzen lassen, sofern er Mindestgebühren einfordert oder sein Auftraggeber der Gebührenhöhe ausdrücklich zustimmt.

> *4. Beispiel*: Gegen A wird von der Staatsanwaltschaft ein Ermittlungsverfahren wegen Betrugs eingeleitet. Deshalb mandatiert dieser den Rechtsanwalt R, der sogleich die Ermittlungsakten zur Einsicht anfordert. Es kommt zur Erhebung der Anklage zum Amtsgericht – Strafrichter; R ist in der Hauptverhandlung, die zwei Termine umfasst, zugegen. A wird zu einer Freiheitsstrafe von 6 Monaten verurteilt, deren Vollstreckung das Gericht zur Bewährung aussetzt.
> Davon ausgehend, dass die Sache (1) durchschnittliche Bedeutung hat, in (2) Schwierigkeit und (3) Umfang ebenso durchschnittliche Anforderungen an die anwaltliche Tätigkeit stellt und (4) die Einkommens- und Vermögensverhältnisse des A ebenfalls dem Durchschnitt entsprechen, ergeben sich als Mittelgebühr folgende Posten für R:
> Eine Grundgebühr aus Nr. 4100 VV RVG in Höhe von 165 Euro, eine Verfahrensgebühr für das Vorverfahren aus Nr. 4104 VV RVG in Höhe von 140 Euro, eine Verfahrensgebühr für den ersten Rechtszug aus Nr. 4106 VV RVG in Höhe von 140 Euro, zwei Mal eine Terminsgebühr aus Nr. 4108 VV RVG in Höhe von 230 Euro, eine Auslagenpauschale in Höhe von 20 Euro nach Nr. 7002 VV RVG sowie 19 % Mehrwertsteuer (175,75 Euro). Insgesamt kann R damit 1100, 75 Euro geltend machen.

Problematischer gestaltet sich der Fall, dass gegen den Angeklagten wegen **498** mehr als einer Tat ein Strafvorwurf erhoben, er jedoch nur teilweise verurteilt wird. Hinsichtlich derjenigen Delikte, wegen denen keine Verurteilung ergangen, sondern ein Freispruch erfolgt ist, hat die Staatskasse die Kosten zu tragen. Nach h.M. greift dabei die sog. **Differenztheorie** für den Gebührenanspruch des Verteidigers. Da bei einem Freispruch die Kosten – einschließlich der Gebühren des Verteidigers – der Staatskasse zur Last fallen, müssen diese insoweit aus dessen Gebührenrechnung gegenüber dem Angeklagten heraus gerechnet werden.

> *5. Beispiel*: Die Staatsanwaltschaft ermittelt gegen B wegen des Verdachts auf Urkundenfälschung und Geldwäsche. Der Sachverhalt, welcher der mutmaßlichen Geldwäsche zugrunde liegt, ist äußerst komplex. B mandatiert während des Ermittlungsverfahrens den Rechtsanwalt W, der die Akten zur Einsicht anfordert. Die Staatsanwaltschaft erhebt Anklage zum Amtsgericht – Strafrichter; W ist in der Hauptverhandlung, die sich wegen der diffizilen Beweiserhebung hinsichtlich der Geldwäsche über drei Termine erstreckt, zugegen. Schließlich wird A wegen der Urkundenfälschung zu einer Freiheitsstrafe von 6 Monaten verurteilt; wegen der Geldwäsche wird er freigesprochen.
> Das Verfahren ist in diesem Fall komplizierter gelagert, so dass W eigentlich bei der Gebührenerhebung über die Mittelgebühr hinausgehen und hypothetisch bspw. wie folgt geltend machen könnte: Grundgebühr aus Nr. 4100 VV RVG in Höhe von 250 Euro, Verfahrensgebühr für das Vorverfahren aus Nr. 4104 VV RVG in Höhe von

210 Euro, eine Verfahrensgebühr für den ersten Rechtszug aus Nr. 4106 VV RVG in Höhe von 210 Euro, drei Mal eine Terminsgebühr aus Nr. 4108 VV RVG in Höhe von 345 Euro, eine Auslagenpauschale in Höhe von 20 Euro nach Nr. 7002 VV RVG sowie 19 % Mehrwertsteuer (327,75 Euro); insgesamt 2152,75 Euro (jeweils fiktive 75 % der maximalen Gebühr).

Zu einer Verurteilung wegen Geldwäsche kam es jedoch nicht. Deshalb muss die Staatskasse die Gebühren insoweit tragen, als aufgrund des komplexen Sachverhalts nach oben von der Mittelgebühr abgewichen wurde. Hätte W nur eine Mittelgebühr erhoben, stünde ihm eine Forderung in Höhe von 1100,75 Euro[8] gegen B zu. Die Gebührenfestsetzung gegen die Staatskasse lautet daher auf die Differenz beider Beträge, also 1052 Euro.

b) Pflichtverteidiger

499 Dem Pflichtverteidiger steht gem. §§ 45 ff. RVG ein Anspruch gegen die Staatskasse auf Zahlung seiner Gebühren zu. Er darf allerdings nicht den Gebührenrahmen des § 14 Abs. 1 RVG ausschöpfen, sondern bleibt auf die in Nrn. 4100 ff. VV RVG vorgeschriebenen Festbeträge beschränkt. Auf Antrag des Verteidigers entscheidet jedoch das OLG über die Gewährung einer Pauschgebühr, §§ 51 Abs. 2, Abs. 1, 42 f. RVG.

Zuständig für die Festsetzung der Vergütung ist der Urkundsbeamte der Geschäftsstelle bei dem Gericht des ersten Rechtszugs, § 55 RVG. Als Rechtsmittel gegen dessen Entscheidung kommt lediglich die Erinnerung i.S.d. § 56 RVG in Betracht, über die gem. § 56 Abs. 1 S. 1 RVG das erstinstanzlich zuständige Gericht bzw. ausnahmsweise die Strafkammer des Landgerichts (vgl. § 56 Abs. 1 S. 2 RVG) durch Beschluss entscheidet.

Der Pflichtverteidiger bekommt seine Gebühren gem. § 45 RVG von der Staatskasse erstattet; gegen den Verurteilten steht ihm damit grds. kein weiterer Anspruch zu. Der Angeklagte muss, soweit er dazu verurteilt wird die Verfahrenskosten zu tragen, der Staatskasse auch die Gebühren des zugewiesenen Verteidigers erstatten.

4. Auslagen

500 Als Auslagen bezeichnet man diejenigen Kosten, die dem Staat im Einzelfall als besondere Aufwendungen zur Erfüllung seiner Rechtspflegeaufgaben im Straf- und Bußgeldverfahren entstehen. Ihre Erstattung findet sich in dem abschließenden Katalog der Nrn. 9000 ff. KV GKG geregelt.

Sie umfassen z.B. Schreibauslagen für Abschriften oder Kopien, Entgelte für Telekommunikationsdienstleistungen sowie Postgebühren. Ferner zählen hierzu auch die Kosten für Zeugen und Sachverständige, ebenso wie für Übersetzer und Dolmetscher. Schließlich sind Auslagen auch die Reisevergütungen sowie die Kosten einer Haft.[9]

---

[8]   Dazu das 4. Bsp. oben.
[9]   Vgl. i.Ü. den Katalog der Nrn. 9000 ff. KV GKG.

Zu den Auslagen in einem Jugendstrafverfahren gehören auch die Kosten einer Unterbringung zur Beobachtung nach § 73 JGG und einer einstweiligen Unterbringung
in einem Heim der Jugendhilfe gem. §§ 71 Abs. 2, 72 Abs. 4 JGG. Allerdings werden diese Auslagen nur dann erhoben, wenn die Voraussetzungen des § 10 Abs. 1
JVKostO vorliegen.

5. Kosten der Vollstreckung

Erstattungspflichtig sind auch Kosten, die nach Eintritt der Rechtskraft des Straf-   **501**
erkenntnisses anlässlich der Vollstreckung der Unrechtsreaktionen anfallen. Insoweit greift die Justizverwaltungskostenordnung (JVKostO); das Gerichtskostenge-
setz (GKG) gilt indes nicht mehr.

Gem. § 9 Nr. 1 JVKostO bleiben Amtshandlungen in der Phase der Straf-
vollstreckung grds. kostenfrei; Gebühren fallen lediglich bei der Pfändung von
Forderungen an (§ 11 Abs. 1 JVKostO). Auslagen müssen dagegen nach § 5
Abs. 1 JVKostO erhoben werden.

II. Nebengeschäfte der Strafvollstreckung

Abgesehen von der eigentlichen Vollstreckung der Sanktionen fallen für die   **502**
Vollstreckungsbehörde nach Eintritt der Rechtskraft des Straferkenntnisses weitere Aufgaben – die sog. Nebengeschäfte der Strafvollstreckung – an. Diese bilden
keine Elemente des Vollstreckungsverfahrens sondern sind den Landesjustizverwaltungen aus Gründen der Praktikabilität zur Ausführung überlassen. Funktionell
zuständig sind den landesrechtlichen Regelungen entsprechend in aller Regel
Beamte des mittleren oder gehobenen Dienstes, wie etwa die Rechtspfleger. Zu
den Nebengeschäften gehören:
– Verwaltung der Sache im Strafvollstreckungsregister (VRs-Register) einschließlich der Vergabe eines VRs-Aktenzeichens;
– Führung der Akten und Anlegen eines Vollstreckungshefts, §§ 15 f.
  StVollstrO[10];
– Erledigung der notwendigen Mitteilungen an das Bundeszentralregister (BZR)
  und das Erziehungsregister, §§ 4, 60 BZRG;
– Angaben an das Verkehrszentralregister (VZR) sowie das Kraftfahrtbundesamt
  in Flensburg, § 28 StVG, §§ 59, 75 FeV;
– Meldungen an das Gewerbezentralregister, §§ 149, 153a GewO;
– Mitteilungen nach der Anordnung über Mitteilungen in Strafsachen (MiStra);
– Verwaltung von Zählkarten für die Vollstreckungsstatistik;
– Abwicklung der Kostenfragen des Strafverfahrens[11].

---

[10]   Dazu Pohlmann/Jabel/*Wolf*, 2001, § 16 Rdn. 1 ff.
[11]   Siehe oben Kap. J I.

1. Mitteilungen an das BZR, §§ 4, 60 BZRG

503   Nach § 1 BZRG führt das Bundesamt für Justiz in Bonn ein Bundeszentralregister, welches das Zentralregister und das Erziehungsregister umfasst. Eingetragen werden dort rechtskräftige Entscheidungen der Strafgerichte, bestimmte Entscheidungen von Vormundschaftsgerichten oder Verwaltungsbehörden sowie z.T. ausländische strafrechtliche Verurteilungen gegen Deutsche oder in Deutschland lebende ausländische Personen; ferner beinhaltet das Register Suchvermerke. Nach Angaben des Bundesjustizamts enthält das BZR Einträge über 6,3 Millionen Personen aus ca. 15,3 Millionen Entscheidungen.[12]

Der Vermerk dient dem Zweck, staatlichen Organen Zugriff auf Informationen über das (strafrechtlich relevante) Vorverhalten einer Person zu verschaffen. Diese Erkenntnisse spielen etwa bei der Strafzumessung eine gewichtige Rolle, erlangen aber auch im Rahmen des Vollzugs verhängter Sanktionen Bedeutung, z.B. bei der Prognoseerstellung. Staatsanwaltschaften und Gerichte erhalten gem. § 41 Abs. 1 Nr. 1 BZRG grds. unbeschränkte Auskünfte aus dem Register, sofern sie dessen Informationen für Ermittlungen oder zur Urteilsfindung benötigen. Daneben steht ein Auskunftsrecht bspw. den obersten Bundes- und Landesbehörden (Nr. 2), Verfassungsschutzbehörden (Nr. 3), Finanzbehörden (Nr. 3) oder auch Ausländerbehörden (Nr. 7) zu. Weiter können die Daten zu wissenschaftlichen Zwecken nach § 42a BZRG oder zur Vorbereitung und Überprüfung von Rechtsvorschriften und allgemeinen Verwaltungsvorschriften gem. § 42b BZRG erforderlich werden.

> Soweit Arbeitgeber ein berechtigtes Interesse daran haben, sich über das Vorleben eines Arbeitnehmers zu informieren, wird Auskunft nur in Form eines Führungszeugnisses erteilt. Denn einer umfassenden Einsichtnahme steht u.a. das Reintegrationsinteresse des betreffenden Arbeitnehmers entgegen.

504   Den Inhalt des Registers regelt § 3 BZRG, der in seiner Nr. 1 vorsieht, dass sämtliche strafgerichtlichen Verurteilungen i.S.d. § 4 BZRG einzutragen sind. Andere Entscheidungen der Strafgerichte, wie etwa ein Absehen von Strafe nach § 60 StGB finden indes keinen Eingang in das Bundeszentralregister. Registriert werden nach § 4 Nr. 2 BZRG jedoch die Anordnung von Maßregeln der Besserung und Sicherung (§§ 61 ff. StGB) sowie gem. § 4 Nr. 3 BZRG eine Verwarnung mit Strafvorbehalt (§ 59 StGB). Die wesentlichen im Register zu verzeichnenden Umstände sind somit:

- Freiheitsstrafe, Strafarrest nach § 9 WStG, Jugendstrafe, Schuldspruch nach § 27 JGG, Geldstrafe, Strafvorbehalt gemäß §§ 59 f. StGB;
- Maßregeln der Besserung und Sicherung, §§ 61 ff. StGB, sowie z.B. nach § 41 BundesjagdG oder § 20 TierschG;
- Nebenstrafen und Nebenfolgen;
- Bekanntgabe der Verurteilung (vgl. bspw. §§ 165, 200 StGB);
- Verbot der Jagdausübung, § 41a BundesjagdG;
- Abführung des Mehrerlöses, § 8 WiStG;
- Anordnung von Erziehungsmaßregeln und Zuchtmitteln, §§ 9 ff., 13 ff. JGG;

---

[12]   http://www.bundesjustizamt.de/cln_115/nn_258844/DE/Themen/Strafrecht/BZR/BZR
__node.html?__nnn=true (Stand: 31.3.2010.)

– Nachträgliche Bildung einer Gesamtstrafe oder einer einheitlichen Jugendstrafe (vgl. § 6 BZRG);
– Aussetzung der Vollstreckung einer Freiheitsstrafe oder Maßregel der Besserung und Sicherung zur Bewährung, bereits mit dem Urteil (§ 7 BZRG) oder nachträglich (§ 12 Abs. 1 Nr. 1 BZRG) erfolgt;
– Entziehung der Fahrerlaubnis und Ende der Sperrfrist bei Entziehung der Fahrerlaubnis, § 8 BZRG;
– Feststellung der Betäubungsmittelabhängigkeit (vgl. § 17 Abs. 2 BZRG).

Die Tilgung der Eintragungen richtet sich nach § 45 Abs. 1 BZRG, wobei Art **505** und Schwere der Tat die Tilgungsfrist bestimmen. Unter Berücksichtigung des Resozialisierungsgedankens gilt der Täter als unbestraft, sobald die Eintragungen gelöscht sind; die Tat darf ihm dann nicht mehr vorgeworfen werden (§§ 51 Abs. 1, 53 BZRG).

In das ebenfalls beim Bundesjustizamt geführte Erziehungsregister lassen sich gem. § 60 BZRG Verurteilungen nach dem JGG eintragen. Dies betrifft grds. sämtliche jugendstrafrechtliche Rechtsfolgen – abgesehen von der Jugendstrafe, die in das BZR Eingang findet. Erziehungsmaßregeln und Zuchtmitteln sowie von Nebenstrafen und Nebenfolgen sind allerdings nur dann in das Erziehungsregister einzutragen, wenn sie nicht bereits nach § 5 Abs. 2 BZRG im BZR registriert werden müssen. Die Eintragung ins Erziehungsregister verfolgt den Zweck, die bisherige Entwicklung des Jugendlichen oder Heranwachsenden, erzieherische Schwierigkeiten und bereits abgeschlossene Erziehungsversuche zusammenzufassen.[13]

2. Mitteilungen an das VZR, § 28 StVG, §§ 59, 75 FeV

Im Verkehrszentralregister beim Kraftfahrtbundesamt in Flensburg sind die in **506** § 59 FeV bezeichneten Daten einzutragen. In den in § 28 Abs. 3 StVG genannten Fällen teilen zu diesem Zweck das Gericht bzw. die Staatsanwaltschaft die entsprechenden Informationen unverzüglich mit. Dies betrifft nach § 28 Abs. 3 Nr. 1 StVG bspw. alle rechtskräftigen Entscheidungen über eine im Zusammenhang mit dem Straßenverkehr begangene rechtswidrige Tat. Regelmäßig handelt es sich hierbei um Delikte nach §§ 316 oder 315c StGB; in Frage kommen jedoch ebenso der Missbrauch von Ausweispapieren (§ 218 StGB) oder z.B. der unbefugte Gebrauch eines Kraftfahrzeugs (§ 248b Abs. 1 StGB).

---

[13] *Veith*, BewHi 1999, S. 115.

K Entscheidungen nach dem OWiG

I. Allgemeines

Als Ordnungswidrigkeit bezeichnet man eine tatbestandsmäßige, rechtswidrige **507** und vorwerfbare Handlung, für die das Gesetz die Ahndung mit einer Geldbuße zulässt, § 1 Abs. 1 OWiG. Intention des Ordnungswidrigkeitenrechts ist es, das Strafrecht einzugrenzen und ausschließlich auf Sachverhalte zu beschränken, in denen die Ahndung mit einer Strafe unerlässlich erscheint.

Ordnungswidrigkeiten weisen einen geringeren Unrechtsgehalt auf als Straftaten und stellen diesen gegenüber somit ein echtes **aliud** dar – sie sind kein wesensgleiches Minus.[1] Rechtsfolge bildet bei Ordnungswidrigkeiten daher lediglich eine Geldbuße mit rein repressivem Charakter.[2] Diese Sanktion findet auch keinen Eingang in das Bundeszentralregister, selbst wenn sie mit einer Strafe nach dem StGB in demselben Straferkenntnis zusammentrifft, § 4 BZRG. Wegen ihres Charakters kann eine Geldbuße bei Uneinbringlichkeit auch nicht in eine Ersatzfreiheitsstrafe umgewandelt werden; Freiheitsentziehung nach dem OWiG ist nur in Gestalt von Erzwingungshaft denkbar.[3]

II. Gegenstand der Vollstreckung

Entscheidungen, durch die Ordnungswidrigkeiten geahndet werden, weisen – wie **508** Straferkenntnisse auch – verschiedene Vollstreckungsgegenstände auf. Nach dem OWiG können zunächst **Geldbußen** zu vollstrecken sein. Diese bilden die primäre Unrechtsreaktion bei Ordnungswidrigkeiten; ihre Höhe beträgt gem. § 17 Abs. 1 OWiG mindestens 5 und maximal 1 000 Euro, sofern das Gesetz keine abweichenden Bestimmungen trifft.

Auch das OWiG unterscheidet zwischen tateinheitlich und tatmehrheitlich verwirklichten Ordnungswidrigkeiten (vgl. §§ 19, 20 OWiG). Im Fall von Tateinheit wird gegen den Betroffenen lediglich eine einheitliche Geldbuße verhängt, während bei Tatmehrheit für jede Gesetzesverletzung eine selbstständige Geldbuße festzusetzen ist. Eine §§ 53, 54 StGB entsprechende Regelung existiert im Ordnungswidrigkeitenrecht nicht. Treffen Straftaten und Ordnungswidrigkeiten in

---

[1] Ausführlich dazu *Rebmann/Roth/Herrmann*, vor § 1 Rdn. 4 ff.
[2] KK-OWiG/*Bohnert*, 2006, Einl. Rdn. 3.
[3] Dazu unten Kap. K IV. 3.

einer Entscheidung zusammen, muss auf die Geldbuße gesondert neben der Strafe erkannt werden; auch hier scheidet eine Gesamtstrafenbildung aus (vgl. § 21 Abs. 1 S. 2 OWiG).[4]

509 Neben der Geldbuße kommen als mögliche **Nebenfolgen** bei Ordnungswidrigkeiten z.B. in Betracht:

- Einziehung von Gegenständen und Wertersatz (§§ 22 ff. OWiG);
- Unbrauchbarmachung (bspw. § 123 Abs. 2 S. 1 Nr. 2 OWiG);
- Verfall von Vermögensvorteilen (§ 29a OWiG);
- Abführung des Mehrerlöses (§ 8 ff. WiStG);
- Fahrverbot (§ 25 StVG[5]);
- Verbot der Jagdausübung (§§ 39, 41a BJagdG).[6]

510 Auch besteht im Verfahren wegen Ordnungswidrigkeiten für den Betroffenen unter bestimmten Voraussetzungen die Pflicht, die **Kosten** zu tragen. Für das verwaltungsbehördliche Verfahren richtet sich dies nach § 105 OWiG, während im gerichtlichen Bußgeldverfahren die Kostenvorschriften der Strafprozessordnung (§§ 464 ff. StPO) zur Anwendung gelangen.

511 Soweit sich der Betroffene zahlungsunwillig zeigt, stellt die **Erzwingungshaft** das gegen ihn zulässige Zwangsmittel dar, um die Begleichung des geschuldeten Betrags durchzusetzen, § 96 OWiG. Sie bildet keine strafende Maßnahme sondern dient lediglich dazu, die Zahlungsbereitschaft herbeizuführen. Daher kommt sie gegenüber einem leistungsunfähigen Schuldner nicht in Betracht.[7] Ihre Dauer beträgt gem. § 96 Abs. 3 S. 1 OWiG sechs Wochen bzw. bei mehreren Geldbußen maximal drei Monate. Berechnet wird ihre Dauer nach Tagen, wobei ein Monat 30 Tagen entspricht.[8]

512 Gegen Jugendliche und Heranwachsende können, sofern diese eine festgesetzte Geldbuße nicht (fristgerecht) begleichen, **erzieherische Maßnahmen** angeordnet werden, § 98 Abs. 1 OWiG.[9] Zuständig hierfür ist der Jugendrichter, der dem Betroffenen die in § 98 Abs. 1 S. 1 Nrn. 1 bis 4 OWiG genannten Pflichten auferlegen kann.[10] Kommt der Jugendliche oder Heranwachsende diesen Pflichten nicht nach, so kann gegen ihn zudem ein Jugendarrest nach § 98 Abs. 2 OWiG i.V.m. § 16 JGG verhängt werden. Dessen Vollstreckung richtet sich dann nach §§ 85 ff. JGG. Hinsichtlich der Nebenfolgen sowie der Verfahrenskosten findet § 98 OWiG indes keine Anwendung.[11]

---

4   *Rebmann/Roth/Herrmann*, 2009, § 21 Rdn. 9 f.
5   Siehe dazu oben Kap. I I. 5.
6   Unten Kap. K IV. 2.
7   Kap. K IV. 3.
8   *Bohnert*, 2007, § 96 Rdn. 15.
9   KK-OWiG/*Mitsch*, 2006, § 98 Rdn. 7.
10 KK-OWiG/*Mitsch*, 2006, § 98 Rdn. 40.
11 *Bohnert*, 2007, § 96 Rdn. 7.

III. Zuständigkeit

Bei der Vollstreckung von Entscheidungen nach dem OWiG bleibt zwischen der **513** Zuständigkeit der Verwaltungsbehörde und derjenigen der Justiz zu unterscheiden.

Für die Vollstreckung **verwaltungsbehördlicher Bußgeldbescheide** ist diejenige **Verwaltungsbehörde** zuständig, die den betreffenden Bescheid erlassen hat. Die Vollstreckung richtet sich dann nach den Verwaltungs-Vollstreckungsgesetzen (VwVG) des Bundes oder der Länder. Sofern jedoch Erzwingungshaft oder Maßnahmen i.S.d. § 98 Abs. 1 S. 1 Nrn. 1 bis 4 OWiG zu vollstrecken sind, fällt dies stets in die Zuständigkeit der Justizbehörden, hier der Staatsanwaltschaft bzw. des Jugendrichters.

Aus §§ 91, 92 OWiG ergibt sich, dass die **Justizbehörden** für die Vollstre- **514** ckung von **gerichtlichen Bußgeldentscheidungen** zuständig sind. Hierunter fallen sämtliche Sachentscheidungen des Gerichts, die eine Geldbuße festsetzen oder Nebenfolgen anordnen.

> Insbesondere zählen dazu auch Urteile oder Beschlüsse, die vom Gericht auf einen Einspruch gegen eine verwaltungsbehördliche Bußgeldentscheidung hin getroffen werden. Ebenso umfasst die Zuständigkeit nach § 91 OWiG Beschlüsse aufgrund von §§ 438 Abs. 2, 441 Abs. 2, 444 Abs. 2 StPO i.V.m. § 46 Abs. 1 OWiG. Zusätzlich eingeschlossen sind ferner Entscheidungen in Strafverfahren, jedoch nur, soweit diese sich auf die Ahndung von Ordnungswidrigkeiten beziehen.

Sachlich zuständige Vollstreckungsbehörde der Justiz ist die **Staatsanwaltschaft**, § 91 Abs. 1 OWiG, § 451 Abs. 1 StPO. Die örtliche Zuständigkeit richtet sich nach dem Gericht des ersten Rechtszugs, § 143 Abs. 1 GVG. Im Verfahren gegen Jugendliche und Heranwachsende fällt die Zuständigkeit nach § 91 Abs. 1 OWiG, § 82 Abs. 1 JGG an den Jugendrichter.[12] Bei der Vollstreckung von Erzwingungshaft trifft § 97 Abs. 1 OWiG eine entsprechende Regelung, die der Staatsanwaltschaft die Zuständigkeit zuweist.

Funktional zuständig ist nach § 31 Abs. 2 S. 1 RPflG der **Rechtspfleger**, dem das Gesetz die Vollstreckung grds. vollumfänglich überträgt. Nur in den in § 31 Abs. 2a RPflG genannten Fällen muss ausnahmsweise eine Vorlage bei der Staatsanwaltschaft erfolgen; i.Ü. bleibt es dem Rechtspfleger überlassen, ob er die Sache vorlegt, etwa wenn er Zweifel oder Bedenken über die Vorgehensweise hat.

IV. Durchführung der Vollstreckung

1. Vollstreckung der Geldbuße

Die Vollstreckung der Geldbuße richtet sich nach JBeitrO und EBAO, § 91 Abs. 1 **515** OWiG, § 459 StPO. Ergeht ein Bußgeldbescheid kann der Betroffene nach § 67

---

[12] KK-OWiG/*Mitsch*, 2006, § 91 Rdn. 9.

OWiG binnen einer Frist von zwei Wochen schriftlich oder zur Niederschrift der Verwaltungsbehörde dagegen Einspruch einlegen.[13] Geschieht dies nicht, erwächst der Bußgeldbescheid in Rechtskraft und kann vollstreckt werden, § 89 OWiG.

Urkundliche Basis der Vollstreckung bildet dann dieser Bescheid, auf dessen Grundlage die Vollstreckung mit einer entsprechenden Verfügung eingeleitet wird. Geht innerhalb der **zweiwöchigen Zahlungsfrist** kein ausreichender Betrag ein, so kann die **zwangsweise Beitreibung** der Geldbuße erfolgen oder alternativ dazu Erzwingungshaft angeordnet werden. Die Wahl des Mittels steht dabei im pflichtgemäßen Ermessen der Vollstreckungsbehörde.

> Zu beachten bleibt hier der Grundsatz der Verhältnismäßigkeit. Daher mag im Einzelfall zwar die Erzwingungshaft die erfolgversprechendere Maßnahme darstellen, dennoch aber etwa wegen der geringen Höhe der Geldbuße die Beitreibung vorzuziehen sein.

516   Die Beitreibung läuft ähnlich derjenigen bei einer Geldstrafe ab: Die Anrechnungsreihenfolge bestimmt § 94 OWiG, der eine mit § 459b StPO vergleichbare Regelung trifft. Besteht in absehbarer Zeit keine Aussicht auf eine erfolgreiche Beitreibung des geschuldeten Betrags, kann die Vollstreckungsbehörde anordnen, dass die Vollstreckung (ausnahmsweise) unterbleibt, § 95 Abs. 2 OWiG. Die einzelnen Beitreibungsmaßnahmen entsprechen weitgehend denen bei der Geldstrafenvollstreckung und richten sich nach der EBAO.[14] Ebenso besteht die Möglichkeit, dem Betroffenen Zahlungserleichterungen zu gewähren, § 18 OWiG. Nach Abschluss der Vollstreckung fertigt die Vollstreckungsbehörde eine entsprechende Abschlussverfügung.

2. Vollstreckung der Nebenfolgen

517 Zu unterscheiden ist zwischen Nebenfolgen, die zu einer Geldzahlung verpflichten und sonstigen Nebenfolgen. Zu ersteren gehören bspw. die Einziehung des Wertersatzes (§ 25 OWiG), der Verfall von Vermögensvorteilen (§ 29a OWiG) oder die Abführung des Mehrerlöses (§§ 8 ff. WiStG). Die Vollstreckung dieser Nebenfolgen richtet sich gem. § 91 OWiG, § 459g Abs. 2, 459 StPO, § 87 Abs. 2 S. 1 StVollstrO nach der JBeitrO und der EBAO.

Als sonstige Nebenfolgen kommen etwa die Einziehung und Unbrauchbarmachung von Gegenständen (§§ 22 ff., 123 OWiG), das Fahrverbot (§ 25 StVG) oder das Verbot der Jagdausübung (§ 41a BJagdG) in Betracht.[15] Diese werden vollstreckt, indem die fragliche Sache dem Betroffenen weggenommen bzw. der Führerschein oder Jagdschein eingezogen wird.[16]

---

[13]   Dazu Göhler/*Seitz*, 2009, § 67 Rdn. 18 ff.; zum Rechtsschutz sogleich Kap. K V.

[14]   Oben Kap. E III.

[15]   Siehe schon oben Kap. K II.

[16]   *Röttle/Wagner*, 2009, Rdn. 494.

3. Vollstreckung von Erzwingungshaft

Erzwingungshaft kann gegen einen zahlungsfähigen aber **zahlungsunwilligen** **518**
Schuldner angeordnet werden, § 96 OWiG. Voraussetzung ist, dass der Betroffene
(1.) die Geldbuße ganz oder teilweise nicht begleicht, (2.) seine Zahlungsunfähigkeit nicht darlegt (§ 66 Abs. 2 Nr. 2b OWiG) und (3.) auch sonst keine Umstände
bekannt sind, aus denen sich die Zahlungsunfähigkeit ergibt. Der Schuldner ist
(4.) gem. § 66 Abs. 2 Nr. 3 OWiG über die Möglichkeit der Anordnung von Erzwingungshaft zu belehren. Es steht im pflichtgemäßen Ermessen der Vollstreckungsbehörde einen entsprechenden Antrag auf Anordnung von Erzwingungshaft
zu stellen; Gleiches gilt bei Vorliegen der Voraussetzungen für das nach § 104
OWiG zuständige Gericht hinsichtlich der Anordnung als solcher.

Dem Betroffenen steht gegen die Anordnung der Erzwingungshaft die sofortige **519**
Beschwerde gem. § 311 StPO zu. Zudem lässt sich ihre Vollstreckung abwenden,
indem der Schuldner den fälligen Betrag begleicht. Die Dauer der Erzwingungshaft darf wegen einer Geldbuße sechs Wochen, wegen mehreren zugleich zu
vollstreckenden drei Monate nicht überschreiten, § 96 Abs. 3 S. 1 OWiG. Gemäß
§ 97 Abs. 1 OWiG gelten für die Vollstreckung §§ 451 Abs. 1, Abs. 2 StPO. Daneben finden z.T. die Vorschriften der Strafvollstreckungsordnung entsprechende
Anwendung, §§ 1 Abs. 2, 87 Abs. 1, Abs. 2 S. 2 Nr. 3 StVollstrO.

Selbst wenn die Erzwingungshaft vollständig vollstreckt wurde, bleibt der Be- **520**
troffene – anders als bei einer Ersatzfreiheitsstrafe – zur Zahlung der Geldbuße
verpflichtet. Daneben trifft ihn zusätzlich die Pflicht, die entstandenen Haftkosten
zu übernehmen. Wegen einer Geldbuße darf jedoch nur ein Mal Erzwingungshaft
angeordnet werden, selbst wenn der Schuldner nach ihrer Vollstreckung immer
noch nicht leistet.

V. Rechtsbehelfe und Rechtsmittel

Rechtsschutzmöglichkeiten bei der Vollstreckung von Entscheidungen nach dem **521**
Ordnungswidrigkeitengesetz regeln die §§ 103, 104 OWiG. Dabei bestimmt zunächst § 103 Abs. 1 OWiG, dass über Einwendungen gegen die Zulässigkeit der
Vollstreckung (Nr. 1), die von der Vollstreckungsbehörde nach den §§ 93, 99
Abs. 2 und § 102 Abs. 1 OWiG getroffenen Anordnungen (Nr. 2) oder die sonst
bei der Vollstreckung eines Bußgeldbescheides getroffenen Maßnahmen (Nr. 3)
das Gericht (vgl. § 104 Abs. 1 OWiG) entscheidet. Dies gilt sowohl bei verwal-
tungsbehördlichen wie auch bei gerichtlichen Bußgeldbescheiden. Einwendungen
erheben kann jeder, der durch den angegriffenen Rechtsakt unmittelbar betroffen
ist. Neben dem Adressaten des Bußgeldbescheids mag dies bspw. auf einen Ein-
ziehungs- oder Verfallsberechtigten, den Verteidiger des Betroffenen oder einen
gesetzlichen Vertreter zutreffen. Das Verfahren regelt § 104 OWiG, der insb. in
Abs. 3 S. 2 bestimmt, dass die gerichtlichen Entscheidungen nicht anfechtbar sind.

Nur hinsichtlich der in § 104 Abs. 3 S. 1 Nrn. 1 bis 3 OWiG genannten Fälle
steht dem Betroffenen sowie den Nebenbeteiligten die sofortige Beschwerde
(§ 311 StPO) gegen die gerichtliche Entscheidung zu. Eine weitere Beschwerde
kommt danach nicht in Betracht.

L Rechtsschutz

Für Maßnahmen auf dem Gebiet der Strafvollstreckung ist die Rechtsschutz- und **522**
Rechtsweggarantie des Art. 19 Abs. 4 GG nicht einheitlich geregelt. Teilweise
sieht die Strafprozessordnung keinen speziellen Rechtsbehelf vor. Dennoch müssen auch solche Vollstreckungsentscheidungen einer justiziellen Kontrolle zugänglich sein.

Hinsichtlich der einzelnen jeweils statthaften **Rechtsbehelfe** ist zu differenzieren:

- die Anrufung des Gerichts zur Klärung grundlegender Vollstreckungsfragen in den im Gesetz bestimmten Fällen;
- im Übrigen das Beschreiten des (subsidiären) Rechtswegs gegen Justizverwaltungsakte.

I. Anrufung des Gerichts

Mit §§ 458, 459h StPO und § 103 OWiG hat der Gesetzgeber die Möglichkeit **523**
eröffnet, in den dort bezeichneten Fällen eine gerichtliche Entscheidung herbeizuführen. § 458 Abs. 1 und 2 StPO zählen abschließend die Vollstreckungsfragen auf, bezüglich derer das Gericht zur Klärung berufen ist. Gemäß § 463 Abs. 1 StPO gelten diese Bestimmungen entsprechend für die Vollstreckung von Maßregeln der Besserung und Sicherung. Im Bereich der Vollstreckung von Geldstrafen[1] fasst § 459h StPO die richterlichen Zuständigkeiten zusammen, wobei § 459h StPO in seinem Anwendungsrahmen als lex specialis § 458 StPO vorgeht. Die von § 459h StPO nicht erfassten Anfechtungsmöglichkeiten des § 458 Abs. 1 StPO bleiben allerdings unberührt.

Der Rechtsbehelf der Anrufung des Gerichts nach §§ 458, 459h StPO umfasst zwei **unterschiedliche Vorgehensweisen**:

- die Herbeiführung einer gerichtlichen Entscheidung durch die Vollstreckungsbehörde bei Auslegungs- und Berechnungszweifeln (§ 458 Abs. 1 1. und 2. Alt. StPO),
- die Erhebung von Einwendungen gegen die Zulässigkeit der Strafvollstreckung (§ 458 Abs. 1 3. Alt. StPO) sowie gegen bestimmte einzelne Anordnungen der Vollstreckungsbehörde (§ 458 Abs. 2 StPO).

---

[1] Dazu Kap. E VII.

1. Auslegungs- und Berechnungszweifel

524   Gemäß § 458 Abs. 1 StPO besteht für die Vollstreckungsbehörde eine **Anru-
fungspflicht** bei Zweifeln über die Auslegung des Strafurteils oder über die Berechnung der erkannten Strafe.

   Strafurteil stellt jede eine Rechtsfolge anordnende Entscheidung (z.B. auch
Strafbefehl, Gesamtstrafenbeschluss nach § 460 StPO) als Gegenstand des
Vollstreckungsverfahrens dar.[2] Diese betreffende Zweifel sind auf eigene Initiati-
ve der Vollstreckungsbehörde von Amts wegen gerichtlich beheben zu lassen. Es
kann sich um eine unklare Fassung des Rechtsfolgenausspruchs handeln oder um
Widersprüche zwischen dem Tenor und den Entscheidungsgründen. Insbesondere
darf im Hinblick auf Art. 2 Abs. 2 S. 2, 104 GG eine Freiheitsentziehung nicht
von einem gerichtlichen Formulierungsversehen abhängen (z.B. Unklarheit über
eine Aussetzung der erkannten Freiheitsstrafe zur Bewährung).[3] Zu inhaltlichen
Änderungen ist das angerufene Gericht aber nicht befugt. § 458 Abs. 1 1. Alt.
StPO gilt unmittelbar auch bei Auslegungszweifeln bezüglich eines der Geldstrafenvollstreckung zugrunde liegenden Urteils.

   Hat die für die **Strafberechnung**[4] zuständige und gem. § 36 Abs. 1 S. 2
1. Halbs. StVollstrO an erster Stelle verantwortliche Vollstreckungsbehörde Zweifel über die Berechnung der erkannten Strafe, muss sie von Amts wegen die Strafzeit vom Gericht verbindlich berechnen lassen.[5] Das kann z.B. Unklarheiten über
die Anrechnung von Untersuchungshaft (§ 51 StGB) betreffen oder über die Anrechnung von Freiheitsentziehung im Ausland (§ 450a StPO). Eine Anrufungs-
pflicht in entsprechender Anwendung von § 458 Abs. 1 StPO besteht zudem bei
Zweifeln über den Umfang einer ausländischen Auslieferungsbewilligung.[6]

2. Erhebung von Einwendungen

525   Einwendungen gegen die **Zulässigkeit der Strafvollstreckung** können gem.
§ 458 Abs. 1 3. Alt. StPO erhoben werden. Dabei handelt es sich aber nicht um ein
Vorgehen gegen Bestand und Rechtmäßigkeit des Vollstreckungstitels als sol-
chem, denn § 458 Abs. 1 StPO bezweckt nicht eine Rechtskraftdurchbrechung.

   Einwendungen nach § 458 Abs. 1 3. Alt. StPO sind solche, die die Voraussetzungen der Vollstreckung[7] oder das Vorliegen von Vollstreckungshindernissen[8]
betreffen.[9] Sie richten sich gegen den Bestand des staatlichen Vollstreckungsans-

---

[2]   KMR/*Stöckel*, 2006, § 458 Rdn. 4.

[3]   KK-StPO/*Appl*, 2008, § 458 Rdn. 5a.

[4]   Dazu Kap. D III.

[5]   BVerfG, NStZ-RR 2003, S. 379.

[6]   KK-StPO/*Appl*, 2008, § 458 Rdn. 8; *Meyer-Goßner*, 2009, § 458 Rdn. 3.

[7]   Dazu Kap. B.

[8]   Siehe Kap. B III. und D VI.

[9]   *Meyer-Goßner*, 2009, § 458 Rdn. 8.

pruchs in der von der Vollstreckungsbehörde für die jeweilige Sanktionsdurchführung zugrunde gelegten Gestalt.[10]

Soweit sich eine gerichtliche Entscheidungskompetenz aus § 458 Abs. 2 StPO ergibt, scheidet ein Vorgehen gem. Abs. 1 dieser Norm aus. Abs. 2 enthält für bestimmte **enumerativ aufgeführte Anordnungen** der Vollstreckungsbehörde die Möglichkeit, diese zu rügen und ebenfalls das Gericht anzurufen. Das betrifft die Vollstreckungsreihenfolge (§ 454b Abs. 1 StPO), eine Vollstreckungsunterbrechung (§ 454b Abs. 2 StPO), die Ablehnung von Strafaufschub oder Strafunterbrechung in den Fällen von §§ 455, 456, 456c Abs. 2 StPO sowie die Nachholung der Vollstreckung gem. § 456a Abs. 2 StPO.

3. Verfahrensfragen

Die gerichtliche Zuständigkeit für Entscheidungen nach §§ 458, 459h StPO folgt 526 aus §§ 462 Abs. 1 S. 1, 462a StPO.[11] Gegen die ergangene Entscheidung des Gerichts steht der Staatsanwaltschaft sowie den Einwendungsberechtigten gem. § 462 Abs. 3 S. 1 StPO das Rechtsmittel der sofortigen Beschwerde zu. Durch das Verfahren gem. § 458 Abs. 1 und 2 StPO wird allerdings der Fortgang der Vollstreckung nicht gehemmt. Gemäß § 458 Abs. 3 S. 1 StPO kann das Gericht jedoch von Amts wegen oder auf Antrag hin einen Vollstreckungsaufschub oder eine -unterbrechung bewilligen, wenn ein Verfahren nach § 458 Abs. 1 oder 2 StPO anhängig ist.[12] Lehnt das Gericht es ab, eine Entscheidung nach § 458 Abs. 3 StPO zu treffen, bleibt das aber unanfechtbar.[13]

Hinsichtlich der **Antragsberechtigung** ist zwischen der Herbeiführung einer 527 gerichtlichen Entscheidung durch die Vollstreckungsbehörde und der Erhebung von Einwendungen durch Einwendungsberechtigte zu differenzieren. In den Fällen von § 458 Abs. 1 1. und 2. Alt. StPO führt die Staatsanwaltschaft als Vollstreckungsbehörde die Gerichtsentscheidung unter Darlegung ihrer eigenen Auslegungs- bzw. Berechnungszweifel herbei. Dies geschieht unabhängig davon, ob der Verurteilte selbst eine entsprechende Rüge erhebt. Zweifel eines Einwendungsberechtigten an der Auslegung des Strafurteils oder an der Strafberechnung, die von der Vollstreckungsbehörde nicht geteilt werden, sind als Einwendungen gegen die Zulässigkeit der Strafvollstreckung (§ 458 Abs. 1 3. Alt. StPO) zu behandeln.[14] Hat die Vollstreckungsbehörde selbst eigene Zweifel an der Zulässigkeit der Strafvollstreckung, kann sie diese nicht durch das Gericht klären lassen, sondern muss die rechtlichen Zweifelsfragen in eigener Verantwortung klären. Es bleibt den Einwendungsberechtigten überlassen, ob sie eine Gerichtsentscheidung herbeiführen wollen.[15] Die Fürsorgepflicht der Staatsanwaltschaft kann es jedoch gebieten, dass sie die Betroffenen auf ihre Bedenken gegen die Zulässigkeit der

---

[10] KK-StPO/*Appl*, 2008, § 458 Rdn. 12.
[11] Zur gerichtlichen Zuständigkeit Kap. C IV.
[12] KG, StrVert 2008, S. 203.
[13] OLG Nürnberg, NStZ 2003, S. 390.
[14] KMR/*Stöckel*, 2006, § 458 Rdn. 17.
[15] *Meyer-Goßner*, 2009, § 458 Rdn. 7.

Strafvollstreckung und die Möglichkeit der Erhebung von Einwendungen hin-
weist.[16]

528   **Einwendungsberechtigte** sind die verurteilte Person, der Verteidiger, gesetzliche Vertreter und sonstige Bevollmächtigte. Einwendungen können auch Verfalls-
und Einziehungsbeteiligte (§§ 431, 442, 444 Abs. 1 S. 1 StPO) erheben. Eine
gerichtliche Entscheidung herbeizuführen vermögen zudem durch die Sanktionsdurchführung unmittelbar in ihren Rechten betroffene Dritte.[17] Nicht zu den Einwendungsberechtigten zählt dagegen die Staatsanwaltschaft als Vollstreckungs-
oder als Verfolgungsbehörde.

529   Das Gesetz sieht **keine Förmlichkeiten** für die Erhebung von Einwendungen
vor. Diese sind form- und fristlos zulässig. Sie können nach § 31 Abs. 6 S. 1
RPflG unmittelbar beim Gericht geltend gemacht werden, auch wenn der Rechtspfleger entschieden hat. Das Gericht hat aber zunächst der Vollstreckungsbehörde
Gelegenheit zu geben, auf die Rüge eines Einwendungsberechtigten hin ihre Entscheidung abzuändern. Erst bei Nichtabhilfe ist dann das Gericht zur Entscheidung berufen. Eine sofortige Entscheidung des Gerichts vor derjenigen der
Vollstreckungsbehörde über eine Abhilfe bleibt unzulässig.[18]

II. Überprüfung von Justizverwaltungsakten

530   Einen Weg zur Anfechtung von Justizverwaltungsakten eröffnen ferner § 31
Abs. 6 S. 2 RPflG, § 21 StVollstrO, §§ 23 ff. EGGVG. Diese sehen folgenden
subsidiären Instanzenzug vor:

1. Entscheidungen des Rechtspflegers

531   Gegen Entscheidungen des Rechtspflegers ist zunächst gem. § 31 Abs. 6 S. 1
RPflG derjenige Rechtsbehelf statthaft, der nach den allgemeinen verfahrensrechtlichen Vorschriften zulässig ist. Dies betrifft insbesondere Entscheidungen des
Gerichts gem. § 459h StPO oder eine mögliche sofortige Beschwerde nach § 311
StPO. Sofern ein anderer Rechtsbehelf gesetzlich jedoch nicht vorgesehen ist,
entscheidet über Einwendungen gegen Entscheidungen des Rechtspflegers gem.
§ 31 Abs. 6 S. 2 RPflG der zuständige Staatsanwalt.

> Im Einzelfall mögen sich Probleme bei der Abgrenzung zwischen der vorrangigen
> Überprüfung von Entscheidungen nach den §§ 458, 459h StPO, § 83 Abs. 1 JGG und
> dem subsidiären Instanzenzug der § 31 Abs. 6 S. 1 RPflG, § 21 StVollstrO, §§ 23 ff.
> EGGVG ergeben. Dabei ist stets auf den materiellen Inhalt der angegriffenen Ent-
> scheidung abzustellen: Betrifft dieser Fragen der §§ 459a, 459c, 459e oder 459g
> StPO, also etwa Entscheidungen über die Gewährung von Zahlungserleichterungen
> bei der Vollstreckung von Geldstrafen oder die Anordnung einer Ersatzfreiheitsstra-

---

[16]   KK-StPO/*Appl*, 2008, § 458 Rdn. 4; Pohlmann/Jabel/*Wolf*, 2001, § 42 Rdn. 8.
[17]   KMR/*Stöckel*, 2006, § 458 Rdn. 19.
[18]   KG, StraFo 2007, S. 432.

fe[19], so bestimmt das Gericht nach § 459h StPO. Entscheidend ist demnach, ob sich das Begehren des Antragstellers auf die Herbeiführung einer entsprechenden Entscheidung richtet.

Der Rechtspfleger hat zunächst die Möglichkeit, den Einwendungen abzuhelfen. Geschieht dies nicht, muss nach § 31 Abs. 6 S. 2 RPflG der Staatsanwalt eine **förmliche Entscheidung** treffen. Sofern mit der Vollstreckung von Geldstrafen oder Geldbußen allerdings der Urkundsbeamte der Geschäftsstelle befasst war (§ 36b Abs. 1 Nr. 5 RPflG) sieht § 36b Abs. 4 S. 1 RPflG vor, dass zunächst der Rechtspfleger über die Einwendungen zu befinden hat. § 31 Abs. 6 S. 2 RPflG findet in diesem Fall keine Anwendung.

2. Vollstreckungsbeschwerde, § 21 StVollstrO

Die weder an eine Form noch an eine Frist gebundene Vollstreckungsbeschwerde **532** nach § 21 StVollstrO kommt in Betracht, wenn die Vollstreckungsbehörde für die Überprüfung der angegriffenen Maßnahme nicht (mehr) zuständig ist. Auch darf eine Zuständigkeit des Gerichts gem. §§ 458, 459h StPO, § 83 Abs. 1 JGG nicht gegeben sein. Der Rechtsbehelf schließt sich damit an § 31 Abs. 6 S. 2 RPflG an; über die Beschwerde entscheidet die Generalstaatsanwaltschaft, § 21 Abs. 1 Nr. 1 StVollstrO.

3. Gerichtliche Überprüfung nach §§ 23 ff. EGGVG

Das Verfahren nach §§ 23 ff. EGGVG eröffnet zur Überprüfung von Justizverwal- **533** tungsakten den Rechtsweg zu den Oberlandesgerichten. Dieser Antrag auf gerichtliche Entscheidung bleibt jedoch gegenüber anderen Rechtsbehelfen – insbesondere der Anrufung des Gerichts nach §§ 458, 459h StPO und § 103 OWiG – subsidiär, § 24 Abs. 2 EGGVG.

Die Vorschrift des § 23 Abs. 1 S. 1 EGGVG ermöglicht, von Justizbehörden erlassene Verwaltungsakte gerichtlich überprüfen zu lassen. Der Begriff der Justizbehörde findet sich nicht legaldefiniert, muss nach h.M. jedoch funktionell verstanden werden. Somit erfasst er nicht nur die ordentlichen Gerichte in ihrer besonderen Eigenschaft als Organe der (Justiz-)Verwaltung, sondern ebenso Justizminister, die Landesjustizverwaltungen und insbesondere auch die Staatsanwaltschaft. Dies betrifft sowohl ihre Eigenschaft als Strafverfolgungsbehörde, als Akteur im gerichtlichen Verfahren sowie in ihrer Funktion als Strafvollstreckungsbehörde.[20]

Mit dem Antrag auf gerichtliche Entscheidung kann die Aufhebung eines Justizverwaltungsakts begehrt werden. Hierunter versteht man jedes hoheitliche Verwaltungshandeln einer Justizbehörde mit unmittelbarer Außenwirkung zur Rege-

---

[19] Dazu oben Kap. E VII.
[20] KK-StPO/*Schoreit*, 2008, § 24 EGGVG Rdn. 13.

lung einer der in § 23 Abs. 1 S. 1 EGGVG genannten Angelegenheiten.[21] Die Definition schließt somit insbesondere auch die Entscheidungen der General-staatsanwaltschaft über Beschwerden nach § 21 StVollstrO ein.

Dem Antrag auf gerichtliche Entscheidung muss gem. § 24 Abs. 2 EGGVG ein Beschwerdeverfahren vorausgehen. Im vorliegenden Zusammenhang betrifft dies etwa das Verfahren nach § 21 StVollstrO[22], aber auch die Beschwerde nach § 35 Abs. 2 BtMG reicht hierfür aus[23]. Über den Antrag entscheidet gem. §§ 25 Abs. 1, 28 Abs. 1 S. 1 EGGVG das zuständige Oberlandesgericht, indem es den angegrif-fenen Justizverwaltungsakt aufhebt, soweit dieser rechtswidrig ist. Die Entschei-dung des Oberlandesgerichts ist endgültig.

---

[21] *Meyer-Goßner*, 2009, § 23 EGGVG Rdn. 6.

[22] KK-StPO/*Schoreit*, 2008, § 24 EGGVG Rdn. 6; LR-StPO/*Wendisch*, 2010, vor § 449 Rdn. 22 m.w.Nachw.

[23] OLG Oldenburg, StraFo 2000, S. 67; KK-StPO/*Schoreit*, 2008, § 24 EGGVG Rdn. 6.

Literatur

Achenbach, H. u.a.: Kommentar zur Strafprozessordnung. Band 3: §§ 276–477 (Reihe Alternativkommentare). Neuwied u.a. 1996.

Arloth, F.: Strafvollzugsgesetz – Bund, Bayern, Hamburg, Niedersachsen. 2. Aufl., München 2008.

Baier, H.: Rechtsprobleme bei der Anschlussvollstreckung mehrerer Freiheitsstrafen, in: Festgabe für Paulus, Würzburg 2009, S. 3 ff.

Beaucamp, G.: Ineligibilität – Wer darf bei Wahlen nicht kandidieren?, in: DVBl 2009, S. 1006 ff.

Bemmann, G.: Über den Gefangenentransport, in: Festschrift für Lüderssen. Baden-Baden 2002, S. 803 ff.

Beulke, W.: Strafprozessrecht. 10. Aufl., Heidelberg 2008.

Bittmann, F.: Gesetz zur Änderung des Untersuchungshaftrechts, in: NStZ 2010, S. 13 ff.

Bohnert, J.: Kommentar zum Ordnungswidrigkeitenrecht. 2. Aufl., München 2007.

Böttcher, A./Kröber, H.-L./Müller-Isberner, R./Böhm, K. M./Müller-Metz, R./Wolf, T.: Mindestanforderungen für Prognosegutachten, in: NStZ 2006, S. 537 ff.

Boetticher, A./Dittmann, V./Nedopil, N./Nowara, S./Wolf, T.: Zum richtigen Umgang mit Prognoseinstrumenten durch psychiatrische und psychologische Sachverständige und Gerichte, in: NStZ 2009, S. 478 ff.

Braun, E.: Kommentar zur Insolvenzordnung. 3. Aufl., München 2007.

Bringewat, P.: Die Bildung der Gesamtstrafe. Berlin 1987.

Bringewat, P.: Gerichtliches Nachtragsverfahren gem. §§ 460, 462 StPO und das prozessuale Verschlechterungsverbot, in: NStZ 2009, S. 542 ff.

Burmann, M./Gebhardt, H.-J.: Straßenverkehrsrecht von A-Z. 10. Aufl., München 2006.

Buschbell, H.: Münchener Anwaltshandbuch Straßenverkehrsrecht. 3. Aufl., München 2009.

Calliess, R.-P./Müller-Dietz, H.: Strafvollzugsgesetz. 11. Aufl., München 2008.

Dencker, F.: Strafzumessung bei der Sperrfristbemessung?, in: StrVert 1988, S. 454 ff.

Dessecker, A.: Hat die strafrechtliche Unterbringung in einer Entziehungsanstalt eine Zukunft?, in: NStZ 1995, S. 318 ff.

Detter, K.: Zum Strafzumessungs- und Maßregelrecht – 2. Teil –, in: NStZ 1990, S. 578 ff.

Detter, K.: Zum Strafzumessungs- und Maßregelrecht, in: NStZ 2009, S. 487 ff.

Diemer, H./Schoreit, A./Sonnen, B.-R.: Kommentar zum Jugendgerichtsgesetz. 5. Aufl., Heidelberg 2008.

Dieterich, T./Hanau, P./Schaub, G.: Erfurter Kommentar zum Arbeitsrecht. 10. Aufl., München 2010 (zit.: ErfKomm/Bearbeiter).

Dölling, H./Duttge, G./Rössner, D. (Hrsg.): Gesamtes Strafrecht: StGB – StPO – Nebengesetze. Handkommentar, Baden-Baden 2009 (zit.: HK-StPO/Bearbeiter).

Dreher, S./Fad, F.: Entziehung der Fahrerlaubnis und Verhängung eines Fahrverbots bei Teilnehmern, in: NZV 2004, S. 233 ff.

Eisenberg, U.: Jugendgerichtsgesetz, 13. Aufl., München 2009.

Erbs, G./Kohlhaas, M./Ambs, F.: Strafrechtliche Nebengesetze, Kurzkommentar. München 2009.

Feest, J. (Hrsg.): Kommentar zum Strafvollzugsgesetz (AK-StVollzG). 5. Aufl., Neuwied 2006 (zit.: AK-StVollzG/Bearbeiter).

Fischer, Th.: Strafgesetzbuch und Nebengesetze. 57. Aufl., München 2010.

Fortmann, E.: Vollstreckung von Geldstrafen im Insolvenzverfahren und im Restschuldbefreiungsverfahren, in: ZInsO 2005, S. 140 ff.

Geiger, T.: Die Rechtsnatur der Sanktion. Berlin 2006.

Geppert, K.: Neuere Rechtsprechung des BGH zur Entziehung der Fahrerlaubnis bei Nicht-Katalogtaten – Zugleich Besprechung zum Beschluss des BGH v. 5.11.2002 – 4 StR 406/02, in: NStZ 2003, S. 288 ff.

Giehring, H.: Das Absehen von der Strafvollstreckung bei Ausweisung und Auslieferung ausländischer Strafgefangener nach § 456a StPO, in: Festschrift zum 125-jährigen Bestehen der Staatsanwaltschaft Schleswig-Holstein. Köln u.a. 1992, S. 499 ff.

Göhler, E./Seitz, H.: Gesetz über Ordnungswidrigkeiten, Kurzkommentar. 15. Aufl., München 2009.

Graf, J. P.: Beck'scher Online-Kommentar: StPO. München 2009 (zit.: BeckOK-StPO/Bearbeiter).

Groß, K.-H.: Zum Absehen von der Strafvollstreckung gegenüber Ausländern nach § 456a StPO, in: StrVert 1987, S. 36 ff.

Grünebaum, R./Volckart, B.: Maßregelvollzug. 7. Aufl., Köln 2009.

Hannich, R. (Hrsg.): Karlsruher Kommentar zur Strafprozessordnung. 6. Aufl., München 2008 (zit.: KK-StPO/Bearbeiter).

Heimann, M.: Vollstreckungsaufschub gem. § 456 StPO: Die oft unterschätzte Chance, in: StrVert 2001, S. 54 ff.

Heinrich, M.: Die Strafrestaussetzung nach Abgabe der Vollstreckung gem. § 85 VI JGG, in: NStZ 2002, S. 182 ff.

von Heintschel-Heinegg, B.: Beck'scher Online-Kommentar: StGB. München 2009 (zit.: BeckOK-StGB/Bearbeiter).

von Heintschel-Heinegg, B./Stöckel, H.: Kommentar zur Strafprozessordnung. Neuwied 2010 (zit.: KMR/Bearbeiter).

Heinze, H.: Geldstrafen als Insolvenzforderungen, in: ZVI 2006, S. 14 ff.

Hentschel, P.: Straßenverkehrsgesetz, Straßenverkehrs-Ordnung, Fahrerlaubnis-Verordnung, Fahrzeug-Zulassungsverordnung, Straßenverkehrs-Zulassungs-Ordnung, Bußgeldkatalog, Gesetzesmaterialien, Verwaltungsvorschriften und einschlägige Bestimmungen des StGB und der StPO, Kurzkommentar. 39. Aufl., München 2007.

Hentschel, P./König, P./Dauer, P.: Straßenverkehrsgesetz, Straßenverkehrs-Ordnung, Fahrerlaubnis-Verordnung, Fahrzeug-Zulassungsverordnung, Straßenverkehrs-Zulassungs-Ordnung, Bußgeldkatalog, Gesetzesmaterialien, Verwaltungsvorschriften und einschlägige Bestimmungen des StGB und der StPO, Kurzkommentar. 40. Aufl. München, 2009.

Himmelreich, K.: Abkürzung oder Aufhebung einer lebenslangen Fahrerlaubnis-Sperre gem. § 69a Abs. 7 StGB. Eine unzutreffende Gesetzes-Auslegung durch ein OLG, in: SVR 2010, S. 1 ff.

Immel, M.: Anmerkung zum Beschluss des BGH v. 5.3.2003, in: JR 2004, S. 81 ff.

Isak, F./Wagner, A.: Strafvollstreckung. 7. Aufl., München 2004.

Jagow, J./ Burmann, M./Heß, R.: Straßenverkehrsrecht, Kommentar. 20. Aufl., München 2008.

Janiszewski, H.: Überblick über neue Entscheidungen in Verkehrsstraf- und -bußgeldsachen – Überblick II/1996, in: NStZ 1996, S. 586 ff.

Jeschek, H.-H./Weigend, Th: Lehrbuch des Strafrechts, Allgemeiner Teil. 5. Aufl., Berlin 1996.

Joecks, W./Miebach, K. (Hrsg.): Münchener Kommentar zum Strafgesetzbuch. München 2003–2006 (zit. MüKo-StGB/Bearbeiter).

Kaiser, E.: Notwendigkeit eines Durchsuchungsbefehls bei strafprozessualen Zwangsmaßnahmen, in: NJW 1980, S. 875 f.

Kamann, U.: Vollstreckung und Vollzug der Jugendstrafe. Münster 2009.

Kilger, H.: „Fahrverbot als Hauptstrafe? Nein!", in: ZRP 2009, S. 13 ff.

Kindhäuser, U./Neumann, U./Paeffgen, H.-U. (Hrsg.): Strafgesetzbuch. 4. Aufl., Baden-Baden 2010 (zit.: NK-StGB/Bearbeiter).

Kissel, O./Mayer, H.: Gerichtsverfassungsgesetz. 5. Aufl., München 2008.

Klaproth, M.: Ausgewählte Auswirkungen der Insolvenz des Beschuldigten auf ein Steuerstrafverfahren, in: wistra 2008, S. 174 ff.

Köhne, M.: Abschaffung der Ersatzfreiheitsstrafe, in: JR 2004, S. 453 ff.

König, P.: Fahrverbot bei allgemeiner Kriminalität?, in: NZV 2001, S. 6 ff.

König, P.: Grundwissen zur Zumessung der Geldstrafe, in: JA 2009, S. 809 ff.

Kropp, Ch.: Rechtswidrigkeit des gegenwärtigen Gefangenentransports, in: ZRP 2005, S. 96 ff.

Krumm, C.: Fahrverbot und Fahrerlaubnisentziehung bei langer Verfahrensdauer, in: NJW 2004, S. 1627 ff.

Krumm, C.: Das strafrechtliche Fahrverbot, in: SVR 2009, S. 136 ff.

Krumm, C.: Ausnahmen vom Entzug der Fahrerlaubnis und vom Fahrverbot, in: ZRP 2010, S. 11 ff.

Kühl, K.: Der Tod des Beschuldigten oder Angeklagten im laufenden Strafverfahren, in: Festschrift für Meyer-Goßner. München 2001, S. 15 ff.

Lackner, K./Kühl, K.: Strafgesetzbuch, 26. Aufl., München 2007.

Laschewski, G.: Anmerkung zum Beschluss des LG Oldenburg v. 7.8.2007, in: NZV 2008, S. 50 f.

Laubenthal, K. Die Einwilligung des Verurteilten in die Strafrestaussetzung zur Bewährung, in: JZ 1988, S. 951 ff.

Laubenthal, K.: Vollzugliche Ausländerproblematik und Internationalisierung der Strafverbüßung, in: Festschrift für Böhm. Berlin – New York 1999, S. 307 ff.

Laubenthal, K.: Gewährung verwaltungsrechtlichen Rechtsschutzes durch den Strafrichter im Verfahren nach §§ 109 ff. StVollzG, in: Gedächtnisschrift für Meurer. Berlin 2002, S. 483 ff.

Laubenthal, K.: Die Renaissance der Sicherungsverwahrung, in: ZStW 2004, S. 703 ff.

Laubenthal, K.: 30 Jahre Vollzugszuständigkeit der Strafvollstreckungskammern, in: Festschrift für Böttcher. Berlin 2007, S. 325 ff.

Laubenthal, K.: Strafvollzug. 5. Aufl., Berlin – Heidelberg 2008.

Laubenthal, K.: Vollzugliche Trennungsprinzipien, in: Festschrift für Eisenberg. München 2009, S. 741 ff.

Laubenthal, K./Baier, H.: Jugendstrafrecht. Berlin – Heidelberg 2006.

Laubenthal, K./Mitsch, W.: Rechtsfolgen nach dem Tod des Angeklagten im Strafverfahren, in: NStZ 1988, S. 108 ff.

Laufhütte, H.W./Rissing-van Saan, R./Tiedemann, K. (Hrsg.): Leipziger Kommentar. Strafgesetzbuch. 12. Aufl., Berlin 2008 (zit.: LK-StGB/Bearbeiter).

Lenhart, U.: Der „bedeutende Schaden" als Regelbeispielsvoraussetzung einer Entziehung der Fahrerlaubnis, in: NJW 2004, S. 191 ff.

Linke, T.: Zwischenhaft, Vollstreckungshaft, Organisationshaft: Haftinstitut ohne Rechtsgrundlage? in: JR 2001, S. 358 ff.

Löwe, E./Rosenberg, W.: Strafprozessordnung und Gerichtsverfassungsgesetz: Großkommentar. 26. Aufl., Berlin 2007 (zit.: LR-StPO/Bearbeiter).

Maaß, H.: Vollstreckung einer Jugendstrafe neben einer Freiheitsstrafe: Zuständigkeitskonzentration bei Staatsanwaltschaft und Strafvollstreckungskammer? in: NStZ 2008, S. 129 ff.

Maatz, R.: Anrechnung der Dauer einer vorläufigen Entziehung der Fahrerlaubnis auf das Fahrverbot, in: StrVert 1988, S. 84 ff.

Mansdörfer, M.: Anmerkung zum Beschluss des BGH, GS v. 7.10.2008, in: JZ 2009, 1021 ff.

Mayer, H.-J./Kroiß, L.: Rechtsanwaltsvergütungsgesetz, Handkommentar. 4. Aufl., Baden-Baden 2009.

Meier, B.-D.: Strafrechtliche Sanktionen, 3. Aufl., Berlin u.a. 2009.

Meyer, D.: Kommentar zum Strafrechtsentschädigungsgesetz. 7. Aufl., Köln, München 2008.

Meyer-Goßner, L.: Strafprozessordnung mit GVG und Nebengesetzen. 52. Aufl., München 2009.

Mitsch, W.: Die Geldstrafe, in: JA 1993, S. 304 ff.

Molketin, R.: Zur Sperrfristbemessung bei der Entziehung der Fahrerlaubnis und (teilweiser) Inhaftierung des Betroffenen (§ 69a I 1, 2 StGB), in: NZV 2001, S. 65 ff.

Molketin, R.: Fahrverbot (§ 44 StGB) nur bei erheblichen Anlasstaten?, in: NZV 2001, S. 411 ff.

Müller-Dietz, H.: Die Strafvollstreckungskammer, in: Jura 1981, S. 57 ff., 113 ff.

Nestler, N./Wolf, C.: Sicherungsverwahrung gem. § 7 Abs. 2 JGG und der Präventionsgedanke im Strafrecht – kritische Betrachtung eines legislativen Kunstgriffs, in: NK 2008, S. 153 ff.

Northoff, R.: Strafvollstreckungskammer – Anspruch und Wirklichkeit. Bonn 1985.

Ostendorf, H.: Jugendgerichtsgesetz, Kommentar. 8. Aufl., Baden-Baden 2009.

Paeffgen, H.-U.: Zwischenhaft, Organisationshaft. Verfassungswidriges mit (nicht nur) stillschweigender Billigung des Verfassungsgerichtes, in: Festschrift für Fezer. Berlin 2008, S. 35 ff.

Pape, G.: Vollstreckung von Geldstrafen und Ersatzfreiheitsstrafen während des Insolvenzverfahrens, in: InVo 2006, S. 454 ff.

Pape, G.: Ersatzfreiheitsstrafe und Alternativen bei offenen Geldstrafen im Insolvenzverfahren – Zugleich Besprechung zum Beschluss des BVerfG v. 24.8.2006, in: ZVI 2007, S. 7 ff.

Peglau, J.: Das Gesetz zur Reform der Führungsaufsicht und zur Änderung der Vorschriften über die nachträgliche Sicherungsverwahrung, in: NJW 2007, S. 1558 ff.

Peglau, J.: Anmerkung zum Beschluss des OLG Oldenburg v. 1.9.2008, in: jurisPR-StrafR 1/2009 Anm. 4.

Peglau, J.: Anmerkung zum Beschluss des LG Saarbrücken v. 10.12.2008, in: jurisPR-StrafR 6/2009 Anm. 2.

Peglau, J.: Nachträgliche Sicherungsverwahrung in Erledigungsfällen mit Reststrafenverbüßung, in: NJW 2009, S. 957 ff.

Pfeiffer, G.: Strafprozessordnung. 5. Aufl., München 2005.

Pohlmann, H.: Rechtliches Gehör vor eine Anordnung nach § 459e StPO? in: Rpfleger 1979, S. 249 ff.

Pohlmann, H./Jabel, H.-P./Wolf, Th.: Strafvollstreckungsordnung und gesetzliche Grundlagen. 8. Aufl., Bielefeld 2001.

Rebmann, K./Roth, W./Herrmann, S.: Gesetz über Ordnungswidrigkeiten, Kommentar. 3. Aufl., Stuttgart u.a. 2009.

Rönnau, Th./Tachau, B.: Die Geldstrafenschuldner in der Insolvenz – zwischen Skylla und Charybdis?, in: NZI 2007, S. 208 ff.

Röttle, R./Wagner, A.: Strafvollstreckung, 8. Aufl., München 2009.

Roxin, C./Schünemann, B.: Strafverfahrensrecht, 26. Aufl., München 2009.

Rudolphi, H.-J./Wolter, J. (Hrsg.): Systematischer Kommentar zum Strafgesetzbuch. Neuwied u.a. 2009 (zit.: SK-StGB/Bearbeiter).

Rudolphi, H.-J./Wolter, J. (Hrsg.): Systematischer Kommentar zur Strafprozessordnung. Neuwied u.a. 2008 (zit.: SK-StPO/Bearbeiter).

Rueber, K.: Anmerkung zum Beschluss des AG Oldenburg (Holstein) v. 14.2.2008, in: jurisPR-VerkR 18/2008, Anm. 5.

Satzger, H./Schmitt, B./Widmaier, G. (Hrsg.): Strafgesetzbuch: Kommentar. Köln 2009 (zit.: Satzger/Schmitt/Widmaier/Bearbeiter).

Schädeler, W.: Das Projekt „Gemeinnützige Arbeit" – die nicht nur theoretische Chance des Art. 293 EGStGB, in: ZRP 1983, S. 5 ff.

Schäfer, G./Sander, G./van Gemmeren, G.: Praxis der Strafzumessung. 4. Aufl., München 2008.

Schätzler, J.-G.: Handbuch des Gnadenrechts. 2. Aufl., München 1992.

Schlothauer, R./Wieder, H.-J.: Untersuchungshaft. 3. Aufl., Heidelberg 2001.

Schmid, W./Winter, M.: Vermögensabschöpfung in Wirtschaftsstrafverfahren – Rechtsfragen und Praktische Erfahrungen –, in: NStZ 2002, S. 8 ff.

Schmidt, J.: Verteidigung von Ausländern. 2. Aufl., Heidelberg 2005.

Schneider, U.: Die Reform der Führungsaufsicht, in: NStZ 2007, S. 441 ff.

Schneider, U.: Die Reform des Maßregelrechts, in: NStZ 2008, S. 68 ff.

Scholl, A.: Die Bezahlung einer Geldstrafe durch Dritte – ein altes Thema und noch immer ein Problem, in: NStZ 1999, S. 599 ff.

Schomburg, W./Lagodny, O./Gleß, S./Hackner, Th.: Internationale Rechtshilfe in Strafsachen. 4. Aufl., München 2006.

Schönke, A./Schröder, H.: Strafgesetzbuch: Kommentar. 27. Aufl., München 2006 (zit.: Schönke/Schröder/Bearbeiter).

Schwind, H.-D./Böhm, A./Jehle, J.-M./Laubenthal, K. (Hrsg.): Strafvollzugsgesetz. 5. Aufl., Berlin – New York 2009.

Seifert, D./Möller-Mussavi, S.: Führungsaufsicht und Bewährungshilfe – Erfüllung gesetzlicher Auflagen oder elementarer Bestandteil forensischer Nachsorge?, in: NStZ 2006, S. 131 ff.

Seifert, J.: 20 ausgewählte Fragen zu den Voraussetzungen der Strafvollstreckung, in: JA 2008, S. 880 ff.; 2009, S. 814 ff.

Senge, L./Bohnert, J.: Karlsruher Kommentar zum Gesetz über Ordnungswidrigkeiten. 3. Aufl., München 2006 (zit.: KK-OWiG/Bearbeiter).

Siggelkow, F. D.: Zur Vollstreckung einer nachträglich gebildeten Gesamtstrafe, in: Rpfleger 2005, S. 644 ff.

Sowada, C.: Die Entziehung der Fahrerlaubnis (§ 69 StGB) bei Taten der allgemeinen Kriminalität, in: NStZ 2004, S. 169 ff.

Stein, K.: „Wer die Wahl hat…", Der Grundsatz der Allgemeinheit der Wahl und der Ausschluss vom Wahlrecht wegen strafgerichtlicher Verurteilung, in: GA 2004, S. 22 ff.

Streng, F.: Strafrechtliche Sanktionen – Die Strafzumessung und ihre Grundlagen. 2. Aufl., Stuttgart 2002.

Streng, F.: Strafabschlag oder Anrechnung als Strafersatz? in: JZ 2008, S. 979 ff.

Thewes, U.: Die strafvollstreckungsrechtliche Durchsuchungsanordnung, in: Rpfleger 2006, S. 524 ff.

Ullenbruch, Th.: Nachträgliche Sicherungsverwahrung – ein legistlativer „Spuk" im judikativen „Fegefeuer"?, in: NStZ 2007, S. 62 ff.

Ullenbruch, Th.: Vorbehaltene Sicherungsverwahrung – noch eine „Norm ohne Land", in: NStZ 2008, S. 5 ff.

Volckart, B./Pollähne, H./Woynar, E.: Verteidigung in Strafvollstreckung und Strafvollzug, 4. Aufl., Heidelberg 2008.

Vollbach, A.: Die reformierte Maßregel Führungsaufsicht: Kontaktverbot, Alkoholverbot, Nachsorgeweisung und unbefristete Führungsaufsicht, in: MschrKrim 2006, S. 40 ff.

Wagner, A.: Die örtliche und sachliche Vollzugszuständigkeit, in: Rpfleger 2005, S. 182 ff.

Wagner, A.: Strafvollstreckung. 2. Aufl., München 2009.

Wankel, B.: Rechtsmittel- und Rechtsbehelfsbeschränkung in der StPO, in: JA 1998, S. 65 ff.

Weider, H.-J.: Das Gesetz zur Änderung des Untersuchungshaftrechts, in: StrVert 2010, S. 102 ff.

Weigelt, E./Hohmann-Fricke, S.: Führungsaufsicht – Unterstellungspraxis und Legalbewährung. Eine empirische Untersuchung anhand von Bundeszentralregisterdaten, in: BewHi 2006, S. 216 ff.

Wessing, J.: Anmerkung zum Beschluss des LG Leipzig v. 22.6.2001, in: EWiR 2002, S. 167 f.

Wilhelm, E.: Die Konkurrenz der Regeln zur Gesamtstrafenbildung, in: NStZ 2008, S. 425 ff.

Wolf, Th.: Entwicklungen im Straf-, Strafverfahrens- und Strafvollstreckungsrecht sowie in strafrechtlichen Kostensachen seit 2002, in: Rpfleger 2004, S. 408 ff.

Sachverzeichnis

20236066R00145

Printed in Poland
by Amazon Fulfillment
Poland Sp. z o.o., Wrocław